全国高等法律职业教育系列教材

司法口才学教程

(第三版)

司法部法学教材编辑部　审定

安秀萍　著

中国政法大学出版社

2017·北京

作者简介

安秀萍 祖籍山西省五台县苏子坡村，1959年6月生于太原，大学本科学历，副教授，中国法学会法律文书学研究会理事，中国行为法学会法律语言研究会常务理事，国家三级婚姻家庭咨询师，山西省潞绸文化研究会会员，主讲法律文书、司法口才、大学语文等课程，喜好法律语言和法律文化的研究。

2007年和2011年，随中国法学会法律文书学研究会赴美国、蒙古、俄罗斯等国考察国外法律文书的教学情况；2012年，负责开发"法律文书理论与实务"课程，2014年该课程被司法部评为"部级精品课"；多次带领学生参加山西省"黄河律师杯"模拟法庭辩论赛，历届均名列前茅。

近年来发表论文20多篇，主要有：《界域语在刑事诉讼中的效应》《刑事司法文书叙事的详述与略述》《法律文书的语体风格差异》《试析起诉意见书正文的写作模式和技巧》《我国司法作风建设的问题及对策》等，分别发表在《法学杂志》《应用写作》《山西法制报》《人民论坛》等报纸杂志上。其中，《法律语言研究回眸与展望》一文，被国家行政学院研究室编入大型丛书《落实科学发展观的伟大实践》（第2卷），并获优秀理论研究奖；《隐匿灾款案》一文，载入《晋商案例研究》（第1卷）（中华书局2007年版），该书荣获2007年度山西省社会科学优秀成果"百部（篇）工程"一等奖。

近年来出版教材、著作10多部，主要有：参编大学本科、大专和中专层次的"法律文书"教材多部；其中，参编的大学本科法律专业系列教材《法律文书学教程》及配套教材《法律文书范例评析》，被定为教育部国家级"十一五"规划教材；参与山西法治文化课题研究（已结题），并以《临汾——中国法治文化的发源地》为书名，于2017年6月由三晋出版社出版。

出版说明

进入 21 世纪，我国法律职业岗位的设置日趋科学合理，经改革、改制建立起来的法学学科教育与高等法律职业教育并存并举、协调发展的法学教育体系已逐步完善，高等法律职业教育在全国已形成一定规模。为加强对高等法律职业教育的指导，进一步推动高等法律职业教育的顺利发展，司法部组织部分专家、学者编写了这套全国高等法律职业教育系列教材，供各有关院校使用。

本套教材根据教育部"高等职业技术教育应有别于学科教育，应具有更加鲜明的职业性、实践性和岗位针对性，应更加注重知识的有效传播"的要求，在编写过程中以实用性和指导性为原则，在强化基础知识、基础理论教育，突出职业能力和职业技能训练的前提下，重组课程结构，更新教学内容，突出了高等法律职业教育的办学特色，并力求切实起到帮助学生灵活运用知识、提高完成本职工作能力的作用，力求使其成为造就面向法院、检察院、律师事务所等法律实践部门应用型法律人才的必备读物。

本套教材调动了全国各有关院校，包括中国政法大学、南京大学、山东大学、四川大学、苏州大学、云南大学、西南政法大学、中南财经政法大学、江西财经大学、华东政法学院、西北政法学院、广东商学院、北京政法管理干部学院、上海政法管理干部学院、河北政法管理干部学院、山东政法管理干部学院、黑龙江政法管理干部学院、浙江政法管理干部学院、陕西政法管理干部学院、贵州政法管理干部学院、天津政法管理干部学院、福建政法管理干部学院、广西政法管理干部学院、湖南政法管理干部学院、辽宁公安司法管理干部学院、广东司法警官职业学院、安徽警官职业学院、江西司法警官学校、山西司法学校、福建司法学校、湖北司法学校、江苏公安司法学校、武汉司法学校、内蒙古司法学校等数十个单位的资深力量参与编写，并将分批陆续出版。第一批出版的有《民法原理与实务》《诉讼原理》《诉讼实务》《刑法原理与实务》《行政法原理与实务》《经济法概论》《法律原理与技术》《法律论辩》《中国宪法》《法律文书》《中国司法制度》《案例分析方法原理与技巧》，共 12 种。由于编写时间仓促，不足之处在所难免，欢迎广大读者批评指正。

司法部法学教材编辑部
2002 年 12 月

第三版前言

（一）

全国高等法律职业教育系列教材《司法口才学教程》从问世到现在已经 12 年了。

12 岁，在中国是一个生肖的轮回；12 岁生日，在山西民间，是一个人一生中比结婚都要隆重的值得纪念的日子！巧的是，《司法口才学教程》今年也 12 岁了，是不是该庆贺一下？

去年国庆节前后，中国政法大学出版社的艾文婷老师打电话给我，说《司法口才学教程》（第二版）要重新修订，预计 2017 年 1 月出版。2017 年 1 月，正好是《司法口才学教程》12 岁的生日，如果恰好在她生日的时候出版第三版，该是件多么有纪念意义的事啊！不巧的是，当时我正参加山西省干部合唱团为纪念红军长征胜利 80 周年而精心准备的大型声乐套曲《长征组歌》的排练和演出，又逢年末，且已约定几个外出的学术会议和讲座，实在没有分身之术来完成此书的修订，只好与中国政法大学出版社约定推迟半年修订。错过最佳的出版时间节点，确实有点小小的遗憾。不过，《司法口才学教程》（第三版）能在她 12 岁时以新的姿态与读者见面，同样值得庆贺！

（二）

蓦然回首，在这 12 年里，社会变化之大，令人吃惊！

忘不了，写作初稿时，一堆书，一摞纸，一支笔，奋笔疾书，灯下漫笔，耗时 6 个月，完成手稿；将手稿交到打字店，又耗时一月，消费一千，才成电子版；之后，怀揣书稿，乘坐大巴，风尘仆仆，送往京城。不料，路遇大雾，道路被封，随车停在路边等待放行，饥寒交迫，直到第二天下午 4 点才把书稿送到……不说了，说多了全是泪。

后来，我练打字，学上网，很快有了收获。几度春秋，几经风雨，集腋成裘，积少成多，一字一句地在电脑上打字，竟成了一本书——《法律文书理论与实务》。记得当年坐在电脑前，把书稿打包好，鼠标一点，60 万字的稿件瞬间传给出版社，内心充满了无比的惊奇与自豪！

忘不了，《司法口才学教程》成书于美丽的文瀛湖畔宁化府西夹巷内。古老的街巷曲径通幽，院院相邻，错落有致。我坐在写字台前，听着院落里传来的乡音，闻着益源庆飘来的醋香，文思如泉涌，下笔如有神。如今，文瀛湖依旧美丽，醋味儿依然浓香，但是宁化府早已不在，取而代之的是大气、时尚的铜锣湾商场！从此乡音难觅，乡愁绵绵……

忘不了，在这12年里，代步工具逐步升级，从自行车到"小木兰"，又从小轿车到共享单车；课堂设备从古老走向现代，从黑板到白板又到多媒体。忆往昔，查阅资料，到书店，到图书馆，到阅览室，"踏破铁蹄"也难觅；看如今，手机上，掌心里，动动手指，"得来全不费功夫"……

当今的中国，国力强大，经济腾飞，科技发达，技术先进……中国人"上天入地""可上九天揽月，可下五洋捉鳖"的梦想早已成为现实！

12年来，中国的法治建设取得了令人瞩目的成就，"努力让人民群众在每一个司法案件中都能感受到公平正义"，成为法律人实现中国梦的最根本、最有效的底线。公正、高效、权威的社会主义司法制度建设向前行进的铿锵足音，在古老的中华大地上稳健回响……

（三）

12年，《司法口才学教程》一路走来，与法律文书携手同行，教学效果日渐显现。

司法口才是一门综合性很强的法律实务课程。它与司法文书的关系可以说是你中有我，我中有你。一个具备了超强法律文书制作能力的人，其司法口语表达能力会如虎添翼、锦上添花。因此，提高法律文书的制作能力，成为提高司法口才能力的有效途径。

教学中，我一手抓司法书面语表达，一手抓司法口语表达，两手都要硬。为学生编写了《法律文书理论与实务》，该书作为21世纪高职高专规划教材已于2009年由清华大学出版社正式出版。又带领团队艰苦努力，倾力打造法律文书精品课程，建立了容有100多万字的学习网站（http：//www.sxzfxy.cn/Article/650.html）。2014年12月，"法律文书理论与实务"课程，荣获"司法部部级精品课程"，实现了资源共享，服务本校、服务全省、服务全国的广大法学院学生和政法干警，为中国的法学教育事业献出绵薄之力。

以教师为主导，以两部司法实务类教程《司法口才学教程》《法律文书理论与实务》为主线，借助法律文书课程网站，经过3年的学习与实践，学子们大多会写能说。司法口才教学渐入佳境。

学生中的佼佼者在各专业老师的精心辅导下，参加山西省"黄河律师杯"模拟法庭大赛，历年都取得好成绩。

忘不了，2014年6月20日上午那场激烈的角逐！那是一场精彩的视听盛宴。在太原市中级人民法院大法庭内，来自山西省几十所大学推荐出的模拟法庭优秀论辩辩手，身着法袍、律师袍、检察制服进行模拟法庭大赛决赛。山西省政法管理干部学院的代表队员以灵活的庭审驾驭技巧、缜密的逻辑思维、敏捷的应变能力、扎实的法律基础、优秀的口语表达，出色地完成了模拟庭审并赢得了评委们的高度认可，夺得了山西省"黄河律师杯"第四届大学生模拟法庭大赛的冠军！一时间，山西省政法管理干部学院及参赛辩手成为各大媒体争相报道的对象。《山西法制报》《山西科教频道》《山西青年报》等多家媒体纷纷对此作了报道。

（四）

司法口才，特别是会话式的司法口才，在某种意义上讲，是一种求胜的口才，属于谋略文化。"君子谋胜不谋败"。谋略文化，讲的是计策，求的是胜利，"成者为王败者为寇"是谋略者信奉的原则。而计策，说白了就是阴谋诡计。所以谋略文化本身就带有品格上的缺陷。

然而，法律不仅仅是一种工具，也不仅仅是一种手段，更是一种人人遵守的契约，个个共守的规则；法律不仅仅是一些条文，也不仅仅是一种制度，更是一种源远流长的文化，一种深入人心的信仰。

司法口才是贯彻、实施法律的重要工具和武器。在司法过程中，运用司法口才方法和技巧，可以伸张正义，主持公道，维护权利，惩治邪恶。但是，司法口才的方法和技巧也常常被某些别有用心的人利用，他们打着法律的旗号进行无端的诡辩，侵蚀和玷污法律，突破道德和良知的底线。

技巧和伎俩一步之遥，一念之间。

有些律师为了求胜，诱使或者和当事人、证人合谋出具虚假证据——这是作伪证，是犯罪！

某发回重审案，刚开庭，法官就气咻咻地发牢骚，斥责提起上诉的一方当事人坏了法院的名声。庭审中，法官只问偏袒的一方，让其自由发挥1个小时。其间，另一方几次想发言，法官却视而不见，或以违反法庭纪律横加训斥，最后只给另一方5分钟时间发言，并且屡被打断——法官公然的偏袒，已经突破法律的底线、道德的底线，如何让人民群众在每一个案件中感受到公平和正义？

德国哲学家康德曾说："这世上有两种东西，我们越是对它们加以深入的思考，就越对它们充满无限的敬畏：那就是我们头顶的星空和心中的道德律。"

20多年来对司法口才的学习和研究，让我越来越对法律充满敬畏，越来越对司法口才充满敬畏！在课堂上，我常常问自己也问学生：学习和使用司法口才究竟是为了什么？仅仅是为了一己之胜？答案几乎是一致的：

不为求胜，只为求真！

这让我悬着的心，有了些许的安慰！

铁肩担道义，妙语见公平。法律人要崇尚法律、敬畏法律，切莫让司法口才技能技巧变成诡辩的伎俩并超越我们的良知，毁灭我们的人性，糟践我们的灵魂！

亲爱的读者，也许你会很快忘记我们今天的分享，但是我相信，司法口才敬畏法律、崇尚法律的人文交流情怀与人性的光芒，注定永远存在于你我的内心深处，伴我们前行！

（五）

12年，弹指一挥间！

12年来，《司法口才学教程》一直深受广大师生和公、检、法、律等一线法律人的认可与欢迎。其原因是初心不改，始终以帮助青年学生和一线干警尽快掌握司法口才的实用技能技巧为己任，通过学习，尽快顶岗工作，成为合格的法律人。

新修订的《司法口才学教程》（第三版）除继续保持教材原有的特点（教材理论观点的前沿性，与国内司法实务的契合性，高职教育的职业性、实践性和岗位针对性）外，又有新的个性：

1. 保持与时代同步的节奏。此次修订，将自党的十八大以来法学界有关司法口才的新成果、新理念、新方法、新技术穿插到整个教材中去，着力体现建设社会主义法治体系、推进国家治理体系和治理能力现代化的社会主义司法体制改革，体现社会主义核心价值观，体现人类司法文明，体现司法机关阳光办案、公平办案。同时提供反例，告诫读者，要严格依法办案，警钟长鸣。

2. "喜新厌旧"是每次修订必做的功课。此次修订的重点是对全书内容进行"瘦身"，"瘦身"之后再增加新颖丰富的内容。①文字上注意推敲，语句上注重精练，语言风格上力求通俗生动。②把最优秀的法律文书作品充实到教程中，如选入了获得全国优秀法律文书一等奖的作品，让学生在司法口才训练中直接感受优秀法律文书作品的魅力之所在。③所选案例尽力贴近青年人的生活，贴近他们关注的问题，如今年热播的电视剧《人民的名义》等；提供与司法口才密切相关的司法语言类节目的频道和网址，如中国庭审公开网的"庭审直播"、湖北卫视的"调解面对面"等，以便于他们上网学习。

3. 内容的趣味性和可读性。活泼的学习形式是本书反复咏叹的主题。现在入校学习的大学生基本是90后。90后是一个特殊的群体，他们有思想、有个性，主张非主流。因此，内容的趣味性和可读性，在第三版的修订中贯穿始终。

在总框架体例不变的情况下，继续保持体现高职高专人才培养的应用型特色，采用新颖活泼、乐于被人接受的形式和内容，在每一章内有"课堂讨论案例",每一章后有"课内实训",所选案例尽可能体现知识性和趣味性等特点,通过"真案真做"、"假案真做"、模拟实践等专项训练,让读者特别是可爱的90后们在快乐中学习、在快乐中成长。我相信,当潮流光速般地向前飞驰而去的时候,主张非主流的90后,会慢慢学会担当,成为主流。

泰戈尔在《飞鸟集》中说,天空不曾留下翅膀的印迹,我却已经飞过。愿《司法口才学教程》这本理论实用、内容新颖、操作性强的教程,能帮助你跨千山、越万水,在广阔的法律职业天空中越飞越高、越飞越远……

作者 安秀萍
2017 年 5 月 16 日

前 言

在该书的前言中,我想谈如下几个问题:

一、对汉语的情有独钟

与其他爱好文学的人一样,我对汉语言文学的情有独钟是与生俱来的。在青少年时期,正值"文革",我总是想方设法去借书、抄书、学习经典,向汉语教师请教答疑。虽说盲目,但零星点点也积累了不少。20世纪80年代,我读大专、上本科,学的都是汉语言文学专业,那时痴心遨游书海,钻研语言文字,并有幸得到几位资深教授的不吝垂教,几度光阴,积累颇丰。

1984年,我开始在报纸杂志上发表东西,为各类报纸杂志撰写散文、论文及教学辅导文章20余篇。1990年底,我从太原市北城区教委教研室调入山西省政法管理干部学院,主讲"现代汉语""大学语文"课程。由教研员到教师,工作环境变了,但所研究的学科方向不变,一样使我如鱼得水,自然有一种由衷的喜悦。

二、与司法口才的因缘

初识司法口才,大约在青少年时期,印象最深的是《智取威虎山》中审"小炉匠"栾平的情节。杨子荣威风凛凛的讯问,令人振奋;栾平百般抵赖、狡猾而丑态百出的回答,令人忍俊不禁。20世纪80年代初期,香港影片在内地放映,又让我增加了对司法口才的崇敬,法庭上律师口若悬河、据理力争地辩护,那气势、那场面、那义正词严又充满智慧的话语,实在让我佩服。由此,我感觉律师既是法律之师,又是口才之师,他们的雄辩滔滔,更让我对司法口才油然而生敬意。

真正与司法口才打上交道是1992年冬季。当时,根据司法部的规定,我院决定开设司法口才课程,我主动请缨,承担这一课程的授课任务。那时我年轻,对工作的热情极高,再加上对司法口才的崇拜,我下决心一定拿下这门课程。于是,我边教学边自学,利用业余时间修完了大学法律本科的大部分课程,后来到实践部门学习,特别是向当时有实践经验的学员请教。每次课间都是我向学生学习的绝好机会,几年下来,集腋成裘,我还真受益匪浅!司法口才很快成为受学生欢迎的一门课程。1995年,我院编写的律师专业口才教程——《律师口才学》，其中 2/3 的内容由我执笔，真正使我与司法口才结下了不解之缘！

三、司法口才到底是姓"法"还是姓"文"

汉语言文学和法学是两大门类的学科，其研究对象、研究方法、思维形式存在十分明显的差异，而我多年来却一直肩负着两大门类学科的教学任务，主讲"现代汉语""大学语文""司法口才""法律文书"课程。

每年春夏季，我讲"大学语文"，书中一篇篇生动、丰富、隽永的文字让我陶醉，师生共同徜徉在美妙的字里行间，体味着中华古老文化的博大精深，品味着汉语言文学的灿烂与辉煌，自是一种欣慰。

每年秋冬季，我讲"司法口才"，历尽艰辛不断添充讲课内容，使过去枯燥的课程变得生动起来，我体会到了"苦中有乐"这一词语的真正含义，看着我的学生一个个争先恐后登台像模像样地模拟讯问、模拟宣读、模拟法庭论辩，我欣慰，我高兴。

孟子说："鱼，我所欲也；熊掌，亦我所欲也，二者不可得兼，舍鱼而取熊掌者也。"我大违先哲之训导，站在汉语言文学与法学的十字路口上，二者不愿舍一。

在法学与汉语言文学的十字路口上，我思考着。司法口才是法学与口才学的交叉学科，是一门边缘学科，它的法律专业性很强，同时涉及的知识面也很广。司法口才是姓"法"还是姓"文"？我认为司法口才"姓法"的好：①司法口才的法律专业性很强，只有学好程序法、实体法，并综合运用司法口才，才能得心应手，因而，该课程应当在法学专业高年级开设，学生学了就去实习，学以致用。②"文"的积累是为"法"服务。司法口才涉及面广，除涉及法学以外，还涉及语言学、口才学、逻辑学、语音学等。学生应当首先学好语文等基础课，为高水平发挥司法口才打基础。

四、该书的写作初衷

初识司法口才令人兴奋，深入研究起来却格外艰难，主要是参阅的资料奇乏。就国内而言，普通口才学研究轰轰烈烈，司法口才研究却寥寥无几。学术界对司法口才这一边缘学科的研究显得过于冷漠，以至于在市面上很难看到近五年来关于司法口才方面的专著、教材。在各学术刊物上，偶见一篇这方面的论文，我都会如获至宝，格外惊喜！

于是，我产生了编写一本关于司法口才学方面的教程的想法。今年夏天，我将现有的司法口才讲稿，在体例上大胆探索，在内容上加工增删，根据法律专业学生，特别是高职高专学生的特点，编写了这本教程。该教程试图体现如下几个特点：

1. 试图建立司法口才学的学科体系。司法口才是一门专业性很强的法律专业学科。既然是一门学科，它应当也必须有自己的学科体系。该教程分为三个部分：导论、司法口才基础知识、司法口才实际操作。第一部分导论，从理论上探讨该学科的概念、特点、分类及历史发展脉络；第二部分司法口才基础知识，着重研究司法口才与民族共同语言的统一性与分异性，其是司法口才实际操作的基础；第三部分司法口才实际操作，系统总结司法人员在具体办案过程中常见的司法口才方法和技巧。

2. 注重理论与实践相结合。司法口才是一门综合性、实践性很强的法律专业课。从全书结构看，除上编导论外，中编与下编的关系就是司法口才理论与实践的关系，下编每一个章节里，前几节讲概念、特点、分类等理论知识，后几节又是该项口语的实际操作，如司法口才方法、技巧及训练；从每一个方法和技巧看，先讲这一方法技巧的理论，后举实例说明。理论与实践有机结合是全书反复咏叹的主题。

3. 力争使该书具有趣味性和可读性。现在的学生品位高了，吃苦精神却少了，"学海无涯苦作舟"，学得面如土色、口舌生疮，早已不被青年人所接受。如何将"要我学"变成"我要学"，"要我读"变为"我要读"，是我们这些教书人、写书人应当注意的问题。为什么不把"苦读"变"乐读"？基于上述的主导思想，在该书写作过程中，我十分注意把枯燥的司法口才变得生动起来，摆脱过去板着面孔说教、用抽象的理论讲抽象的概念的方式，力求使语言在符合法律规范的前提下通俗而生动，所选案例尽力贴近青年人生活，贴近他们关注的问题。

以上是该书美好的写作愿望，是否得到读者首肯，有待实践的检验。衷心地希望您读后能不吝赐教！

这本书主要是为高职高专法学专业学生学习司法口才而编写的教程。它或许对法学教育，对侦查人员、主诉检察官、律师、法官的办案工作有所帮助和借鉴，或许对专门研究口才学、法学的大师们及我的同行们深入研究与建言立说，具有抛砖引玉的作用，那将是我最大的幸福。

作 者
2004 年 12 月 3 日于文瀛湖畔宁化府

上 编 导 论

第一章 绪 论 ▶ 1
　　第一节　司法口才 ／ 2
　　第二节　司法口才学 ／ 13

第二章 司法口才的产生和发展 ▶ 27
　　第一节　司法口才的产生及条件 ／ 27
　　第二节　司法口才的发展脉络 ／ 28
　　第三节　我国司法口才的研究现状 ／ 41

中 编 基础理论

第三章 司法口才的方式和要求 ▶ 44
　　第一节　言语交际的过程 ／ 45
　　第二节　司法口才的方式 ／ 53
　　第三节　司法口才的表达要求 ／ 68

第四章 司法口才的主体和客体 ▶ 77
　　第一节　司法口才的主体 ／ 77

第二节　司法口才的对象　/ 88

第三节　司法口才的客体　/ 92

第五章　司法口才表达的基本技巧　▶ 101

第一节　声音技巧　/ 101

第二节　表述技巧　/ 108

第三节　修辞技巧　/ 117

第四节　态势技巧　/ 126

下　编　实际操作

第六章　司法宣读　▶ 134

第一节　司法宣读的概念和分类　/ 134

第二节　司法宣读的特点　/ 137

第三节　司法宣读的方法　/ 139

第四节　司法宣读的技巧　/ 145

第七章　司法问话　▶ 166

第一节　司法问话的概念和分类　/ 166

第二节　司法问话的特点　/ 169

第三节　司法问话的方法　/ 176

第四节　司法问话的技巧　/ 189

第八章　司法调解　▶ 213

第一节　司法调解的概念和分类　/ 213

第二节　司法调解的特点　/ 217

第三节　司法调解的方法　/ 220

第四节 司法调解的技巧 / 223

第九章 **法庭演讲** ▶ 233

第一节 法庭演讲的概念和分类 / 233

第二节 法庭演讲的特点 / 238

第三节 法庭演讲稿的拟写 / 240

第四节 法庭演讲的技巧 / 244

第十章 **法庭论辩（一）** ▶ 258

第一节 基础论辩常识 / 258

第二节 论辩的工具 / 259

第三节 论辩中的诡辩与反诡辩 / 270

第十一章 **法庭论辩（二）** ▶ 283

第一节 法庭论辩的概念和分类 / 283

第二节 法庭论辩的特点 / 285

第三节 法庭论辩的方法 / 288

第四节 法庭论辩的技巧 / 294

参考文献 ▶ 330

后　记 ▶ 332

第三版后记 ▶ 333

上 编 导 论

第一章 绪 论

> 学习要点
> 1. 正确区分司法口才和司法口才学的概念;
> 2. 掌握司法口才的特点;
> 3. 了解司法口才的分类;
> 4. 学习当众讲话。

当今的中国,政治体制逐步完善,综合国力不断增强,经济长期保持中高速增长,人民的生活水平稳步提高,国际地位不断上升。

中国在跻身世界经济强国、政治大国行列的同时,建设社会主义法治体系、推进国家治理体系和治理能力现代化的社会主义司法体制改革也在如火如荼地进行。特别是在党的十八届四中全会吹响"全面依法治国"的号角以来,建设中国特色社会主义法治体系和法治国家进程的步伐明显加快。《民法总则》的颁布,使古老的中国成功迈出了民法典编纂的第一步,对弘扬社会主义核心价值观,体现人类司法文明,促进社会主义市场经济健康发展有极其重要的意义;司法机关"员额制"改革,优胜劣汰,"入额"的检察官、法官大大提升了司法队伍的人员素质,为公正、高效、权威司法提供了保障;中国司法审判活动通过"中国裁判文书网""中国庭审公开网"等的窗口实时向人民群众开放,体现司法机关阳光办案、公平办案的决心和信心,人民群众也以看得见的方式感受司法公正,感知公正、高效、权威的社会主义司法制度。

中国法治建设稳步前行的铿锵足音在古老的中华大地上回响,"让人民群众在每一个司法案件中都感受到公平正义"正在一步步实现。

"感受"并不仅限于人民群众对司法处理结果的接受,更重要的是感受司法处理过程,感受依照司法程序宣扬法律的公平和公正,感受在一个一个真实的案件中看到公平正义得到实现,相信公平正义真实存在。这就最大限度地实现了公平正义。

立法寄希望于司法正确适用法律,伸张法律正义和弘扬法律精神;当事人寄期望于司法公平公正保护其合法权益;司法寄希望于司法人员充分展示其司法口才,合法合理地处理法律纠纷和冲突;人民群众也期望司法工作人员运用其司法口才给一个公道,从而深切感受司法公正、法律的智慧以及法律的人文关怀。

法律需要司法口才,法治召唤司法口才,社会期待司法口才,司法口才肩负着立法、司法、当事人和社会大众对它的深情厚望。为此,司法口才不是可有可无的东西,更不取决于司法人员的个人好恶。司法口才肩负重任,是司法人员必备的才干,是司法人员践行其法律职责的必备专业能力。只有这样,才能高质高效提高办案水平,为公正、高效、权威的社会主义司法制度建设做出自己应有的贡献。

第一节 司法口才

司法的过程,主要借助于司法口才来完成,司法口才是司法工作者从事司法活动的必备工具之一。

一、司法口才

司法口才是用有声语言依法、高效、权威、公正地进行司法活动的口语能力。换句话说,司法口才是国家司法机关的办案人员以及诉讼活动中的其他人员在处理诉讼案件时,面对特殊对象和对特殊对象实施特殊行为时,运用法学和口才学的相关知识,直接使用口头语言,正确、高效实施法律或协助法律实施所表现的口语才能。

司法口才是执法能力、司法能力建设的核心组成部分,在注重执法能力、司法能力提升时不能忽略口才技能。

(一)口才

口才,是一个人口语表达的才能,是一个人口头言语才能的总和。

口才运用得当,有时可以是一种巨大的生产力!

阿里巴巴企业的创始人马云,是一个有着超凡口才的人。创业之初,马云靠演讲赢得了日本首富孙正义的投资；用具有说服力的谈判劝说杨致远，成功收购了雅虎中国；当互联网遭遇寒冬，他用激情演讲点燃阿里巴巴员工的斗志；淘宝天猫商城事件中，他又凭着自己的口才安抚有意见的用户，赢得重回谈判桌的机会……

课堂讨论案例

口才，拯救了一个国家

春秋战国时期，秦晋大军联合攻打郑国，郑国的文臣武将一筹莫展，武将不敢出征，文臣没有办法，郑王不得不请老臣烛之武出马，出使秦国。烛之武受命于危难之际，到秦军阵营之后，找到秦军统帅，他向对方动之以情，晓之以理，情真意切，痛陈唇亡齿寒的利弊，最后终于说服秦军统帅退兵。晋国一看无可奈何，也只好撤军。

郑国老臣烛之武就凭借自己的口才不仅说退秦师，还留下两员大将，协助郑国进行防守，使郑国免于灭顶之灾。

问题：
1. 是什么威力使强大的秦国撤军？
2. 想象一下，烛之武具体说了哪些话？

现代社会中，口才有时成为一个人通向成功的桥梁！

在课堂、在舞台、在社交场所、在谈判桌上，只要有人的地方，就需要交流，就需要对话，就需要高超的讲话能力。能力相同的两个人，因为其中之一拥有出众的口才，能有效地与人沟通，传达公司的愿景，他的职位的晋升便如同坐了直升机一样，让人羡慕不已。口才是"说得出的能力，做得到的成就"！

一个口才好的人，当他滔滔不绝的时候，颇具一种不可思议的力量，可以影响气氛的紧张和松弛。

某业余合唱团团长由省领导兼任，平时工作由常务副团长主持。某日，合唱团开训仪式上，这位省领导亲临现场，大家很兴奋。这时，常务副团长走到台前，郑重其事地说："下面有请省干部合唱团团长兼省政协副主席姜××同志讲话……"在场的人先是一愣，接着立刻报以热烈的笑声和掌声。在这个特定的场合下，主持人故意把这位省领导的主要职务和挂牌职务颠倒说，诙谐地表达了姜团长在干部合唱团重要性，同时也调侃性表达了合唱团的真实意思：团长，多关心我们啊！

1972年，美国总统尼克松访问苏联。一次，他到苏联机场飞机准备起飞时，突然一个引擎发动不起来。在场的苏联总书记勃列日涅夫又急又恼：

勃列日涅夫：（指着民航部长）我应该怎样处分他？
尼克松：提升他。因为在地上发生故障总比在空中好。

尼克松的回答很巧妙：既批评了故障不该发生，又显示了自己的大度，使勃列日涅夫如释重负，那位民航部长也借此避免了处分。

试想，如果尼克松说："好好批评他！"，效果如何呢？表面是批评民航部长，实际批评了勃列日涅夫，不利于两国友好；如果尼克松说："没关系"，其言语的效果是尼克松把自己看得太不尊贵了，堂堂美国总统，竟把自己的性命不当回事，把自己看得也太渺小了。这样说也不合适。

但是，生活中更多的人讲话却不尽如人意。有的人说话像茶壶里煮饺子——有货倒不出来；有的人只会讲本地方言，但普通话却很跛足；有的人说得了普通话却讲不了外语；更有甚者，讲话词不达意……他们虽然也在滔滔不绝，却犹如发不出声的留声机，虽然在那里转动却引不起人们的兴趣，达不到表达效果，甚至说话的意图与效果南辕北辙、背道而驰。

某局新任局长请退居二线的老局长吃饭。席间，端上一盘油炸田鸡。老局长用筷子点点说："喂，老弟弟，青蛙是益虫，吃不得。"新局长不假思索，脱口而出："不要紧，都是些老田鸡，退居二线不当回事了。"老局长闻此，脸色大变！

新局长本想开个玩笑，调节一下气氛，不料说漏了嘴，触犯了老局长的自尊，尴尬万分。席上友好的气氛荡然无存。此言既出，不如不请老局长。

俗话说："一句话，使人笑；一句话，使人跳"，"良言一句三冬暖，恶言伤人六月寒"。口才，能使不相识的人携手，能使人与人之间达成心灵沟通，能替人排忧解难，能使人托付重任。口才也能招来祸患，使亲手搭建的语言大厦顷刻间坍塌！

司法口才又何尝不是如此！

（二）司法口才

司法口才是国家司法机关的办案人员在处理诉讼案件时，面对特殊对象和对特殊对象实施特殊行为时，以事实为根据，以法律为准绳，直接使用口头语言，正确、高效实施法律或协助法律实施所表现的口语才能。

这一概念告诉我们构成司法口才的几个必备要素：

1. 司法口才以诉讼口才为主。因为司法口才是司法机关处理诉讼案件时使用的口才，根据我国现行的司法体制的特点，审判机关、检察机关、侦查机关分立，由此，司法口才以侦查机关的口才、检察机关的口才和审判机关审理案件的口才为主。

法院诉讼口才是司法口才的主要部分：法院审理案件，在法官主持下依法定程序进行，整个开庭的过程需要司法口才来完成；双方当事人就案件的实质性问题展开论证，原、被告双方处于对立地位，控、辩、审三方共同借助司法口才完成诉讼任务。

2. 司法口才的主体应该是侦查人员、检察人员、审判人员、参与诉讼的律师以及其他相关人员。在诉讼活动中，行使侦查权的侦查人员、行使检察权的检察人员和行使审判权的审判人员，分工协作、互相制约，共同完成诉讼活动。只有侦查人员、检察人员、审判人员、律师以及其他相关的人员，才有展示司法口才的资格。侦查人员在讯问犯罪嫌疑人时，要通过话语这一形式触及其内心深处，促使其如实供述；公诉人员在庭审过程中对被告人进行讯问时，应当注重条理性、逻辑性、合法性、公正性、彻底性；审判人员在审理诉讼案件时，通过法庭言语对法庭秩序的管理、控制、维系，让人们能够感受到司法公正；律师在庭审过程中询问或辩护时，当事人期待他们通过言辞展示事实和法律真实。

司法口才主体在特定的语言环境中，面对司法口语表达的对象，借助司法口才，查明案件事实，准确适用法律，解决一切纠纷，化解一切矛盾，彰显法律的公平正义。

3. 司法口才特定的客体应当是事实和法律。展示司法口才必须遵循"以事实为根据，依法律为准绳"的基本原则，事实和法律是司法口才特定的客体。在办案时，司法口才主体如果脱离事实和法律，在法庭上或伶牙俐齿、喋喋不休，或故作高深、用语晦涩，或堆砌辞藻、言不及义，或口若悬河、内容苍白，或套话连篇、空洞无物，或凭空想象、信口开河……脱离事实和法律，都是司法口才摒弃的。

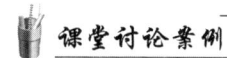

"彭×案"

2007年9月4日,南京市鼓楼区法院审理了一起案件:原告徐老太说,她下车后,被迎面走来的被告彭×撞到胯部;被告彭×说,下车后看到一个老太太倒在地上,前去搀扶,是做好事。

同一件事,原告、被告的说法却大相径庭,但是,双方都拿不出有力的证据证明自己的说法是正确的。

法院经过审理认为,本次事故双方均无过错。按照公平的原则,当事人对受害人的损失应当给予适当补偿。因此,判决彭×给付受害人徐老太损失的40%,共45 876.6元。

判决结果本身也不错。但是法官的一系列自认为严密的话语,却把整个案件推到了风口浪尖上。该法官的判决书用三个理由来证明被告彭×确实撞了徐老太:①如果被告是做好事,应该第一时间抓住撞倒原告的人,而不是将她扶起;②如果被告是做好事,当他的家人到来时,应该离开,但是被告没有;③如果被告是做好事,不应该给徐老太先行垫付医药费,可是被告垫付了……此言一出,哗然一片,立刻引起全国的大讨论:摔倒的老人该不该救?

问题:

1. 本案法官因何引起舆论哗然?
2. 法官分析"彭×确实撞了徐老太"的理由成立吗?为什么?

司法口才表达的内容,必须以真实可靠的客观事实为材料,以现行法律为依据,忠实地为实施法律服务。

4. 司法口才是一项综合性很强的专业口语技能。对于司法口才的实施者,不仅要求其具有较为深厚的语法学、修辞学、逻辑学、语言学等相关学科知识,而且必须有很深的法学造诣。只有系统地学习了各个部门法的知识,学习了实体法与程序法的相关知识,才有提高司法口才的可能。没有一定的法学素养,没有一定的实践经验,很难实现司法口才。司法口才是司法口才主体必备的一项专业技能,是司法人员和法律工作者在长期实践中总结出的一种行之有效的工作才能和工作艺术。这种技能或艺术具有综合性和专业性的特点,是实践性、经验性、知识性、技术性很强的法律职业工作。

因而,司法口才是司法人员最重要的业务素质之一。在接受法律和法学教育条件相同的背景下,司法口才便成为司法人员最大的素质差异之一了。

司法口才,应当是以事实为根据,以法律为准绳,言之有据,言之成理,深入浅出,言简意明,妙语连珠,合乎逻辑。

二、司法口才的特点

世间一切事物都有自己的特点。所谓特点,就是此事物与彼事物之间的差异。"特点"要有自己的参照系,没有参照系就没有特点。司法口才的特点是与一般口才相比较而显现的。与一般口才相比,司法口才具有如下特点:

(一)合法性

法国伟大的启蒙思想家、法学家孟德斯鸠说:"一个民族的法官,只不过是宣布法律之词语的喉舌,是无生命的人,他们既不能变动法律的效率也不能修正其严格性。"[1]

美国军事家、政治家马歇尔认为:"在任何案件中都没有自己的意志……行使司法权的目的从来也不是为了赋予法官意志以权力;而总是为了赋予立法机关的意志——换言之——法律的意志以效力。"[2]

合法性是司法口才的"灵魂",法律工作者最大的语言技巧源于法,基于法,扬于法,也律于法。

1. 司法口才的主体身份要合法。司法口才的主体在诉讼过程中,其特殊身份由法律规定,如侦查员讯问犯罪嫌疑人,询问证人、知情人;审判员在法庭上发问;公诉人在法庭上发问、发表公诉意见;辩护人在法庭上发问、发表辩护意见等。

2. 司法口才的程序要合法。司法人员在诉讼活动中进行口语表述时,除司法口才主体身份合法外,还必须按法定程序进行,即我国三大诉讼法。《刑事诉讼法》规定,律师担任辩护人或代理人进行法庭演讲,必须在法院审理案件的法庭上,在法庭调查结束后发表,同时,还要按法律规定的次序进行:首先由公诉人、被害人(及其诉讼代理人)发言;其次,才由被告人陈述、辩护人发言,不得越次而行。

课堂讨论案例

"神速"办案,被判违法

被告人李××与"椰花香酒"公司法定代表人孟×洽谈酒业合作事宜时,

---

[1] [美]本杰明·卡多佐:《司法过程的性质》,苏力译,商务印书馆1998年版,第106页。
[2] [美]本杰明·卡多佐:《司法过程的性质》,苏力译,商务印书馆1998年版,第106页。

谎称自己是某机构负责人谢××的助理兼主任。为促成合作，被告人李××要求孟×先加入该机构并交纳 11 000 元会费。2011 年 3 月 7 日，孟向李提供的账户汇款 11 000 元。同年 3 月 16 日，李在济南市将该款提取，但未帮孟×办理入会事宜。

2012 年 5 月 13 日，李××因涉嫌诈骗被某县公安局刑事拘留，5 月 16 日被执行逮捕；某县检察院于 5 月 17 日向该县法院提起公诉，法院于同日决定受理，并于 5 月 18 日开庭审理，当天即作出判决：被告人李××犯诈骗罪，判处有期徒刑 2 年零 6 个月，并处罚金 2000 元。

期间，李××家人聘请两名律师为李××辩护人。因未收到起诉状副本，无法了解起诉的内容和理由，检察院也未会见被告人，辩护人在庭前曾两次要求延期开庭审理，但被法庭拒绝。庭审时，李××的辩护人又提出本案不适用简易程序，要求用普通程序，依旧未被法庭采纳。李××案从刑拘、批捕、起诉直至判决，整个过程仅用了不到 1 周时间，办案可谓"神速"。

李××不服一审判决提起上诉，同年 8 月 1 日，二审法院开庭审理，认为一审法院的审判程序违法，依法作出裁定：撤销一审法院的刑事判决，将该案发回重审。[1]

问题：

1. 该案司法处理过程中有哪些违法情节？
2. 正确的办案程序应该是怎样的？

实体公正首先需程序公正，司法办案需程序优先。如果程序不公正，即使实体公正，也是无效的。

3. 司法口才的内容要合法。司法口才的主要观点要体现"以事实为根据，以法律为准绳"的原则，体现法律允许什么，反对什么，禁止什么。司法口才表达者的主观创造无论多么富有新意、多么富有个人特色，说到底都必须是在法律的限制下进行，在法律的范围之内进行，只有在法的范围内运用司法口才，才有意义。

蜚声世界文坛的德国大诗人歌德，青年时代曾攻读法律，并取得律师资格。他踏上律师生涯的首次辩护，就以失败而告终。请看他的辩护词：

啊！如果喋喋不休和自负竟能预先决定明智的法院的判决，而大胆和

---

[1] 资料来源："海南白沙县公检法'神速'办案被判违法"，载中国新闻网，2013 年 12 月 18 日。

愚蠢竟能推翻证明的真理！……简直很难相信，对方居然敢向你提出这样的文件，它们不过是无限的仇恨和最下流的谩骂热情的产物……啊！最无耻的谎言，最不知节制的仇恨和最肮脏的诽谤，在这场角逐中受孕的丑陋而发育不全的低能儿！……

这不是辩护词，这是诗！全文带有思维的跳跃性，内容空洞！这一段辩护在法庭上反响如何？据记载，"法官们不由微笑地摇着头"，听众强烈不满，对方律师也无情地反驳。歌德见此，十分愤慨，要求再次发言：

我不能再继续我的发言，我不能用类似这种亵渎神灵的话玷污自己的嘴……对这样的对手还能指望什么呢？……需要有一种超人的力量，使生下来就瞎眼的人复明，制止住疯子们的疯狂——这是警察的事。

法官警告歌德，不许这样发言。最后群情激奋，把他轰出了法庭。这位少年时代就傲视一切的诗坛才子，第一次行使律师职责就遭到法庭的指责。歌德的失败，败在没有用司法口才。

一个法官在法庭上，司法口才的合法性要求"他应该说什么，不说什么，多说什么，少说什么，怎么说，而这一切决定于法官的法庭角色。而法官的角色是由法律决定的"[1]。因此，司法口头言语是形式，是外壳；案件事实、法律才是内容，是内核。如果离开事实和法律，片面追求口才艺术，即使说得天花乱坠，也是无源之水、无本之木，根本谈不上司法口才。

（二）宣教性

司法人员不仅仅要做"法匠"，根据法律来分清是非、消弭纠纷，更要体现立法的精神和原则，创造性地使用法律、宣传法律。通过司法口才，对受众者传播法律知识、弘扬法治精神、培育法治理念、提高法律素质，为他们提供法律帮助，宣传法律，教育群众遵纪守法，维系社会的公平和正义。

司法口才对受众者的指引及教育的功能，使公开开庭的法庭成为法制宣传的重要阵地和生动课堂，每一次公开庭审从始到终都是宣传法制、教育当事人和旁听群众的最好教材。

2013年10月30日20时30分许，被告人于××用其邮政储蓄银行卡

---

[1] 廖美珍：《法庭语言技巧》，法律出版社2005年版，第81页。

到×区一 ATM 柜员机存款时，先后几次存入 300 元，均遇到现金退回的情况。经查询，他发现账户余额相应增加。于是，于××尝试跨行取 2000 元和 1000 元，均获得成功，遂产生了恶意存款并窃取银行资金的念头。

于是，于××返回邮政储蓄柜员机，连续 10 次存款 3300 元，后马上到附近银行柜员机跨行取走 15 000 万元，并转账 5000 元，再次返回，连续存款 5000 元 1 次、9900 元 3 次、10 000 元 3 次，至 2013 年 10 月 30 日 21 时 58 分 59 秒，于××共恶意存款 17 次，恶意存入人民币 97 700 元。后被告人于××到深圳市其他网点陆续跨取和转账，至 2013 年 10 月 31 日 6 时 28 分 10 秒，于××共窃取人民币 90 000 元。

银行工作人员发现后，于 2013 年 11 月 3 日联系于××无果，后报警。2013 年 12 月 12 日，于××被公安机关抓获。至 2013 年 12 月 15 日，于××共退还人民币 92 800 元。

考虑到案子与颇具争议的广州许霆案类似，惠阳法院采取了全程网络直播的方式公开开庭审理此案。法庭上控辩双方进行了激烈辩论，经审理，法院认为，于××利用机器故障，通过存款方式占有银行资金的行为，属于以秘密窃取的方式非法占有他人财物，构成盗窃。

最后，惠阳法院以盗窃罪判处被告人于××有期徒刑 3 年，缓刑 3 年，并处罚金人民币 10 000 元。

此案与许霆案一样，在全国引起了极大的反响。广大信用卡客户受到很大教育，后来，当客户发现银行卡错误时大多会主动交还银行。据南充新闻网报道，2014 年 12 月 11 日上午，蓬安县海事处一职工的银行卡离奇多出 4.9 亿，后主动退还 4.9 亿获表彰。此类事例不胜枚举。

办好一案教育一片！

(三) 限制性

司法口才的限制性，是指司法口才主体的口语内容要受法律的限制，是司法口才合法性的延伸。简而言之，司法口才的限制性，就是指司法口才主体在展示司法口才时要各司其职，依法而行，不得超出法律，不得越权。

如刑事案件中，在法庭上展示司法口才的法律工作者应各司其职，辨明事实，分清责任，保证法律正确实施。公诉人要站在国家角度指控犯罪，揭露犯罪，维护国家利益；律师要根据事实和法律提出证明被告人无罪、罪轻或减轻、从轻处罚的材料和意见。辩论中，律师不能站在公诉方的立场上去损害被告人的权益；公诉人也不能站在被告人一方去为被告人辩护。担任刑事附带民事诉讼代理的律师只能代理民事赔偿的意见，不能代理刑事部分的意见。

每一个正常人都具有丰富的情感。但有些案件的案情容易引起人的情绪波动。作为司法工作者,特殊的身份地位决定其不能被情绪左右,不能将个人情感带入案件,更不能在法庭上狂呼乱叫、大打出手、以情干法。相反,司法工作者要将一腔情感化作铿锵有力、字字千钧的言辞,以理服人,依法办案,体现立法精神。

(四)可听性

司法口才的主要手段是通过有声语言来完成的,而有声语言是稍纵即逝的。司法工作者在展示司法口才时,特别是在传达某种信息的时候,听者一旦对某句话、某个词语听不清或听不懂,都会影响法律信息的传达,甚至出现负面效果。

1998年8月,××法院审理陈××贪污、渎职一案,审判人员操河南或河北口音宣读"其子陈××"一句,"其子"让人听成为"妻子",人物关系变化很大,使人听不明白或听错内容,影响了法律文书的准确传达。

司法口才的可听性首先要做到"入耳"和"悦耳"。

1."入耳"。即让人听起来没有什么障碍,边听边能在头脑中产生相应的形象。司法口才如何入耳呢?

(1)把音短、易错的单音词,改为多音词或双音词。如某讯问笔录:

问:我刚才是让你详详细细、实实在在地把这个问题讲清楚,可你没有做到。

答:当时就这么个经过。

问:你应把当时你看到的从头到尾讲出来,听见了吗?

答:听见了。

如上对话,第一问中"详详细细、实实在在"作为口语表达,就入耳,让人听明白了。而第二问中的"应"一旦成为口语,容易听成"因",应将"应"改为"应当"。因此,在口语当中要尽量避免用单音节词,应当用双音节词。

(2)有些同音词,用文字表达,词义明确;一旦成为有声语言,则影响正确传播。如"公事""工事""攻势""公式";"数目""树木";"预见""遇见";"食油""石油";"(以上陈述事实)全部属实""全不属实","部"和"不"听起来语音一样,但词义可就大相径庭了。

(3)有些语句中的词语并不太引人注意,运用司法口才可以进一步强调表达意思，以入耳。如"深夜几点我不清楚，听见声音就出来了"，其中的"声音"一词，不太明白，司法人员可以进一步问："听见什么声音？"加以强调。

2. "悦耳"。即让人听起来觉得波澜起伏，心理上产生愉悦感。司法口才要在法律允许的情况下尽可能以情感人。如"由于伤势过重，抢救无效，被害人已经不幸去世"，说的语气应当是悲哀、痛惜的，节奏要慢、声调要低；"经过警民共同奋战十昼夜，持枪逃犯刘××已被抓获"，说这句话时，语气是欣喜、高兴的，节奏要快、声调要高。

总之，司法口才的合法性、宣教性、限制性、可听性，它们之间是互相牵连、相互依存，共同构成司法口才的特点。

三、司法口才的分类

按不同的属性划分，司法口才可分为如下几类：

1. 按口头言语形式划分，司法口才可以分为：交际口才、交锋口才、宣读口才、宣讲口才。

2. 按言语流向分，司法口才可分为会话式口才、独白式口才。

（1）会话式口才是指交际双方传递信息是双向的，交际地位处于动态结构中，一方既是信息的发出者，又是信息的接收者。

（2）独白式口才是指交际双方传递信息是单向的，交际地位固定不变，一方总是信息的发出者，另一方总是信息的接收者。

3. 按法律规定的口语形式划分，司法口才分为宣读、讯问、询问、发问、发表公诉意见、发表辩护意见和代理词、调解、评议、讨论、辩论等。

（1）宣读。宣读（包括宣判、宣布）是司法人员对必须转换为口头言语的各种法律文书公开地朗读的口语传达。司法实践中，宣读可分为裁判性宣读、程序性宣读、工作性宣读等。

（2）讯问。讯问是侦查人员依照法定程序以口头问话形式向犯罪嫌疑人查问案件事实和其他与案件有关情况的一种侦查行为，是态度认真、盘问严厉的一种问话形式。

（3）询问。询问是司法人员在诉讼活动中为了查明案件真实情况，鉴别和印证其他证据，对刑事案件的被害人、证人和民事、行政案件的当事人、证人进行的一种口头问话形式。

（4）发问。发问是庭审过程中，公诉人、审判人员、担任辩护人或诉讼代理人的律师对案件的当事人、被害人、证人、鉴定人所作的口头问话形式。

（5）发表公诉意见。发表公诉意见是刑事案件检察人员在法庭上所作的法庭演讲。从法律程序上讲，发表公诉意见标志着法庭论辩的开始。

（6）发表辩护意见和代理词。发表辩护意见和代理词是律师在法庭上纵观全案，针对控方意见所作的法庭演讲。

（7）调解。调解是在民事案件、刑事自诉案件和特别的公诉案件审判活动中，法官就本案事实经双方当事人自愿达成协议，使纠纷在当事人双方互相谅解的基础上获得解决的一种口头言语形式。

诉讼外调解，是指在人民调解员、仲裁员、司法助理员等法律工作人员的主持下，对双方当事人所争议的民事权益和法律关系，通过平等协商解决纠纷的一种口头言语形式。

（8）评议。评议是庭审结束后，合议庭组成人员在不公开的情况下，对案件的定性和裁判各自发表自己的意见，并以表决的形式形成最后决议的一种口头言语形式。

（9）讨论。讨论是指司法机关的各级检察委员会、各级审判委员会的成员，遵循民主集中制的原则，对提交讨论的重大、疑难案件进行分析、讨论，最后形成该机关最高检察意志或审判意志的一种口头言语形式。

（10）辩论。辩论是检察人员和辩护人、代理人在人民法院审理案件的法庭辩论阶段，针对具体案件发表不同意见，相互辩驳，从不同角度维护法律正确实施的一种口头言语形式。

第二节 司法口才学

一、司法口才学

任何一门学科都有其特定的研究对象。司法口才是在口才学的基础上，由独特的行业形成的独特的口才。司法口才学既是口才学的一个分支，又是相对独立的一门学科。因此，要研究好司法口才学，应该了解一些口才学的基础知识。

（一）口才学

口才，是口才主体表达自己思想感情的一种能力，也是让口才对象欣然接受的一种能力。这是口才对象对口才主体的期待，也是口才主体的责任。当一个人对他人说话时，听众对他就产生了一种期待，不仅期待说话者口语表达准确、思路清晰，而且期待话语中听。一个人如何自如地表达自己的思想，又如何让听者欣然接受？这个就是表达效果的问题。

口才学，是研究口才主体的表达效果的学问，是研究人的口头言语的技能、方法、规律以及如何应用这些规律获得最佳效果的一门科学。口才学的研究，是从无穷无尽、纷繁复杂、千差万别的口头言语现象中找规律，用以提高口语表达效果。如一个"呀呀"学语的孩子，跟妈妈嚷着："妈妈，我要吃糖糖。"孩子这样说十分自然、可爱。如果换个老头儿说这句话，不免让人起鸡皮疙瘩。

同一句话，何以产生不同效果？年龄的差异制约着人们说话的口才。由此，我们总结出一条口头言语规律：口才要符合说话者的年龄。

《万荣笑话》里有这样一个段子：年轻的妈妈露出乳房追3岁的孩子，叫孩子吃奶，可孩子不吃。孩子的爷爷见心爱的孙子不吃奶，心里一急，脱口而出："你要不吃，我可吃了。"此言一出，媳妇不高兴了，骂老公公："老不正经"。由此，我们发现一条言语规律：口才要适合说话者的身份。

探望病人，特别是探望重病病人，要避免说"死""太平间""火葬场"等词，因为这些词容易引起病人的联想而产生不愉快，或引起其他意想不到的麻烦。由此，人们又总结出一条规律：口才要适合听话者的心理状态。

清初有个读书人徐骏，闲来赋诗一首："明月有情还顾我，清风无意不留人。"结果，本来为消遣的一首诗，却被当时的统治者认为是"思念明代，无意本朝，出语诋毁，大逆不道"，最后落得个身首异处的下场。清初"文字狱"盛行，如果诗作者徐骏对当时关系重大的"明""清"二字慎而用之，将不至于因此而人头落地。由此，我们又得到一条言语规律：口才要适合政治环境和语言环境。口才还有许许多多的规律可循，在此不一一列举。口才学就是研究把话说好的奥秘的一门科学。

（二）司法口才学

司法口才学是在口才学基础上发展起来的一门法律专业技能的学科。它通过研究司法人员在诉讼和非诉讼活动中所使用的语言技能、方法、规律，进而研究司法口才的作用、意义、构成以及在司法口才表述过程中的规律变化、发展趋势等，从而更好地指导和服务于司法实践。

司法口才是一种特殊的，专业性、综合性极强的行业语言。司法口才的展现离不开实施法律的核心内容，没有较高的专业知识水平，就无法做到言之有据，论证有理。只有用事实和法律说话，才会产生令人信服的司法口才效果。如果不讲事实，偏离法律，司法人员再口若悬河，也是失败的，根本谈不上司法口才。

如某律师在法庭上为被告人辩护：

> 被告人黄××为上体育学校胁迫母亲给其学费未果，便对母亲禁食、禁水，造成母亲死亡的严重后果。但是，被告人黄××出生于2000年6月21日，而她母亲死亡的时间是2016年8月，此时，被告人黄××刚满16

岁。《中华人民共和国刑法》第 17 条第 3 款规定:"已满 14 周岁不满 18 周岁的人犯罪,应当从轻或者减轻处罚。"请注意,条文中规定的是"应当"从轻或减轻。本律师请求合议庭对被告人黄××从轻或减轻处罚。

这段话,律师在事实和法律之间架起了桥梁,以事实为根据、以法律为准绳,达到了辩护目的,这就是司法口才。

"以事实为根据,以法律为准绳"是司法口才的基本原则。同时,司法口才还应当是适用法律专业术语的行业口才。司法人员在办案过程中,要大量使用法言法语(如法律术语、介词短语和长句等),使表述得以清晰、准确,避免歧义,体现司法口才的准确性和庄重性,形成自成一体的语言风格。

如同样一件事情,有两种问话:

A. 你们打群架的时候,拿的什么家伙?
B. 王××,你们聚众斗殴时,使用的什么凶器?

A 是一般普通的问话。可能是长辈教训晚辈,或领导了解情况,它不是司法口才。B 是司法行业语,是司法口才。因为使用了法言法语"聚众斗殴""凶器",开头指名道姓,讯问的对象是"王小山",而不是其他人,显示了司法口才的庄重性、准确性的口语特点。

司法口才学就是研究法律职业共同体在诉讼和非诉讼活动中的语言技能、方法规律及如何才能达到最佳口才效果的一门学科。

(三) 司法口才学的分类

司法口才学,是一门新兴的学科,是法学体系中的一门应用学科、边缘学科、交叉学科。它随着我国司法制度的产生而产生,随着我国司法制度的发展而发展。

分类研究司法口才是司法口才学发展的必然趋势。

1. 以司法机关各自司法活动中的口语表达为研究对象,司法口才学可分为:

(1) 侦查口才学。研究公安人员在侦查活动中的口语表达的特点、分类、技巧及其规律。

(2) 检察口才学。研究检察人员在调查、提审、复核和公诉等司法活动中的口语表达的特点、分类、技巧及其规律。

(3) 审判口才学。研究审判人员在各种刑事案件和民事案件审判中的发问、评议、宣判和调解时口语表达的特征、分类、技巧及其规律。

(4) 律师口才学。研究律师在诉讼和非诉讼活动中口语表达的特点、分类、技巧及其规律。

(5) 司法公证口才学。研究公证人员在公证工作中，根据国家法律规定的职权，接待申请公证的当事人、宣读公证词时进行表达的特点、分类、技巧及其规律。

(6) 司法调解口才学。研究法官、律师、人民调解员等在处理诉讼和非诉讼纠纷中解决纠纷，引导当事人双方自愿达成协议时，选择、组织、运用语言的技巧和规律。

2. 以司法口头言语形式为研究对象，司法口才学可分为：

(1) 宣读口才学。研究检察人员、审判人员宣读法律文书、证人证言等材料时的特点、方法、技巧和要求。

(2) 法庭演讲学。研究法庭演讲的性质、作用、分类、方法和技巧。

(3) 法庭论辩学。研究参与法庭论辩的公诉人、辩护人、各方当事人及其代理人在法庭论辩时口语表达的特点、分类、方法及其技巧。

(4) 司法谈话口才学。研究司法工作者在司法或与司法相关的工作中所运用的各种形式的谈话。包括司法问话口才学和司法调解口才学。

本教材以司法口头言语形式为研究对象，故本教材在"实际操作篇"中以此为分类标准，将司法口才分为司法问话、司法宣读、司法调解、法庭演讲、法庭辩论。

(四) 与司法口才学相关的学科

司法口才学是一门新兴学科，它自成体系，理论机制相对完整，相信这门学科会不断更新知识、体系，不断地将理论研究向纵深发展，使该学科的网络体系越来越严密，越来越合理。

1. 司法口才学与法学。法学是研究法律这一特定社会现象及其发展规律的科学。司法口才学是研究法律实施中使用的手段和形式，研究如何使司法口头言语表达达到最佳效果的科学。司法口才是实施法律的手段，没有法学知识就无法驾驭法律、实施法律。与犯罪嫌疑人交锋，办案中的取证，诉讼过程中的起诉、辩论、演讲等，都离不开法律科学的基本原理以及实体法、程序法的具体规定。所以，司法口才学是法学的应用，司法口才是实施法律的有效工具。

2. 司法口才学与语言学。语言学与司法口才学的关系也是密不可分的。语言学是研究语言现象及其规律的科学。司法口才在展示过程中必须遵循语言的普遍规律，语音、词汇、语法、修辞都要符合语言规律。在规范的语言基础上，才能谈司法口才。司法口才这一特定的领域将司法口才与语言学有机地结合起来，让语言学知识为"我"所用，让使用的语言处处符合司法口才的需要。司法口才语音方面，以庄重为核心，体现抑、扬、高、低。在词汇和语法方面，既要遵循语言规律，也要符合司法口才的特点。如汉语中"夫人""老婆""爱人""妻子"等词的意思差不多，一般词语可随意使用，而司法口才仅选用"妻子"作规范用语。

3. 司法口才学与逻辑学。逻辑学是研究思维形式和思维规律的科学。口才学是研究口头言语表达的学科。要使口头言语表达准确、条理、严密，就应当遵循逻辑学提供的思维形式和规律。由此，司法口才学又与逻辑学关系密切。口才除了具有感染力以外，还应有一个重要因素——说服力。只有建立在严密的论证基础上，思想和观点才能产生说服力。否则，语言苍白无力。

如某案件有这样一段叙述：

当日晚，被告人游××又与张××、聂××等人持械冲入新建路，在游××指使下，闯入新建路饮食店抢劫，劫得4名行人的人民币5600元，手机3部，手表1枚。

上述表述不合逻辑，在"饮食店"怎么劫持行人？

4. 司法口才学与心理学。心理学是研究人的心理的科学，即研究人的感知、记忆、思维、情感、意志和兴趣等心理现象的本质及其规律的科学。一个优秀的司法工作者当众展示自己的司法口才时，必须有良好的心理素质，否则也无法展示司法口才。良好的心理素质表现为：良好的记忆、坚定的信心、积极的意识、强烈的感情和坚强的意志。除此之外，司法工作者还应当懂得司法口才对象的心理。准确把握对方心理，才能充分展示司法口才，圆满完成工作任务。

5. 司法口才学与法律文书学。法律文书是司法工作者在诉讼过程中制作的具有法律效力或法律意义的文书。法律文书与司法口才都是实施法律的有效工具。法律文书以书面语言为工具，司法口才以口头语言为工具，且两种形式可以相互转换。司法人员讯问犯罪嫌疑人要制作讯问笔录，讯问证人要制作询问笔录，这就将司法口才转化为法律文书；法律文书如起诉书、判决书等，在法庭上司法人员依法当庭宣读时，就将法律文书转化为司法口才，因而法律文书学与司法口才学是两门关系最为密切的相邻学科。

6. 司法口才与其他学科。与司法口才学相关的学科还有哲学、伦理学、教育学、口才学、生理学、朗诵学和修辞学等。

总之，司法口才学是一门与众多学科相互交叉、相互渗透的一门综合性很强的边缘学科。

二、学习司法口才的意义

除少数先天或后天有生理障碍的人以外,人人具备语言能力。一个法律工作者是否具备了相当丰富的法学知识就可以办好案呢?答案是否定的。实践中,有的人尽管法学知识储备雄厚,但是如果没有出色的口才,犹如"茶壶里煮饺子,有货倒不出来",也同样达不到预期目的,办不好案件。司法口才对司法工作和司法人员来讲是非常重要的。

(一)司法口才的社会价值

研究司法口才的社会价值,就是研究司法口才的现实意义,研究它对社会的作用。司法口才的社会价值,是司法口才在法律活动和社会活动中的客观价值。目前,我国正处于依法治国和司法改革的关键时期,法律的正确实施需要有相关的司法口才来保障,研究司法口才的价值非常重要。

1. 司法口才以公平正义为出发点和归宿点。公平正义是司法口才的生命。司法口才从形式到内容,均关系着国家的法律、法规的具体实施与适用,关系着诉讼当事人的诉讼权利与义务及其人身自由、生杀予夺等切身利益,也关系着司法机关实事求是、依法办案、秉公执法、刚直不阿的公正形象和权威能否得以实现,归根结底,也就是关系着司法权力是否被滥用、适用法律是否平等、诉讼程序是否规范、处理结果是否公平……在如此等等中,司法口才成为公平正义的载体。

司法口才所要解决的问题可能千差万别,要达到的具体目的也可能不尽相同,但透过现象究其实质,无一不是以公平正义为出发点和归宿点,以事实为根据,以法律为准绳,从始到终公平办案。

公平正义包括实体的公平正义与程序的公平正义,当两者冲突时,程序正义优先。程序正义的核心因素是参与性,即参与诉讼的司法人员和当事人对诉讼双方权益之争所引起的实体法适用同样享有诉辩的权利。一方面,司法口才对法律的选择要理性化,要选择与冲突事实最贴近的法律条文加以适用;另一方面,司法口才要接受当事人的监督与制约,当事人在参与诉讼的过程中直接了解办案人员对事实判断的推理过程,有权就法律的适用发表意见。所以,现代法治国家崇尚以公平正义为内在品质的法律程序。司法口才当然也以追求公平正义为己任。

2. 司法口才是保障法律有效实施的工具之一。它的要求是必须以案件的事实为根据,以法律为依托,准确地适用法律,完美地体现立法精神和现代司法理念。

司法口才承载着一定的司法理念,是其他任何口才都无法替代的。司法口才不仅能全面地、直观地反映司法活动,而且也能充分表达法律行为,保障平等地适用法律和公正地进行诉讼程序,提高司法机关办案的透明度,同时,也有利于树立司法机关的权威与公正形象。

司法口才有其特定的震慑罪犯的重要作用,如调查审讯口才具有威慑力量,有促使犯罪嫌疑人如实交代罪行的威慑力,也是法律的必经程序。如司法人员宣读起诉书、判决书,字字千钧,声声入耳,成为诉讼各方极为关注的内容,成为保障法律有效实施的工具之一。

3. 司法口才是国家法制文明的重要标志。法制活动的民主、文明,是法制发展的内在要求。从法制内容来看,立法、执法、守法和法律监督都应当最大化实现和保障人民当家作主这一核心。在这一进程中,加强立法、执法、守法、法律监督是十分重要的。其中,提高司法口才的文明化,是实现法律文明的重要标志。文明的司法口才,对任何参与法制活动的人员而言,尤其是普通老百姓,就是听得到、看得到的司法口才和司法文书。司法口才能否依法反映法律活动的过程,对检验、实现法制文明的影响十分巨大。如法庭审理,法庭上的各方人员通过司法口才这一"窗口",把审判活动的全过程最大化地展示给在场的人。充分利用法律专业知识,忠实履行自己的法律职责,让当事人、旁听群众及新闻媒体通过司法口才体会正义之声、文明之声。对我国某些司法不公、以权谋私现象起到一个很大的约束作用,从而增强我国司法审判的权威性。

4. 司法口才是宣传法制的有效工具。司法口才是在诉讼和非诉讼过程中所使用的有声语言,在交际过程中有特定的听众,因而,它有明显的法制宣传教育功效。司法口才主体通过处理具体案件展示司法口才,用具体生动的案件来宣传法律,说明哪些是人们应当"作为"的,哪些是人们不应当"作为"的;哪些是构成犯罪的,哪些是不构成犯罪的。

检察院在法庭上宣读起诉书、发表公诉意见,法官宣读判决书,都是通过陈述和分析被告人的犯罪行为、给被害人及社会造成的危害和对其的依法指控,向人们讲明某种犯罪行为应当受到法律的惩处,宣告某种行为是否属于违法或侵权,某种行为是否属于犯罪,应该受到何种惩处。又如,对需要惩罚的当事人的违法或犯罪行为公开宣判,间接警戒了那些有类似行为或类似想法的人悬崖勒马,督促他们停止不良行为,同时满足了那些与案件有关联或关注案件的第三人的知情权,起到事先维护他们合法权益的保护作用。这样,司法口才就从一定意义上宣传了法律,成为最具体、最生动的法制宣传和具体解释法律的活教材。

5. 司法口才是展示司法人员业务素质的窗口。君子动口不动手,说的就是口才在树立君子形象中所起的作用。随着司法改革不断深入,民主和法制深入人心,公民法律意识快速提高,依法治国的意识越来越强,新的法律、法规层出不穷，经济改革与发展日新月异……社会对司法口才提出了更高的要求。

司法形象集中体现在司法人员的综合素质上，而司法人员的综合素质主要通过司法口才来直观反映，所以，司法口才成为司法人员展示自己业务素质的重要窗口。司法形象要求司法人员在展示司法口才时，尊重事实，信仰法律，法学理论功底扎实，追求正义，爱憎分明，言谈举止正确得体。试想，司法口才主体在公开的场合展示司法口才时，如果有逻辑混淆、颠倒是非、前言不搭后语，或者言语粗暴、行为不雅、态度恶劣等非文明言行，这必然反映出司法口才的拙劣。司法人员良好的综合素质、良好的司法口才是良好的司法形象的助推器。

对司法口才主体来讲，司法口才能促使他们不断提升法学理论水平。司法口才要求司法口才主体具备两个主要方面的素养：内在素养和口语表达素养，司法口才主体要精通法律，具备良好的心理、健康的生理，具有正确、灵活、敏捷的思维品质、语言能力、口语表达技巧以及最佳的音色、音量、语调等。应当从道德水准、法制理念、业务水平等各个层面提高这支队伍的素质。

总之，司法口才是现代司法理念的载体，是整个司法活动的综合再现，它所反映的不仅仅是法律实务工作者的个人素质、学识水平，而且也是司法机关的执法形象、执法水平，影响着司法机关的公正性和权威性。

（二）司法口才学科在法学教育中的重要地位

司法实践中，无论是诉讼活动还是非诉讼法律事务活动，其运作中的各个阶段均需以口语形式推动其发展。司法口才在其中起着非常重要的作用。司法口才水平的高低直接反映司法口才主体的综合素质，影响司法工作的质量。因此，目前我国高等院校法学专业的司法口才学课程，一直作为主干课程开设，在高职高专法学院校中，成为重要的实践课程之一。

1. 司法口才要体现现代法律理念。什么是现代司法理念？现代司法理念要分两个层次来理解，一个是司法理念，一个是现代的司法理念。

司法理念是人们在认识司法客观规律的过程中形成的一系列科学的基本观念，是支配人们在司法过程中的思维和行动的意识形态与精神指导。如过去习惯上把犯罪嫌疑人的沉默和不提供有罪供述看作是不老实、抵赖、顽抗到底、认罪悔罪态度不好；司法部门习惯于把口供当作主要证据，于是想方设法要口供，甚至不惜刑讯逼供；主审法官早早地将司法决定权握在手中，左顾右盼、重说轻、轻说重，过早对案件作出评断，如此等等，均与现代司法理念格格不入。

现代司法理念是以现代司法所要求的中立、公正、独立、民主、效率、公开等意识形态和精神指导来支配人们在司法过程中的思维和行动的思想理念。

我国每一项司法制度的设计和司法实际运作都在一定程度上体现中立、公正、独立、民主、效率、公开等现代性的司法理论基础和主导的价值观，理所应当充分体现出现代司法理念来。

"以事实为根据，以法律为准绳"的司法原则既是唯物主义的，又符合现代司法理念；中国三大诉讼法都明确了法院在判案时，应以事实为根据，以法律为准绳，使用这样的基本原则本身就是科学合理，经得起时间检验的；零口供断案成为现代司法理念。

司法中立理念的树立，不仅案件要判得正确、公平，完全符合实体法的条文和精神，而且还应当使人感受到案件处理过程中的公平性和合理性。"正义不仅应得到实现，而且要以人民看得见的方式加以实现。"

程序法的现代观念认为，程序法的宗旨在于约束司法权，防止法官的恣意妄为与权力滥用，从而保障当事人的程序权利，促进社会正义的实现。程序的每一个环节将在民主的方式下极大凸显出来。因此，实体公正就能以人们"看得见"的方式得以实现，也就真正体现了程序民主、公开和公正的现代司法理念。

现代司法理念是司法口才的"神"。在实施法律的过程中，重点在于将现代司法理念融于司法口才之中，要体现法律宗旨、法律目的、法律精神、法律灵魂、法律改革、法律进步，在现代法律规定的赛道上奔驰。司法口才是精确的制导系统，保证审判的飞船沿着正义的轨道飞行。

2. 当前司法口才教学的现状。高校法学教育开设司法口才课程，旨在通过对司法口才学理论的学习与实践，使已具备必要的法律专业知识和基本口语表达能力的学员迅速成为合格的法律专门人才。

作为高职法律院校专业基础课的"司法口才学"，已成为众多院校的必修课程。教学以提高学生整体素质为基础、以提高能力为本位，兼顾知识教育、技能教育和能力教育，以培养一线操作型、技能型人才为主导，强化实训教学内容，设置模拟法庭、实训室、审讯室，使大批学生毕业后能迅速适应工作需要。目前，这一教学方式已取得了可喜的成绩，定期或不定期地举行演讲比赛，各个班级举办模拟法庭，各科教师协同作战，互相配合，使学生在模拟法庭中受到了很好的实践教育。山西省政法管理干部学院就是这样做的，学员在山西省黄河杯法庭辩论大赛中力战群雄、协同作战，历届均取得好成绩。

但是，司法口才教学课程也存在亟待解决的问题：

（1）实训不能阳光普照。由于生源多、设备少、老师少，对学生的口语实训只能以点带面，不能落实到每一个人，使得很多学生得不到当众讲话的机会，模拟法庭也只能是观摩一下。

（2）师资力量不均衡。师资对课程的影响很大。司法口才学课程是一门综合性很强的课程，对教师的要求很高。对于承担本课程教学的教师，不仅要具有较强的语言运用能力，同时，也必须具备深厚的法律专业知识，还需要积累丰富的司法实践经验。在有些院校，这方面的师资力量仍然欠缺，部分外聘教师和跨学科兼课教师难以适应需要。

3. 关于司法口才课程改革的一些设想。课程建设与教学改革是提高教学质量的核心，也是教学改革的难点和重点。编写突出培养职业能力的、符合职业教育需要的优秀司法口才教材，是提高教学质量的重要保障。

（1）改变观念，以生为本——有一套好的教材。近年来，我国高等职业教育蓬勃发展，为现代化建设培养了大量高素质技能型专门人才，对高等教育大众化作出了重要贡献，形成了高等职业教育体系框架。以生为本，对现有教材进行改革，富有创新性地体现高职特色，体现新的课程体系、新的教学内容和教学方法，以提高学生整体素质为基础、以能力为本位，兼顾知识教育、技能教育和能力教育。本教材试图体现这一思想，以培养一线操作型、技能型的人员为主导，在教材的编排体例上，加大实践教学的比例，增加实训的教学内容，以利于学生毕业后能够迅速适应环境，熟练顶岗工作。

（2）提高认识，加强师资培训——有一批好的教师。目前，受扩大招生的影响，各高职高专类法律院校司法口才课程的教学师资力量明显不能满足教学需要，且教师也缺乏梯次。当前亟需选聘一些年轻教师，按照"复合型""双师型"要求加强培训。除条件许可的送出国进修以外，学校也可采用与老教师合作，以跟班听课或采用主、辅讲方式加强培养。学校应鼓励教师积极参与社会实践或赴实践部门进行调研，使教学与实践更加紧密结合。

（3）利用网络和多媒体，理论与实践相结合。当今，人类已进入高度的信息化时代。互联网发展非常迅速，网络、微信已成为全民生活中必不可少的精神依赖。在教学中，我们可以利用网络，利用最先进的信息技术弥补司法口才实践性不够强的短板，增强学生学习司法口才的主动性，提高教师教学效率。

有几档节目非常有利于学习司法口才，如中央电视台法制频道的《庭审现场》、上海台的《庭审纪实》、江苏卫视的《甲方乙方》、中国庭审公开网《庭审直播》等栏目，可以让我们目击庭审过程，把旁听席延伸到教室或家庭。

要充分利用网络和多媒体，多听多看多实践，有利于学习司法口才，提高司法口才。利用微信，建立"司法口才训练微信群"探讨和交流司法口才经验，制作有声作业。

（4）构建实践教学体系——课内与课外相结合。司法口才教学要重视实训课程的教学。教学时，要密切联系岗位需要，有针对性地进行某种司法口才能力的实训，注意理论与实践教学同步，边教学边实践。要走出去，请进来。到实务部门旁听实习，请有实践经验的实务部门的办案人员来学校上课，在实践中提高司法口才能力。

三、学习司法口才的方法

理论和实践相结合是马克思主义的一个最基本的原则，也是我们学习司法口才唯一正确有效的方法。

（一）明确目的，热爱本职

司法口才学是高职高专法学专业学生的必修课，是国家为培养和提高社会主义市场经济和现代化建设所需要的法律专门人才的业务能力而开设的一门综合性很强的法律专业课。

司法口才是实施法律的一个重要工具和途径，从事司法实践的人从来都离不开司法口才。因而，司法口才成为司法工作者必备的基本技能之一。学习司法口才学，首先要有明确的目的，懂得司法口才是法律应用型人才最重要的专业才能之一，明确司法口才学的理论研究是为司法实践服务的，保持为实践而学的意识和积极性，以保证司法口才教学的质量和效果。

学习本课程，一定要热爱法律这一神圣职业，以敬业为出发点，提高自身口语表达素质与能力，增强口语表达修养，为我国法制建设多做贡献。在学习中应注意两点：一是切不可怀着为增加炫耀自己的资本或者仅仅为一己之私利的狭隘动机去学，那样会误入歧途；二是不可把司法口才当雕虫小技，觉得它可有可无而"三天打鱼，两天晒网"，最后会落得虎头蛇尾，一事无成。

（二）循序渐进，科学安排

学习司法口才，仅靠丰富的相关知识是不够的，还应当不断进行司法口才的实际操作。因而，学好司法口才要演奏好"三步曲"：

1. 必须具备丰富的法学知识和其他相关学科的知识。司法口才是法律在实施过程中与具体案件相结合的一种口语表达才能。司法口才的表达离不开丰富的法学知识和其他相关学科的知识。要从事法律业务工作，就应当加强法律知识的学习，提高法律专业水平。①首先要理解和掌握法律、法规和司法解释；②具备较全面的法学理论知识及相关分支学科的知识；③具备口才学、语言学、逻辑学等方面的知识，以准确表达司法口才内容。因此，加强各门学科知识的学习，提高业务素质，是施展司法口才的基础。

2. 掌握司法口才学科的基础理论。学习司法口才，要了解司法口才的表达规律，掌握司法口才的基本技能。既要掌握其共性的一面，如司法口才的准确性、庄重性、合法性和可听性等，又要注意其个性特点，即如何讯问、如何调解、如何宣读、如何演讲、如何辩论。

3. 进行必要的司法口才训练。司法口才学的实际操作性的特点告诉我们，司法口才是练出来的，不是听出来的。在教学中发现，受应试教育的影响，大学生的口才普遍不太理想。为在校大学生开设司法口才课，首先遇到的难题是学生缺乏交际热情，主动性差，拘谨胆小，说话态度不从容，举止不大方，声音偏低，气势不足，目光游移，表情平淡，语调平直，跟他们的实际年龄和阅历、文化修养不相称。但是，在校大学生已经具备司法口才基础，有强烈的交际意识、自我表现意识、良好的文化知识修养，丰富的书面词语和一定的法学基础，思维敏捷，思想活跃，情感丰富，求知欲望强烈。抓住这些特点，在教学中，教师可采取多鼓励、少批评、制造和谐、宽松的气氛的方式，争取让每一个同学上台说话，对学生的欠账进行补偿教学；之后，进行纠错教学，主要纠正他们在说话当中出现的小问题，如声音发颤，紧张胆怯，口头禅，小动作，语速不当，不注意仪表和态势语等，由教师模仿示范，让学生自感可笑而下决心改正。

只有学以致用，将学到的理论运用于具体的实际工作，在学中练，练中提高，在具体实务操作中提高自己的口才水平，久而久之才会驾轻就熟，得心应手，提高司法口才水平。

司法口才的表达基础来源于案件。要高水平发挥司法口才，应当深入研究案情，理解和理顺特定的法律关系，对案件事实中的每一份材料、每一个证据、每一个情节都必须认真分析。只有深入案情，对每一个细节了然于心，司法口才的表述才能做到删繁就简，得心应手。

总之，勤学苦练才是司法口才"三步曲"中贯穿始终的"主题曲"。法庭论辩口才是司法口才的重点，因为它是司法实践中最典型、最具特色的司法口头言语表达形式。实践中，具备了其他类型的司法口才，不一定能掌握好法庭论辩口才，而具备了法庭论辩口才，就能较顺利地掌握其他类型的司法口才。在训练中，不能急功近利，直奔重点，而应循序渐进，科学安排训练程序。如司法问话口才、调解口才是论辩口才的基础，也是论辩口才中思维能力训练的基础；宣读口才、演讲口才是论辩口才技巧训练的基础。所有其他口才对论辩口才的训练都能起到鉴别比较、触类旁通、相辅相成的作用。

（三）持之以恒，永不放弃

"冰冻三尺，非一日之寒"，一个人要想拥有好的口才，也绝不是一朝一夕就能练就的。"梅花香自苦寒来"，要练就好的口才，必须付出常人难以想象的劳动，做到"拳不离手，曲不离口"。

英国现代杰出的现实主义戏剧家萧伯纳以幽默的演讲才能著称于世。可很少有人知道，他在20岁初到伦敦时，却羞于见人，胆子非常小。若有人请他去作客，他总是先在人家门前忐忑不安地徘徊多时，而不敢直接去按门铃。有一次，一位朋友邀他参加一个学术辩论会。在会上，他怀着一颗非常紧张的心站起来，做了有生以来的第一次演讲。当他讲完时，却受到别人的讥笑，他觉得自己充当了一个十足的傻瓜，蒙受了莫大的耻辱。此后，他每星期都当众演说，人们在市场、教堂、学校、公园、码头，在挤满三四千听众的大厅或只有寥寥几人的地下室都经常看到他慷慨陈词的身影。有人曾做过统计，在12年中，他的演讲竟达1000多次。

正像萧伯纳参加学术辩论会做第一次演讲一样，畏惧、怯场是初次登台者的普遍心理。许多大演说家的第一次讲演也并不是那样尽如人意，甚至还出现十分难堪困惑的场面。[1] 国际工人运动中，杰出的女活动家蔡特金第一次演讲时，虽然早就做过细致准备，可一上台，"要讲的话一下子从脑子里全溜掉了，大脑出现了空白"。英迪拉·甘地夫人初次登台时，吓得连一点声音也发不出来，她讲了点什么，连自己也不清楚。只听一个听众在说："她不是在讲话，而是在尖叫。"她在一场哄堂大笑之中结束了讲话。傅莹35岁那年，凭借着过硬的专业知识成为邓小平的贴身翻译。一次，邓小平会见英国首相撒切尔夫人，傅莹在旁做翻译，她一时紧张，不小心将84岁的邓小平的年龄翻译成48岁。好在邓小平笑着解了围："好呀，我有返老还童术，竟然一下子和布伦特兰夫人一样年轻了。"此事上了各大新闻头条！这件事，让傅莹意识到，自己的努力还不够，能力还不够，她要更加用心，无论是知识上，还是心态上。她每时每刻都在丰富自己，优化逻辑思维，提升外交能力。后来，她担任各国大使。在外任职期间，无数次面对挑衅，她都淡然处之，游刃有余。有一次，美国哥伦比亚广播公司的记者向她提问关于中国军费不断增长，增强国防力量的问题。她微笑着，坚定不移且毫不客气地反问："我们有一个很弱的国防力量，世界就和平了？"澳大利亚联邦律政曾毫不犹豫地夸奖她是千里挑一、最富有影响力和魅力的大使。

找到路，则不怕路长，不善讲话不要紧，关键的是要认识司法口才的重要性，认准目标，加强学习，勤学苦练，百炼成钢。日日行，千里不在话下；天天读，万卷亦非难事；时时练，口才渐渐成为现实。

朋友们，千里之行，始于足下，请你一步一个脚印地磨炼你的口才吧！到那时，你工作起来会口若悬河，得心应手，妙语连珠，平步青云。

---

［1］ 冯大明编著：《社交与口才》，中国城市出版社1991年版，第24～27页。（有改动）

课内实训

一、在司法口才中，应当使用法言法语。下面的话是司法口才吗？

1. 请修改：

2016年12月21日，太阳刚刚升起的时候，被告人蔡××怀揣一把雪亮雪亮的杀人刀，来到灯火通明的电机厂绕线车间，他假装搭讪，走到被害人陈×身边，趁陈×不注意恶狠狠地向陈×的头部连砍13刀，可怜的陈×啊，还没有弄清楚是怎么回事，年轻的生命就丧失在杀人魔王蔡××的手里。

2. 建立"司法口才微信群"，将自己修改后的内容以语音形式读给大家听，其他同学加以评判讨论。

二、视频观摩与反馈。

1. 讲一个励志故事。

付出与回报

毛竹用了4年时间，仅仅长了3厘米，但从第5年开始，它以每天30厘米的速度疯狂地生长，仅用6周，就长到了15米。其实，在前面的4年，毛竹将根在土壤里延伸了数百平方米。

做人做事亦是如此，不要担心付出得不到回报，因为这些付出都是为了扎根，等到时机成熟，你会登上别人遥不可及的巅峰。

2. 将自己练习的情景和过程拍摄下来，然后在班级回放，进行自评、互评。

三、当众介绍自己（要求声音洪亮，内容有个性）。

第二章 司法口才的产生和发展

> **学习要点**
> 1. 了解司法口才产生的必备条件;
> 2. 了解我国古代各个朝代司法口才的大体发展脉络;
> 3. 了解当前我国司法口才现状,展望未来司法口才的前景。

司法口才是现代法律的产物还是古代文化的延续?这个问题,只有通过大量的研究才能回答。中国是历史悠久的文明古国,有着深远的文化渊源和丰厚的文化遗产。尽管古代的文化遗产不可避免地受到时代和阶级的局限,隐含着一定的糟粕,但也必然保留着许多代人的智慧结晶和文化精华。司法口才并不是新生事物,它随国家、法律的出现而出现,随着国家政治经济的发展而发展,也必将随着国家的消亡而消亡。本章试图利用已有的研究成果和文化典籍资料,通过各个时代固有的法律文化现象,拨开历史烟云,捋出司法口才的发展脉络及大体走向。

第一节 司法口才的产生及条件

司法口才有没有自己发展的历史轨迹?回答是肯定的。它产生于何时?我们很难准确地判明。但有一点是确信无疑的:司法口才是伴随着法律的产生而产生的,它是法律活动的产物,同时,它的形成还需要有另一个必要条件——系统的语言。

因此,司法口才产生有两个必备条件:一是语言,二是法律。

一、司法口才产生的条件之一——语言

语言是人类最重要的交际工具,又是人类的思维工具。人类运用语言进行思维与表达,以实现彼此交际与交流思想的效能。语言分口头语言和书面语言。口头语言在还没有文字的时候就产生了。斯大林说:"可以推想,现代语言的要素还在奴隶时代以前的远古时期就已奠下基础了。那时语言是不复杂的,基本

词汇是很贫乏的；但是有它的语法构造，虽然这种构造是原始的，但总算还是语法构造。"斯大林的话告诉我们，从形成人类的时候就有了简单的口头语言。这种初始的口头语言，是人类祖先通过劳动，在从类人猿转化成为人的过程中创造的。原始人为了生存，要过群居生活，要抵抗猛兽袭击，要捕杀猎物……在劳动中，他们需要交流思想、表达情感，于是便创造了语言。在创造语言的同时，也促进了人类祖先发音器官和思维的发育和发展，为语言的发展奠定了生理基础。所以，恩格斯在《劳动在从猿到人的转变过程中的作用》一文中断言："语言是从劳动当中并和劳动一起产生出来的。"

中国是历史悠久的文明古国。"文明"应该始于文字的产生。作为记录语言的文字，起源于殷商卜辞以前（有甲骨文为证），至今大约有4000年的历史了。而口头语言大大先于书面语言。成熟的口头语言，为司法口才的形成早就做好了充分的准备。

二、司法口才产生的条件之二——法律

司法口才的产生是伴随着法律的产生而产生的。而法律是国家的产物，司法口才是法律活动的产物。我国最早的朝代当属夏朝。

考证我国奴隶制法的产生，夏朝的刑罚已比较齐备。所谓"夏刑三千条"[1]，是"大辟二百，膑辟三百，宫辟五百，劓、墨各千"[2]。可见，夏朝制定"禹刑"的目的在于镇压人民"犯上作乱"的反抗行为。但统治阶级往往有一个无法解释的理由，早期封建王朝的统治者主张效法唐虞时代尧舜至圣的君主立法，认为祖法顺乎"天理"，这个"天理"究竟指的是什么？连统治者自己也说不清，他们只说圣君代表"天"的旨意，从而"天人合一"，让人民敬畏"天"的意志，即无可奈何地对"天朝"的法律俯首奉行，不敢越雷池一步，从而达到维护封建统治秩序之目的。

统治阶级统治天下，须以法典来实现，实施法律须以口才来先行。于是司法口才便应运而生了。

第二节 司法口才的发展脉络

中国是世界上唯一一个上下五千年从未中断过历史文化的文明古国。中华

---

[1]《唐律疏义》引《尚书大传》。
[2]《周礼·秋官·司刑》郑玄注。

法律文化自成体系，源远流长，在世界上绝无仅有。

一、原始氏族社会——司法口才的萌芽期

原始氏族社会，人们过着群居的生活，共同狩猎，共同分享，没有私有制，没有阶级性。这个时期，有司法口才吗？当然没有。但司法口才的萌芽大约产生在这个阶段。《圣经》故事里讲到，亚当因偷吃了苹果而对自己赤身裸体感到害羞，于是不敢见上帝。上帝问亚当是否偷吃了苹果，亚当说，是夏娃给他吃的；上帝追问夏娃，夏娃说是蛇诱骗她吃的。于是，上帝对人类作出第一次判决。这次的问话，也就被视为对人类第一个违法者的讯问与宣判。这是神话传说中关于司法口才起源的说法。

其实，远在圣经时代之前，即新石器时代，就出现了奴隶制国家，有了法律，有了诉讼，自然也有了司法口才。那时没有圣经，甚至连文字也没有，可以推断，对人类第一个侦查讯问、审判的肯定不是上帝，而应当是某个具体的人。

劳动创造了人类，劳动也创造了人类交流思想的工具——语言。口头语言先于书面语言，人类无法用文字记载的历史比有文字记载的历史早得多。司法口才这个语言大树上的枝杈，寻本求源，其根是口头语言。

传说中的原始部落首领靠言传身教，将已有文明一代一代传下去：燧人氏教人钻木取火，御寒熟食；伏羲氏教人结网捕鱼，饲养畜禽；神农氏教人制造耒耜，种植庄稼……可以这样认为，早在传说中的三皇五帝时期，口才便已成为一种传播文明的艺术之花了。

有了成熟的口才种子，一旦遇到国家、法律的土壤，必然萌生司法口才的幼芽，长成参天大树。早在远古时期，就应当有司法口才的萌芽了。特别是在原始社会后期，人们要公平地选举首领，并严格按"习惯法"去执行，司法口才现象就已经出现。但真正的司法口才还没有诞生。因为没有国家和法，没有军队和警察，也没有司法机关，当然也不会有真正的司法口才。

二、国家的出现——司法口才的形成期

相传，夏朝时我国已有了比较完善的刑律——夏刑，亦称禹刑。根据历史典籍的记载和对大量出土文物的考证成果分析，中华司法口才的最早形成应该是在夏商时代。

语言作为法律的载体，驯服地服从统治阶级的运用，以昭示法律思想，实现法律思想的社会交流，保障法律思想和法律规范的贯彻与实施。

奴隶制社会的司法口才首先体现的是"王权神授""代天行罚"的唯心主义法律思想。我们可以从许多零散的典籍中加以证明。夏启在讨伐有扈氏时宣称：

"今予惟恭行人之罚。"[1] 成汤攻打夏桀时也宣称："有夏多罪，天命殛之""夏氏有罪，予畏上帝，不敢不正""尔尚辅予一人致天之罚"[2]。周代青铜器大盂鼎铭文称："丕显文王，受天有大命。"《诗经·周颂·昊天有成命》称："昊天有成命，二后（文王、武王）受之。"《诗经·大雅·下武》称："于乃斯年，受天之祜。"[3] 奴隶制社会司法口才的一个特点是：凡帝王行为都是受"天"成"命"。"天命"成了奴隶制社会君王和贵族司法口才中的专用词语了。

到了西周，已有了一套完备的诉讼、审理制度。当时的法律规定，除轻微案件可以口头陈述，一般要具状告官。奴隶社会不仅有了完备的诉讼、审理制度，而且还出现了专门帮人打官司的人。传说早在春秋时期，郑国就有一个名叫邓析的人专门帮人打官司。小案子要一件衣服，大案子要一条裤子作为酬谢。教人"以非为是，以是为非，是非无度，而可与不可日变，所欲胜因胜，所欲罪因罪"。邓析能言善辩，靠打官司吃饭，说明这一时期不仅已经产生了司法口才，而且已经有了替人打官司的"讼师"。

据《周礼·秋官·小司寇》记载：周朝有规定，"命夫命妇不躬坐狱讼"，即奴隶主贵族涉讼，不必亲自出庭，可由其下属或子弟代理。我们暂不说涉讼的内容，单就司法口才这一项，就足以说明当时也有法庭和初具规模的司法口才了。

我国有关司法口才的最早的文字记载，要数我国第一部古代散文集《尚书》。在《尚书·夏书·甘誓》中，记载了公元前21世纪左右，夏启在出师讨伐有扈氏，大战于甘之前所作的一次战前誓师演说。原文如下：

> 大战于甘，乃召六卿。王曰：嗟！六事之人，予誓告汝。有扈氏威侮五行，怠弃三正，天用剿绝其命。今予惟恭行天下罚。左不攻于左，汝不恭命；右不攻于右，当不恭命；御非其马之正，汝不恭命。用命，赏于祖；不用命，戮于社，予则孥戮汝！

夏启战前动员的意思是：喂！六军将领们，我向你们发誓：有扈氏胆敢侮辱金木水火土五行，怠慢甚至抛弃天地人三正，上天决定消灭他。现在，我将奉天之命去惩罚他。左军不从左边攻击，你们就没有执行命令；右军不从右边攻击，你们也就没有执行命令；驾战车的没有驾正战车，你们同样没有执行命

---

[1]《尚书·甘誓》。
[2]《尚书·汤誓》。
[3] 王道森：《法律语言运用学》，中国法制出版社2003年版，第33页。（有改动）

令。执行命令，将受到赏赐，光宗耀祖；违抗命令，将斩首示众，还要殃及妻子儿女。

这一时期，在奴隶制法的法律思想里，奴婢被视为与牲畜同等物，没有任何的法律地位。1975年12月，在湖北省云梦县睡虎地秦墓中出土了大量随葬竹简，经专家研究考证，是一个名叫"喜"的法官的随葬品，时间大约处于秦始皇称帝前后，因此，学术界称之为《秦墓竹简》。在《睡虎地秦墓竹简·法律答问》中，有"家罪"一词，它的意思是父子居住一起，子杀伤及盗窃父之奴婢、牲畜的行为，在父死后即不以为罪。"家罪"一词的出现，表现了当时奴隶主贵族的意志，表现出奴隶主贵族与奴婢之间极不平等的法律关系。奴婢的社会地位与牲畜等同，奴隶主掌握立法和审讯大权，通过审案维护其集团统治。因此，这个时期的司法口才是奴隶主贵族的司法口才。

这一时期，司法口才已初步形成了自己的语言体系。在《秦墓竹简》中，名为《封诊式》的竹简，共98支，经专家整理后，分为25篇独立的文字，每篇简首写有小标题。《封诊式》中的"治狱"和"讯狱"两节列卷首，讲的是审理案件的原则，其余各节"爰书"讲的是告案、立案、调查、检验、审讯等内容，对"爰书"的解释，有学者作了深入的研究，认为"爰书"可以是受害者自诉、公诉人公诉、犯罪者自告之辞的记录，还可以是审理犯罪中的用刑记录、查封罪犯财产的报告书，对案发现场及尸体和物证等进行勘验的鉴定报告书。

很显然，这些"爰书"都是官府在处理案件时形成的一系列司法文书，这些书面语言又都是"供辞""自辩书""个人向官府申告私事"的口头语言的转换。由此可以看出，司法口才在这个时期，已经初步形成了它的言语表达体系。

三、漫长的封建社会——司法口才艰难的延续期

司法口才的形成和产生是司法界的一件大事，可喜可贺。司法口才进入漫长的封建社会后，其发展可以说是起起落落，坎坎坷坷，时隐时现，步履蹒跚。但司法口才的发展有一条贯穿始终又极为醒目的主线，那就是封建君主制度下的法官的"一言堂"。

（一）春秋战国——口才发展的黄金期

公元前7世纪至公元前3世纪，是我国口才发展的黄金时期。这一时期，正是奴隶制向封建制转变的社会大变革时期，新兴的地主阶级为夺取政权和扩张势力，实行了一系列开明政策，招贤纳士，尊重知识分子，鼓励他们为国家献计献策。这些"士"，即所谓的知识分子，在社会变革的大潮中，著书立说，讲经论道，凭着自己三寸不烂之舌，宣传自己的主张，积极为统治者出谋划策，有时一席话便可以得到富贵荣华，可谓"朝为布衣，夕为卿相"。这一时期，涌

现出一大批纵横恣肆、口若悬河的口才家，其中，最著名的是墨翟、孟轲、荀况、庄周等，这就是我国历史上有名的群星璀璨、百家争鸣的时代。

春秋战国时期，由于墨子的倡导，孟子、荀子等口才家的响应和参与，我国已建立起一个有实践、有理论、有系统的口才学体系。这一时期的著名著作有《左传》《论语》《国语》《墨子》《孟子》《管子》《荀子》等，且有不少思想家以论辩的方式来表达自己的法律思想、立法主张，反驳与自己相反的观点，论辩色彩浓、技巧高。这一时期，论辩之风盛行，为后来司法口才的发展打下良好的基础，也为后来我国独具风格的论辩艺术的形成做了最良好的铺垫。

（二）封建社会——司法口才发展的漫漫长夜

公元前221年，秦王嬴政相继灭六国，建立起我国历史上第一个中央集权的封建专制国家——秦王朝，正式确立了皇帝制度。基于"皇权神授"的思想，皇帝成为"天子"，是国家的主宰者，是亿万"子民""父天母地"的家长，以君权为中心的专制统治的"人治"封建国家形成了。

封建社会制度的本质决定了其法律制度是为地主阶级服务的，是为皇帝服务的。皇帝享有最高审判权，皇帝言出法随，口谕即法，皇帝可以凭借自己的喜怒好恶随意废止法律和新立法律，又可以凭借自己的喜怒好恶随意杀人和刀下留人。"君让臣死，臣不得不死"，就是君权制度的具体表现。

在一时期，断案以审判官的意志为转移，他们为了提取口供，常使用残酷的刑讯逼供等手段，如《封诊式》中"讯狱"程式规定：认真听其陈述，详细记录，不要打断陈述；陈述完而未交代清楚的，应进行诘问，详记其间回答和辩解之词；发现矛盾诘问，直至当事人理屈词穷。对多次编造谎言，更改口供，拒不服罪，依法应进行拷问。

汉代断狱（即判断）的主要依据是口供，审讯与判决的程序是紧密相连的。明清时期，封建统治更加残酷，刑讯逼供制度发展迅速，基本上是严刑逼供，屈打成招，根据供词断罪。当事人的任何上诉、抗辩、争理，不仅难以改变被冤屈、被错判、被错杀的不幸命运，反而会遭到比原来更大的祸害，老百姓无异于一头被扔在砧板上任人宰割的牛羊。

纠问式的法律制度中，法官是唯一的诉讼主体。这一时期的司法口才禁锢万籁，一扫百家争鸣的豁畅之风而变得沉默了，变成体现判官意志的"一言堂"。

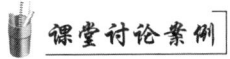

明代的苏三案[1]

"苏三离了洪洞县，将身来在大街前……"这一段优美的唱词来自京剧"苏三起解"，估计年纪稍长的很多人都听过。它讲述了五百年前发生在山西洪洞县的一起真实而又传奇的诉讼案。

明代，京城有个红极一时的名妓苏三（花名玉堂春）。苏三接待了一个前礼部尚书的公子，叫王景隆。二人情投意合，产生爱情，相约娶嫁。

王景隆遂回家要钱给苏三赎身，遭父亲反对。无奈，只得关起门来刻苦读书，准备科举考试。苏三在妓院等啊，盼啊，拒绝接待任何客人。老鸨见苏三无用，便将她卖给在京经商的山西洪洞县商人沈洪。

有一天，沈洪带着小妾苏三回老家。原来沈洪的妻子皮氏，在沈洪长期在外期间，早与有一墙之隔的邻居监生赵昂通奸。听说沈洪回家，皮氏害怕事情败露，与赵昂商议，决定谋杀沈洪。

沈洪带苏三要见皮氏，皮氏不接纳苏三。沈洪只得在西厅一厢房给苏三安排好住处，去皮氏那里。没想到皮氏大发雷霆，又把他撵出来了。沈洪径直往苏三住的地方去，可苏三就是不肯开门。因为苏三曾与王公子发下誓言，非你不嫁，非我不娶，以全节操。无奈，沈洪只得在外面的铺上一觉睡到天明。

第二天一大早，皮氏擀了一轴面，煮熟后分作两碗，悄悄把砒霜撒在面里，再将辣汁浇上，叫丫鬟送往西厅。

沈洪见是两碗，就对丫鬟说："送一碗给你二娘（苏三）吃。"

丫鬟一手端着面，一手敲门："请二娘起来吃面。"

苏三懒懒地说："我不吃。"

离家多年，沈洪早就想念家乡这香香的辣面了，他端起碗，"呼噜呼噜"一会儿工夫，两碗面都下肚了。

不一会儿，沈洪肚疼，大叫："不好，我要死了！"

苏三听见了，以为沈洪骗她开门，就没有当回事。渐渐地，苏三感觉沈洪呼喊的声音不对头了，才起身打开门，一看，沈洪已七窍流血，死了。

苏三大脑一片空白，慌忙高喊："救人哪！"

皮氏第一个到达现场，不等苏三说话，就大声质问："好端端一个人，怎么就死了？想必是你这小淫妇弄死了他，好去嫁人！"

---

[1] 选自明末冯梦龙小说集《警世通言》中的《玉堂春落难逢夫》。

不容苏三辩解，皮氏拉着苏三一路叫喊，到了县衙。

洪洞县衙里，王知县升堂开庭。皮氏说："小妇人皮氏，丈夫叫沈洪，在北京为商，用千金娶这娼妇为妾。这娼妇嫌丈夫丑陋，在辣面里暗将毒药放入，丈夫吃了，登时身死。望爷爷断她偿命！"苏三平静如水："爷爷，沈洪娶我回家，皮氏嫉妒，暗将毒药藏在面中，毒死丈夫性命。反倒刁泼无赖，嫁祸于我！"王知县见她二人说的都有理，一时不好决断，遂叫手下将二人关入监房，等待继续调查。

皮氏秘密差人传话给赵昂。于是赵昂拿着沈家的1000两银子放在坛内当酒送给了王知县。

苏三案至此有了180°的大转弯！

第二天升堂，衙役们把苏三和皮氏一起提来，当堂跪下。知县说："我昨天做了一个梦，梦见沈洪说：'我是苏氏药死的，与那皮氏无干。'"

苏三一听，正要辩解，那知县不容分说，怒指苏三："人是苦虫，不打不招！"又转向衙役："给我狠狠地打！看她招不招。她若不招，就活活敲死！"

苏三受尽刑罚，被打得死去活来，气息奄奄，实在熬刑不过，心想：算了，招了总比打死强……衙役继续给苏三用刑，喊："招不招？"苏三使出全身力气微微点头："……愿……招……"，便又昏死过去……经过一系列签字、画押等法律程序，苏三"合法"地成了罪犯，被收监打入死牢。

巧得很，苏三的情郎王景隆登科做了官，不久就升任山西巡按。

王巡按时刻挂念着苏三，来到山西第一件事就是想打听一下苏三的下落。没想到，他在察院看案卷材料时，突然看到"苏三"二字，内心不由一阵惊慌。

他决定微服私访，亲自前往洪洞，打听苏三案。

在路上，王巡按和赶脚的小伙闲问，又做了实地考察，了解到苏三案是一起冤案！

王巡按立马回到省城，开堂重审。于是，就出现了故事开头"苏三起解"的情景。

王巡按委派刘推官审理此案。刘推官用计策让丫鬟说出实情，迫使皮氏、赵昂、丫鬟等三人不打自招，苏三冤案终于昭雪。

一场冤案离奇发生，又戏剧性地得到昭雪！

问题：

1. 分析苏三冤案的根源。

2. 有罪推定源于权力干预审判，说说本案权力干预审判的情节。

（第一个问题的参考答案：苏三冤案，表面看苏三蒙冤是由于知县徇私枉法而造成的，实质上封建社会和专制体制的权力至上，才是苏三冤案的根源。

第二个问题的参考答案：刘推官不是在公正地审理案件，而是在完成上级交给的一项任务，刘推官哪怕把皮氏打死，也得想办法得到王省长要求的结论。有罪推定源于权力干预审判，本案从初审到再审都是如此。苏三的昭雪并非正义得到了实现，而是又一次验证了"有权就有理"的潜规则而已，只不过这一次是正义和权力恰巧重合在一起罢了。）

纵观封建社会发展史，我们不难看出，封建制国家的司法口才主要有如下特点：其一，皇室及封建官吏掌握生杀予夺大权；其二，主要采用纠问式讯问的方式，按有罪推定定罪，实行无供不录案的制度，重口供、不重证据；其三，刑讯逼供合法化、制度化。

以君权为中心的专制统治，再加上封建宗法制度下的孔孟之道的所谓"礼义"的束缚，老百姓更没有发言的权利，统治阶级把"圣人无讼便为贵"注入启蒙教育中，把争取和捍卫自身的正当权利的行为作为被鄙视的对象，甚至将诉讼行为视为最大的耻辱。中国人的品质扭曲了。多少年来，"吃官司"成了中国人的大忌，"沉默是金"成为中国人信守不移的箴诫，"三寸不烂之舌，两行伶俐之齿"受到国人鄙视。中国人的口才萎缩了，口才学的发展受到严重的阻碍。当时，只有社会的上层，确切地说，只有在宫廷里，才依稀感觉到口才还存在，论辩还存在，不过已面目全非了。

这一时期，关于口才学理论的研究，只有几篇零星的、只言片语的理论研究，根本没有形成司法口才理论系统。

封建社会司法口才发展缓慢，但也曾出现过口才方面的几颗耀眼的明星。如北宋曾做过知县、知州、知府的地方官，被老百姓称为青天大老爷的包拯，不畏权贵，执法如山，反对不辨虚实、偏听偏信的审判思想，让诉讼人直接上庭当面"陈曲直"，说明自己的案件情况。再如明朝的"为民请命"的海瑞，刚正清廉，抵制刁讼诬告之风，主张断案"以情推理"，听狱"公正"……他们虽然代表封建王朝统治办案，但客观上符合了人民的意愿和要求。诉讼案件中，他们较客观地让原告、被告作一定的陈述和争辩，并冷静地听取有关当事人、证人的意见，为中国司法口才的发展做出了一定的贡献。

这一时期，法官断案不乏司法口才方面的优秀案例。他们的判词大多讲究语言艺术，有的威正辞严，有的文情并茂，还有的诙谐幽默，成为古代司法口才的佳作，被后人津津乐道。

课堂讨论案例

1. 明代天启年间，有位御史口才颇佳，一名太监心怀嫉妒，设法取笑御史，便缚一老鼠前去告状："此鼠咬毁衣物，特擒来请御史判罪。"御史沉思片刻后判曰："此鼠若判笞杖放逐则太轻，若判绞刑凌迟则太重，本官决定判它宫刑（阉割）。"太监自取其辱，灰溜溜地走了。

2. 明代宗室朱宸濠的府上养有一鹤，为皇帝所赐。一日，仆役带鹤上街游逛，被民家一狗咬伤。仆役到府衙告状，状词写道："鹤带金牌，系出御赐。"知府接状，挥笔判曰："鹤系金牌，犬不识字，禽兽相伤，不关人事。"判词精妙在理，仆役只得服判。

3. 清代郑板桥任山东潍县县令时，曾判过一桩"僧尼私恋案"。一天，乡绅将一个和尚和一个尼姑抓到县衙，嘈嘈嚷嚷地说他们私通，伤风败俗。原来，二人未出家时是同一村人，青梅竹马，并私订了终身，但女方父母却把女儿许配给邻村一个老财主做妾。女儿誓死不从，离家奔桃花庵削发为尼，男子也愤而出家。谁知，在来年三月三的潍县风筝会上，这对苦命鸳鸯竟又碰了面，于是，趁夜色幽会，不料被人当场抓住。郑板桥听后，动了恻隐之心，遂判他们可以还俗结婚，提笔写下判词：

"一半葫芦一半瓢，
合来一处好成桃。
从今入定风归寂，
此后敲门月影遥。
鸟性悦时空即色，
莲花落处静偏娇。
是谁勾却风流案？
记取当堂郑板桥。"

4. 宋时，崇阳县有一县令，名叫张乖崖，为人正直，洁身自好，且办事认真，一丝不苟，颇有政绩，深受全县人民爱戴。县衙里有一个管理仓库的小吏，每天从仓库里出来的时候，都会顺手把库里的一枚钱藏进自己的帽子里。

一天，县官张乖崖发现小吏神色慌张，便去追问，才知帽子里的钱是仓库里的，而且小吏天天偷一枚钱。张乖崖就派人把那个小吏捉了起来，下令用棍棒拷打，追问他到底偷了多少钱。小吏心中十分不服，大声抗议道："不就是拿了一枚钱么？为什么对我这么凶狠！你能用杖打我，你不敢杀我！"县官张乖崖听了，拿起笔来写下几句话：

"一日一钱，千日千钱，绳锯木断，水滴石穿。"

小吏听了以后，无言以对。判决完毕，张乖崖把笔一扔，手提宝剑，亲自斩了小吏。

5. 在敦煌出土的文物中，有一份唐代离婚协议书：

"三载结缘，则夫妇相和；三年有怨，则来仇隙。

……

愿妻娘子相离之后，重梳蝉鬓，美扫娥眉，巧逞窈窕之姿，选聘高官之主，弄影庭前，美效琴瑟合韵之态。解怨释结，更莫相憎；一别两宽，各生欢喜。"

该协议书文笔流畅，遣词风雅。从夫妻相知相和到互生嫌隙，最后洒脱分离与祝福，全文一气呵成，富有诗意。

问题：

读了如上几个断案故事，你认为古代判词在语言方面有些什么特点？

这些优秀的司法口才案例，虽不能代表封建社会司法口才的全部，但是，也是封建社会漫漫长夜中的几颗璀璨明珠。

在封建社会的司法专横制度下，法官的"一言堂"成为司法常态，标志着司法文明的诉讼辩论没有也不可能实行起来。但在漫长的历史发展中，一直就有着"刀笔邪神"和"刀笔吏"的传说，也出现了一些论辩和诉辩现象。统治阶级实行逼供，任意出入人罪，草菅人命，不允许当事人申辩，诉讼中更没有辩护人。但在民间却有一种阶层人士，私下为打官司的当事人撰写状纸，指点讼路。由于封建专制不承认这一阶层人士的合法身份和地位，他们便被贬称为"刀笔邪神"和"刀笔吏"。

> 一个乡村恶棍故意打死人，只用10两银子一埋了事。吓得死者的妻子远嫁他乡，邻里乡亲敢怒而不敢言。10年后，死者的弟弟长大，决心报仇，无奈屡告不准。幸有一乡绅仗义执笔，为他写状道：白骨烧成黑炭，黄金买得青天。十两能偿一命，万金可杀千人。[1]

仅24个字就写透了此案的严重性，最终，恶棍伏法。这就是旧中国几千年历史的论辩和诉辩现象。

四、近现代资产阶级革命——司法口才开始发展

明清时期，封建社会走向衰落，资本主义经济因素萌芽，统治阶级内部出

---

〔1〕 资料来源：（清）宋永岳撰：《志异续编》。

现了对"民主"的追求，如黄宗羲、顾炎武、王夫之等进步思想家，以犀利的言辞批评了君主专制。"民主"思想为后来资产阶级革命奠定了基础。

鸦片战争以后，清政府与帝国主义签订了一系列不平等的条约，其中就有允许外国律师在中国执业。这些"国外"律师不但在上海、天津、北京和广州等地的租界内开办律师业务、出庭辩护，还可以在中国政府内担任法律顾问，甚至代表中国出席国际会议，参加对外谈判。这无疑给沉闷几千年的中国司法口才注入了新的活力。

1911年10月，辛亥革命的胜利推翻了几千年的封建帝制，中华民国建立，开启了中国民众的思想。当时，中华民国的南京临时政府颁布了禁止刑讯令文，揭露并批判了前清刑讯，规定"不论行政司法官署及何种案件，一概不准刑讯"。这表示了南京临时政府严禁刑讯的决心。不久，在中华大地上陆陆续续地出现了正宗的"中国律师"。他们自发建立，个体执业，参与诉讼，出庭辩护，成为华夏大地令人瞩目的一支活跃队伍，一时成为受广大民众瞩目的风云人物。

1912年9月16日，作为临时大总统的孙中山着手建立律师制度，正式颁布了《律师暂行章程》，同月19日，又正式公布了《律师登录暂行章程》。1918年~1920年还连续公布了不准外国律师在中国法庭执行职务的法律。1933年，在蒋介石的操纵下，南京国民政府修正了《甄拔律师委员会章程》。1942年1月，颁布了《律师法》。在较规范的法律制度下，我国涌现出许多正宗的中国律师。其中，革命的、进步的著名律师有：施洋、刘崇佑、尹福保、沈钧儒、王造时、史良和沙千里等。较规范的法律制度和大批法律人才的涌现，打破了中国司法口才一贯的"一言堂"。纠问式的审判制度已经摇摇欲坠。

司法制度进步了，司法口才也跃上了一个崭新的台阶。司法口才冲破了漫长的瓶颈，具有了发展的广阔空间。如被誉为"七君子"的沈钧儒、章乃器、王造时、李公朴、邹韬奋、沙千里和史良等，个个都是有才有识、能言善辩的口才家。1936年11月23日，他们因抗日救国"罪"，被国民党上海当局在上海逮捕。据沙千里的《漫话救国会》记载，在国民党政府法庭上，"七君子"据理力争，与法官、检察官进行论辩，显示了出众的才华，成为近现代司法口才史上的一页华章。

请欣赏沈钧儒在法庭上论辩的一个片断：

时间：1937年6月11日
"受审者"：沈钧儒
法官问：你赞成共产主义吗？
沈答：赞成不赞成，这是很滑稽的。我请审判长注意这一点，就是我们从来不谈所谓主义。……如果一定要说被告等宣传什么主义的话,那么,我们的主义就是抗日主义,就是爱国主义。

问:抗日救国不是共产党的口号吗?

答:共产党吃饭,我们也吃饭;难道共产党抗日,我们就不能抗日吗?

问:你知道你们被共产党利用吗?

答:假使共产党利用我抗日,我甘愿被他们利用;并且不论谁都可以利用我抗日,我都甘愿被他们为抗日而利用。

沈钧儒机智敏捷,灵活巧妙,以生动形象的比喻、雄辩的逻辑力量和渊博的知识,驳斥了国民党政府强加在"七君子"头上莫须有的罪名。

这一时期,法庭辩论口才兴起。由于中国近现代是伴随着浓厚的封建色彩而存在,律师辩护的诉讼制度时存时废,名存实亡。

五、中华人民共和国成立到现在——司法口才在坎坷中大发展

中国现代法、社会主义法起始于人民革命政权的产生。中国社会主义法律是人民民主政权的法律,它肇始于中国新民主主义革命时期,确立于中国社会主义时期的初级阶段。

新民主主义革命时期,中国共产党领导人民军队开辟革命根据地,制定了能体现根据地全体人民意志的法律、法令,这一时期的立法、司法只是人民民主政权法治的初始阶段,是党、政、军合一的立法与司法制度。国民党统治时期,在侦查讯问方面,国民党政府主要依靠特务机构"军统""中统"等,一方面,他们集封建王朝反动统治之大成,另一方面,又借用帝国主义的经验,把帝国主义的现代技术引入侦查讯问,同时,刑讯逼供也成了最经常、最主要的手段。

中国共产党领导的苏维埃政权、抗日民主政府、解放区民主政府和新中国政府,在司法口才方面始终贯彻实行"重证据不轻信口供"的原则,废除了极其野蛮的刑讯逼供、屈打成招的讯问方式。1948年10月13日,华北人民政府通令宣布:"审判工作必须遵循毛主席所指示的三个条件,即:①禁止肉刑;②重证据不重口供;③不得指名问供。"司法口才开始在健康的轨道上发展。

1949年,中华人民共和国建立。1949年2月,中共中央宣布彻底废除国民党的一切法律,1954年,制定了《中华人民共和国宪法》。之后,新中国陆续制定了一些法律、法令、条例和决定,司法口才继续向前发展,特别是审判口才、讯问口才发展迅速。

1957年下半年开始的反右派斗争,使刚刚有个良好开端的尚未持续多久的法庭辩论夭折了。极左思想占上风,他们认为,法庭辩论中的律师是"替坏人说话""为犯罪分子开脱罪责"。于是，他们把从事律师工作70%左右的人员打成"右派"和定为"右倾"。1958年以后，辩护制度被取消，公检法只讲一致对外，不讲互相制约，直到"文化大革命"，砸烂公检法。这一时期，人们轻视法律，忽视法律，有法不依，以言代法，以言废法。在"坦白从宽，抗拒从严"的政策下，解释、申诉或争辩都会被扣上"抗拒"的帽子，并以此作为"从严"的"证据"，以言定罪，司法口才几乎走上绝路。

1978年，党的三中全会以后，人们在痛苦的反思中重新扬起依法治国的风帆。社会主义法制建设迅速恢复并沿着正确的轨道快速发展。在立法上，建立了门类齐全的法律体系；执法上，恢复并加强了公安、司法队伍，建立了侦查、检察、审判各机关独立行使职责并互相配合、互相制约的执法机制。从此，司法口才才真正健康成长并逐步成熟起来。

1979年，《宪法》《刑法》等几部大法的陆续出台，特别是2008年6月1日起施行的《律师法》，有力地促进了国家走向法制化的轨道。中国已在根本上实现了从无法可依到有法可依的历史性转变，司法审判制度逐步走向公开、公平、公正。

近几年来，建设中国特色社会主义法治体系的步伐加大，社会主义法治体系、国家治理体系和治理能力现代化的社会主义司法体制改革取得令人瞩目的成就。《中华人民共和国民法总则》的颁布，民法典的编纂，司法机关"员额制"的改革，"中国裁判文书网""中国庭审公开网"等司法窗口的开放，现代司法理念进一步深入人心，"让人民群众在每一个司法案件中都感受到公平正义"的目标正一步步在艰难中实现。

我国的司法工作者们，拿起法律的武器，兢兢业业地捍卫着法律的价值与尊严，为共和国法律园地筑起一道亮丽的风景。为适应修改后《刑事诉讼法》的实施带来的新挑战、新要求，根据最高人民检察院和司法部相关工作要求，2010年前后，各省陆续举办公诉人和律师辩论赛。他们宣传法律知识，展示国家公诉人和人民律师的良好形象，不仅从法律角度对案例进行激烈的辩论，弘扬社会主义法治理念，表现法律人对法律的忠诚和严谨，还从人伦道德层面，倡导社会公序良俗，展示新一代法律人对社会良知和公平正义的不懈追求。从司法口才的角度看，在辩论中不乏风趣幽默的侃侃而谈，亦有针锋相对的唇枪舌剑，这些都为司法口才增加了新的亮点。

司法口才作为司法过程中必不可少的内容，必将像上足发条的钟表一样，稳健有力、持续健康地发展成熟起来。

第三节 我国司法口才的研究现状

一、研究走向正规

1986年，高玉成的《司法口才学》问世，标志着司法口才研究已经取得了一门独立学科的身份，司法口才的研究已经进入一个新纪元。

中国司法口才研究人员从无到有，由少成多，上至研究机构，下至大专院校教师，都不乏研究者，如湖南省政府法制办王道森的《法律语言运用学》、潘庆云的《中国法律语言鉴衡》，这些法律语言学著作都或多或少地专列了司法口才的章节。廖美珍的《法庭问答及其互动研究》、秦甫的《律师论辩学》、杨迎泽的《检察机关侦查讯问实务》、吴克利的《镜头下的讯问》等司法口才专著，受到同仁的广泛关注。

司法口才进入高等学校的法学课堂，正式登入大雅之堂。20世纪80年代，一些著名政法院校开设了司法口才课程。之后，这门课程逐步在各大专院校开设，成为法律专业的必修或选修课程。由文平的《公安司法口才学》、林华章的《应用口才教程》、王冷和吕泓臣的《司法口才》、安秀萍的《司法口才学教程》等多个司法口才教材版本，使各大专院校在使用时有较大的选择余地。

二、研究成果较多

中国特色社会主义法律体系，为我国司法口才注入了强大的生命力，其大大突破了原有司法制度的窠臼，司法口才研究向深度和广度发展，建立了一系列的学科分支，如侦查口才学、检察口才学、审判口才学、律师口才学、调解口才学、法庭论辩口才学等。可喜的是，更多的研究者来自实际部门，他们工作在司法第一线，边工作学习，边研究总结，在各刊物上不乏司法口才方面的论文出现，如有些研究法律口语的模糊现象、讯问、法庭话语、犯罪嫌疑人口语语音等，有些探讨法律口才语体、风格、修辞和用词等，如汝亚国的《刑辩的艺术》、何鸣的《民事诉讼调解技巧与实例评析》等著作，李东翯的《法庭辩论技巧与应变》、张慧丽和万伟岭的《公诉人出庭辩论技巧探讨》、张宏梁的《公诉词的文采：一种特殊的力量》、冯永峰和蒋珊珊的《如何增强公诉意见的说理性和感染力》等论文。这些论文、著作的出现，大大推进了司法口才的研究进程，对实际工作部门有一定的指导意义。

三、研究尚存不足

我国司法口才的研究现状和时代的发展、中国法制的进程有些格格不入，学术界对司法口才这一学科的研究还是冷漠。主要表现在司法口才的研究人员寥若晨星，尤其近几年，从2013年以后，这方面的研究人员似乎更少了，研究的成果也不尽如人意。

实践中，司法人员办案展示司法口才时语言不清晰、不连贯，办案手不离稿、思路不清晰、说不在点上，甚至"出口成脏"，这些现象屡屡发生，严重影响着办案效果和效率。

在审判、检察、公安司法口才实施过程中，司法口才不是可有可无的东西，而是有重要作用。司法口才是司法人员必须具备的才干，是司法人员践行法律职责的必备素质，是正确实用法律、伸张法律正义、弘扬法律精神的必备武器。

2017年3月15日，第十二届全国人民代表大会第五次会议通过《中华人民共和国民法总则》（在未来3年左右的时间里，国家还将制定民法典分则各编，包括物权编、合同编、侵权责任编、继承编和亲属编等）。它确立了民法典的基本制度、框架，有效地协调了民法和商法之间的关系，消除了原先存在的《民法通则》和有关的单行法律之间的冲突、矛盾，规范了社会生活基本规则，这是中国民法立法史上具有里程碑意义的大事，使中国社会主义法律体系的完整建成迈出了坚实的一步。

民法典的时代一定会带来司法口才的巨大变化，司法口才必将大有用武之地，司法口才的发展遇到了千载难逢的机遇。

一、优秀口才欣赏。

诸葛亮舌战群儒

东汉末期，曹操挟天子以令诸侯，较有实力的军阀大都被他消灭了，唯独刘备和孙权还有发展壮大的可能，曹操自知一下子吞并这两股势力还比较难，于是，就派人拿着他的书信去东吴，想和孙权联手消灭刘备。孙权手下的谋士大都主张降曹自保，只有鲁肃主张联刘抗曹。但鲁肃自知难以说服孙权和东吴的文臣，于是特意请诸葛亮来当说客。

鲁肃引诸葛亮见了东吴的一群谋士，这些人并非泛泛之辈，个个都是有学问的人。东吴第一大谋士张昭首先发难：

"听说刘备到你家里三趟，才把你请出山，以为有了你就如同鱼得了水，想夺取荆襄九郡做根据地。但荆襄已被曹操得到，你还有什么主意呢？"

诸葛亮心里想，如果不先难倒张昭，就没办法说服孙权联刘抗曹了。诸葛亮说：

"刘备取荆襄这块地盘，易如反掌，只是不忍心夺取同宗的基业，才被曹操捡了便宜。现在屯兵江夏，另有宏图大计，等闲之辈哪懂得这个。国家大事，社稷安危，都要有真才实学的人拿出好主意。而口舌之徒，坐而论道，碰上事儿，却拿不出一个办法来，只能为天下人耻笑。"

一番话，说得张昭哑口无言。

之后，一个谋士问：

"曹操屯兵百万，将列千员，你说不怕，你吹牛吧。"

诸葛亮答：

"刘备退守夏口，是等待时机；而东吴兵精粮足，还有长江天险可守，却都劝孙权降曹，你丢人吧。"

……

东吴的谋士一个接一个地向诸葛亮发难，先后有七人之多。

面对诸儒的诘难，诸葛亮神态自若，一一作答，侃侃而谈，纵横捭阖，游刃有余，终使"张昭并无一言回答""虞翻不能对""步骘默然无语""薛综满面羞惭，不能对答""陆绩语塞""严畯低头丧气不能对""程德枢不能对"。东吴的谋士都被诸葛亮反驳得有口难辩，以至众人"尽皆失色"。

诸葛亮真可谓三寸之舌能抵百万之兵。

二、观看法庭辩论录像。

中　编　基础理论

第三章　司法口才的方式和要求

> **学习要点**
> 1. 理解言语交际的过程，能识别和判断言语交际过程中出现的问题；
> 2. 了解司法口才交际的方式；
> 3. 熟知司法口才的表达要求；
> 4. 学习按司法口才的要求表述司法工作内容。

　　孔子曰："志有之，言以足志，文以足言；不言，谁知其志？"我国新时期的法律语言学专家廖美珍教授说过，一个法官，必须拥有智慧，怀有良知，这是非常重要的，然而，同样重要的，甚至更为重要的是，一个法官，必须拥有表达其智慧和良知的语言能力。

　　本章要谈的是司法人员应具备的语言能力，即司法口才的方式和要求。在谈此问题之前，先讲一个例子：美国前总统尼克松在《领袖们》一书中回忆：1972 年，尼克松访华时，周恩来总理和他会面，言简意赅地说："您从太平洋彼岸伸出手来，和我握手。我们已经 25 年没有联系了。"而江青见面的第一句话则是："你为什么不来中国？"

　　我们且不谈政治等深层次方面的内容，单从周恩来总理和江青与尼克松的见面语比较，从特定语境所产生的效果看，周恩来的见面语让对方感到高雅、友好、机智、生动，而江青的见面语则令对方觉得直接、"缺乏幽默感"，"表现出她那令人不悦、好战的态度"。同样是见面语，效果却有天壤之别。这就是言语所显示出的一个人的综合素养问题。

　　司法口才交际要取得成功，必须细察各类诉讼在不同阶段的交际题旨、情境、角色等诸多因素，选择最贴切的语言材料、表述方法，调整和斟酌语辞，完美地传达信息。为此，我们有必要洞悉司法口才交际的基本过程和基本方式，以及在语言表达方面的特殊要求。

第一节 言语交际的过程

一、言语和语言

在日常生活中，或在一些语言学方面的著作里，我们时常会见到"言语""语言"这样的词语。"言语"和"语言"一样吗？它们有没有区别呢？

语言是人类所特有的，用来表达意思、交流思想的工具，是一种特殊的社会现象，它是由特定的语音、词汇、语法和修辞等构成的一定系统。这个系统包括声音系统和符号系统。如汉语有自己特定的语音（音节、声调），词汇以双音节词居多，词汇又是组成句子的基本单位，句子又是由一个一个词按一定的语法规则排列起来的，表达一个完整意思的单位。这个语法规则一般是按"主语＋谓语＋宾语"的结构构成。如"我讲语法"一句中，"我"是这个句子的主语，"讲"是谓语，"语法"是宾语，按"主语＋谓语＋宾语"的结构顺序排列，表达了一个相对完整的意思——"我讲语法"。如果不按这个结构排列，成了"讲语法我"或"语法讲我"等，句子的意思就不明确了。

每一种语言都有自己独特的语音、词汇、语法、修辞。我们在使用某种语言时，要按照这种语言特有的规律来完成交际。语言对于法律具有工具意义。立法者运用语言创制法律，法官运用语言陈述判意，检察官运用语言对被告人进行指控，律师在法庭上运用语言为被告人辩护，法学家运用语言表达他们的观点和思想。如果这个语言工具使用不当，依然不能完成交际。这就是语言问题。

言语，则不同于语言。言语是"语言的使用"，是使用中的语言。如果说语言是一个语音系统、符号系统，那么言语则是它的使用系统。如有声语言的使用，一个孩子对爷爷用食指勾一勾说："你给我过来一下"。这个句子中，从语言学角度看，符合汉语的构成系统和规则，是正确的；但从言语学的角度看，孙子对爷爷这样讲话，很不敬，是言语对象出现错误了，也就是这个"语言的使用"出了问题。如果同样还是这个小朋友，还是说这句话"你给我过来一下"，但是是与另一个小朋友说，无论从语言学角度，还是从言语学角度看，都是合适的。

语言合格的句子，在言语中未必是恰当的。司法口才是有声语言的使用，所以，研究言语很有必要。

二、言语系统的构成要素

言语作为语言的使用系统，自然有它特有的要素。构成言语系统的要素有哪些呢？

（一）言语主体

所谓言语主体，即使用语言的人。言语主体在言语交际中是交际活动的实践者，起积极的主导作用。它根据一定的需要或目的，将自己感知与认识中内化积淀的各种相关信息进行选择、整理、加工、提炼、编码，并转化成有声语言传播给听众。

言语主体要能恰当表述言语内容，应注意如下几个方面：一是言语表达内容与目的要同听众的心理吻合；二是言语主体要表达代表自己或本阶层、本集团利益的需要；三是言语主体要有正确的世界观、人生观、价值观、政治倾向、思想情操和思维方式等；四是言语主体要有过硬的言语表达基本功，如知识素养、理论水平、相关能力和表达技巧等；五是言语主体要与听众之间相互作用、相互配合，共同完成交际任务。司法口才的言语主体当然是司法人员、律师以及其他法律工作者。

（二）言语环境

言语环境就是使用语言进行交际的环境。在口语交际中，言语主体固然起着决定作用，但主体不可避免地要受言语环境的影响，包括言语的对象——听众，言语的环境——信息场。

语言的使用单靠主体是难以完成的，它必须要有言语交际的对象；言语主体与言语对象的关系是作用力与反作用力的关系，或者说是相互作用的关系，言语主体应当对言语对象事先有一个基本的了解和把握，这样才能掌握交际主动权。

言语环境是言语主体和言语对象相互作用的条件媒介环境，即信息场。言语环境不仅对主体的心境、情绪和表达能力的发挥产生影响，而且对言语对象的心境、情绪、注意力的集中产生影响。因此，言语主体应当积极营造言语环境，及时消除那些不适合口语表达的环境因素带来的不利影响。言语主体、言语环境是言语和语言的最本质的区别。司法口才的言语环境当然应当是特定的地点，如法庭、审讯室和司法所等。

（三）言语内容

言语内容就是使用中的语言，是言语交际的实质性的东西。言语主体要将言语内容在特定的场合下传递给言语对象。那么，传递些什么内容呢？无外乎要有明确的信息主题，然后为之寻找合适有力的语言材料，再通过巧妙合理的结构将信息内容传递给对方。

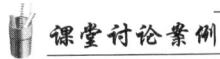

法官当庭宣读判决书[1]

北京市东城区人民法院民事判决书（2015）东民初字第××号

原告北京新×物业管理有限责任公司，住所地北京市东城区×光路10号。法定代表人王×，总经理。委托代理人张××，男，1956年11月7日出生。

被告宋××，男，1952年7月30日出生。

原告北京新×物业管理有限责任公司与被告宋××供用热力合同纠纷一案，本院于2015年7月23日立案受理。依法由代理审判员王××适用简易程序公开开庭进行了审理。原告之委托代理人张××，被告宋××到庭参加了诉讼。本案现已审理终结。

原告诉称，北京市东城区×里×号楼×单元×号房屋（建筑面积53.14平方米）登记在王××名下，王××于2010年去世，涉案房屋由被告实际居住使用。因被告拖欠涉案房屋2010年11月~2012年3月期间的供暖费，经原告多次催要未果，现起诉要求被告向原告支付供暖费3188.4元，诉讼费由被告承担。

被告辩称，王××系被告之母，于2010年1月去世。涉案房屋原登记在王××名下，后于2011年11月变更登记在被告名下。被告自1982年起就在涉案房屋居住，王××去世后，涉案房屋也实际由被告居住。被告所述期间供暖费未交纳的原因为：①被告要向原告交纳供暖费，但原告表示发票只能开成王××的单位，不能开成被告单位；②原告供暖温度不达标；③双方之间未签订书面供暖协议。现仍不同意原告的诉讼请求。

经审理查明，王××系被告之母，于2010年1月去世。北京市东城区×里×号楼×单元×号房屋（建筑面积53.14平方米）原登记在王××名下，后于2011年11月变更登记在被告名下。被告认可王××去世后，涉案房屋由其实际居住。就涉案房屋，双方未签订书面供暖协议。现原告诉至法院，诉如所请，被告坚持其答辩意见，经调解，双方各执己见。

上述事实，有当事人的陈述、房屋所有权证、死亡证明等在案佐证。

---

[1] 资料来源：中国裁判文书网，http://wenshu.court.gov.cn/content/content? DocID=20793290-b8d5-4ebc-a3e8-31e3439da9ao.

本院认为，根据已查明的事实，原告为被告所居住的房屋提供冬季供暖服务，双方形成事实上的供热合同关系，被告应向原告支付该房屋相应的供暖费。被告虽称供暖不达标，但原告予以否认，被告又不能对此提供相关证据，故对被告的该项抗辩意见，本院不予采纳。关于被告辩称原告不同意按被告要求开具发票一节，原告亦予以否认，并同意按被告要求开具发票，故现被告不能以此作为拒绝交纳供暖费的理由。综上所述，依照《中华人民共和国合同法》第一百零七条、第一百八十二条、第一百八十四条之规定，判决如下：

被告宋××于本判决生效后七日内向原告北京新×物业管理有限责任公司支付供暖费3188.4元。

如果未按本判决指定的期间履行给付金钱义务，应当依照《中华人民共和国民事诉讼法》第二百五十三条之规定，加倍支付迟延履行期间的债务利息。

案件受理费25元，由被告负担（于本判决生效后七日内交纳）。

如不服本判决，可于判决书送达之日起十五日内，向本院递交上诉状，并按对方当事人的人数提出副本，交纳上诉案件受理费，上诉于北京市第二中级人民法院。在上诉期满后七日内未交纳上诉案件受理费的，按自动撤回上诉处理。

代理审判员 王××
2015年9月8日
书记员 刘×

问题：
1. 本片段中的言语主体是谁？
2. 言语环境在哪里？
3. 言语内容有哪些？

三、言语交际的过程

按《辞海》的释义，所谓交际，是指："人与人之间以礼仪币帛相交接，互相往来之应酬。"它是人与人之间相互联系的形式和方法。人们利用各种形式和方法彼此传递信息，交流经验，相互了解，共同合作，促进社会的进步和个人的成功。固然，人与人之间的交际靠"币帛"去实现，其中，有实物手段和非言语行为，但离开了人类的语言，恐怕还是难以实现的。我们利用语言这个为人类所专有的符号和声音体系传递信息，交流思想，编织和协调各种社会活动，那就是言语交际。言语交际是人类最简捷、最经济、最有效的交际方式。言语交际的过程分为信息的编码、发出、传递、接收和译码五个阶段。

（一）编码

编码，是指言语主体为了传达某种信息，在语言的海洋中寻找恰当的词语，并按语法规则把词语编排起来组成正确的句子。

编码反映一个人的综合素养，特别是内在修养，要求清楚、明确、避免失误。交际中，有人说话"语无伦次"或"词不达意"，属于编码出了差错。

1. 注意汉语词语的排列。汉语词语的排列不同，组成句子的意思也不同。"汤面"和"面汤"、"枣梨"和"梨枣"、"揭被夺镯"和"夺镯揭被"、"不可随处小便"和"小处不可随便"语序不同，其语义也大不一样的。

2. 注意解释要单一。一般情况下，司法口才所表达的内容要求单一解释，即司法口才在语言运用上呈现的客观实际要与人们的主观认识相一致。

由于汉语的特殊结构，在汉语书面语言中，如果稍有不慎，就有可能出现歧义现象，这是司法口才之大忌。

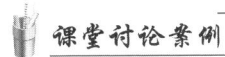

老王该怎么办？

老王在班级毕业15年的同学聚会上，发现自己曾经暗恋多年的女神居然也对自己暗恋多年，不由得感慨万千。会上相谈甚欢，一时冲动向女神发一微信："滚床单不？"女神回信："滚。"

1. 请问：这个"滚"字是什么意思？

他心有不甘，回家后失眠了几个晚上，终于鼓起勇气发一微信给女神："去我的家还是去你的家？"女神回复："去你的。"

2. "去你的"是什么意思？

过了几天，女神没去，老王忍不住，又发信息问女神："我在家等着你？"女神回信："你等着！"

3. "你等着"是什么意思？

又过了几天，老王没等到女神，实在又忍不住了，就给女神发信息："要不我到你家试试？"女神回答："你来试试！"

4. "你来试试"是什么意思？

老王彻底崩溃了，但还是不死心，就试探性地给女神发信息："你说我到底敢不敢到你家试试？"女神回答："你敢！"

5. "你敢"是什么意思？

问题：

最终，老王和女神联系上了没有？

司法口才的语义应当精确，解释单一，语言文字不能有含混不清、模棱两可、语义两歧的现象。

在法庭调查阶段，审判人员核实当事人身份情况的时候，按规定会依次问姓名、性别、出生年月日、民族、出生地、职业、住址等情况。但有些项就不好答，如"出生地"这一项，有的答具体的门牌号，有的答出生时的医院，这样的答案都不规范。司法人员应当这样问话："出生地，说明省、市、县即可"，这样对方就好回答了。

为了保障司法口才语义单一，司法人员要不断提高自身的语言表达修养，表述内容时要认真推敲，更好地发挥司法口才的效能。

（二）发出

编码完成后，言语主体通过发送器（发音器官）将编码以语音形式输出。完成好这一环节，要求说话的人要准确、清晰，这样对方才有可能准确接收信息。如果发出出现误差，会使言语对象，即听话的人不知所云。

交际中，言语主体常常因为普通话不标准、方言、咬字不清等而在"发出"这一环节上出现误差，而影响交际。

1. 一个外国女青年到中国旅游时迷路了，向一个开餐馆的中国小伙子问路："我问你一下可以吗？"她把"问（wèn）"说成"吻（wěn）"的音，小伙子一听吓坏了，赶紧捂住自己半个脸说："不可以"，小伙子心想，外国人再开放也不至于一见面就这样吧。女青年纳闷了，觉得中国人真小气，问问路都不可以。这个言语误差，主要是外国人普通话的声调不准确，在发出这一环节上出了问题而导致的。

2. 粤方言区的人学普通话，比北方人困难得多，说不好容易搞出笑话。一个广东人向客人介绍，改革开放后当地经济突飞猛进发展，城乡建设美丽如画。他说："坐在船上看郊区，越看越好看。"他把"船"说成"床"，把"郊区"说成"娇妻"。听介绍经验的人心想：你怎么给我介绍这些内容？之后，主人又领客人到家里，切开一个西瓜，西瓜瓣切得有大有小。为了表示对客人的尊重，这个广东人说："你吃大便（瓣），我吃小便（瓣）"。

可见，言语交际过程的"发出"这一环节在交际中起的作用很大！

（三）传递

口语的声波负载着语音内容，通过空气或电路传递到听者那里，就是传递。没有传递，就无法交际。这一阶段，交际双方应排除各种干扰，使语言形式不失本真。否则，听众无法接收。

（四）接收

语音形式传到听者那里，听者的听觉器官开始动作，听觉器官应当像录音机一样准确录入，要求听觉器官能正确辨认语音的形式。否则，会出现接收误差。

我们平时说的"打岔"现象，就是这一环节发生了误差。如某领导在会上发言："我们自觉接受人大监督。"听话的人离的较远没听清，听成了"拒绝接受人大监督"。接收发生了严重偏差，影响交际。

法庭上，辩护人发表辩护词时，有这样一句话："被告人对王××提供的证言全部否认。"在场的人有的听成"被告人对王××提供的证言全不否认"，意思完全变了。为了不影响表达的内容，辩护人在将书面语言转换为口头语言时，应当将"全部否认"改为"全都否认"，就不会出现"接收"误差了。这就是书面语转换成口头语的同音问题。

在特殊的行业中，人们常用一套办法来避免在"接收"方面的误差。如数字"1"和"7"在传递中，容易混淆，人们就将"1"读"幺"，"7"读"拐"，有效地避免了接收误差。

（五）译码

言语对象把接收的语音形式"还原"为语义内容，从而理解言语主体所传达的信息。译码失误，必然影响对语义内容的正确理解。我们常说的"郢书燕说"就是这一环节出了问题。

下面举一个曾发生在某省的真实例子：

> 一个老农妇因宅基地的划界问题与邻里发生纠纷。法院判决，老农妇败诉。老农妇不服，法官告诉她：你可以到省高院上诉。老农妇是文盲加法盲，不懂法官的话，把"上诉"理解成"上树"。于是，她到了省高院。真巧，大门口还真有一棵大树。于是她爬上树，等待解决问题。法院的同志发现有人在树上，怕出危险，赶紧请她下来，问清原因后，帮她解决了问题。她回去告诉乡亲们，想告状，到高院"上树"准成。结果，这棵树上隔三岔五地有人上去，等待案件的解决。法院只好把这棵大树用围栏圈了起来。

这个真实的笑话,是典型的译码错误。司法口语中,音同义不同的词语很多,如"法制"和"法治"、"隐私"和"阴私"、"公司"和"公私"等,这些同音词在用文字表述时,语义单一,但是,在司法口才中,最容易引起译码错误,要特别注意。

课堂讨论案例

笑人的口误

1. 碗掉下来,天大个疤。
2. 一次文艺晚会,主持人上台报幕:"下面请欣赏新疆歌舞:掀起你的头盖骨!"
3. 买橘子。

老板:"一块五一斤。"

我:"太贵了,五块钱三斤吧。"

老板:"不行不行。"

4. 上高中时,课堂纪律混乱,老师一怒之下揪起××,说:"××,你给我站墙上去!"
5. 一哥们去相亲,回来大家问他怎么样,哥们讲:"这个女孩真糙。中午,两个人进了一家牛肉拉面馆,女孩对师傅大声说道:'嘿,给拉两碗。'拉面的师傅说:'你吃吗?吃我就拉。'"
6. 我:"那是我们语文老师……"同学:"教什么的啊?"我:"数学……"
7. 哥哥递给我一根冰糕,我咬一口大叫:"烫死我了!"
8. 我们宿舍一个人喝多了,要去厕所,然后带出一句冷话:"尿喝多了,酒就特别多。"
9. 上学的时候,有一天一个电话找我,同学接完递给我说:"你妈妈的。"我一边接过电话一边随口问:"男的女的?"

问题:

1. 这些口误错在哪里?
2. 为什么会出错?
3. 请搜集生活中因口误而发生的交际问题。

以上对言语交际过程作了具体分析。其实,在交际过程中,编码、发出、传递、接收、译码这五个连续衔接的环节在瞬间完成。编码和发出属于言语主体,接收和译码属于言语对象,而传递则不属于任何一方。仔细研究一下自己在口语表达方面的情况,对照这五个环节,考虑自己在言语交际的五个环节中的薄弱环节,以对症下药,有目的地训练。

第二节 司法口才的方式

在诉讼过程中,司法口才可以说是伴随始终的。法官用司法口才陈述判决理由,检察官用司法口才对被告人进行指控,律师在法庭上用司法口才为当事人辩护……司法口才展现的形式千变万化、纷繁复杂。但归结起来,其口语形式一般有三种最基本的表达方式:有声语言、无声语言和副语言。

一、有声语言

口语交际当然以有声的口头言语为主要交际形式。没有有声语言,不是口语交际,也不是司法口才。

根据有声语言在交际中所处的地位及信息传播流向,可将其划分为独白式有声语言和会话式有声语言两种。

(一)独白式

独白式的有声语言,指言语交际双方(听者和说者)在交际过程中关系固定,一方总是信息的发出者,另一方总是信息的接收者,信息的内容总是由传播者一方控制,传播方向总是由传播者一方传递到听者另一方。领导讲话、老师讲课、同学演讲,社会活动中的政治报告、工作报告、学术报告、专题报告、讲学、训话及各种领导性、理论性、宣传性、鼓动性演讲均属于独白式的口语交际。

在诉讼过程中,公诉员宣读起诉书、发表公诉意见,律师发表辩护意见、代理意见、答辩意见,法官宣读判决书,司法人员进行训诫、法制宣传、宣读证人证言等司法口才均属于独白式的有声语言。如在庄严的法庭上,公诉人起立宣读人民检察院对被告人的指控书——起诉书,公诉人为信息的发出者,当庭人员及旁听群众为信息的接收者,信息内容传播的方向总是由公诉人传递给其他庭上人员及旁听群众。宣读起诉书是典型的独白式有声语言。

(二)会话式

会话式的有声语言,指在言语交际过程中,交际双方地位并不固定,任何一方既是信息的发出者,又是信息的接收者,信息内容由双方共同控制。像两人促膝谈心,辩论场上双方的争论,日常社交活动中的聊天、座谈、讨论、询问、访问、接洽、磋商等，均为会话式的有声语言。在审讯室里，侦查人员讯问犯罪嫌疑人、被告人，法庭论辩中，控辩双方就案件事实和适用法律展开的唇枪舌剑，均可以说是会话式的有声语言。

如新中国成立后不久，时任北京市公安局预审处处长汲潮同志，曾审过一个名叫高野正二的日本法西斯分子的案子。下面是双方通过会话式有声语言努力控制对方的对话：

问：既然如此，那新中国成立后你为什么不回国（日本）？难道你就不怕中国人民向你讨还血债吗？

答：我在中国习惯了，我喜欢中国，舍不得离开她。

问：你的"喜欢"和"舍不得"指的是什么？恐怕是另有一番含义吧！

答：你这是什么意思？我不明白。

问：不！你很明白。你的所谓"喜欢""舍不得"，说穿了，就是像当年你们日军法西斯想的那样，要吞并中国，永久地占有她，统治她，压迫她！

答：我的……这个意思的不是。

问：收起你那一套吧！我们有充分的证据证明你的这种思想。这个证据，也包括你所接触过的在京的日本人的检举。

答：那是些软骨头，他们根本不配做日本人！[1]

当讯问人员问高野正二为什么不回国时？他反而变被动为主动，说："我喜欢中国，舍不得离开她"。作为一个新中国成立前对中国人民犯下滔天大罪的战犯，新中国成立后又进行颠覆活动的法西斯主义者，是绝不会"喜欢"和"舍不得"中国的，讯问人员及时识破了敌人的谎言，根据事实和逻辑给予了义正词严的驳斥，直接点出被讯问者的真正意图，将主动权又控制在自己手里。

会话式有声语言的特点是，会话双方始终处于一个相互联系的动态结构中。因交际双方的题旨不同，心理状态不同，双方的交际地位、控制与反控制、主动与被动不断变化，使得交际变幻莫测，随机性很强。这需要说话者有极强的综合素质。

二、无声语言

我们都有过这样的体会，听录音不如现场聆听本人讲话的效果好，为什么？

---

〔1〕 徐加庆等：《讯问言语学》，中国人民公安大学出版社1992年版，第247页。

因为除了有声语言外，无声语言在交际中有不可忽略的特殊作用。由于对无声语言的"熟视无睹"，人们渐渐淡忘了它。假如你在街头向人问询："请问，迎泽公园怎么走？"回答的人不带任何表情和动作甚至眼神，说："从那边走！"你会觉得这个信息很含糊，你仍然不知该怎么走。如果那个答话人边说边向迎泽公园的方向指一下，你就会目标明确地向着他指点的方向前进。由此可见，无声语言在交际中起着举足轻重的作用。

无声语言可分为态势语、默语和界域语。

（一）态势语

一个人在交际时不但有言谈，还有举止。我们常常会见到这些常见现象：一个人倾听别人说话时，会望着那个人的脸，尤其是他的眼睛。为了表示注意，听话人会轻轻地点头，或者说："嗯"。如果哪一句话他很赞同，头就点得很深；如果哪一句感到怀疑，他就会扬起眉来，或者两个嘴角往下耷拉；如果不想再听下去了，他会把身子挪一挪，把腿伸一伸，或者移开视线，不再注视说话人。这些轻微的表情、动作，传达了一定的信息，这就是态势语。

态势语，指口头言语表达者在交际中所带出的表情神态、举止体态，又称"体态语言""人体语言"。

有一位心理学家计算出这样一个公式：一个信息的表达＝7%的言语＋38%的声音＋55%的态势。可见，态势语所占比例有多大。如果人与人之间的交流仅限于有声语言，那会乏味至极。

态势语可分为表情语、手势语和体态语等。

1. 表情语。在司法口才中，交际双方的面部表情是重要的传递信息的部位，交际双方通常通过目光语和表情语传递信息。

（1）目光语，是交际双方通过视线接触所传递的信息，也称眼神。眼睛是心灵的窗户，它反映人的喜怒哀乐。喜时，眉开眼笑；怒时，怒目圆睁；哀时，眼角下垂；乐时，眼角上翘。瞳孔是一个人的兴趣、爱好、动作、态度、情感、情绪等心理活动的高度灵敏的显像屏幕。当人生气、消极时，瞳孔会缩小；交谈时，注视对方的眼睛，便于沟通。目光游移，是心不在焉的表现；目光时开时合，说明产生厌倦情绪；乜斜着对方，是藐视对方的表现。

口语交际双方视线接触的向度，即说话时视线接触的方向也有其特定的意义。说话人的视线往下接触，即俯视，一般表示"爱护、宽容"的语义；视线平行接触，即"正视"，一般多为"理解、平等"的语义；视线朝上接触，即仰视，一般体现"尊重、期待"的语义。司法人员和其他法律工作者在展现司法口才时不仰视，而多用正视或俯视。

实践中，司法人员和其他法律工作者很注意自己的口才形象。而口才形象又是由听觉和视觉形象统一构成的。听觉形象是司法人员和其他法律工作者用有声语言完成的,视觉形象则是司法人员和其他法律工作者综合运用态势语完成的。

侦查人员在讯问犯罪嫌疑人时用俯视的目光直视对方:"你看着我的眼睛!"表现出侦查人员的威严。经验告诉我们,说谎时,说谎者的目光是不敢与对方接触的。

> 某侦查人员审讯犯罪嫌疑人。犯罪嫌疑人说得头头是道,侦查人员问一,他答一,说话滴水不漏、天衣无缝,对犯罪事实死不承认。侦查员审了好几次都攻不下来。后来,换了一个有经验的侦查人员来审这个案子。这个侦查人员与犯罪嫌疑人第一次交锋是这样的:面对面坐着,两眼直盯着犯罪嫌疑人,一句话也不说。四目对视——犯罪嫌疑人等着发问;而审讯人员只是不住地抽烟,两眼盯着他一句话也不说,抽完一支烟,接着再抽一支……没到两根烟的工夫,犯罪嫌疑人心里毛了,说:"你问我吧,我全说。"

审讯人员不说话、抽烟、眼睛盯着对方的态势语,实际是告诉犯罪嫌疑人一个信息:你别耍滑,我什么都知道。犯罪嫌疑人做贼心虚,当然不出两支烟的功夫就熬不住了。

一般情况下,说谎时,说谎者的目光会表现出迷茫、困惑、探究、祈求、回避、强硬、紧张、躲闪的神态;诚实者,其目光则是清澈、明亮、温暖、轻松、直率。

通过相应的肢体语言表现出来的态势语有时候还具有强烈的志向性和稳定性。比如说,无罪的女性犯罪嫌疑人随着讯问的深入,一般都会抬头正视对方;与之相反,有罪的女性犯罪嫌疑人,会尽可能地回避讯问者直视的目光。再如用手揉眼睛大多是拖延时间;用手挠头是烦躁不安;用手捂嘴表示掩饰其真实想法。

(2)表情语,是指人通过面部表情所传递的信息,如微笑、严肃,主要由躯体神经系统支配面部肌肉运动来实现。微笑与严肃,是人类最基本的表情语言,在人类各种文化中,这两种表情是基本相同的,它是少数能超越文化传播的媒介之一。

如果说微笑是一种魅力,那么严肃则是一种威力。司法口语交际中,司法口才主体面对各类案件表现出的表情语是严肃的,主要通过眉、鼻、耳、嘴、下巴等部位综合体现司法人员严肃的表情,以示对法律的尊重。

眉毛的动作语言：用眉毛配合眼睛的动作可表现出愤怒、气恼、询问的情绪。

耳与鼻的动作语言：审讯犯罪嫌疑人时，司法人员往往把下巴上抬挺出鼻子，表现出傲慢、倔强的性格，再把鼻子冲着别人，则更显示出对他人的鄙视；在交谈或论辩时，用手摸鼻子，是怀疑对方说话的下意识动作；用手摸耳垂，是想打断对方说话的信号。

嘴的动作语言：紧抿嘴，表现意志坚定；撅起嘴是表示不满意和攻击对方；嘴角向下拉表现不满；倾听对方谈话注意力集中时，嘴角会稍向后拉。

下巴的动作：下巴自然耷拉，是极度疲乏和困倦的外露；用下巴发号施令，具有强烈的自我主张；用手抚弄下巴是胸有成竹的表现。如眉、眼、鼻、嘴配合紧绷的脸，则表现为严肃中的各种细微表情。

在司法口才中，讯问人员通过面部表情、眼神和笑强化有声语言的沟通效果。讯问人员扬眉，表示对犯罪嫌疑人的供述较为满意；皱眉，表示对犯罪嫌疑人的供述不满；淡漠，表示对犯罪嫌疑人的交代漠然或不动声色地思考问题；双眉紧蹙，表情严肃，表示对犯罪嫌疑人的一种威严，使其感到压力。讯问人员通过眼神传达语言，两眼逼视犯罪嫌疑人，能使犯罪嫌疑人望而生畏，从而有利于戳穿其狡辩、伪供等反讯问手段；两眼蔑视犯罪嫌疑人，表示对其拙劣的表演不屑一顾；冷静的眼神凝视犯罪嫌疑人，既表明对突破口供胸有成竹，又不暴露其讯问意图；温和的目光，则可以给犯罪嫌疑人以信任、帮助、关切的感觉。讯问人员通过笑传达内心感受，哈哈大笑，表示要狠狠揭露犯罪嫌疑人的弥天大谎；轻蔑地笑，表明对犯罪嫌疑人的撒谎及编造伪供、假供的轻蔑态度；真诚地笑，表示对犯罪嫌疑人的供述感到满意。在重证据不重口供的今天，研究讯问对方的表情动作有意义吗？起码通过说话者的表情和动作所传递的信息，可以为办案提供重要的提示和线索。

2. 手势语。在态势语中，手势语成为主角。如见面打招呼、再见时挥一挥手，表示问候、再见；食指与中指伸出组成"V"字，象征"胜利"（victory）；照相时双手组成"V"字高高举过头顶，表示快乐。在不同文化中，某些态势语的知识意义是相通的，有些则差异较大，甚至意义相反。如在中国，点头表示赞同，摇头表示否定，而在尼泊尔，意义则恰好相反。中国人用竖起拇指表示好的、赞同等肯定意义，英美在这一点上与中国类似，而同样的手势在澳大利亚则被视为侮辱的信号而引起反感和敌意。在表示0~10的数字时，中国人只用一只手的五个指头就可以表示清楚，而英美人在表示"5"以上的数字时则两手并用。这不是由于后者的笨拙，而是出于不同的民族习惯而已。他们在表示1~4时，除用同中国人相同的一套手势外，通常用拇指表示1，拇指和食指表示 2，而这种手势恰恰是中国人的数字 8。

手势语包括手指语、握手语和手臂语等。

（1）手指语是司法口才展现过程中用得最多的态势语。司法人员用手指来辅助有声语言内容，使之更加明晰、正确。在庭审中，公诉人或律师发言，往往用"一""二""三"并配合手指语分项说明其发言内容："下面我就本案的内容发表如下公诉意见：一（伸出右手食指）……；二（伸出右手食指与中指）……；三（伸出右手食、指中与无名指）……"有声语言配以手指语，使公诉人发言的三项内容清晰地印在听众的脑海中，有助于听众对公诉人发表意见的理解。

（2）握手语是通过手和手的接触来传递信息的。握手，早已成为人们交际中使用最多的一种态势语，常表示友好、致意或道别的礼节。据说，握手源于"刀耕火种"的时代。那时，原始人经常拿着石块或棍棒去狩猎和打仗。后来他们发现，如果在路上碰到陌生人，只要扔掉手中的东西，伸开手掌，让对方抚摸掌心，表示手里没有藏着武器，就不会引起误会及打斗。这种通过摸手表示友好的语言，逐渐演变成了今天的握手语。

（3）手臂语在司法口才中也是使用较多的态势语，对表达内容具有一定的辅助作用。如背手，既可作为"权威"显示，又能起到"镇定"作用；双臂交叉于胸前，传递的是防御性信号；叉腰，是一种富有进攻意味的体态，呈现出一种咄咄逼人的气势；插袋，把一只手或双手插入口袋内，给人以随便、松懈的感觉。

3. 体态语。体态语是由人的身体的姿态所传达出的一种信息。一个人的体态可以透露出他的职业、职位、气质和修养等多方面的信息。如一个海员和一个山区农民的走路姿态是不一样的。

在口语交际中，屈膝姿势较为重要。坐姿有严肃坐姿与随意坐姿两种。任何一种坐姿都毫不掩饰地反映了人的心理状态，交叠足而坐，是一种防范性的心理表示。在社交场合中，男性一般以张开腿部而坐，表示自信、豁达，女性以膝盖并拢的姿势替代架腿，表示庄重、矜持。严肃坐姿是正襟危坐。司法口才常用严肃坐姿。这样的坐姿端庄大方，精神饱满。司法口才的坐姿不能左倾右斜，前俯后仰。跷二郎腿、抖腿更是一种失礼、无知的表现，是一种严重损害司法口才形象的体态语。

直立站姿是公众场合下一种常见的传播媒介。根据汪福祥编译的《奥妙的人体语言》介绍，国外一项研究表明：人有四种比较典型的直立姿势。如图：

这四种姿势的任何一种都可以发出四五种信号。

（1）直立，耸肩，双手掌心向上摊开，表示"漠不关心""屈从""疑惑"或"无可奈何"等不同态度。这也是西方人习惯的耸肩姿势，意思是对某事或某人感到"莫名其妙"。

（2）左腿直立，右腿自然下垂，脚拉交叉在左腿脚的腕部，左臂叉腰，右臂支撑于某一支撑物上，这种站姿是一种"自满心理"的流露，又可以是"厌烦""气愤""漫不经心"的表示。

（3）双腿并立，臀部向右凸出，双手相挽双臂自然下垂于腰的左部，形成曲扭状态，这种姿势多为女性扭捏之态，用来表示"害羞""谦恭"或"悲哀"的心理状态。

（4）双腿叉开，双臂交叉于胸前，肚子凸出，这种站姿，给人一种强烈的"傲慢"感。在公众场合下，应力避这种姿势，这种姿势也可以是"惊奇""怀疑""犹豫"和"冷淡"等态度的表示。

司法人员在办案中的体态语至关重要。司法口才主体的站姿不同于以上四种情况，而应身体直立或端坐，双脚立开，双臂自然下垂，一手（或双手）握着稿件，挺胸拔背，自然放松，不能过于前倾，弓依讲台，形成脊背下塌、臀部翘起的不雅姿势。侦查人员讯问犯罪嫌疑人时，一定要统一着正装，如警服；在法庭上，法官要穿法官袍。无论坐或者站，司法人员都要端正自然，仪态稳重，举止大方，不失威严，使在场的人有一种敬畏感。

在某些特殊的场合，为了调节说话气氛，司法口才主体还可以边说边来回走动，增加情感控制的感染力，渲染威严的气氛或造成轻松的感觉，以利于感情沟通和思想交流。切忌步伐拖沓、漫不经心或两手叉腰，给犯罪嫌疑人造成被轻视或被刑讯逼供的印象，从而产生抵触情绪，影响讯问效果。

（二）默语

在口语表达过程中，为了表达某个意思，往往会在话语中有短促的间隙、停顿、沉默，这就是默语，书面语用省略号表示。

默语常出现在高信息内容或低概率词项之间，是超越语言力量的一种高超传播方式。

> 20世纪80年代初，我国一位著名演说家到某警校演讲。他一进会场，发现场内说话、看书、打瞌睡者比比皆是，场面十分混乱，直到他站到讲台前，混乱状况依旧。这时，他高声说道："同学们，今天我到警校一上台就发现一个秘密。（沉默）"前面的同学听到了，安静下来，抬头急待"秘密"为何，会场上其他人被突然的安静提醒，纷纷安静下来，静盼演讲者道出"谜底"。几秒钟后，全场安静了，这时，演讲家才说："你们想过没有，全国十多亿人口，只有谁有权利在头顶的帽子上缀上庄严的国徽呢！（沉默）"这时，全场为之一振，会场陷入深思。"你们！只有你们，人民的卫士！"全场立刻安静下来，同学们收起报纸，振作精神，戴好帽子，系好风纪扣，准备听讲。在两次默语的配合下，演讲者几秒钟内就"控制"了会场。

在司法口才，特别是在讯问口才中，司法口才主体对被讯问者讯问时，当问到关键时刻如果突然中止，目光直视被讯者，会产生什么效果呢？"此处无声胜有声"，默语告诉被讯问者："你不说？你撒谎？"默语具有了超越语言的力量，它像一把无形的匕首直逼对方，使撒谎者胆战心惊。

默语的特点如下：

1. 寓意丰富。默语所表达的意义是丰富多彩的，它以言语形式上的最小值换来了最大意义的交流，显示了精彩的艺术美。默语具有丰富的内涵，既可以是无言的赞许，也可以是无声的抗议；既可以欣然默认，也可以保留意见；既可以是威严的震慑，也可以是心虚的流露……

> 侦查人员讯问犯罪嫌疑人：
> 问：你叫什么名字？
> 答：不知道！
> 问：知道你为什么来这里吗？
> 答：（怒视）……
> 答话人沉默不语，表示无声的抗议。

默语在具体的语言环境中的语义是明确的。这短暂的间隙并不是内容上的空白，而是像乐曲中的休止符一样，表面是声音上的空白，实质上是内容的延伸与升华。

2. 时效性强。适度的默语，具有"此时无声胜有声"的极佳效果。如何把握默语的"度"？准确地说，就是当行则行、当止则止，恰当地控制默语的时间，达到"没有一点声音，没有任何喝彩，只有那震耳欲聋的深沉的静寂"的效果，这就是默语的最佳传播效能。

美国的戴尔·卡耐基在《语言的突破》中叙述了林肯在辩论时善于运用默语（该书称"停顿""沉默"），终于反败为胜的事例：

……在他（指林肯）和道格拉斯著名的辩论接近尾声之际，所有迹象都指出他已失败……

在他最后的一次演说中，他突然停顿下来，默默站了一分钟，望着他面前那些半是朋友半是旁观者的群众的面孔……然后，以他那独特的单调声音说道：

"朋友们，不管是道格拉斯法官还是我自己被选入美国参议院，那是无关紧要的，一点关系也没有；但是，我今天向你们提出的一个重大的问题才是最重要的，它远胜于任何个人的利益和任何人的政治前途，朋友们……"

说到这儿，又停下来，听众们屏息以待，唯恐漏掉一个字：

"即使在道格拉斯法官和我自己的那根可怜、脆弱、无用的舌头已经安息在坟墓中时，这个问题仍将继续存在、呼吸及燃烧。"

林肯的这段话中，两次使用默语，紧紧拴住听众的心，为他的演说语言增添了感人的气氛，从而增强了通篇演说的力量，达到了出乎意料的效果。

使用默语应当注意"火候"。如果不能准确把握默语，或时间掌握不恰当，过长或过短，均可使默语效果平淡无味。

3. 语境效应快。在一定的语境中，默语能迅速消除言语传递中的种种障碍，使听众的注意力集中。

如课堂上老师正滔滔不绝地讲课，几个学生在座位上窃窃私语。这时，有经验的老师会突然停止讲课，刚才滔滔不绝的学生"听而不闻"，此时的沉默，却像震耳欲聋的静寂引起那几个讲话人的警觉。他们抬起头，见老师正微笑地看着他们，马上意识到自己上课讲话不对，于是振作精神准备听课。

使用默语比点名批评学生或高喊"不要说话了！不要说话了！"效果好得多。

（三）界域语

在诉讼活动中，办案人员之间、办案人员与当事人之间进行口语交际，总要占据一定的空间，相互间总有一定的距离。这个距离尽管是无声的，却同样可以传递信息、表情达意，起到交流沟通的作用。

我们常有这样的经验，当你坐于某个位置时，一旦有个不太熟悉或陌生的人紧挨你坐下并靠得太近，你会有一种不舒服或不安全的感觉。你可能会试图马上离开；当你对一场报告不太感兴趣，你总会选择离讲台尽可能远一些的地方就座；在公园的座椅上，有两个人正在亲密交谈，你一定不会坐在这两个人中间……

种种现象表明，人与人之间会由于位置、距离的不同而传达出不同的信息内容。这种由距离和位置所产生的语言，就是界域语。

1. 界域语在刑事诉讼中的媒介效果。界域语是通过位置界域和界域距离来传递信息的。在刑事诉讼中，交谈位置直接影响信息内容的传递，不同的界域语类型有不同的媒介效果。

如图所示：

审判人员

公诉人　　　　　　　　辩护人

被告人

（1）审判人员—审判人员、公诉人—公诉人、辩护人—辩护人。这个位置所体现出的界域语表示友好，双方地位平等。在这个位置上交谈，可以体现出双方亲切与信赖的氛围，彼此可以窃窃私语，有利于双方合作沟通。在诉讼中，司法人员之间、律师之间常用这种位置交谈。

（2）审判人员—公诉人、审判人员—辩护人。这个位置所体现出的界域语是正式工作位置，它体现两者之间诚挚与友好的关系。在这个位置上交谈，双方均无紧张的情绪感觉，便于双方彼此观察对方的体态变化，从而及时调整谈话内容。

（3）审判人员—被告人、公诉人—辩护人。这是一种对抗性的位置。双方正面而视，隔桌相望，形成对峙局面。这种位置会造成一种竞争的、对抗的气氛。刑事诉讼中讯问犯罪嫌疑人的讯问人员与被讯者之间，法庭上控、辩双方之间，审判人员与被告人之间，均采用这样的位置。

2. 界域语在刑事诉讼中的效应。界域语是交际者之间的距离所传递的信息，是公共场合里一个很重要的语言信号。司法人员在办案过程中，界域语同样起着不可低估的作用。在刑事诉讼活动中,界域语有哪些效应呢?

(1) 界域语的表露作用。在庭审中,审判人员、控辩双方、被告人、证人等都有其固定的位置,人与人之间的这些特定位置具有无声的表露作用。

以比较大的法庭布置和人员座次为例:法庭形状像一个小型剧场,四周的墙壁洁白光亮,没有任何装饰物。庄严的国徽鲜艳醒目,悬挂在审判台的正上方。审判台黑里略透出红色,像包公的脸,置于"戏台"正中前方,象征公正。审判台后排放着五把法椅,位于正中央的审判长的法椅稍高于两旁的审判员的法椅,表明是在审判长主持下的审判席。以审判员面向旁听席为视角,在审判台的两侧前下方,比审判台略低30厘米～60厘米左右,分列着原告及代理人席(右侧)和被告及代理人席(左侧),如果是刑事审判,则分别是公诉人席和被告人的辩护律师席,相向对称而设,表明原被告双方(或控、辩双方)是对立、对抗的双方。在原告席和被告席之间,审判台正前面下方是书记员席。在书记员席前下方,比书记员席略低30厘米左右,是证人席(在刑事审判中,往往是被告人席)。审判台的对面,相隔约3米远,是梯形的旁听席。审判法庭的各类人员以"类"为"聚"。不同的位置、不同的高低,显示出各类人员地位的不同、级别的差异和主次的区别。审判台位于法庭正前方的显著位置,以示法庭在法官主持下进行。而法官的对面是被告人席,是法庭审判的对象。以审判人员的观察角度看,审判台的右方、左方分别是公诉席和辩护席。

不同席位上的人员,体现的是正式的工作位置,彼此交谈,由于距离较远,要用洪亮庄重的声音进行。

(2) 界域语的辅助作用。庭审中,各类人员的界域语虽然是无声的,但是,它通过现有的空间、位置,对有声语言起到辅助的表达作用。

第一,对抗性位置。在法庭上、提讯中,双方正面而视、隔桌相望,彼此表情一目了然,形成对峙局面。这种位置会造成一种竞争气氛、对抗局面。在诉讼活动中,提讯室中的侦查人员与犯罪嫌疑人之间、法庭上控方与辩方之间、审判人员与被告人之间都采用这种对抗性位置,为后面有声语言的表达创设了良好的语言环境。

第二,平等性位置。同一席上的人员(除被告人外),彼此之间的地位平等。由于距离很近,同类人员可以就与本案有关的内容近距离交谈,可以窃窃私语,更表明彼此之间讲话语气的轻与柔。

为体现我国对特殊群体的犯罪嫌疑人的保护,在提讯中,司法机关使用"人字型"提讯桌较好。两名讯问人员、一名犯罪嫌疑人各占"人字型"桌的一方。这个位置体现的界域语表示友好,双方地位平等。在这个位置上交谈,可以创造双方互相信赖的谈话氛围,有利于双方合作、沟通。

2004年11月17日的《检察日报》载：人字型桌摆进北京市顺义区检察院，这是检察院为未成年犯罪嫌疑人准备的一张特殊提讯桌。提讯时，两位检察官与被提讯的未成年犯罪嫌疑人各占"人字型"桌的一方。这一界域语充分表明了人权的平等及我国对未成年犯罪嫌疑人的保护。

（3）界域语的保护作用。"兔子不急不咬""狗急了跳墙"，民间常有这样的说法。兔子为什么"咬"？狗为什么"跳墙"？关键是"急"了。为什么"急"？因为它的安全"势力圈"受到威胁，于是，它要反扑、要逃。这就是"界域"在起作用。

人和动物一样，也有它的安全活动圈。当一个陌生人突然走到你身体的周围，你会马上感到你的安全受到威胁。司法人员可利用这一点为办案服务。

太原市公安局曾破获过一起入室抢劫杀人案。案发后，侦查人员发现一个可疑人员，此人的身份证显示其籍贯是大同的，可他说的却是西北地区的方言。根据这一疑点，再加上这个人坐在椅子上时的面部表情极不自然，脸部肌肉不由自主地抽动。公安干警站在离他不足一尺的地方，用俯视的姿态严厉地问："你到底是哪里的？你说！你说！"对方做贼心虚，加上公安人员就站在其面前，失去了界域语的保护作用，于是惊恐地望着公安干警。最后，犯罪嫌疑人的心理防线彻底崩溃，双手抱头、双脚一蹬，歇斯底里地喊："我杀人了！"原来，此人正是被通缉的入室抢劫杀人案的犯罪嫌疑人。

侦查人员破坏界域语对犯罪嫌疑人的保护作用，破获了一起重大的刑事案件。

（4）界域语的防范作用。当被告人、犯罪嫌疑人的人身自由受到限制时，在提讯时或庭审中，在离犯罪嫌疑人、被告人的两旁很近的地方要站两名法警，这两名法警的身高要比犯罪嫌疑人高。这个界域语告诉我们的信息是不言而喻的：是为了保护法庭安全，对犯罪嫌疑人、被告人进行的一种防范，同时也暗示法律的威严。

三、副语言

副语言，是指在交际中一种有声但是又没有固定意义的语言。有时叫类语言，也称辅助语言。它包括发声系统的各个要素：音质、音幅、音调和音色等。

副语言在生活中大量存在。这种形式的语言比较特别，它不同于有声语言和无声语言,是一种"独特"的表达信息的语言。它有发出的声音,但其表达的信息却是丰富多彩、变化莫测的,只有在特定的语言环境中,才能表现出这种声音的特定的内涵。所以,副语言是一种形式简单,但内涵相当复杂的非言语沟通形式。

就像一个人的音质会表现出他的体格特点和行为特点一样,从一个人说话的嗓音可以测出说话人的年龄。例如,某领导做出一个错误决定,无因让某职工下岗。某职工找他质问。此时,该职工在气头上,领导看见其正在气头上,只是笑而不答,笑的含义很复杂:①对你的质问,我不能给你解释;②你生气,我不生气;③即便这个决定是错误的,有话慢慢说,何必动火呢?领导的副语言既没有激化矛盾,也没有给对方以明确的解释。

(一)副语言的语义内容

在司法口才中,副语言的类型非常简单,一是声音要素;二是功能性发声。但简单的声音里蕴含着特定的语义内容。

1. 声音要素。声音要素包括语调、重读、节奏和语气。这些副语言与讲话同时发出,可以体现出话语意义的细微差别,并通过它们来影响对话者的知觉,从而起到细节沟通的作用。

(1)语调。除了具体的有声语言和无声语言外,对于副语言,可以通过具体的语调来帮助听者进一步准确理解语义。汉语的语调有升调、降调、平调、曲调,不同的语调表达的信息内容不同。陈述句用平调,疑问句多用升调,感叹句多用降调。

如在公关交际活动中,同一个词或同一句话,不同的语调却可以表达出不同的特定语言意思,自觉不自觉地打开情绪状态的"密码",展示一个人的身份和性格。如一个"请"字,若语调平稳,会显得客气,满载盛情;若语调上升,并带拖腔,便意味着满不在乎,像店小二在招待客人;而语调下降,语速短促,就会被理解为命令式的口气,怀有敌意。

司法口才表达要利用副语言语调的变化,将表达的信息变成有标点符号的行文,使听众在大脑中准确"读"出你所表达的内容。试想,如果一个人说话没有语调变化,听者就像在读没有标点符号的句子一样不解其意,极大地影响听者获取最大的信息量,达不到交际的效果。

(2)重读。重读能加强对所讲内容的理解与印象。若司法口才表达者在交际中能对信息的关键内容加大音量重读,无疑有助于听众对语义内容的理解。如读这句话:"在锅炉厂已生产2年,又有部门发的营业执照的情况下,我们作出停产治理的决定是面对现实的,是正确的。"将重音放在"是正确的"上,体现了语义的主要信息。

（3）节奏。节奏也可以体现出说话的差别来。说话节奏快，表明紧张不耐烦；说话节奏慢，有舒缓平和的味道，也有漫不经心的意思。如"你知道吗？"这句话若说得节奏快，有质问的意思；若说得节奏慢，表明态度和缓，并希望从听者那里得到回答。

（4）语气。语气也体现出说话的差别来。我们打电话时，往往会通过对方的语气来探知对方的态度与倾听程度。谈话中，用平稳的语气和柔和的语调连说"嗯"，以表示你在倾听对方的讲话。如果话还没有讲完，句末声音就应拉得稍长一些，因为拉长的声音可以填满句与句之间的空隙，避免别人以为你已经讲完了。

2. 功能性发声。功能性发声指那些伴随着固定语义的言语而发出的声音，如笑声、哭声、呻吟声、叹息声、喘气声等。这些声音往往显露出复杂微妙的言语内容。

（1）笑声，是通过出声的笑所表示的言语内容，不同的情绪会通过各种不同的笑声传递各种不同情绪的信息内容。同一形式的笑声，可能负载着正信息，也可能负载着负信息。如哈哈大笑，可能表示一种"高兴""赞同"的思想感情，也可能是一种不祥之兆。《智取威虎山》中，座山雕"嘿嘿嘿"一声冷笑，表示他可能要杀人了；又如捂嘴笑，可能是"不好意思"，也可能是惧怕某人的威严而不敢放声大笑；含泪的笑，既可能是"激动"时的表情，又可能是"有苦难言"的一种流露……

（2）哭，是内心痛苦的一种外露。常说"男儿有泪不轻弹，皆因未到伤心处"。不出声或小声地哭，称泣。泣，也是痛苦心情的外露，只不过它是通过意志企图阻止生理、心理痛苦外露的结果，而把哭的声音强行压低了。司法口才中，司法口才的对象常因案情及诉讼结果等因素产生这一种副语言，是感情极度悲伤的表现。

（3）呻吟声，是因身体疼痛难忍而发出的声音。这也是一种通过意志来企图阻止生理痛苦而外露的结果。

（4）叹息声，是针对不良现状而无可奈何地发出的一种声音，表达一种惋惜、懊丧之情。司法口才中，当事人面对败诉或情况不利于己的情形时，常常发出如此叹息声。

（5）喘气声，说话时，由于心情紧张或说话太快而发出的急促的呼吸声。它所体现出的副语言信息是紧张、急迫和着急等。

（6）掌声，是通过拍手而发出的声响所表示的语言，一般情况是因为高兴，或赞成对方的做法或欢迎某人的到来。掌声一般表示的语言信息是赞成、高兴、欢迎。但有时掌声所表示的是对对方行为或语言的抵触与拒绝，这就是所谓的喝倒彩。例如，某人讲话声音低、快，台下人听不清，观众往往用掌声表示自己的不满，一直持续到对方改变自己的行为为止。

（二）副语言的作用

交际中，人们在不经意间并不会感觉到副语言的存在。其实，它和无声语言一样，时刻伴随在语言的交际中，起着不可小觑的作用。在办案过程中，司法口才表达者与对方语言沟通时，同一句话，同一个字，因为使用不同的副语言，会产生不同的感觉：语速较快、口误较多，会感觉他心里紧张；声音响亮、慢条斯理，感觉他胸有成竹、悠然自得；结结巴巴、语无伦次的人，感觉他缺乏自信，或言不由衷；用鼻音哼声，会感觉傲慢、冷漠和鄙视，令人不快。

副语言在交际中除了具有态势语、界域语具有的辅助作用、替代作用和表露作用外，还有加工和掩饰作用。

1. 加工作用。副语言的加工作用，是指在它和话语同时发出的时候，就表现出话语意义的细微差别，给听者接受信息予以提前的加工。如某人说话前唉声叹气，其说话的内容也就略知一二了。不仅如此，一个人激动时，往往声音高且尖，语速快，音域起伏较大，并带有颤音；而悲哀时又往往语速慢，音调低，音域起伏较小，显得沉重而呆板；同样，爱慕的声音往往是音质柔软，低音，共鸣音色，慢速，均衡而微向上的音调，有规则的节奏以及含糊的发音；而表示气愤的声音则往往是声大、音高，音质粗哑，音调变化快，节奏不规则，发音清晰而短促。

2. 掩饰作用。副语言是具有一定模糊性的语言，它具有掩饰的作用。副语言有真有假，但语调、面容等作为思想感情的表现却较为真实，因为其往往是不自觉的。

如著名电影《冰山上的来客》中，阿米尔对假古兰丹姆的评价：她哭的时候，好像眼睛后面还有一双眼睛。但眼睛后面的眼睛是什么？很模糊，被掩饰了，因为假古兰丹姆是特务，她的哭是装出来的。

再如，有人本来内心很痛苦，却硬要装笑，那是"苦恼人的笑"。一个人本来佩服某人，用正常语调说"佩服"，副语言所表达的信息是赞赏；一个人本来不佩服某人，却偏偏要说"佩服"，他会言不由衷地把"佩"字起得特别高，结尾特别低，中间又拉得很长很长，副语言具有讽刺之意不言而喻。在办案过程中，司法口才主体要利用副语言有效捕捉对方真实的内心活动，准确把握对方心理，以求如实了解，准确适用法律。

第三节 司法口才的表达要求

司法口才是实效性很强的一种口语活动，它所表达的内容往往涉及国家、集体和当事人的利益。它要求司法口语表达者言之依法、言之有理、言之有序、言之有情。司法口才既不是一般的口语，也不同于书面语。它早已在司法实践中形成了自己独特的口语个性，即合法性、通俗性、说理性、庄重性、生动性。司法口才的独特个性，也正是司法口才的表达要求。

一、合法性

司法口才的合法性，不仅要求司法口才主体和客体的身份要合法，同时也要求其发表言词的程序和内容必须是合法的。

例如，司法口才的主体是由法律规定的。我国《刑事诉讼法》第3条规定："对刑事案件的侦查、拘留、执行逮捕、预审，由公安机关负责。检察、批准逮捕、检察机关直接受理的案件的侦查、提起公诉，由人民检察院负责。审判由人民法院负责。除法律特别规定的以外，其他任何机关、团体和个人都无权行使这些权力。"

公安司法口才由公安机关的侦查人员实施，检察机关的司法口才由检察机关的检察人员实施，法院的司法口才当然由法院的审判人员来完成。任何不合法的主体实施的司法口才都是无效的。法庭上，审判员的发问、辩护人的发问、发表辩护意见等都体现了司法口才主体身份的合法性。

同理，参与诉讼的人也应当是由法律特别规定。

司法口才的内容要于法有据，表述的内容要"以事实为根据，以法律为准绳"，体现法律允许什么，反对什么，禁止什么。离开合法性，司法口才就会失去法律效力和法律意义。所以说，司法口才的合法性是司法口才的生命。司法口才无论是叙述案件事实、分析证据材料，还是阐述理由、表述结论，都应当以事实为根据，以法律为准绳，符合实体法的规定。只有这样，才能切实有效地解决问题。

司法口才的表述程序要合法。一定内容的司法口才反映一定的法律程序。不同性质的诉讼法律关系受不同的诉讼法调整，与之相适应进行司法口才的表述。刑事案件使用刑事司法口才，民事案件使用民事司法口才。侦查、起诉、审判、执行各诉讼阶段不同，司法口才也应当体现相应的程序。在程序上，原告发言、被告陈述和辩护人发言等都需要按法律规定的次序依次而行，这样才能更好地体现司法的权威性。否则，该司法口才违法或无效。

至于在法庭上发表辩护词、代理词如何激昂、如何悦耳，却为其次。因为司法口才不是追求表面华丽的口才艺术，准确把握事实和法律才是真正的司法口才。

为了达到司法口才语言合法性的要求，应着力注意如下几个方面：

1. 准确使用罪名。司法口才使用罪名一定要与刑法中规定的罪名一致，不能滥用、混用罪名或者创制罪名。

2009年6月，浙江湖州市某综治协会聘用的保安人员邱某、蔡某在宾馆趁两名女子醉酒不省人事之时，先后对其实施奸淫。湖州市某区法院审理该案件时，认为两人属临时性的即意犯罪，事前并无商谋，且事后主动自首，并取得被害人谅解，因此，给予酌情从轻处罚，一审分别判处两被告人有期徒刑各3年。法律文书中的"临时性的即意犯罪"是何意思？让人一头雾水，百思不得其解。搜遍法条，也没有发现这样的说法。该法院的这一做法，是随意创制罪名。法律也没有规定犯罪之前无商谋、无计划可给予犯罪人酌情从轻处罚。按照现行的法律规定，被告在同一时间段先后对同一妇女实施了强奸行为，是轮奸。这样的定性是法律规定的，不是司法自由裁量权可以改变的；"即时起意"作为犯意的一种产生形式，也只是量刑的酌定情节，不应该成为放纵罪犯的借口。最终，湖州市中院依法改判，以强奸罪分别判处邱某、蔡某有期徒刑11年和11年6个月的刑罚。

2. 与法律条款的提法保持一致。"以法律为准绳"是司法口才的原则之一。司法人员在展示司法口才时，如果引用法律条文，必须准确无误。一般情况下，由于法律条文文句较长，难以准确记忆，必要时可出示条文，准确宣读，正确理解，以保证司法口才与法律条款的提法保持一致。

3. 在法定程序下进行。司法人员在办案中，应特别注意：司法口才要符合法定程序，按照法定程序依法围绕争议或纠纷事实进行。司法口语表述无论是叙述事实、论证观点，还是提出问题，都要追求准确严谨的表达方式，使司法口语内容处处建立在具有充分的事实和法律依据的基础之上，一环紧扣一环，语言严谨准确，弹无虚发。

4. 使用法言法语。司法口才要做到所用的词语完全切合所指对象的名称、动作或情况。刑事诉讼过程中，犯罪嫌疑人与被告人是同一诉讼主体在不同诉讼阶段的称谓。在侦查、审查起诉阶段，称犯罪嫌疑人；在审判阶段，称被告人。对于同一诉讼主体关于案件事实的陈述，若是在侦查、审查起诉阶段作出的，称之为犯罪嫌疑人供述和辩解；在审判阶段作出的，称之为被告人供述和辩解。

准确使用词语，还表现为司法口才的词语应当单一解释。语言含混模糊、义有两歧是司法口才不允许的。法学上的许多术语如"标的""灭失""要约"和"承诺"等都是单义的。还有一些貌似相关的词语,如"上诉"与"申诉","抚养""赡养"和"扶养","后果"和"结果","伏法"和"服法",都各自有自己特定的内涵,运用时应各司其职,泾渭分明。对于这类词语,应当准确理解与运用,保证司法口才的准确性。

二、通俗性

口语以其特有的重音、停连、节奏和语调等语言手段作用于听者的听觉器官,传递各种信息和感情。有时还借助于视觉材料与态势语,作用于听众的视觉器官,以利于信息与情感的更好传达,这就构成了口语自身的长处——易听易懂。通俗性是口语的一大特点,司法口才要不要通俗呢?

在办案过程中,司法口才合法化、专业化是法律的必然要求,但是容易让当事人陷入术语当中而"云里雾里",无形之中剥夺了当事人的知情权和辩护权。因此,司法口才应当注重法律术语的解释工作,将"法言法语"表达通俗化,从职业化的角度将专业法律术语"翻译"为大众语言。因为一些法律制度和理念最终都必须寻求普通民众的认可和接受,并实施于百姓的日常生活之中,所以司法口才的通俗化是化解基层矛盾的现实需求。

司法口才用语以通俗为主,除了非用不可的套语、术语等法言法语之外,可用可不用的尽量少用或不用,用时要加以说明、解释,用通俗的语言揭示复杂的事理。在展示司法口才时,司法人员要充分发挥口语特点,从不同角度运用各种修辞手法,甚至必要的重复来加强听者的记忆。需要注意的是,司法人员说话太随意,语义不连贯,使用口头禅,甚至"国骂"并不是司法口才的通俗化,而只能自惹麻烦、碰钉子,让人听了不舒服。

下面是庭审中公诉人问被告人的一段对话实录:

公(男):嗯,这个——九九年承包金交了吗?
被(男):九九年——交了。
公(男):行。就是——你们在这个3月3号,就是在这个,这一天,放火之前,就是说,你们带,都带什么东西了,放火之,放火的时候?
被(男):我不知道带什么东西了。[1]

一句话多次重复、口头禅"这个"不离口,严重影响司法口才交际,让人

---

[1] 廖美珍:《法庭问答及其互动研究》,法律出版社2003年版,第325页。

听了很不舒服。

司法口才通俗化是一门高深的学问。不能为了通俗化而偏离了法律语言的准确性，不能随心所欲地去解释法律。如"刑事和解"这一法律概念，如果通俗化为"赔钱减刑"，就是让加害人与被害人之间就刑事责任进行"讨价还价"，这违背了司法正义的底线，这样的通俗化表述存在误区，是错误的。再如，在"主动赔偿可从轻量刑"的说法里，"从轻"与"减轻"虽一字之差，但在法律上却会带来完全不同的结果，前者在法律范围内，后者则可能突破法定的幅度。所以，司法口才的通俗性千万不能"差之毫厘"，否则，将很可能带来法律理解上的"谬以千里"。

三、说理性

以理服人、以法服人，是语言说理性的最好体现。司法人员只有晓之以理、动之以情，才容易使自己的观点被对方接受。这鲜明的说理色彩，又是司法口才的一大特点。

1. 言之有据。说话要有根据，摆事实，讲道理，"以事实为根据，以法律为准绳"。司法口才成功与否，关键看是否言之有据，是否将事实和法律紧密结合。如果丢开事实，偏离法律，一味地牵强附会、胡搅蛮缠，无论发言多么迷人、多么动听，充其量只是胡辩、诡辩、狡辩，根本谈不上司法口才。只有以事实为根据，以法律为准绳，将事实与法律有机结合，做到言之有据，才有说服力。

以下为某律师为被告人黄某辩护的片段：

> 被告人生于1996年7月28日，而他的犯罪活动始于2012年8月，此时他刚满16岁。《刑法》第17条第3款规定："已满14周岁不满18周岁的人犯罪，应当从轻或者减轻处罚。"本律师请求合议庭对被告人黄某从轻或者减轻处罚。

本段辩护没有华丽的辞藻，只有理由充足的内容，辩护人先摆出被告人从事犯罪活动的年龄事实，又引用相关法律，最后在事实和法律之间架起了桥梁，阐述了自己的辩护意见——"对黄某从轻或者减轻处罚"。这个辩护意见言之有理，说理性强。

2. 动之以情。中国是一个人情社会，法律无情人有情。在办案中，司法人员在坚持法理的同时，可以考虑公序良俗，把简单、枯燥、专横的说教，转化为具有人情味儿的语言，特别是在民事案件的调解中，如果能动之以情、寓理于情地说服对方，效果会意外的好。

2016年12月,一份来自泰州泰兴市人民法院的一份判决书在网上走红。判决书以诗化的语言耐心劝说当事人,让人难忘:

(当初你们二人相识相爱)"众里寻他千百度,蓦然回首,那人却在灯火阑珊处",令人欣赏和感动。若没有各自性格的差异,怎能擦出如此美妙的火花?然而生活平淡,相辅相成,享受婚姻的快乐与承受生活的苦痛是人人必修的功课。人生如梦!当婚姻出现裂痕,陷于危机的时刻,男女双方均应该努力挽救,而不是轻言放弃。本院极不情愿目睹劳燕分飞之哀景,遂给出一段时间,以冀望恶化的夫妻关系随时间流逝得以缓和,双方静下心来,考虑对方的付出与艰辛,互相理解与支持,用积极的态度交流和沟通,用智慧和真爱去化解矛盾,用理智和情感去解决问题,不能以自我为中心,更不能轻言放弃婚姻和家庭,珍惜身边人,彼此尊重与信任,重归于好。

我们暂不探讨这样的表述适不适合写入判决书,单从判决的内容看,这段话语非常温馨。女法官耐心劝慰,诚恳解开双方心结,使当事人在案件中感受到司法的温度。法院依法最终判决不准予双方离婚,被广大网友称为"诗意判决"。

四、庄重性

在多数情况下,司法口才是庄重的、严肃的。因为司法口才在实施法律的过程中是被用于惩罚犯罪、调解纠纷,是国家法律实施的具体化,它必须对案件性质作出判断,表明法律观点和态度。因此,司法口才必须有浓重的庄重色彩。只有这样,才能使法律的庄重性与权威性保持一致。

为体现司法口才的庄重性,使用时应做到:

1. 力避形象化词语、艺术化句式。形象化词语、艺术化句式除表示一定的词汇意义外,还附加了一种形象,容易在大庭广众之下引起听众的想象与联想。这一想象、一联想就没边没沿了,容易使事实失真。

那是2003年6月20日,夜幕刚刚降临的时候,正在五一路口闲逛的王××衣冠楚楚,正在寻觅"猎物"。突然他眼前一亮,一个小巧玲珑、疾步匆匆的青年妇女迎面走来,"这不是老同学吗?"热情的他主动上前打招呼,凭三寸不烂之舌取得对方信任,他们进了一间韵味十足的房间,一段亲密交谈之后,双双坠入爱河⋯⋯正当女青年沉浸在幸福之中时,王××已将女青年的2万元大钞席卷而空。女青年醒后见状,默然饮泣,懊丧地向公安局走去。

这段描述，只能将案情模糊，使准确性丧失无遗。司法口才应力避这样的表达方式。

2. 力避方言土语。在同一个方言区的人们使用同一种方言，有通俗亲切之感，或生动活泼，或风趣幽默，但不具备庄重色彩。司法口才应力避方言土语。例如，太原话："×年×月×日后响，被告来到原告家，圪蹴在地上拉呱了一阵，拍拍屁股杠咧。"其意思为："被告到原告家，蹲在地上，说了几句话就走了。"如此方言词语在公开的场合中应当杜绝。

再如，某离婚案在调解过程中，审判员综合双方协商意见后说："离婚后，孩子给你，生活费由他出。12年的生活费你要给够。"如此表述太口语化，使人听不太明白，也显得不庄重，应改为："离婚后，婚生女×××由原告×××抚养，被告×××每月付抚养费××元，12年的抚养费一次付清，共付人民币×××元。"如果还有不清楚的，再用通俗的语言加以解释。如此表述既体现庄重性又具有通俗性。

3. 力避污言与黑话。污言，古称詈语，是骂人的话。污言出现在哪里，哪里就无庄重性可言。污言有三大类：一是将人物化，指人为猪狗、牛马畜生；二是咒语，指人为短命鬼、挨刀的、枪崩猴等；三是性丑语。污言流传甚广，使用范围也无所不在。法庭上，有时当事人在气愤之下也会互相谩骂，口出污言。作为司法人员，在办案过程中断然不可感情用事，出口污言，以防污言坏了司法口才的形象。

黑话，又称隐语、切口，是违法犯罪团伙用来联络、勾结、交换情报，进行犯罪活动的工具。黑话具有强烈的排他性，对集团以外的人绝对保密。由于黑话是违法犯罪团伙用来进行交际的内部语言，刑侦人员熟悉掌握黑话，便于在人员复杂的场所识别犯罪嫌疑人，还可以利用黑话打入犯罪集团，开展内线侦查。但是，在正式场合，司法人员是不能用黑话的。下列一段问答，公安人员的问话显然是不合适的：

公安人员：你到广州干了些什么？要老实交代！
犯罪嫌疑人：没干什么，只是挂了几个马子（女流氓）。
公安人员：挂了几个，都叫什么名字？
犯罪嫌疑人：挂了三个。她们叫×××、×××、××。
公安人员：你认为她们都是马子吗？
犯罪嫌疑人：都是。

这一问一答,满嘴黑话,哪里是公安人员在讯问犯罪嫌疑人?使用这样的语言与审讯室的肃穆气氛是多么格格不入!

五、生动性

准确性、通俗性、朴实性、庄重性都是司法口才在语言方面要求的内容。如果语言再生动些,以理服人,以情动人,并展示出司法口才的魅力,可谓司法口才最理想的境界。司法口才生动性的方式主要是灵活运用修辞手段。

1. 调整和变换句式,以增强语言的声音美,使之动听。如:"上述事实,有现场勘查笔录为证,有医院的尸体法医鉴定书、痕迹鉴定书为凭,还有提取的作案工具和证人证言为据,被告人对上列证据没有异议。"如果将该句改为:"上述事实,有现场勘查笔录、痕迹鉴定书、提取的作案工具和证人证言为据。被告人对上列证据没有异议。"将三个零碎、不严密的短句紧凑成一个长句,用以列举"上述事实"的认定依据,起到表意严密、语句生动的修辞效果,读起来也朗朗上口。

再如某起诉书:

被告人姚××目无国法,在光天化日之下,驱车高速向人群猛撞,致使无辜群众死伤多人,严重危害了公共安全,手段极其残忍,情节极为恶劣,后果特别严重。

如此表述,内容相对集中,形式比较整齐,读起来朗朗上口、语意流畅,富于整齐的气势美。

2. 加强语言的"表现力",打破单调、枯燥、沉闷的气氛。如某案在叙述案情即将结束时,这样表述:

被告人将被害人扑倒在地,并骑在被害人身上向被害人头部猛击两拳,见被害人躺在地上不动了,便站起身,背着手,唱着《朝阳沟》走了。

用白描的方法叙述案情,生动地揭露了被告人作案后不是积极去救治,而是扬长而去,表现了其主观恶性程度之深。

3. 灵活运用比喻、对比、衬托、反问和反语等修辞格,化抽象为具体。如某律师担任自诉人的代理人,在陈述案情时,将一个很重要的数据表述错了,说:"被告用长 1500 厘米的木棍打击自诉人的头部。"这里的"1500 厘米"应当是"150 厘米",但他并没有发现自己说错,继续用"1500 厘米"叙述。这时,辩护人请求发问:"请问,被告人用的是不是孙悟空的金箍棒?"此言化腐朽为神奇,非常恰当而生动地指出对方的错误,并给对方一个下马威!

4. 利用听众和对方的心理,增强语言的说服力,揭露犯罪,伸张正义。如:被告人姜××是一个颇具影响的杀人犯,她的辩护律师在法庭上有一段生动的陈述:

> 审判长、公诉人:现在站在法庭上的被告人是杀人犯姜××,她与被害人是什么关系?现在是杀人犯与被害人的关系,而过去,是知青与农民的关系,是被侮辱者与侮辱者的关系,是被损害者与损害者的关系……

辩护人利用设问、排比等修辞手法,增强语势,渲染了司法口才气氛,为被告人有被侮辱的起因做了辩护,起到了良好的效果。

5. 运用态势语言和视觉材料,把听觉与视觉连接起来,形成多渠道、多层次的信息传收网络与传达方式。

综上所述,司法口才的语言不仅要有鲜明的思想观点,而且应具有很强的感情色彩,同时,还应有复杂丰富的表达技巧。

课内实训

一、言语交际的过程有哪些?指出下面的言语问题错在言语交际过程的哪个环节?

1. 一个女孩失恋了,我劝她:"两条腿的蛤蟆不好找,三条腿的男人有的是啊!"(　　)

2. 一次问一个近视的人眼睛多少度,他本想说400度的,结果一出口就成了400瓦!(　　)

3. 聋子打岔:

甲:您贵姓?

乙:我姓叶。

甲:噢!你姓聂呀!

乙:哎!我姓叶。

甲:噢!您姓岳,岳飞的那个岳呀?

乙:(大声)我姓叶。

甲:噢!姓挤呀!

乙:有这个姓吗?您聋子。(　　)

4. 某妻子给老公送饭,送去一大一小两个便当,并在便当上面写了如下几个字:"大便当汤,小便当饭。"结果她老公不知道是吃还是不吃,纠结中……( )

5. "下面请选手打分,评委参加文化知识考核。"2008年4月13日,央视青歌赛的主持人的这句串词,成为当场比赛的一个笑点。( )

二、下面两个片断,都是反映同一案情的。哪个属于司法口才?

1. ……被告人郭××趁机猛推正在候车的北京市紫竹林小学的学生队伍,致使该校五年级三班的数名学生被推倒在站台上,其中,李××(男,11岁)上半身悬空倒在站台边,被同学拽住。陆××(男,11岁)被推下站台。该站派出所执勤民警周怡(女,21岁)立即上前抢救陆××,被告人郭××又将周怡推下站台。

2. 赠周怡

正是这一双小手,

从危难与时间的夹缝中,

抢救了十一岁公民的生命,

以及

剑与盾的光荣。[1]

---

[1] 潘庆云:《中国法律语言鉴衡》,汉语大词典出版社2004年版,第180页。

第四章 司法口才的主体和客体

> **学习要点**
> 1. 准确区分司法口才的主体、客体、对象;
> 2. 明确司法口才主体应具备的基本职业素质和职业能力;
> 3. 了解司法口才对象的类型,在实训中能根据不同的司法口才对象采用不同的司法口才方法。

司法口才是司法工作必不可少的一项口语活动,是以司法人员、律师及其他法律工作者为主体,以谈话和论辩的对方为交际对象,以有声语言和辅助的无声语言为手段,旨在查明事实,确认证据,准确适用法律而进行的口语表达活动。在司法口语表达过程中,司法口语交际的双方(主体和对象)、交际的客体(事实、证据、法律适用)是不可或缺的几个方面,缺少任何一个方面都无法展示司法口才。

第一节 司法口才的主体

在司法口语交际过程中,司法人员、诉方律师或代理人及其他法律工作者是司法口才交际活动的主动者,是交际中主要的因素,是司法口才主体。

一、司法口才主体的专指性

司法口才,实际就是司法人员、律师和其他法律工作者在诉讼和非诉讼过程中运用口才,以事实为根据,以法律为准绳,正确高效地实施法律或协助促进法律实施的综合才能。

司法口才的主体专指操作司法口才的人,指司法机关的司法人员和通过国家考试、考核,取得法律职业资格证书的法律专业人员以及社会法律工作者和其他人员,包括侦查人员、检察人员、审判人员、律师、司法鉴定人员、民事调解人员、公证人员、仲裁人员以及其他法律工作者。他们因直接或间接地与国家的司法权和司法行政权联系在一起,而被严格地限制在国家的法律工作者这一基本概念范围内。他们在司法口语交际中起主导和决定的作用。

这些具有司法口语交际特殊身份的主体，其根本任务是在诉讼和非诉讼过程中实施法律和协助、促进法律的正确实施，具体表现为行使侦查权、检察权、审判权、辩护职能、代理职能和宣传法律等，将我国法律规范适用于具体的人和事。

一个优秀的法律工作者，为完成法律赋予的使命，应该也是一名优秀的口语表达者。司法口才主体的素质对于表达内容的组织、表达方式的选择、表达过程的把握、表达效果的好坏起着支配作用，甚至直接影响办案的质量和效果。

二、司法口才主体的素养

在办案过程中，作为司法口才交际的主体，其法律素养和办案能力是完成法律所赋予的职责的必备素养。素养的高低显得格外重要。

所谓素养，是一个人的素质和修养。它是一个人的理论、知识、思想和艺术等方面的综合水平。在办案过程中，每个人的思想素质、理论水平、文化教养甚至气质性格都会显现出来，国家的形象由此可见一斑。这就要求司法口才主体应加强自身修养。

（一）坚定的信念

"法律必须被信仰，否则将形同虚设。"司法口才主体首先要有坚定的信念，相信法律，才能使用法律，才能实现法治。其次，要站在国家和人民的立场上，行使和发挥各自的权利和职能，保证法律的正确实施。最后，必须具备良好的职业道德，以道德的规范作为自己行为的准则，以事实为根据、以法律为准绳，忠实于法律，不畏权势，敢于同超越法律上的"特权"作斗争，不贪私利，廉洁奉公，真正维护社会主义法律的正确实施。律师依照法律规定为当事人辩护，维护当事人的合法权益；检察官依照法律指控违法犯罪；法官在他人藐视法庭时，作出训诫、罚款甚至拘留的决定，这些行为都表现出来对法的敬仰和对法的权威的维护。

2016年前后，中国的司法体制改革发生了巨大的变化，在这一年里，中国的法官和检察官队伍要"重新洗牌"，执法人员办案要终身负责。通过遴选，"入额"的检察官、法官们在上岗前要面向宪法进行宣誓。请看"入额"法官们上岗前的宣誓场面吧！

国旗下，入额的法官们身着法袍，右手握拳郑重向宪法宣誓：

> 我是中华人民共和国法官，我宣誓：忠于中华人民共和国宪法，维护宪法权威，履行法定职责，忠于祖国，忠于人民，恪尽职守，廉洁奉公，接受人民监督，为建设富强、民主、文明、和谐的社会主义国家努力奋斗！

他们是法律的代言人,是良知的守护神!这铮铮誓言,表达了法官们对宪法的敬仰和敬畏,更是法官们守护公平正义的郑重承诺。

(二) 完备的知识体系

一个优秀的司法人员、律师要优质办案,在信仰法律的前提下,还需有深厚扎实的法律专业知识和相关专业知识,只有有了广博、完整、严谨的知识结构,对所涉及的法律专业领域有一定广度、深度的储备,才有可能在工作中挥洒自如,妙语连珠,游刃有余,正确实施法律。

1. 扎实的法学知识。扎实、全面、系统的法律专业知识,是司法口才主体做好司法工作之本,也是司法口才之本。它要求司法口才主体应当具备完善的法学知识结构,系统学习基本的法律专业知识,全面了解法学知识体系。只有把握住了知识的系统性、严密性,才能在工作中扫除知识盲点,抓住问题关键,掌握司法口才主动权。

2. 丰富的实践经验。司法口才的知识与经验不仅是从书本上来的,更主要、更直接的是从实践中磨炼出来的。它通过不断地说、辩,总结经验,吸取教训,积少成多,逐步提高。要完成好司法口才,理论的构建是第一步的。然后,将理论知识付诸实践,用实践检验理论,再完善和修正理论。从理论到实践,在循环往复中不断升华,提高素质。

3. 广博的相关专业知识。法律作为调整社会关系、规范社会行为、维护人民合法权益的工具,它不是孤立的学科,而是与其他学科相互融合,相互渗透,不可割裂。特别是律师要做到"五懂",即懂政治、懂法律、懂经济、懂科技、懂外语,做一个复合型的人才。

1986年6月23日,陕西省第三印染厂职工王××的母亲夏××因长期患肝病,到汉中市传染病院住院治疗。主治医生蒲××诊断为:①肝硬化腹水(肝功失代偿期、低蛋白血症);②肝性脑病(肝肾综合症);③渗出性溃疡并褥疮2~3度。经治疗,病情稍有缓解。但6月27日,夏××的病情加重,反应痛苦烦躁。28日早上,复昏迷不醒。

王××得知母亲病危难愈,再三请求主治医生蒲××并向其表示愿意签字承担责任后,蒲××给开了100毫克复方冬眠灵,并在处方上注明家属要求,王××在处方上签了名。当医护人员拒绝执行时,蒲××指派省卫校实习生给夏××注射75毫克。在下班时,蒲××对值班医士说:"如果夏××12点不行了(指还没有死亡),你就再给打一针复方冬眠灵。"下午1时至3时,王××见其母亲没有死,又两次去找医生,又开了100毫升复方冬眠灵,并让值班护士注射,6月29日凌晨5时夏××死亡。

夏××死后,群众反映强烈。市公安机关接到报案后立案侦查,于1986年9月20日和30日分别以致人死亡罪对主治医生蒲××和夏××之子王××收审。

该案在中国司法实践中尚属首例,公安机关侦破此案,侦查终结后,报请汉中市人民检察院批准逮捕,检察院批准后向市人民法院起诉。人民法院开庭审理,法庭上,该案辩护律师运用自身广博的法学、医学、伦理学知识,深入分析本案的社会背景及案情特点,提出了一整套具有相当说服力的理论观点。法院对案件事实进行了复核,对证据进行了严格审查,特别是将夏××的死因报请省高级人民法院进行了法医鉴定。鉴定认为:夏××的主要死因为肝性脑病,冬眠灵仅加深了患者的昏迷程度,促进了死亡,并非死亡的直接原因。对案件的定性也逐级请示。1988年9月23日,两名被告被取保候审。1991年4月6日,汉中市人民法院对此案作出一审判决,宣布蒲××、王××无罪。

其后,市人民检察院以定性错误、适用法律不当为由,提出抗诉。同时,蒲××、王××也以部分事实不符为由,提起上诉。汉中地区中级人民法院于1992年3月15日审结此案,认为原审法院认定事实清楚,证据确凿,定性应予以维持;抗诉机关的抗诉和上诉人的上诉理由不能成立,予以驳回。

这个轰动全国的首例安乐死案件最终作出终审裁定。蒲××、王××被宣告无罪,长达5年之久的诉讼案件得到终结。

本案涉及医学、法学、伦理学和哲学等多门学科,在当时既没有明确的法律条文可依,也没有司法实践的先例可循。作为本案辩护人,其辩护难度极大。但他运用广博的相关专业知识进行辩护,对案件的最终结果产生了积极的作用。

(三)超前的理念与追求

世界上没有一部法律是永恒不变的。特别是在近几十年里,腾飞的中国日新月异地发展,新出台和修订的法律也以前所未有的速度不断颁布。仅以相对稳定的《宪法》来说,新中国也修订了几次。被称为"小宪法"的《刑事诉讼法》也经历了多次的修改。2017年3月15日,第十二届全国人民代表大会第五次会议表决通过了《中华人民共和国民法总则》,该法自2017年10月1日起施行。

面对不断变化的法律,始终站在社会最敏感、最前沿的司法口才主体,如果没有超前的理念与追求,是绝对不能胜任工作的。只有不断更新理念,汲取鲜活知识，更新、充实相关理念，创新立案工作，敞开诉讼渠道，使更多的矛盾纠纷进入司法程序，引导当事人合法、理性地表达诉求，才能在法律范围内定纷止争、救济权利，维护社会的和谐和稳定。

在网络信息时代，知识和技术以迅雷不及掩耳之势不断变化、不断更新，可谓日新月异，司法口才主体首先要有不断更新知识的理念和追求，法律专业知识的更新成为法律职业知识更新的首要任务。其次，自身要有广博的法学、医学、伦理学、社会学等相关知识。只有不断学习，不断更新、充实专业知识，才能胜任工作。

（四）高超的语言修养

擅长于口舌与刀笔是一名优秀的司法工作者的必备素质。司法口才表达的主要工具是法律和语言。司法人员的法律能力和语言表达能力直接关系到办案的效果与质量，影响担任法官、公诉人、辩护人、代理人的成效优劣。而较书面表达，口语表达难度更大，它常常与当事人面对面进行，没有反复推敲、琢磨、修改的余地，甚至是"一言既出，驷马难追"。因此，司法口才主体务必要在语言运用上下一番苦功，不光要学习法律，还要学习语言；不光要在实践中学习语言，还要从书本上去学习语言；不光从现代书面语中学习语言，还要读点古籍经典，读点历史，读点逻辑与修辞；不但要学习现实的语言，还要学习虚拟的网络语言，认识和研究网络语言，为语言的交流提供方便，以高超的语言完成司法工作。

（五）丰富的人生阅历

司法口才主体要具备丰富的社会阅历，这样才能在办案过程中具有明是非、察秋毫、生死人而肉白骨的能力。

一个人如果太年轻就急于从事法律职业做法官，对他、对当事人、对社会未必是件好事。道理很简单，太年轻往往缺少经验，缺乏人生阅历。比如，一个还没有结过婚的年轻女法官，在办理离婚案件中如何评判夫妻感情是否破裂？如何对双方当事人进行调解？如果遇上一个要泼的男当事人，在她面前大谈特谈他们之间的性事，也确实难为她了。

大凡法治国家，法官的年龄都比较大。在美国，读法律的前提是已经大学毕业，高中生是不能直接学习法律的。法学院的学生在毕业后要去做10年以上的律师，才可能成为法官提名人。屈指算算，当其做法官时已将近40岁。在美国，法官这一职业被喻为"人生迟到的辉煌"。

山西广播电视台科教频道一个著名的栏目《小郭跑腿》中，调解家事的和事佬都是上了年纪的大妈级人物。她们凭着丰富的人生阅历、真诚的沟通调解，成功帮助许多委托人实现了他们的心愿，缓和了许多家庭矛盾纠纷，促进了人与人之间的和谐相处。

 课堂讨论案例

邓廷桢为死囚雪冤

清代,有一天,汉中兵营里一个人被毒死了。谁是凶手?办案人员调查发现,兵营里有个叫郑魁的士卒,平时与死者关系不好,又从药店购买了砒礵。于是,办案断定是郑魁毒死了死者。

在严厉的酷刑下,郑魁屈打成招,说他在馒头里下了砒霜毒死死者。郑魁被定成死罪。

办案人员将相应的"证据"配齐全,等待邓廷桢审批后执行。

邓廷桢仔细审阅了卷宗,在"充足的证据"中还是对案子产生了怀疑。他悄悄地把卖馒头的人传唤到跟前,进行了一番了解。

问:你一天能卖多少个馒头?

答:二三百个。

问:平均每个人能买你几个馒头?

答:三四个吧。

问:这就是说你每天要与百十个顾客打交道?

答:是这样的。

问:这每天都有百十号人,天长日久该有多少人,你都能记住他们的相貌、名字以及什么时候到你这来买过馒头么?

答:不能。

问:那你为什么偏偏知道郑魁在什么时间到你这来买过馒头?

这人听了,惊恐地抬起头,不知所措。经再三追问,这人终于说出了事情的原委。原来,那天县衙里有官差来对卖馒头的人说:"官府正在审问一个杀人犯,这人已认罪服法,只是缺少一个卖馒头的人做证,你为何不出来办这件事?"所以,他就按官府的意思办了。

接下来,邓廷桢又讯问了死者邻居家的妇女,该妇女称:也是受官差指使作的证。

原来,死者真正的死因是得了狂犬病,临死的时候嘴还是青色的,与中毒的症状完全不同。而郑魁买砒霜仅仅是为了毒老鼠。[1]

---

〔1〕 资料来源:中国法院网,网址:http://old.chinacourt.org/html/article/200406/28/121196.shtml.

问题：
1. 办案人员为什么说郑魁是杀人犯？
2. 邓廷桢靠什么看出来本案是冤案？

该案从证据看，有证人证言，有物证，有尸体检验，有口供，可谓证据充分，但不确实。从情理看，郑魁与死者平时关系不好，恰好郑魁又从药店购买了砒礵，死者的症状与中毒症状相同。郑魁身上的疑点与案件有诸多巧合，以至于办案人员认为郑魁就是罪犯。邓廷桢在处理这个死刑案件中，靠丰富的社会阅历，发现了疑点。然后从日常情理出发，抽丝剥茧，在不合情理之处，撕开证据锁链上的一个缺口，洗雪了一起冤假错案！

现实中不少假案，从法律文书上对证据的描述，表面上看滴水不漏，但有社会阅历的人细加斟酌，就不难发现矛盾和问题。

三、司法口才主体的能力

司法口才是一种综合性很强的法律实务活动，它对司法口才主体的修养和能力有很高的要求。

"黄河律师杯"第二届山西省大学生模拟法庭大赛对参赛选手的评价，从下列六项内容评分。

1. 扎实的法律基础（30分）：能够准确把握案件并适用法律，熟练掌握和运用"法言法语"；
2. 清晰的逻辑思维（20分）：思路清晰，逻辑缜密，论辩有理有据，语言精炼；
3. 灵敏的应变能力（20分）：能够抓住对方观点及漏洞，驳论精到，切中要害；
4. 流利的口齿表达（20分）：语言表达清晰、流畅，声音洪亮；
5. 端庄的仪容举止（10分）：统一着正装，仪态庄重，举止大方；
6. 其他扣分事项：不遵守发言程序（-2分/次），辩论脱离正题（-2分/次），未经许可发言超时（-2分/次发言），内容不健康或进行人身攻击（-2分/次）。

从大赛的打分标准可以看出，司法口才主体特别是出席法庭的司法口才主体应具备如下能力。

（一）超强的观察记忆能力

观察是通过自己的感官获得对外界事物的感觉和知觉，形成感性认识，再经过头脑这个"加工厂"上升到理性认识。司法口才主体,在办案过程中要深入群众,实地调查,听其言观其行,获取较准确的信息内容,有的放矢地准备说话内容。

电视剧《人民的名义》中,反贪局长侯亮平抓捕了涉案的"高小琴",却不知此人是高小琴安排顶替她的双胞胎妹妹高小凤。

在审讯时,"高小琴"面对检察官,双手时常紧握,表情稍显慌乱,说话比较客气,引起侯亮平的注意和怀疑。为了确认自己的判断,侯亮平决定亲自审讯。他进入审讯室后,"高小琴"的眼神更加紧张,他和"高小琴"再一次唱《智斗》,一边唱,一边死盯着对方的嘴型和手势,头脑风暴不断切换高小琴曾唱戏的一颦一笑及举手投足间的细节点滴……侯局长火眼金睛,很快看出破绽,立即停止审讯,迅速到机场拦截了准备潜逃的真正的高小琴。

超强的观察力是一个侦查员必须具备的素质。一位训练有素的司法口才主体在与人交谈中,能察言观色,审时度势,及时调整自己口才内容,就具备了使口语表达达到最佳效能的条件。

超强的记忆,也是司法口才主体必不可少的一项能力。司法口才表达者能将事先准备好的文字材料有条不紊地变成自己的东西,特别是在工作中常见的材料内容,能准确无误地记忆并适时表述,无形中增添了司法口才主体的威信及内容的吸引力和威慑力。

据国外一位心理学家研究:一般人在平时利用他的记忆力不及人的全部记忆能力的10%,这是因为他违反了记忆的自然法则。凡是大脑健全的人,其记忆力是取之不尽、用之不竭的,主要是要勤奋,寻找记忆规律,苦记加巧记,分类采取不同方法记,如人名、地名、数据和法条等多采用机械记忆方式,基本观点、主要论据和讲话层次等多采用理解记忆的方式。

记忆与知识、经验紧密联系。知识渊博、经验丰富的人往往记忆能力较强。因此,加强上述各方面能力的培养,有助于提高记忆力。

(二)清晰的逻辑思维能力

逻辑思维能力在司法口才中起着极为重要的作用。司法口才若缺乏清晰的逻辑设计和思维轨迹,如同人体没有骨骼,无法显现理论之躯的美丽与力量。司法口才主体提高逻辑思维能力,应当做到:

1. 正确运用逻辑思维形式和逻辑思维规律。所谓逻辑思维,又称抽象思维,是运用概念、判断、推理反映和揭示事物本质和规律的思维形式,它以抽象性为特征。概念、判断、推理都是逻辑思维的形式。逻辑思维的基本规律有同一律、排中律、不矛盾律和充足理由律。司法口才主体如能遵守和运用这些逻辑思维形式和逻辑思维规律，可以使表述的内容特别是论辩概念明确，判断正确，推理合乎逻辑，以深邃的思想、强大的逻辑钳制力征服听者。

2. 讲究逻辑层次。司法口才主体在口语表述过程中应讲究逻辑层次。在具体诉讼过程中，展现司法口才都是按法定程序进行并且有一定规则的。司法口才的主体，特别是法庭辩论的论辩双方，其论辩内容都要有合理的结构安排，口语表述在有利于己方的逻辑轨道上展开。这样，在结构安排上要起承转合、错落有致，赋司法口才以力量缜密之美。

3. 善于分析归纳。展现司法口才时无论哪一方都会出现各执一词、慷慨陈词、各持己见的局面。没有这样的局面，司法口才就没有了意义。对此，司法口才主体要头脑冷静、反应敏锐，在逻辑上用简明扼要的语言迅速分析、归纳对方的观点，包括正确的和错误的、明确的与模糊的、有利的与不利的等，然后于表象之中抓住要害，扬长避短，有针对性地打击对方，以收"提领而顿，百毛皆顺"之功效。

（三）健康的心理适应能力

司法口才是司法口才主体与特定的司法口才对象面对面交流信息、反馈信息的过程，交锋中的交际双方显得紧张、庄重。因此司法口才主体应当具有良好的心理适应能力。

一些初出茅庐的年轻的司法人员和律师在展示司法口才时，往往顾虑过多。他们担心自己准备不充分，担心自己所论证的观点不能压住对方，担心"砸锅"，甚至担心出现突发事件……不论这些"担心"是有利还是不利，司法口才主体都应以沉着理性的心态加以对待，力避因心态的失衡而造成表达失误，陷入不利的境地。

司法口才主体要具备良好的心理适应能力，才能在激烈的对抗中处惊不乱，应对自如。

1. 交际前的心理准备。司法口才主体在交际前往往会有不同程度的压力、紧张，如果这种感觉不能及时疏导，就会在交际中形成心理障碍，影响创造性思维的发挥。要摆脱这种劣势心态，应当做到：

（1）在交际前做好各方面的准备工作。包括：①立论准备。围绕自己在这场口语交际中的目的，确定论证层次，论据准备得充实而完善。②驳论准备。设想谈话对方有哪些责难，组织反驳的材料，拟定反驳方案。③知识准备。对论辩中可能涉及的有关知识进行认真细致的准备。④战术准备。分别确定在口语交际的不同阶段和不同层次使用有效的方法和策略。

（2）要进行必要的心理放松和情绪调整。克服自卑心理、怯场心理，以良好的心态展现司法口才。这是战前的序曲，要保持沉稳、冷静的基本心态。具备了良好的心态，才有可能在口语交际中掌握主动权，才能注意观察并发现对方表现出来的弱点，直击对方要害。

2. 交锋时的心理状态。司法口才，大多数情况是司法口才主体与司法口才对象在对抗或抗衡。司法口才主体在特定的环境中调查事实、论争法理、辨明是非、分清真假，其心理压力不言而喻。如司法口才对象的资历、水平、能力，案件的背景、关系，听众的目光、表情、举动……这些来自各个方面的心理压力，如果不及时排除，有可能在交际中语言软弱无力，说话吞吞吐吐。

为此，司法口才主体在展现司法口才时，应及时排除如下不良心理：

（1）自卑心理。与司法口才对象比，总觉得自己初出茅庐，经验不足，水平不够，缺少演讲、宣读、论辩的素质；知道对方是大律师，害怕出漏洞，贻笑大方，尤其是看到人家从容自如、侃侃而谈，就更加心虚，乱了阵脚，说话"卡壳"。这种心理要不得，人家还没打你，你自己先把自己打倒了，这叫"不战而败"。

（2）怯场心理。有些人平日里谈笑自如、能言善辩，一到正式场合就不能正常发挥。还有的人遇到重大案件，特别是社会反应强烈的案件……这些客观情况，容易造成办案人员的怯场心理。他们望法却步，茫然不知所措，唯唯诺诺，失去了司法人员在办案中应有的作用。这种不良心理害人害己更害国。司法口才主体，请拿出勇气，维护法律的正义吧！不要怕对方气势，狭路相逢勇者胜，权势是短暂的，真理是永存的，做个捍卫真理的勇士吧！

（3）盲从心理。司法口才主体在办理各类案件时，往往要接触大量的"人"。这些人的陈述、证言、证据容易对司法人员产生"第一印象"。如刑事案件中，犯罪嫌疑人的供述、被害人的陈述、证人的证言，民事、行政案件中当事人的陈述、证人的证言，都可能直接或间接地影响其心理活动从而影响办案。在这种情况下，司法口才主体如果不作分析，盲目判断，容易造成当事人、证人和其他人员的认同倾向，从而造成工作失误。

（四）高超的语言驾驭能力

语言是人类重要的交际工具，是思维的外在表现。中国司法口才因其独特的交际领域、交际对象和交际职能，使司法口才主体在语言运用上应当遵循汉语的一切规则，具有高超的语言驾驭能力。

1. 法言法语，准确精到。各行各业都有自己的行业语或专业用语，但比较而言，司法口才特别是法律论辩是使用专业语汇最严格、术语气氛最浓厚的行业语。

法言法语有其严格的内涵和外延，在诉讼中均有明确严格的规定。司法口才主体在使用法言法语时，要做到准确精到，自由运用，体现司法口才的语言风格和鲜明基调。

2. 通俗自然，明白晓畅。司法口才应当在坚持语言专业化的前提下兼顾语言的通俗化。所谓语言的通俗化，是在司法口语交际中尽量使用通俗语言，使专业领域之外的人士能够听得懂、听得明，而且也使旁听人员受教育、获启发。但是通俗化必须以法言法语为前提，切不可因迁就通俗而牺牲规范。如"法人"本指依法成立的组织，但有人将企业、公司的"法定代表人""法人代表"称之为"法人"，此种理解虽然通俗，显然错误，实不可取。

3. 声音洪亮，吐字清楚。声音洪亮是司法口才对声音的基本要求之一。声音太小或尖声怪气，都不能很好地将要表达的内容传递给对方，影响办案质量。声音洪亮，不仅要求铿锵有力，落地有声，而且应显示出语言的威力。

吐字清楚，也是司法口才基本功。司法口才主体要坚持用普通话讲话，以纯正的发音、准确的词义、清晰的字句表达口才内容，使听者听得清、听得懂、记得住、印象深。

（五）灵活的临场应变能力

俗话说：不怕一万，就怕万一。司法口才主体虽然未雨绸缪，防患于未然，但是临场出现这样那样的难以预料的意外是免不了的事。如何处理这些变故，司法口才主体应具备较强的临场应变能力。

1. 反应敏锐，处置及时。在口语表述过程中一旦发生意料之外的事，应灵活、及时、妥善地处置，否则会出现难以挽回的局面。如著名演讲家曲啸在一次演讲中不小心将一个观点说反了。话刚出口，他便意识到了，他紧接着用了一个恰到好处的转折语句："是这样吗？不是！……"真不愧为口才大家，不动声色地把讲反了的意思翻了过来。当时除了个别行家有所察觉外，人们还以为他在运用表达技巧强调这个观点呢。[1]

2. 处惊不乱，灵活补救。面对出现的意外，慌是无用的，心慌则意乱，意乱则智穷。只有处惊不乱，才能急中生智。

著名京剧演员谭鑫培一次饰演《黄金石》中的田单，匆忙中忘了带乌纱帽。一出场，观众诧异，他亦发觉。只见他一本正经、字正腔圆地念道："国事乱如麻，忘了戴乌纱。"尽管观众均看出他是临场应变，但他巧妙地

---

〔1〕 黎祖谦：《口才学简明教程》，江西教育出版社1998年版，第43页。

掩饰，观众反而更觉得此人临场经验丰富，有水平。

有一次美国前总统里根去访问巴西，在宴会上他说："女士们，先生们，大家好！今天我能访问玻利维亚感到非常高兴。"当他讲完这句话后，在场的许多人都在窃窃私语。里根意识到自己的错误后，连忙改口："很抱歉，前不久我们访问过玻利维亚。"

事实上他并没有访问过玻利维亚，可是为了弥补自己的口误而撒了一个小谎。在场的所有人还没有明白里根的真正用意。他那滔滔不绝的长篇大论已经淹没了他的口误。这种弥补口误的方法，在一定程度上为自己留住了面子。

第二节　司法口才的对象

毛泽东同志说："射箭要看靶子，弹琴要看听众，写文章作演说倒可以不看读者不看听众吗？""做宣传工作的人，对自己的宣传对象没有调查，没有研究，没有分析，乱讲一通，是万万不行的。"司法口才主体为了辨别案件事实的真与伪，准确适用法律，正确处理案件，必须事先对司法口才所指向的对象，即司法口才的承受者的有关情况进行一番调查研究，才能知己知彼，百战不殆。

一、司法口才的对象

司法口才的对象，是司法口才主体所指向的另一方，是司法口才的承受者。

司法口才主体与司法口才对象的关系是相互作用的关系，是作用与反作用的关系。在办理刑事、民事、行政案件过程中，司法口才对象构成较为复杂：有个体的司法口才对象，如讯问、论辩的对象；有群体的司法口才对象，如宣读、演讲的听众。这些司法口才对象的年龄、性别、职业、阅历、兴趣、爱好、文化知识、法律水平、口语表达和交际态度等方面的情况，与案件调查处理的效率和质量关系非常密切。为更好地完成法律职责，研究司法口才对象的类型及各种类型在交际中表现出的态度等，很有必要。

司法口才主体与司法口才对象之间是一种活性的对抗过程，是一个互动关系，常处于一种相互作用、相互排斥、相互斗争、相互转化的动态过程中。有讯问，必然有反讯问；有论辩，必然有反论辩。从双方地位来看，法庭论辩的双方地位是平等的，控辩或诉辩双方，既可以是司法口才主体也可以是司法口才对象。

司法口才对象可分为两大类：第一类是法律工作者如检察人员、律师等，这一类人既可以是司法口才主体，也可以是司法口才对象；第二类是律师的当事人及案件的其他相关人员如犯罪嫌疑人、被告人、原告、被告、其他诉讼参与人、代理人、证人、鉴定人等。

二、司法口才对象的心理定势

司法口才对象的心理定势，是司法口才对象在各种主客观因素作用下所形成的对司法口才主体及司法口才内容和表达方式所表现的一种心理准备和既定态度以及沿此方向发展的心理趋向。如在司法口才交际过程中，司法口才对象或是为了宣传法制，或是为了查明案件事实，或是为了开脱罪责，或是为了证实事实，或是为了减轻罪责等，都会对口语表达的内容和方式等发生影响。

司法口才对象的心理定势不外乎以下三种类型：配合型、对抗型、半推半就型。下面介绍前两种类型：

（一）配合型

配合型，又称合作型、肯定型、相容型。当司法口才主体向司法口才对象发出调查事实和证据的信息之后，司法口才对象往往表现出积极的配合态度，与主体构成一个共同体，共同查清案件事实和证据。或提供证据，或如实供述，或提供线索，或从不同角度、不同侧面对主体的论题、论据、论证方式进行辩驳，以明辨是非，探求真理。

在法庭论辩中，公诉人与辩护人、原告及代理人和被告及代理人总是从不同的方面去解释案件的事实和证据，从不同角度去分析论证，目的是达到对案件的正确、公正的处理结果，其论点虽然是对抗的、不相容的，但论辩目的是一致的。

如某公安人员在审讯室讯问犯罪嫌疑人：

问：你姓什么？叫什么？
答：我叫×××。
问：今年多大了？
答：32岁。
问：你知道为什么让你到这里来吗？
答：我知道，我知道。我有罪，我抢钱了。
问：好吧，你就从头到尾详细地把你抢钱的经过说一遍。
答：好。2017年3月5日上午……

上例犯罪嫌疑人积极配合司法口才主体的讯问，表现出司法口才对象配合型的心理定势，是司法口才调查事实最为理想的一种类型。

（二）对抗型

对抗型的司法口才对象又叫抵抗型、否定型。主要表现在对司法口才主体的言语内容进行否定和对抗。分为两类：一是消极抵抗型，一是积极对抗型。

1. 消极抵抗型。当司法口才主体向司法口才对象发出调查事实、核实证据的信息之后，司法口才对象往往会出现消极的、抵抗的态度，或表面配合实际回避，或避重就轻，或采用强硬的态度进行抵赖和诡辩，或沉默不语，企图阻止调查活动进行，以便隐瞒自己的罪行，逃避打击。这种类型的司法口才对象在讯问调查阶段，常常会遇到。

革命烈士夏明翰生前面对国民党法官的审问，采用的就是抵抗型的心理定势：

"你姓什么？"
"我姓冬。"
"胡说，你明明姓夏，为什么说姓冬？"
"你们颠倒黑白，把黑说成白，把白说成黑，按你们的逻辑，我当然该姓冬了！"
"……"

面对抵抗型的司法口才对象，司法口才主体在这场尖锐的调查与反调查较量中，应采用积极有效的策略，运用一切言语手段向被讯问者展开调查，将对抗型的心理定势转化为配合型的心理定势。

2. 积极对抗型。这种类型的司法口才对象表现为对司法口才主体的积极的对抗态度。一般在法庭论辩当中，交战双方就某一观点展开论证，并各自"以事实为根据，以法律为准绳"，从不同角度，不同观点对案件事实和证据进行论证，从而达到统一的目的。如：

甲说：被告人的行为构成敲诈勒索罪。
乙说：被告人的行为不构成敲诈勒索罪。

再如伊拉克前总统萨达姆受审期间与审讯人员之间的对话实录节选：

萨达姆：我可以作一下说明吗？
法官：请说吧。
萨达姆：你也应该向我介绍你自己。

法官：萨达姆先生，我是伊拉克中央法院调查法官。

萨达姆：那么我必须知道，你是伊拉克中央法院的调查法官吗？是什么决议，什么法律授权建立这个法庭？

法官：……

萨达姆：噢，联军？（如果单看这句话，可能会表达很多种意思。从后文看，说话者的语气是反问，反映出萨达姆对法庭法官的蔑视与不满）你是一名伊拉克人，但你却代表占领军？

法官：不，我是代表伊拉克的伊拉克人。

萨达姆：但你……

法官：根据伊拉克前政权颁布的法令我被任命为法官。

萨达姆：那么你是在重申，每个伊拉克人都应遵守伊拉克法律。以前制定的法律现在仍代表了人民的意志，对吗？

法官：是的。

萨达姆：所以你不能依照联军司法裁判权办事。

法官：这是重要的一点。我是一名法官。在前政权制度下，我尊重法官。我现在恢复并继续我的工作……和其他公民一样，你必须对指控作出回答。〔1〕

对话中，萨达姆说："我必须知道，你是伊拉克中央法院的调查法官吗？是什么决议，什么法律授权建立这个法庭？"这个疑问句带有很强的反问意味，告诉人们萨达姆在法庭上竭力与法官进行辩论，是在质疑该法庭以及审讯法官存在的合法性，充分反映出萨达姆个人此时对法庭对他的控告极其不服。

（三）半推半就型

这种类型的司法口才对象介于抵抗型心理定势和配合型心理定势之间。当司法口才主体向司法口才对象发出调查事实、核实证据的信息之后，司法口才对象表面上装出积极配合的态度问什么答什么，实质上心存侥幸，企图蒙混过关。他的敷衍一旦被识破或被指出其言词的矛盾之处时，又马上改变态度，积极配合。看你相信他的话了，他又开始避重就轻。

对这种类型的司法口才对象，司法人员必须敏锐地观察对方言行的真假，运用问话策略，迫使其不得不如实反映案件事实的真实情况。

如一起盗窃、走私黄金案，讯问人员对被讯问者在棉袄里夹着布条的一段

---

〔1〕 马越："浅析犯罪嫌疑人口语的法律语音"，载《法律语言学说》2010年第2期。

话的含义进行讯问。该被讯问者的心理表现就是半推半就型。

问：字条是什么内容？什么含义？
答："曾是戏言当作真"，是说……我过去曾和爱人开玩笑，说你属鸡，我属猴，鸡猴不到头，现在真的实现了。……"信守前约志不改"是说……
问：够了！诡辩！
答：我可不是诡辩啊！
问：你写字条是想干什么？
答：我想念老婆孩子了……
问：那写明信不可以吗？为什么捣鬼？
答：我……唉！好吧，我说实话……

司法口才对象即被讯问者在其棉袄中夹白布条上面写的是暗信："曾是戏言当作真，信守前约志不改。"意思是我们走私黄金的事已败露，我们按事先说好的要攻守同盟，谁也不能出卖谁。暗信被揭露后，为了申明自己不是在捣鬼，被讯问者谎称是想念老婆和孩子而写的。司法人员当即发现疑点和矛盾直接揭露，"自己的老婆孩子，写明信就可以了，为什么捣鬼？"一语破的，迫使司法口才对象如实交代犯罪事实。

第三节　司法口才的客体

在司法口语交际的过程中，司法口语的主体和对象作为交际的双方，必有一个交际的客体，即交际的具体内容。如果没有具体的交际内容，口才就成了无水之源、无本之木，司法口才也就没有存在的价值了。

一、司法口才客体的专指性

司法口才的客体，特指司法口才主体和司法口才对象在司法口才实施中所指向的具体内容包括案件的事实、证据材料、适用法律等。如法庭辩论的双方，辩论的具体内容一定是控方指控的事实、证据以及如何适用法律。以此弄清案件事实，论证相关证据的真伪，准确适用法律，保证法律的正确实施。

司法口才主体在"以事实为根据，以法律为准绳"和公平公正的原则下，揭露、证明、惩罚、教育、改造违法犯罪分子，预防和解决民事经济纠纷，这些都需要通过司法口才去实现。司法口才之所以能够进行，是因为司法口才主体和对象有明确的司法口才表达内容，即司法口才要有明确的客体。

二、司法口才客体的类型

司法口才客体的类型主要是案件事实、证据材料和适用法律。

（一）案件事实

案件事实是客观存在的，它不以人们的意志为转移。

司法口才客体，首先是事实，是与案件有关的事实。它包括两方面内容：一是司法口才客体的事实，本身是案件事实。司法口才主体与对象通过有效的交际，揭示案件的本质，尽可能还原案件的本来面目。二是司法口才客体的事实，是与案件有关的事实，即通过与案件有一定关联、能证明案件一个方面或几个方面情况的事实。通过对关联事实的分析、认证，形成对案件事实清楚、全面的认识，把握案件的性质，弄清案件发生、发展的经过。司法口才是认识案件的手段，弄清案件本来面目的工具。

所谓的"零口供"，不是没有口供，而是没有犯罪嫌疑人或被告人供述其实施或参与实施犯罪行为的口供，要么是犯罪嫌疑人根本否认自己实施了犯罪行为，要么是保持沉默、缄口不言的情形。如《人民的名义》中某厂老板为向银行贷款，向银行的副行长欧阳菁行贿50万，之后向检察院举报。

问：欧阳菁，你每年给蔡成功放贷，收过他的好处没有？
答：没有。
问：那为什么有一张姓名为蔡成功母亲张桂花的50万的银行卡落到你的手里呢？你今天还用那张卡消费了5032元。
答：我不知道你在说什么。
问：我就知道你会这么说的。（出示银行卡消费单）看看吧，这是你的签字吧？
答：这不是我的签字。这是张桂花。
问：（出示另一张有她自己签名的消费单）那这张呢？
答：……（无语）
问：这个服务员你还记得吧！（出示照片）你今天用两张卡支付了一件时装的钱，就是你身上的这件，对吗？（出示照片）
答：……（无语）

如上口供似乎没有什么价值。但是，审讯人员出示的证据与其他证据相互关联，相互印证，形成完整的证据链条，足可以证明欧阳菁确实收了蔡成功的

50万贿赂款。

（二）证据材料

证据是证明（案件）事实的材料，证据问题是诉讼的核心问题，全部诉讼活动实际上都是围绕证据的搜集和运用进行。

证据是法官在司法裁判中认定过去发生事实存在的重要依据，在任何一起案件的审判过程中，都需要通过证据和证据形成的证据链再现还原事件的本来面目。

在诉讼活动中，哪些事实是论辩客体，哪些事实不是论辩客体，如何确定，要有一个客观标准，即应以诉讼目的或者其所要解决的问题而定。比方说，刑事诉讼中有关被告人是否犯罪、犯何罪，以及应否追究刑事责任的事实；民事诉讼中作为诉讼请求和答辩理由及反诉理由所根据的事实。这些案件事实，是司法机关作出决定，特别是人民法院作出判决或者裁定的基础。因而它是每个诉讼案件必须予以查明的事实。

诉讼中的证据，在证明中起决定作用，是定案的根据。在诉讼中通过调查等活动收集的证据，由于各种原因，往往真假虚实的情况都存在，需要查证核实，确定它对所要证明的案件事实的证明力。可见，对证据材料要与其他的证据对比，相互核查，以判明其是否真实和证明力的大小，并用以证明案件事实。

这里所说的证据材料，并不是作为司法口才的一种工具，它是认定案件事实的依据。当证据被其他证据证明时，证据便成了司法口才客体。

2004年9月30日，中央台《今日说法》播出了一个案例：

> 原告刘××是河南某地一个农民，2003年腊月二十七日她到当地一个集贸市场的个体牙科诊所（非法行医，已取缔）拔了一颗牙。之后牙龈及整个脸、脖子肿痛不已，她找曾经给他拔牙的大夫，即本案被告徐××要求赔偿，但牙医徐××说不认识刘××，不予理睬。
>
> 于是，刘××向法院起诉徐××。法院受理了此案，在审理中，被告一口咬定，他根本就没有见过原告，怎么能给她拔牙呢？
>
> 于是本案的焦点首先集中在原告是否在被告开的诊所就过医而展开论证。
>
> 此时，证据材料成为司法口才客体。原告方有四个证人证明原告在被告处拔过牙，其中一个证人证明，他在2003年腊月二十七下午，确实见原告在被告诊所处拔牙，并与其相随的大夫打了招呼。被告方也有四个证人证明：原告没有在被告处拔过牙，其中一个证人的证言说，腊月二十七下午，他在诊所看了一下午电视，没见一个人来拔过牙，并写了证言。

双方的证据出现了对抗性,哪一方的证据是假的?证据成了本案司法口才的重要客体。法院耐心给证人做工作,并明确告知:有意作伪证要负法律责任。当第二次开庭时,被告的四个证人有三个未到庭,只有一个到庭了,当到庭的被告的唯一的证人发言时,他当庭翻供,说他当初的证言是在被告唆使下的伪证,现予纠正。

被告三个有证言的证人未列庭,其证据效力如何?按照相关法律规定,书面证言必须经法院当庭质证才能作为定案的证据,该案三名证人未到庭,可见其证言不能作为定案的证据。

证据摧毁虚假事实。由此,被告说他没有给原告看牙的事实不能成立。

该案双方论证的客体就是双方证据材料的真伪与证明力的大小。

(三)适用法律

就案件事实如何适用法律,是司法口才的重要客体。对案件的处理,既要以事实为根据,又要以法律为准绳。以法律为准绳,要求司法口才必须准确理解法律条文的立法原意,对法律规定的实质内容,作出符合立法精神的解释。作为司法口才客体的适用法律,具有两方面的特点:

1. 必须与案件处理有关联。无论判断是非与责任,认定罪与非罪、此罪与彼罪、重罪与轻罪,作为司法口才客体必须与案件处理有关。在分清责任、事实的基础上,准确地适用法律,与案件及其处理没有关系的法律,不是司法口才客体。

2. 必须对适用法律有争议。司法口才如果对适用法律没有争议,也就成不了司法口才客体。正因为司法口才主体与对象对法律的理解、法律的适用存在争议与分歧,法律适用也就成了司法口才的客体。法律之辩,成为司法口才重要内容和主要客体。

综上所述,司法口才的客体特指案件事实、证据材料和法律适用。其中,在调查取证阶段,多以事实材料为客体;在讼辩阶段,多以证据和适用法律为客体。

三、司法口才的工具

司法口才并不像一般口才那样词汇丰富,感情真挚,口吐莲花,滔滔不绝,那样充其量是哗众取宠,毫无价值。司法口才制胜的法宝有二:一是以事实为根据,二是以法律为准绳,事实和法律成为司法口才不可缺少的工具。

(一)证据

证据是认定案件事实的依据,具有客观性、合法性、关联性的特点。证据成了司法口才的重要工具之一。

《刑事诉讼法》第48条规定："可以用于证明案件事实的材料，都是证据。证据包括：①物证；②书证；③证人证言；④被害人陈述；⑤犯罪嫌疑人、被告人供述和辩解；⑥鉴定意见；⑦勘验、检查、辨认、侦查实验等笔录；⑧视听资料、电子数据。证据必须经过查证属实，才能作为定案的根据。"

从法理上来分，证据有如下种类：

1. 原始证据和传来证据。原始证据和传来证据是以证据来源为标准划分的。

原始证据是指直接来源于案件事实或原始出处的证据，如书证的原本，物证的原物，亲眼看见了涉嫌犯罪的人实施犯罪行为的证人证言。

（1）原始证据是第一手证据，相对而言，其真实性较为可靠。司法人员和律师在办案过程中，总是千方百计追根寻源，努力收集原始证据。收集实物证据要尽可能找到物证的原物，书证的文件原本；收集言词证据，要尽可能找到原始证人，直接询问证人、知情人、当事人，直接讯问犯罪嫌疑人、被告人，以获得第一手资料。

（2）传来证据是指经过复制、复印、转抄、转述的证据，而非直接来源于案件事实或原始出处的证据，如复制的物证模型、书证的复印件、从他人处得知案件事实的证人证言等。传来证据由于经过了中间环节的转手、转抄或转述，与案件事实距离较远，因而真实性大大小于原始证据，失真的可能性较大，而且转述、转抄的次数越多，发生误差的可能性就越大，其可靠性就越小。

2. 言词证据和实物证据。言词证据和实物证据，是以证据的存在和表现形式为标准划分的证据。

（1）言词证据是以人的陈述为存在和表现形式的证据。包括证人证言，被害人陈述，犯罪嫌疑人、被告人的供述和辩解，民事、行政诉讼当事人的陈述，鉴定意见等。这些内容，均有对案件中某个专门性问题发表的看法，可称为言辞陈述。言词证据在客观上容易受各种主客观因素影响而失真。因为言词证据的形成一般要经过感知、记忆、陈述三个阶段，由于受客观因素及陈述人主观因素的影响，这三个阶段中都可能会出现失真现象。所以司法口才对言词证据应慎重对待。

（2）实物陈述是以实物形态为存在和表现形式的证据，包括书证、物证、勘验检验笔录、现场笔录、视听资料。实物证据的最大特点是客观性强，这种证据可以长期保持其原有形态，成为证明案件事实的有力证据。

3. 直接证据和间接证据。直接证据和间接证据是以单独一个证据对案件主要事实的证明程度为标准划分的。

（1）直接证据，是指证据本身能单独、直接证明案件主要事实的证据。在刑事案件中，凡是能单独、直接证明或否定犯罪嫌疑人、被告人实施犯罪行为的证据，就是直接证据。

刑事诉讼有指认出犯罪人是谁的证人证言，被害人陈述，犯罪嫌疑人、被告人的供述和辩解，其中犯罪嫌疑人、被告人承认有罪的供述是有罪的直接证据；犯罪嫌疑人、被告人否认有罪的辩解，是无罪的直接证据。刑事案件中，一些物证、书证、视听资料等，如果能直接指明是谁实施了犯罪行为，可成为直接证据。如果从某住所搜出杀人的凶器，不能直接证明住所的主人就是犯罪人，是间接证据；如果从行为人身上查出随身携带的枪支、毒品等违禁品的，可以直接认定行为人实施了私藏枪支、非法持有毒品的行为，从而成为直接证据。因此，证据的直接与间接，要视特定的情况而定。除直接证据以外的其他证据，均为间接证据。

民事诉讼中，案件的主要事实是民事当事人之间争议的民事法律关系发生、变更、消灭的事实。凡是能单独、直接证明民事法律关系发生、变更、消灭的事实证据为直接证据。

行政诉讼中，案件主要事实是指行政机关具体行政行为是否合法。凡是能单独、直接证明行政机关具体行政行为是否合法的证据是直接证据，除直接证据以外的其他证据为间接证据。

直接证据的最大特点是，它直截了当，无需借助其他证据就能证明主要事实。直接证据一经查证属实，就可以作为认定案件事实的主要根据。但直接证据容易受主客观因素的影响而出现虚假或失真。因此，司法人员在办案过程中，既要使用直接证据，又要收集间接证据，并将间接证据与直接证据相互印证、核实，组成牢固的证据锁链，防止直接证据失真。

（2）间接证据，是指不能单独、直接证明案件主要事实而需要与其他证据相结合才能证明案件主要事实的证据。间接证据对案件主要事实的证明关系是间接的，任何一个间接证据，都只能从某一侧面证明案件中某一局部的事实或个别情节，而不能直接证明案件的主要事实。司法人员和律师只有将一个一个间接证据联系起来，环环相扣，形成证据链，才能对案件事实作出结论。间接证据对案件主要事实的证明方法主要依靠推断，以逻辑推理的方法，排除其他各种可能，正面肯定或明确否定主要案件的事实。

4. 有罪证据和无罪证据。

（1）有罪证据，是指能够证明犯罪事实存在，犯罪嫌疑人、被告人有罪，或者是加重犯罪嫌疑人、被告人刑事责任的证据。有罪证据一般是由控诉人对犯罪嫌疑人、被告人进行指控时提出的，也是人民法院作出有罪判决和加重处罚的根据，所以也叫控诉证据。

（2）无罪证据，是指反驳控诉，能够证明犯罪事实不存在，或者是证明犯罪嫌疑人、被告人无罪、罪轻以及减轻他们刑事责任的证据。无罪证据一般由犯罪嫌疑人、被告人在辩护时提出，是人民法院制作无罪判决和减轻处罚的根据。

有罪证据与无罪证据在运用时要注意：要坚持客观、全面的原则去搜集证据；在证据标准和要求方面，两者是互相排斥的；如果有罪证据与无罪证据势均力敌难以确定时，在已尽了最大努力仍不能收集到新证据否定另一方时，应按照"疑罪从无"的原则，宣告无罪。

（二）法律

法律是由国家制定或认可的并由国家强制力保证实施的具有普遍效力的行为规范体系。法律具有普遍性、规范性、强制性的特点。法律作为司法口才不可少的工具之一，是维护当事人合法权益，维护法律正确实施的最有力的武器。因此，司法人员和律师要运用好法律这个有力的司法口才工具。

法律作为司法口才的工具，主要有：宪法、法律、行政法规、地方性法规、国际条约和国际惯例等。在此不作详细解释。

课内实训

一、突破思维定势。

在路旁，一位公安局长正和一位老人说话。

这时，过来一个小孩儿急促地对公安局长说："你爸爸和我爸爸吵起来了！"

老人问："这孩子是你什么人？"

公安局长说："我儿子。"

请你回答：这两个吵架的人和公安局长是什么关系？

（据说这一问题在100人中只有两人答对。其中对的一个人是在一个三口之家，父母没有答对，孩子答对了。为什么？这就是心理定势效应。一般情况公安局长应该是男的，从这个心理定势去推，自然找不到答案。而小孩儿没有这方面的经验，也就没有心理定势局限，所以一下子就找到答案了。）

二、读以下法庭调查片段[1]，回答：

1. 本案的司法口才主体是什么？
2. 本案的司法口才客体是什么？
3. 本案的司法口才对象是谁？

---

〔1〕 樊学勇主编：《模拟法庭审判讲义及案例脚本（刑事卷）》，中国人民公安大学出版社2007年版，第134~136页。

审判长王×：下面由公诉人讯问被告人。

公诉人许×：被告人李×，我问你几个问题，你要如实向法庭交代。案发时间是在2006年3月1日中午13时左右吗？

被告人李×：是的。

公诉人许×：地点是否如起诉书所说的？

被告人李×：是的。

公诉人许×：你当时使用的作案工具是什么？

被告人李×：一瓶硫酸溶液。

公诉人许×：你为什么去被害人家？

被告人李×：找郭×看看他的伤好没好。

公诉人许×：当郭×离开他家后，你为什么一直待着？

被告人李×：我想等郭×回去。

公诉人许×：是你先泼的王×吗？

被告人李×：是她先泼的我，我才泼的她。

公诉人许×：她为什么泼你？

被告人李×：她骂我，我生气地推了她一下。她从茶几上拿了一个瓶子把硫酸泼在了我腿上。

公诉人许×：你怎么知道那是硫酸？

被告人李×：我感觉腿上火辣辣的。

公诉人许×：然后呢？她的脸怎么被烧伤的？

被告人李×：我夺过瓶子泼在了她的脸上。

公诉人许×：硫酸是你带来的吗？

被告人李×：不是。

公诉人许×：你知道被害人家有孩子吗？

被告人李×：知道。

公诉人许×：被害人是从哪儿拿的硫酸？

被告人李×：茶几上。

公诉人许×：审判长，我的讯问完毕。

审判长王×：被告人李×的辩护人，你有什么要发问的吗？

辩护人辛×：有。

审判长王×：可以发问。

辩护人辛×：被告人，案发前，你与郭×的关系怎样？

被告人李×：今年（2006年）年初之前都特别好，后来听郭×说，王×找过他很多次，想让郭×为了孩子多考虑考虑，王×劝说郭×离开我，重新回到她（王×）的身边。这之后郭×对我的态度逐渐冷淡起来，我非常痛苦。

辩护人辛×：被告人，你在被害人家时王×对你说了什么？

被告人李×：她说："你还来干什么？郭×都不要你了，你还这么贱，是不是没人要了。"

辩护人辛×：你在侦查阶段曾向公安局交代，在去被害人家之前你吃了30片安定片是不是事实？

被告人李×：是事实。

辩护人辛×：审判长，我的话问完了。

审判长王×：诉讼代理人有无发问？

诉讼代理人张×：没有。

审判长王×：现在由公诉人就起诉书指控被告人李×犯故意伤害罪向法庭提供证据，并说明证据的种类、来源及要证明的事实。

公诉人许×：提请宣读刑事案件破案登记表，见预审卷第3页，用来证明案件的来源和破案的经过。

审判长王×：可以宣读。

公诉人许×：2006年3月1日13点20分，接到桥东区21楼居民代剑报案：楼下王×被硫酸烧伤，现已到黄河医院接受治疗。接警后，民警到医院询问王×，王指控烧伤她的人为李×，是被害人前夫郭×的姘居女友。我所民警即让郭×与李×取得联系，到李的住处后经郭×指认，即将李×抓获，李对自己的行为供认不讳。宣读完毕。

审判长王×：被告人李×，你听清楚了吗？

被告人李×：听清楚了。

审判长王×：有意见吗？

被告人李×：没有。

审判长王×：被告人李×的辩护人对此有何意见？

辩护人辛×：没有。

审判长王×：诉讼代理人有无发问？

诉讼代理人张×：没有。

审判长王×：公诉人，你可以继续举证。

公诉人许×：提请宣读证人郭×证言，见预审卷第20~23页，以证明被告人李×的作案时间等情况。因郭×患重病不能到庭提供证言。

审判长王×：可以宣读。

公诉人许×：……

第五章 司法口才表达的基本技巧

> **学习要点**
> 1. 了解司法口才的声音技巧、表述技巧、修辞技巧、态势技巧;
> 2. 制订朗读计划,确定朗读资料,学习运用声音和气息传情的技巧。

中国新一轮司法体制改革后,司法队伍特别是司法体制改革后入额的员额制检察官、法官队伍,不仅需要掌握法律解释和法律适用的一般技能和方法,还需要掌握更高层次的办案艺术。作为司法人员办案艺术中的司法口才表达技巧,有着自身的客观规律和独特特点。我们要遵循这些规律,综合运用多方面表达技巧,不断提高自己的司法口才水平。

第一节 声音技巧

司法口才是一种有声语言,是通过活脱脱的人的声音来完成的,司法口才主体在办案过程中需要将自己表达的思想、内容以声音的形式来完成。

司法口才主体在展示司法口才的时候,其声音对办案有一定的辅助作用。高而有力的声音,具有威力和严肃之感,有震慑力;低而柔的声音,对于调解民事当事人之间的纠纷则很有益处。好听的声音,能给听众以赏心悦目之感,有助于听者了解相关情况;嘶哑、刺耳、含糊不清的声音,则让听众心如针刺,或云里雾里不知所云,变相地剥夺了听者的知情权。

每个人的声音质色固然先天不同,但后天的锻炼对音质音色的提高会起很大的作用。著名的配音演员李扬,本来声音沙哑不大好听,但经过自己的刻苦训练,形成了别具一格的独特男声。他为《米老鼠和唐老鸭》《西游记》等片子配音,声音运用得体自然、恰到好处,形成自己独特的声音个性,塑造的形象深受全国观众特别是小朋友的喜爱。

掌握司法口才的声音技巧,应着重从如下几方面进行:

一、语音要规范

规范化的语音，就是按普通话的标准和规范来吐字发音，即按普通话的构成，把汉字音节的23个声母、24个韵母、4个声调念准，做到对每个音节发音正确、字正腔圆。

（一）读准音节

读准音节是规范语音的首要环节。据统计，常用汉字不过4000个，418个音节。其中最常用的音节只有14个，次常用的音节有33个，这47个音节总合起来占总出现率的50%左右。[1]要下苦功将汉字音节最基本的声母、韵母、声调读准，进而读准全部音节都是不难做到的事情。

展示司法口才时，注意不说错音，不说错调，更不"秀才识字认半边"说错字。汉字有几万个，同音字很多，形声字也占80%，由于古今字音的演变，许多形声字的表音成分也演变得面目全非，甚至张冠李戴，所以汉语中的表音成分并不能成为亘古不变的普遍法则，司法口才主体在宣读相关法律文书的时候，对不认识的字务必查字典，以防念错，酿成笑话。

请看几则著名的读音错误：

1. "载（zài）人飞行"误读为"载（zǎi）人飞行"。"2016年11月18日，神舟十一号飞船在完成一系列载人飞行任务后，顺利返航着陆。"一些广播电视媒体的播音员把"载人飞行"的"载"误读为zǎi。"载"是多音字，读zài时，意思是装乘、携带；读zǎi时，意思是记载、刊登。"载人飞行"指用飞行器承载人的飞行，应读作zài。

2. "一篮子货币"误读为"一揽子货币"。"2016年10月1日，人民币正式加入国际货币基金组织特别提款权（简称SDR）的一篮子货币。"一些媒体将"一篮子货币"读成"一揽子货币"。货币篮子（Currency basket）或称一篮子货币，是一个经济学术语，指设定汇率时作为参考而选择一组外币，由多种货币按不同的比重构成货币组合。而"一揽子"则指对各种事物不加选择地包揽在一起，如一揽子计划、一揽子交易等。

3. "滇越铁路"读成"镇越铁路"。2016年12月28日沪昆高铁开通仪式上，云南某领导发表讲话。错把"滇越铁路"的"滇"读成"镇"，引发网友热议。

4. "禁赌"说成"禁毒"。某领导让秘书查有关"禁毒"方面的资料，

---

[1] 黎祖谦：《口才学简明教程》，江西教育出版社1998年版，第132页。

秘书辛苦了两天，搜集了大量禁毒资料，结果领导要的是"禁赌"的资料。

除了注意不读错音错字外，在方言区的人还应该特别注意本方言区易读错的音，不要以地方音代替标准音。如南京人容易将"南京"说成"兰京"，太原人容易将"钳子"说成"茄子"，东北人容易将"热乎乎"说成"叶乎乎"，将"猪肉"说成"猪右"等。山西雁北地区有些地方将"北京"说成"百京"，将"百货"说成"北货"。

（二）读清音节

读清音节也是规范语音的重要环节。在读准每一个音节后，不等于语音就规范了。还要进一步使自己的声音既保持自然语音，又在咬字上适当加工，使听者对你说的每一个字词都听得清清楚楚，特别是在法庭上，更应当注意让在场所有的人都能听得真真切切。不能因你的囫囵吞枣，剥夺了他人的知情权。

（三）协调音节

规范语音，除了读准、读清音节，还应将一个一个单个的音节协调在统一的整体（即词、词短语）之下，才显得优美悦耳。切不可将一个一个音节"直译"成类似机器人式的、蹩脚的、机械的普通话。这就需要我们在说话时，多用双音节词和多音节词，以增强语言的响亮度、节奏感，使说者朗朗上口，听者悦耳动听。

（四）和谐韵调

所谓调，就是声调。所谓韵，就是韵味。朱自清先生在《新诗杂谈》中说："韵，是一种复沓，可以帮助情感的强调和意义的集中。"

所谓韵调，是指汉语中一个一个音节及其声调的有机的搭配。这个搭配，如果恰到好处，可出现音调高低抑扬、急缓起伏之情势，讲起来朗朗上口，听起来优美悦耳饶有韵味。

著名文学家老舍先生也很讲究这一点，他在《写作论文选》中讲：

> 写文章，不仅要考虑每个字的意义，还要考虑每个字的声音。不仅写文章是这样，报告也是这样。我总希望我的报告可以一字不改地拿来念，大家都能听明白。虽然我的报告作得不好，但是念起来很好听，句子现成。比方我的报告当中，上句末用了一个仄声字，如"他去了"，下句我就要用个平声字，如"你也去吗？"让句子念起来叮当地响。

我们在进行司法口才交际时，如果平仄声字交错使用，可以形成声音的抑扬有致、高低有度、急缓相间、起伏相连，使声音刚柔相济、协调和谐，可大大提高司法效率和效果。

二、语速要恰当

语速,指口语表达的速度,是口语表达中音节的发音时间长短,或者说单位时间里吐字的数量。

在口语交际中,语速的调控非常重要,它能直接反映出口语的内容和情节,同时也对表情达意起着至关重要的作用。在讲话中遇到紧张、激动、惊奇、恐惧、愤怒、急切、欢畅、兴奋的心情时,用快速;在叙述急剧变化的事物与惊险的场面,或刻画人物的机警、活泼、热情的性格时,也用快速。而慢速则多用于沉重、悲伤、忧郁、哀悼的心情,或用于庄重的场面。

司法口才表述方法大多是叙事、议论、说明等,情绪性的内容不是很多。因此,司法口才用快速、慢速均不合适,用中速则较为恰当。

三、语气要合理

语气,即说话的口气。英国作家乔治·萧伯纳说:"说一个'是'字有50种方法,说一个'不是'有500种方法,可是写下来的只有一个字。"[1] 这句话的涵义揭示了语气多姿多彩的复杂形态,同样一个字或一个词,可以表达出不同的语气;同样,不同的语气所表达的情感也不同,产生的效果也不一样。

　　老师不在教室,课堂乱糟糟的。突然有几个同学喊了这几句话后,教室立刻安静下来了:
　　"老师来了!"
　　"老师来了?"
　　"老师来了。"

语气的变化是多姿多彩的,它有强弱、长短、清浊、粗细、宽窄、卑亢之变化,又与句式、语调、理性、辞采、音色、立场、态度、个性、情感等交融在一起,口语表达就具有不同的形象色彩、不同的感情色彩、不同的理性色彩、不同的语体色彩、不同的风格色彩。如果语气合理,能增强语言魅力,恰当表达思想感情,引起听众共鸣。如果语气不当,尽管观点正确,用词准确,同样不能打动听众。

四、节奏要明显

节奏并不等同于速度,它是在口语表述中表现出的一种有秩序、有规律的,

---

[1] 黎祖谦:《口才学简明教程》,江西教育出版社1998年版,第135页。

协调的变化发展。它通过结构的疏密、内容的详略、情节的起伏、情感的激缓、声调的抑扬、音量的大小、速度的快慢、语流的行止等一系列的要素，综合地形成一种特有的节奏，交汇成一首语言的乐章，激荡听众的情感，启迪听众的思维，引发听众的共鸣。如某辩护律师的一段辩护词：

尊敬的法官、尊敬的检察官：

贩夫走卒、引车卖浆，是古已有之的正当职业。我的当事人来到这个城市，被生活所迫，从事这样一份卑微贫贱的工作，生活窘困，收入微薄。但他始终善良纯朴，无论这个社会怎样伤害他，他没有偷盗，没有抢劫，没有以伤害他人的方式生存。我在法庭上庄严地向各位发问，当一个人赖以谋生的饭碗被打碎，被逼上走投无路的绝境，将心比心，你们会不会比我的当事人更加冷静和忍耐？

据说律师的法庭演讲非常具有震撼力！

为什么呢？人从口腔发声时，由于其特殊的有节奏的一呼一吸的生理特点，决定了我们在讲话时，不能一口气读完一篇文章，只能有讲有停不断换气，按着"连续—停顿—再连续—再停顿"的顺序讲下去，形成了口语表达中明显的节奏感。

这里我们应当了解几个专用名词。

停连，即说话时语流的连贯，如行云流水。

停顿，是语流当中的间隙，表现为句子当中、句子之间、句群之间、段落之间的间隙，既可以用来换气，又可以用来区分意义、转折、呼应。

停顿一般分换气停顿、语法停顿和逻辑停顿。

（一）换气停顿

所谓换气停顿，是指在语流中为了调节呼吸所发生的自然停顿。用符号"/"表示。如：

1. 这个乡三十年来无/因民事纠纷发展成刑事案件的情况发生。

2. （中央人民广播电台）各位听众，现在播送中央气象台/今天晚上六点钟发布的天气预报。

标有"/"符号的地方是指需要换气的地方。实际上，这里的停顿不仅是为了换气，更是为了加强语言的清晰度和表现力。

（二）语法停顿

语法停顿是指根据句子的语法结构所作的停顿，其停顿标志是标点符号。凡是有标点符号的地方都应当适当停顿，停顿的时间长短不一，主要是根据不同的标点符号决定的。

一般情况下,句内停顿,其停顿的时间间隙为:句号>分号>冒号>逗号>顿号;章节内停顿,其停顿的时间为:章节>段落>句群>句子。另外,省略号、破折号、感叹号、问号等,要根据其使用的地方及表情达意的具体情况来确定停顿时间的长短。

(三)逻辑停顿

为了突出某一事物,强调某一观点或语义,在句中没有标点符号的地方作适当的停顿,这样的停顿为逻辑停顿。逻辑停顿不同于换气停顿和语法停顿,它最小的单位可以是一个词。如:

1. 人/活着的时候,只是事情多,不计较白天和黑夜。人/一旦死了/日子就堆起来:算一算,再有二十天,我妈/就三周年了。

2. 为了进一步分清/重大责任事故犯罪/和玩忽职守罪的界限,/最高人民法院/和/最高人民检察院/对重大责任事故的犯罪主体问题/作了进一步解释。

这种逻辑停顿,其停顿的地方不是固定的,它要根据强调和突出的内容确定恰当的停顿点。一般在较大的主语和谓语之间、动词和较长的宾语之间、较长的附加成分中心词之间、较长的联合成分之间作逻辑停顿。

五、语调要和谐

语音、语气、语速、节奏的有机和谐的统一,构成了语调。语调好比乐曲的旋律,能表现出语言的完美性。

语调,主要表现为升调、降调、平调和曲调。

(一)升调

升调指句子语势由低到高。一般表示惊讶、疑问、反话、呼唤、号召等。标记号为在句子末尾画由低向高的箭头。如:

1. 对这次事故,吴××没有一点责任吗?↗

2. 近来,你的学习成绩怎么下降了?↗

(二)降调

降调指句子语势由高到低。一般表示肯定、感叹、恳求、自信、祝愿等。标记号为在句子末尾画由高向低的箭头。如:

1. 请你帮我解决这个问题吧。↘

2. 这些事实是否定不了的。↘

(三)平调

平调指整个句子语势平稳舒展,没有明显的高低变化。一般用于陈述、说明、解释,表示严肃、庄重、平静、冷漠、悼念等。标记号为在句子末尾画横箭头,也可不画。如:

1. ×省×市人民检察院于2014年9月5日以被告人殷××、侯××、陈××犯故意伤害罪,向本院提起公诉。

2. 法律必须被信仰,否则它形同虚设。

(四) 曲调

曲调指句子语势曲折变化,有起有伏。一般用来表示夸张、讽刺、幽默等。标记号为在句子适当的地方加向上或向下的箭头,或在句子末尾标"∧↗"。如:

1. 我才不相信↗你说的呢。↘
2. 她太可爱了,连哭鼻子的样子也招人喜欢。∧↗

课堂讨论案例

写给母亲

(作者贾平凹,朗读者斯琴高娃)

人活着的时候,只是事情多,不计较白天和黑夜。人一旦死了日子就堆起来:算一算,再有二十天,我妈就三周年了。

三年以前我每打喷嚏,总要说一句:这是谁想我呀?我妈爱说笑,就接茬说:谁想哩,妈想哩!

这三年里,我的喷嚏尤其多,熬夜太久,就要打喷嚏。喷嚏一打,便想到我妈了,认定是我妈还在牵挂我哩。

问题:请你认真揣摩以上段落,有感情地朗读。

人(加大音强)/活着的时候,只是事情多(扬停急收),不计较↗(音高扬起)/白天和黑夜(音高落下,"黑夜"二字落停缓收)。人/一旦↗死了("一旦"提音高,"死了"加音强) 日子就堆↗("堆"字音高提高) 起来:算一算(音长拉长),再有二十天(音强减弱,音色柔和),我妈(音色渗入悲伤)/就三周年了(重音在"三周年",轻重格式为中重,"周年"更重,"周年"二字的内在语是"死亡",此处不提"死亡",是不愿面对。三年了,仍不愿面对,可见怀念之深。"了"字落停缓收)。

三年以前("以前"略重,略做停顿,表示回忆),我每打喷嚏↗(扬停急收,声断意连) 总要说一句:这是谁↗(提音高,不停顿,保持流畅) 想我呀?我妈/爱说笑(加大音强),就接茬说(用声弱,以突出后面):谁想哩↗(语势上扬,疑问语气略夸张),妈↗(提音高、音长拉大) 想哩(节奏从悲伤中跳出,落停缓收)!

这三年里,我的喷嚏/尤其(加音强、拉音长) 多,熬夜太久/就要打喷嚏。(音高变化,节奏变化,插入轻快节奏,渗入句) 喷嚏↗(提音高) 一打//(恢复音高,长停,为下句节奏和语气的转换做足准备）便想到我妈了//（节奏变回舒缓，用声弱，音色变化，之后是长长的回味性停连，配合表情与动作）认定/是我妈（加大音强）/还在（加音强、拉音长）牵挂我哩（落停缓收）。她牵挂↗（提音高）着我哩！

第二节 表述技巧

司法口才主要有三种表述方法：叙事、说理、说明。同一件事，方法和技巧不同，效果也不同。同样是叙事，有的人叙述得清清楚楚，生动形象，听者听得明明白白；有的人叙述得没有条理，枯燥无味，听众不知所云或吃力。同样是说理，有的人说的有根有据，令人折服；有的人东拉西扯，说不到点子上。司法口才主体，掌握点表述技巧，很有必要。

一、直言表述法

直言表述，即直截了当、旗帜鲜明、不加掩饰地表述自己的观点，介绍事情的原委。直言表述一般都质朴无华，不拐弯抹角，取信于人。直言表述法在叙述案件事实时，常用此法。直言表述法又分为如下几种：

（一）自然顺叙法

自然顺叙，顾名思义就是按照案件发展的过程来记叙案情事实的。一般以时间为线索，从案件的发生、发展、事情的结局把案件讲述清楚，又叫时间顺叙法。这种表述方法适合刑事、民事、行政等各类案件。如：

被告人郭××自称被人骗去钱财，蓄意在北京市地铁前门站制造事端。19××年10月9日下午1时许，当141次列车进入前门站时，被告人郭××乘机猛推正在候车的北京紫竹林小学学生队伍，致使该校五年级三班的数名学生被推倒在站台上，其中陆××（男，11岁）被推下站台（后被救上），李××（男，11岁）上半身悬空倒在站台边，被同学拽住。该站派出所值班女民警周怡（女，21岁）随即上前救陆××，被告人郭××又用力将周怡推下站台，致使周怡被列车撞成重伤。被告人郭××企图自杀未遂，被当场抓获。

（二）综合归纳法

如果一人多次作案又犯同一个罪名，在叙述完一个重点事实之后，其他同类事实可用综合归纳的方法加以概括叙述。如：

2001年3月至2004年7月期间，犯罪嫌疑人×××采用同样的方法先后13次在我市五一大楼、华贸商厦、××宿舍区撬门入室，盗窃财物共计折合人民币206 352.64元。

(三) 突出主罪法

叙述案件事实的时候，如果被告人、犯罪嫌疑人有多个罪行，为了突出其主要的罪行，可不按时间顺序叙述，先详细叙述其主要的罪行，再简要叙述次要罪行。如：

2014年3月21日下午5时许，被告人王××在县城关镇街上闲逛，遇见本村村民李××，顿起淫念，便尾随其后，至其家门口。见家中只有李××一人，便手持木棒，闯入室内，威胁李××脱掉衣服，被害人李××不从，抢夺王××手中的木棒，被告人王××见势不好，用木棒猛击李××头部，致李××头部颅骨损伤，形成休克状态。被告人王××见状，仓皇逃跑。被害人经医院奋力挽救，医治无效死亡。第二天上午犯罪嫌疑人王××被××县公安局抓获。

被告人王××自2011年以来，多次采用给笔、纸、墨水等诱骗方法，将幼女王×× (7岁)、黄× (9岁) 骗至其家中进行奸淫，作案达7次。

直言表述除上述方法外，还有突出主犯法、纵横交错法、标题法等。

二、明确表述法

明确表述，要求司法口才表述的内容明确、清晰、肯定、确切、直截了当。如刑事案件，明确表述就是要讲明案件的时间、地点、作案人的作案动机、目的、情节、手段、结果。如：

某强奸案现场说明：
现场位于南郊区××公路四号桥一段的南侧，二赵河东侧距公路约450米的后辛庄二队谷场。该场东西长110米，南北宽20米，场上东边放有打谷机1台，碌碡1个，在场北侧干沟渠内，距双华渠17米处发现有0.5米被压倒的杂草及泥土摩擦痕迹，在此痕迹南面6米场上发现灰色有机玻璃扣一个。打谷机东距双华渠20米，由打谷机往西5.3米、16.5米、80.5米处发现不完整的、部分明显的三种脚印，共5枚。同时打谷机至河边土道之间发现隐约可见的自行车的胎印8趟16条压痕。但车胎花纹不清，其他痕迹未发现。勘查于×月×日17时结束，在勘查中对中心现场、杂草压倒痕、扣子、鞋印等进行了拍照，用石膏提取了5枚鞋印，并绘制了现场平面图。[1]

该段文字直截了当地对现场景象的表述，明确地说明了被害人被强奸的现场情况。

三、模糊表述法

模糊表述法，司法口才为了更准确地表述案件事实，往往要运用模糊表述，或语义含糊或概念不清，可以达到特定的表达效果，是司法口才常用的良法。

（一）模糊词语

在司法口才中，为了表述准确，常用一些模糊词语，如表述时间一般要用准确的时间词加上模糊词语"许""一带"等，在模糊中求确切。如：

2017年5月17日晚11时许，在大营盘一带……

上句用了"11时许""大营盘一带"，明确表述了案件发生的时间和地点，其中"许"和"一带"为模糊词语。试想，如果该句没有这些模糊词语，反而不准确了。

再如涉及党和国家的机密、涉及商业秘密、性犯罪的动作语言以及未成年人的姓名等信息均不能在公开场合下表述，应当使用模糊词语。

（二）模糊问话

司法口才中，特别是在刑事案件中，为了查清案件，在不违法的前提下，讯问犯罪嫌疑人时可用模糊问话。

如一个公安人员在讯问一个越狱逃跑后又重新犯罪的嫌疑人，当时没有确实的证据证明他是逃犯。采用模糊问话，一举成功。

问：你姓什么？叫什么？
答：×××。
问：今年多大了？
答：23。
问：属什么的？
答：属兔的。

---

[1] 宁致远主编：《法律文书学》，中国政法大学出版社2003年版，第37页。

问（义正词严，目光直盯对方）：你知不知道，兔子是会逃的？
答（脸色突变）：我……我交代，我是从监狱里逃出来的。

以上成功的模糊问话，达到了极佳的讯问效果。

（三）模糊回答

司法口才中，有时司法口才对象提出的问题，司法口才主体很难作出肯定或否定的回答。怎么办呢？答非所问或模棱两可，不失为一剂良方。

新中国第一任总理口才大家周恩来的"18元8角8分"的故事可以说是家喻户晓了。

一次，周总理在北京举行记者招待会，介绍完我国经济建设成就及对外方针后，一西方记者突然发问：

"请问，中国人民银行有多少资金？"

这是国家机密，当然无可奉告，但直接挡回去，又显得不近人情。机敏过人的周总理却运用了一种十分独特的模糊表述法风趣地回答：

"中国人民银行的资金嘛，有十八元八角八分。"

全场愕然，顿时鸦雀无声，静候进一步解释。周总理不慌不忙继续说：

"中国人民银行发行面额为十元、五元、二元、一元、五角、二角、一角、五分、二分、一分十种主辅人民币，合计为十八元八角八分。"

"中国人民银行是全中国人民当家作主的金融机构，有全国人民作后盾，信用卓著，实力雄厚，它所发行的货币，是世界上最有信誉的一种货币，在国际上享有盛誉。"[1]

语惊四座，会场上报以热烈的掌声。

模糊回答也广泛运用于司法实践中。

一个犯罪嫌疑人在交代问题前问："我交代了会不会判死刑？"这个问题很难直接回答，又不能不答。讯问人员可以用模糊表述法应答：

"我国刑法不是以惩罚为目的的。你的问题怎样处理，一方面取决于你的犯罪事实，同时也在一定程度上决定于你的认罪态度。只要你彻底坦白交代自己的罪行，人民法院一定依据法律作出公正的判决。"

---

〔1〕 黎祖谦：《口才学简明教程》，江西教育出版社1998年版，第108页。

模棱两可、答非所问的应答,既不明确表示肯定也不明确表示否定,让犯罪嫌疑人作多种理解,既让他抓不住把柄,又能给他以某种希望。

值得注意的是模糊语言不同于"糊涂"语言。糊涂,是不明事实真相的、思路不清的、语无伦次的、逻辑混乱的表达,而模糊语言是有意识地、有目的地使用灵活的词、句,达到交际的目的,它有自身独特的存在价值,在司法口语交际中发挥着特殊的作用。

四、精练表述法

事以精为上,言以精为当。这句话是说,说话办事都应当精练。语言简约精练,言简意赅,无论司法文书还是司法口才,都应该是其追求的目标。

所谓语言的精练,就是用较少的词句,传递尽可能多的信息。古人说的"增之一分则嫌长,减之一分则嫌短",用到这里也是恰如其分的。语句如果增加一个字就太啰唆,减少一个字就说不明白。司法口才就是要追求和达到这样的效果。

如我国第一部《婚姻法》中有这样的内容:"夫对于其妻所抚养的与前夫所生的子女或妻对于其夫所抚养的与前妻所生的子女,不得虐待或歧视。"新《婚姻法》改为"继父母与继子女间,不得虐待或歧视"。其中"继父母""继子女"用的简练、周全而明白,不失为语言精练的典范。

再如,以下《现场勘查笔录》:

"井底无水,裸体女尸,头南脚北,面东侧卧。"

仅16个字,精练清楚而准确地将现场表述清楚了。

再如司法人员对犯罪嫌疑人的讯问:

"×××,你在×年×月×日晚上8时到大营盘168号干什么去了?"

这句话看似平淡,也不失为语言精练的语句。

一句话说明了司法口才对象、时间、地点、人物、事件几项非常重要的内容,再减少一个字,这个问句就说不明白了。

但是,简练表述并不能流于苟简。如:

被告人某男,因与他谈过恋爱的某女青年不同意与他继续恋爱关系而怀恨在心。一日,被告人嘴叼烟卷身背拎包(内装炸药与导火索)闯入被害人女青年家,以用烟头点燃导火索想威胁逼迫女青年与他外出。女青年被迫与他外出，遭其强奸。

该案审理过程中被告人供称自己也怕被炸死，所以只是用叼着的烟头比划了一下，并没想真点，而女方及其家人则因为当时情急之下惊慌失措，加之灯光昏暗，没有看清被告究竟是用哪一头点的。

关于这一情节，该案审判人员开始这样表述："作出要点燃的动作"，即不管被告人用哪一头点，都是因为这个动作才迫使女青年随其外出。

但遗憾的是，该院主管领导在审批判决书时认为这样表达过于啰唆而将"作出要点燃的动作"改为"妄图点燃"。如此一改，语言是简练了，但却与事实大相径庭。因为"妄图"只是心理活动，没有外在表现的动作，构不成对女青年的威胁，女青年与其外出就并非胁迫了。这样苟简，客观上为被告人开脱了罪责。

五、啰唆表述法

司法口才要简洁明快，但也绝不排斥在特定的时间、特定的场合下的啰唆表述。

这里所讲的啰唆，绝不是一般意义上的多余的和没有意义的重复，而是一种有意义的重复，是一种表述技巧。如：

有一对夫妻，丈夫比妻子矮，有人带嘲笑的口吻问这个男子的身高，回答者不卑不亢一字一顿说：

> 本人准确身高一——百——六——十——七厘米，我妻子的身高一百七十厘米，她比我高三厘米，我比她矮三厘米，她减去三厘米是我的身高，我加上三厘米是她的身高，你还有什么要问的吗？

这段啰唆表述变被动为主动，使对方自讨没趣，灰溜溜地走了。

有时为了加重语气强调说话内容，也会使用啰唆表述。法庭上审判长告知证人的权利义务时，就使用了啰唆表述法：

> 证人×××，今天通知你到庭作证，你要将你所知道的事实如实向法庭陈述，不要扩大，也不要缩小。如果有意作伪证或隐匿罪证，要负法律责任！你听明白了没有？

法官的一再告知，意在说明证人要说实话，其实一个"如实"就足以说明问题，但还要进一步解释，"不要扩大""不要缩小"，显然啰唆了，但客观上强调了告知的意图，警醒证人要如实说话，啰唆得好！

法庭问话为了对案件事实加以确认往往需要简练语言与啰唆语言有机结合。如法庭调查中，为了确认对方的说话内容，往往也使用啰唆表述。

看下面公诉人对被告人的问话：[1]

公诉人：以前你在公安机关和检察院供述的是实话吗？
被告人：是实话。
公诉人：好。笔录你看了吗？
被告人：嗯。
公诉人：请明确回答。
被告人：笔录我没有看。
公诉人：那你在笔录上签字了没有？
被告人：签字了。
公诉人：笔录不看，为什么签字？
被告人：因为我认罚服法，公安机关怎么问，我怎么答。
公诉人：你知道在笔录上签字意味着什么？
被告人：意味着……我不清楚，我不知道。
公诉人：不知道？
被告人：意味着生效了。
公诉人：生效了？
被告人：生效了。
公诉人：你默认了？
被告人：默认了。
公诉人：对不对？
被告人：对。

公诉人员在法庭上的问话可以说非常精练而明确，但为了强调对方话语的确实性，无论公诉人还是被告人都要重复一遍，以表示对此话的确认。表面看似啰唆，实际是在啰唆中求确实。这个啰唆绝不能少，这样的啰唆就是一种有意义的重复，是对这一关键事实的进一步确认，强调了说话的重点。

六、平中见奇法

司法口才要求在使用法言法语的前提下，尽可能使人知晓，让人明白，令

---

〔1〕 廖美珍：《法庭问答及其互动研究》，法律出版社2003年版，第152页。（略有改动）

人信服，这就需要用平实朴素的语言去表达。在办案过程中，当遇到对方的责难，场面气氛不利于自己又非讲不可，如果强词夺理，剑拔弩张，与对方针锋相对，寸土不让，有可能两败俱伤。

要想"以牙还牙"，不一定非得以硬碰硬，它可以借助于语言，冷静观察现场的局面，找出对自己有利的一点或几点，然后缓缓地用平常的事理表达出与众不同的思想和观点，在平淡中见奇效。

（一）步步进逼法

在双方激烈的争辩中，一方的发言由静到动，由缓到急，由浅入深，说理层层深入，攻势步步进逼，情感渐渐激越，使对方无回手之力，败下阵来，这就是步步进逼法。

> 林肯当律师时，一位独立战争烈士遗孀向他哭诉：自己靠为数不多的抚恤金维持风烛残年，可是前不久出纳员却非要她交纳相当于一半抚恤金的手续费才准领钱，分明是勒索。
>
> 林肯怒不可遏，安慰老妇，答应设法帮她打赢这场没有证据的官司。
>
> 开庭了，原告证据不足，被告矢口否认，形势十分不利。
>
> 轮到林肯发言了，上百双眼睛盯着他。他首先把听众引入对美国独立战争的回忆，两眼闪着泪花，诉说革命前美国人民所受的苦难，述说爱国将士如何忍饥挨饿在冰天雪地里战斗，为浇灌自由之树洒下最后一滴血。渐渐地，他情绪激昂起来，言辞犹如利剑，直指被告。最后，他以严正的设问，作出了令人听后怦然心动的结论："现在事实已成遗迹，1776年的英雄早已长眠地下，可是他们那衰老而可怜的遗孀还在我们面前，要求代她申诉。不消说这位老人也曾是美丽的少女，曾经有过幸福愉快的生活；不过，她已牺牲了一切，变得贫穷无依，不得不向享受着革命先烈争得来的自由的我们请求援助和保护。试问，我们能熟视无睹吗？"
>
> 发言至此，戛然而止，听众早被他的充满激情的话语激动起来了：有的捶胸顿足，扑过去要撕扯被告；有的泣涕涟涟，当场解囊捐助。在听众的一致要求下，法庭通过了保护烈士遗孀不受勒索的判决。

（二）归谬反驳法

司法口才主体在展现司法口才时，如果发现对方的观点是错误的，不是直接硬碰硬，而是先暂时迎合一下对方，先假设对方的错误论题是正确的，然后以它为根据，用语言或行为合乎逻辑地推出一个显然荒谬的结论，以便对方从这个错误的结论自然地反推出自己论题的错误，从而轻松驳倒对方。这就是归谬反驳。

归谬反驳,犹如一面放大镜,把所要驳斥观点的荒谬之处放大了,使错误论题的虚假荒谬更为清楚明显,从而使人们更清楚地认识到谬误的荒唐和可笑,是他自己酿成了这种错,是他自己搬起石头砸自己的脚。因此更有说服力。如:

> 某个年轻人想到大发明家爱迪生的实验室里去工作。爱迪生问他有什么志向,年轻人满怀信心地说:
> "我想发明一种万能溶液,它可以溶解一切物品。"
> 爱迪生听罢故作惊讶地问:"那么,你想用什么器皿放置这种万能溶液呢?"
> 年轻人听了面红耳赤,哑口无言。

爱迪生用归谬法反驳了年轻人的空想。

(三)预设引导法

司法口才主体在办案中,如果遇到无理狡辩、强词夺理的人,可以先提出一个和本案风马牛不相及的问题,让对方回答,当对方肯定你预设的问题之后,请君入彀,再以它为根据,用对方自己得出的结论否定他原先设立的结论,从而轻松驳倒对方。

 课堂讨论案例

宰相肚里能撑船

古代有位宰相,请理发师来给他理发修面。那位理发师给宰相修面修到一半,忽然停下刮刀,两眼直愣愣地看着宰相的肚皮。

宰相见他这样,心里纳闷:这肚皮有什么好看的呢?

就问道:"你不修面,却光看我的肚皮,这是为什么呀?"

"人们常说,宰相肚里能撑船,我看您大人的肚皮并不大,怎么能撑船呢?"

宰相一听,哈哈大笑:"那是说宰相的气量最大,对一些小事,能容忍,不计较。"

理发师听到这话,"扑通"一声,跪倒在地上,哭着说:

"小的该死!方才修面时不小心,将大人您的眉毛刮掉了,大人您气量大,千万请恕罪!"

宰相听说他的眉毛被刮了,不禁勃然大怒,正想发作,转念一想:自己刚才讲宰相气量最大,我怎能为这些事就治他的罪呢?于是,只好说:"不妨,去把笔拿来,把眉毛画上去算了!"

问题:

1. 聪明的理发师用了什么技巧保全了自己,免除了一场大灾祸?
2. 这句关键的话是什么?

第三节 修辞技巧

司法口才,从本质上讲是法律语言艺术的展示,而法律语言艺术除了其特定的行业规范外,也需要修辞来达到最佳效果。恰当的修辞,能使司法口才锦上添花。

所谓修辞,是修饰、调整语言以达到最佳效果的方法。司法口才修辞,就是要通过修饰、调整语言,使司法口才语言更加明确和生动。修辞一般分为积极修辞和消极修辞两种。司法口才是行业口才,具有鲜明的职业性,多用消极修辞。而对夸张、排比、反语等积极修辞,则多采取排斥或者限制的态度。

一、选择修辞

司法口才要达到明确、简洁、规范、庄严和朴实的语言要求,归根结底要在词句的选择上下功夫。在司法口才展示中选用或更换不同词语、句式,以求选出最恰当词句的修辞方法,叫消极修辞,也叫选择修辞。

选择修辞是司法口才中使用频率最高的修辞方法。

(一) 词语的选择

司法口才的选词,主要围绕司法口才的语体特点进行,力求贴切、明白,音节相称,稳定平稳,这就应当处理好词与客观事物的关系、词与词之间的关系,力争找到"唯一"的那个词语。

1. 选词要贴切。这是选词首要的标准。司法口才,用词是否贴切,直接关系到对案情的表达是否清楚。

如某个关于收缴非法所得的民事制裁案件中,有一句:

被制裁人天津××××公司利用无效的借款合同,非法取得利息53 231.5元……

该句用词就非常恰当。其中"非法取得"一词表示"非法收取并占有"的意思，准确地反映了案情，而且使民事制裁决定的依据也更可靠了。如果换一个近义词"非法收取"，看似差不多，其实它所表达的意思是只"非法收取"了利息，没有占有利息，你收缴收取人的利息就没有理由，更不可能下达民事制裁决定书。

司法口才中，要仔细推敲，"咬音嚼字"，换掉那些不符合案情的词，特别是要换掉容易引起歧义的词，以真实反映案情。

2. 感情色彩要恰当。某些同义词所包含的基本含义完全相同而它们的感情色彩却不相同。有的词表达了说话者对该事物的肯定或赞许或带有喜悦的感情，叫褒义词；有的词则表示了说话者对同一事物的否定或贬斥，带有憎恶的感情，叫贬义词，有的则不表示说话者对该事物褒贬，是中性词。

司法口才中，大多数法律专业术语就带有强烈的感情色彩，爱憎之情。如"正当防卫""紧急避险"和"不法侵害"；"控告"与"供述"、"通知"与"传讯"等。特别是在表述与犯罪有关的术语时，多带有浓厚的贬义色彩。如"窝赃、赃物、流氓活动、歹徒、罪犯、狡诈、诽谤、诬陷、诬告、勾结、阴谋、罪行、伪造、拐卖、扒窃、残害、重婚、威胁、狡辩、虐待、教唆、无视、扣押……"这些贬义词，充分表达了对犯罪行为的憎恶感情。

辨析词语的感情色彩并能恰当地运用，可以增强司法口语表达的准确性、鲜明性和战斗性。

司法实践中，司法口才主体因忽略词语的感情色彩而出现错误的情况也时有发生。如某公诉人发表公诉意见：

1. 被告人竟惨无人道地将耕牛活活杀死！
2. ……（在缉捕犯罪分子的过程中），犯罪分子开枪拒捕，将我公安人员当场击毙！

以上两句褒贬误用，严重地影响了司法口才的质量！"惨无人道"一词将对人的感情用到了牛的身上，听后令人啼笑皆非。"击毙"一词为贬义，用到公安人员身上很不合适，褒贬误用了。

3. 音节要平衡。司法口才中邻近的几个词语应当特别注意单音节词、双音节词之间的平衡搭配，达到说者朗朗上口，听者清楚明白。

现代汉语的单音节词和双音节词存在着极为复杂的关系。有的单音节词与近义的双音节词可以并行，如"父"和"父亲"、"法"和"法律"；有的双音节词和单音节词可以换着用，有时又不能。如"目无法纪"不能换成"目无法"、"被告人罪大恶极"却能换成"被告人罪恶大"。而"犯罪手段极其残忍，情节极为恶劣，后果特别严重，实属罪大恶极"中的"罪大恶极"如果换成"罪恶大"就不妥当了。原因是汉语在具体的语言环境中单音节和双音节之间存在着极为复杂的音节相称问题和句子前后、词语前后的音节平衡问题。因此相邻的词语、短语或句子之间音节相称，用词才能平衡匀称，声音才会协调流畅。如：

  上诉人××贸易有限责任公司（以下称"贸易公司"）不服××人民法院（2017）晋×民初×号民事判决……

上句中的"以下称"，前面的词为双音节词"以下"，后面的词为单音节词"称"，相邻的两个词语音节不相称，应将后一个单音节词"称"改为双音节词"简称"，说起来就朗朗上口了。再如：

  原告起诉称……，被告答辩称……

上句中的"原告起诉称""被告答辩称"，前面的词为双音节词"原告""被告"，而后面的词也应当是双音节词，前后搭配才匀称平稳，应将"起诉称"改为"诉称"，将"答辩称"改为"辩称"，成为"原告诉称……，被告辩称……"读起来音节就平衡了。

（二）句式的调整

句式是指句子的结构方式。不同的句子可以将句式分为主动句和被动句，肯定句和否定句，是字句和非是字句，把字句和非把字句，长句和短句，等等。

司法口才交际借助汉语的语法结构体系来表述，但是在句式的运用上有自己独特的个性。首先，句类、句型比较单一。从句类看，司法问话多用疑问句，大多数情况是用陈述句。在陈述句中，使用的判断词频率较高。从句型看，则多用主谓句，且大多为完全句。其次，叙事多用长句。一般来讲，长句周密、细致、畅达，适宜于叙述和说明事理，短句明快、简洁、有力，适宜于判定和总结。因此，司法口才，特别在叙述犯罪事实时，选用长句较多，主要通过多层状语和限定性定语体现准确、严密、庄严的表意功能。如：

  原告有头道巷36号临街北屋瓦房5间……

这一句，对房间的地理位置、数量、朝向作了准确严格的限定。

为了使句式得体达意，在司法口才中要精心选择句式。

1. 主动句和被动句。主动句是指句子的主语是动作、行为的发出者，被动句是指句子的主语是动作、行为的接受者。从内容上看，两种句式并没有多大区别，根本区别在于主语是动作的发出者还是动作的接受者。在具体运用当中，我们应在主动句和被动句中选一个恰当的句型。

（1）变被动句为主动句。叙事重点的改变，往往要求变被动句为主动句。试比较：

> A. 经审理查明：原判认定的事实清楚，上诉人汪××为首并伙同上诉人刘××纠集上诉人黄××、何××共同策划，先后两次持刀和鸟铳枪拦劫3辆不同类型的客车，抢劫司机葛××和乘客张××、李××等32人的大量财物，并杀死3人，打伤2人……
>
> B. 经审理查明，被告人×××，目无国法，在光天化日之下先后两次持刀和鸟铳枪拦劫了3辆不同类型的客车，司机葛××和乘客张××、李××等32人的大量财物被抢，其中3名乘客被杀死，2名乘客被打伤……

A例运用主动句，以上诉人为陈述对象，顺理成章地把上诉人作案的过程连贯地叙述下来。B例上下句的主语保持不变，使语义不连贯，上下句的思维流程不顺畅。

（2）变主动句为被动句。有时，为了强调被动者（主动者不需要说出，或者不愿说出，或者无从说出，往往变主动句为被动句），为了上下句主语的一致性和语气的连贯性，往往要变被动句为主动句。如：

> 犯罪嫌疑人×××紧随其后，见被害人黄××进入其家中，于当晚11时许翻墙入院，砸碎玻璃，进入家中，威胁被害人不许开灯，不许大喊，随后对被害人黄××实施强奸。第二天上午，被当地公安机关抓获归案。

此例最后一句"第二天上午，被当地公安机关抓获归案"，使用被动句，突出了案件当事人，使前后分句的主语一致，均为犯罪嫌疑人，同时也节省了语句，使句子更加简练。

2. 肯定句和否定句。对事物作出肯定判断的句子，叫肯定句；对事物作出否定判断的句子，叫否定句。司法口才的语气果断，要么肯定，要么否定，不能用商量的语气表示。同一事物或同一意思既可以用肯定判断表示，也可以用否定判断表示，如何选择，要看其语义的轻重强弱了。

（1）否定句换作肯定句。司法人员在讲道理时，句子内容应当观点鲜明，

就要使用肯定句,以加重语气。如:

> 本院认为……合同中规定的预付款不符合国务院有关禁止预收预付款的规定,属无效条款。

此句中的"不符合"表示否定,语义轻而弱,观点不够鲜明。如把否定说法"不符合"换成肯定说法"违反了",句子的语意就显得更重了。语义鲜明反映了司法口才直截了当的特点。

(2)肯定句换作否定句。一般讲肯定句的语气较重,表述直率。如:

> 本院认为,《××市城市房屋拆迁管理实现细则》第55条规定:"拆迁个体工商户作为固定营业点的自用私有房屋或租用的公有房屋,可以按照本规定用适宜于营业的沿街底层房屋安置;也可以由区、县人民政府统一安排营业场所,按照本规定用其他居住房屋安置。"原告杨××是个体工商户,根据上述条款规定,应当用适宜于营业的沿街底层房屋或安排营业场所并用其他居住房屋安置,但被告在裁决中未适用上述条款,也没有根据该条款的规定进行裁决,显属不当。[1]

此例中"未适用"如果改为"违反了",势必语气强硬,容易激化矛盾,而写成上文的"未适用""也没有""不当",同样能分清是非,但语气缓和、委婉,便于双方接受,使各方当事人心服口服。

3. 判断句和非判断句。判断句表示判断或强调语意的句子,一般用表示判断的系动词"是"表示,有时也用"系""属""属于"等表示。一般不表示判断或强调语意的句子,为非判断句。判断句一般在什么情况下使用更合适?

为了增强语气,多用判断句。如:

> 原审法院认定上诉人犯故意杀人罪,判处死刑,剥夺政治权利终身,是正确的……被告人×××无视国家法律,刑满释放后继续为非作歹,两次拦路抢劫,又翻墙入院,夜闯民宅,抢劫杀人,情节恶劣,依法应当从重、加重处罚。

---

[1] 潘庆云主编:《法律文书评论》,上海人民出版社1999年版,第171页。

有时，语句中内容没有强调的必要，可用非判断句。如：

至于其车载货重量超过规定标准，虽然属于违章，但与肇事无关……

此句中，因为强调的是转折后面的"与肇事无关"，"违章"不是强调重点，可直接去掉强调词"属于"，改为"虽然违章，但与肇事无关"。

4. 长句和短句。长句指一个句子中，句子的形体较长，词语和字数相对较多，结构也较复杂。如：

本院认为，最高人民法院通过审判监督程序再审改判聂××无罪，因聂××已按原判决被执行死刑，根据《中华人民共和国国家赔偿法》第六条第二款、第十七条第（三）项、第二十一条第四款之规定，赔偿请求人聂×生、张××作为被害人聂××的父母，属于聂××的第一顺序继承人，有权要求国家赔偿；本院作为作出二审生效判决的法院，应当作为赔偿义务机关履行国家赔偿责任。[1]

这一个句子够长够严密。周密、严谨地理清了谁赔偿谁以及二者的法律关系等，说得有理有力，令人折服。

与长句相对而言，短句是指那些词语少、形体较短的句子。如某案被害人陈述犯罪嫌疑人的外貌、衣着、特征：

犯罪嫌疑人，三十多岁，中等个儿，大眼睛，白皮肤，脖子左边有颗黑痣，出逃时穿白色衬衣，蓝色牛仔裤，白色旅游鞋。

上句连用 9 个短句，将犯罪嫌疑人的外貌、衣着、特征较具体地描述出来了。使用短句收到了格外好的效果。

长句和短句的修辞作用各不相同。短句简洁明快，容易掌握；长句严谨周密，能详尽地叙述事物，阐述道理。

司法口才中，短句容易把握，长句因结构复杂而较难把握。所以没有特殊要求一般不用长句。司法口才使用的长句，往往是由司法文书书面语转换而来的，宣读的时候特别注意把握好语意，做好宣读的逻辑停顿，准确传达语义。

---

[1] 源自河北省高级人民法院 2017 年 3 月 27 日（2016）冀法赔 1 号国家赔偿决定书。

5. 调整词序。词序是一种重要的修辞手段，不同的词序在表意上的功能是不同的。如"不很注意"与"很不注意"在说一个人的过失状态的程度上就具有很大的差别。再比如在一起强奸案的判决书的判决理由这样写道：

  本院认为，被告人无视国法，多次采用诱骗手段奸淫幼女两名，又四次翻墙入院，夜闯民宅，采取胁迫、麻醉等手段，强奸妇女两名，罪行情节特别严重已构成强奸罪。

其中最后一句给人以情节严重是强奸罪构成要件的错觉，好像只有情节严重才构成犯罪，这是错误的。这句应当改为"其行为已构成强奸罪，犯罪情节特别严重"。

一些判决文书的制作者，有时别有用心，利用调整判决书的词序来达到其不可告人的目的，实不可取。

课堂讨论案例

  清朝末年江苏常熟县有一伙纨绔子弟，每当夕阳西下之时便在虞山的风景名胜石梅风景区内策马急驰。其中一个姓周的公子马术不精，一天策马狂奔而伤人致死。其父买通小吏，将文书中的"驰马伤人"改为"马驰伤人"，将一起犯罪事件变成了一场意外事故而不了了之。

问题：
1. "驰马伤人"和"马驰伤人"的意思一样吗？
2. 举几个因词序不同使语意也不同的例子。

（三）章法的活用

司法口才选择修辞不仅要注意词法的选择、句法的调整，还表现在章法的活用上。段与段之间的连接关系是用并列式、总分式、因果式还是转折式，都需要推敲。

司法口才追求一种稳重、庄严的风格，要以理智压服激情，形象让位于事实，直觉让位于证据，修辞让位于存在。比如在法律没有明确规定债权人的债权与工人工资的清偿序位时，如果法官非常同情工人，他可能阐明工人的生活是如何的凄惨与悲凉，社会应该如何在道义上站在工人一边。

这也发展了司法口才的修辞技巧，司法口才表述中，可以强化一些事实，另一方面也可以淡化一些事实。

二、辞格的选用

辞格，又称修辞格，是修辞的一种手段。辞格是指在运用语言时所创设的能增强思想和表达效果的结构格式。这种格式可以使语言离开平铺直叙，形成生动形象的意境，给听众留下鲜明、深刻的印象。司法口才语体要求精练、庄重，常使用选择修辞。但积极修辞也不是不使用。在司法口才运用中，在不违反行业规范的情况下司法口才主体可以适当使用积极修辞，比如辞格。

（一）比喻

比喻即打比方，是指在描写事物或说明道理时，用同它有相似点的别的事物来打比方，这种辞格叫比喻，即用"彼物言此物"（刘勰的《文心雕龙·比兴》）。比喻分明喻、暗喻和借喻三种。

> 被告王××父子又纠集了3人，手持铁锹凶神恶煞似的冲到我家玉米地内，就是一顿乱砍乱劈……
>
> 被继承人×××去世之后，留有祖传房产瓦房5间，被告认为原告是"嫁出去的闺女，泼出的水"，剥夺了原告合法的继承权。
>
> 婚后不到3年，被告就嫌我，三天两头同我吵架，骂我是"白虎精"。

第一句有本体"王××父子"，有喻体"凶神恶煞"，还有喻词"似的"，是明喻；第二句有本体"嫁出去的闺女"，有喻体"泼出的水"，中间没有喻词，为暗喻；第三句中直接说出喻体"白虎精"，借白虎精骂"我"，说明夫妻关系的恶化，是借喻。

（二）对比

所谓对比，是把互相对立的事物或者一个事物的矛盾对立面摆在一起，形成鲜明的对照，以便于抓住问题的症结。这类辞格在司法口才中用的较多。如：

> 原告×××以夫妻感情确已破裂无和好可能为由诉到法院，要求与被告×××离婚。被告以夫妻感情尚未完全破裂为由，不同意离婚。
>
> 原告诉称：我与被告×××经人介绍于1980年3月结婚，由于婚前了解甚少，婚后两人性格完全不同，吵嘴打架是经常的事，现已分居3年，要求离婚。
>
> 被告辩称：我与原告认识双方感觉都很好，结婚虽为父母作主，但两人也都十分愿意。我们婚后相亲相爱，只是近几年来，原告喜新厌旧，见异思迁，与本单位×××关系暧昧。我对原告有感情，家务活全由我一个人承担毫无怨言。只要他放弃与×××来往，与我重归于好，我是可以原

谅他的。

上文中，原被告双方的陈述用的是对比方法，一方说夫妻感情已经破裂，另一方说夫妻感情没有破裂，双方的主张和争议焦点通过对比，显得更加明确了。

（三）对偶

所谓对偶，是结构相同或基本相同、字数相等、意义上密切联系的两个词组或句子成对地排列。对偶音节整齐匀称、节律感鲜明、凝练集中、概括力强。司法口才也常常使用对偶。

1. 长句对偶（对称）。如：

本院为维护社会主义治安秩序，保护公民的生命财产不受侵犯，依照《中华人民共和国刑事诉讼法》第172条之规定，特向你院提起公诉，请依法判处。

……根据被告人作案的时间，证明犯罪是有预谋的；根据死者受害的情况，证明被告人的犯罪手段是凶狠的。

第一句中加着重号的短语前后对称，将提起公诉的理由表述得比较透彻。第二句加点的字分别前后结构相似，对称有致，形式整齐，将判处被告人故意犯罪的理由表达得既充分又严密，表达效果良好。

2. 短句对偶（对称）。如：

本院认为，原被告双方纠纷事实已经查清，是非责任已经分明，……
被告人共窃得电脑1台，玛瑙6颗……
经法医鉴定：原告周×左眼球被挫伤，上下门牙边缘部分被折断。

第一句中加点的短句形式整齐，语气流畅，达到了最佳的修辞效果；第二句中的"电脑1台，玛瑙6颗"结构对称，"名词+数量词"与"名词+数量词"的对偶，其表达效果远比"电脑1台，6颗玛瑙"好；第三句中加点的字"被挫伤""被折断"形式整齐，表意明确。

（四）排比

所谓排比，是三个或三个以上相同或相似、字数大体相等的语句排列起来表达相似或相关的意思，这种语句形式叫排比。排比运用得好，可以增强语势，提高表达效果。

司法口才在阐述理由时，往往运用排比的修辞手法，这样可以造成一种气势，使阐述更严密、更透彻。如：

　　被告人×××，目无国法，采用暴力手段抢劫他人财物，又故意杀人，手段极其残忍，情节极为恶劣，后果特别严重。

最后三个分句整齐的排列，使对被告人的指控理由既充分又严密，增强了语势，表达效果良好。

三、声音的选择

修辞学研究结果表明，讲话者在讲话时表现得自信与否将直接影响到自己发言内容的"他信力"，因为人们普遍有这样一种心理：在对自己的行为或某一事物的性质方面并不十分确定的话，我们往往倾向于认可别人外在的评价，尤其当这种评价是以一种十分自信和不容辩驳的姿态作出来的时候。

因此，含混、扭曲、掩饰和润色等修辞性语言是与言语者的社会动机和言语活动的社会效果紧密联系在一起的。司法口才表达者往往利用这些技巧中的润色修辞来确立甚至是改变自己在社会权力结构中的位置。

在声音的运用上，司法口才主体如检察官、法官，在宣读起诉书、判决书时，常常用不容置疑的语气慷慨陈词，用加强逻辑重音、突出轻重缓急等各种技巧来强化起诉、判决对被告人行为的非议功能，使被告人在这样一种语言和语气的定位中接受法庭对他自己的行为的认定。如审讯人员发自内心地微笑，说："你真行！"会被对方认为是善意的、真心的称赞；如果是带着嘲笑的口吻说："你真行！"会被理解为恶意的讽刺。

在声音的选择方面，律师在法庭上则可以选择以情感人、用声情并茂的声音娓娓道来，唤起人们内心最柔软的地方，达到为当事人辩护的目的。

第四节　态势技巧

口语表达，是一种综合性很强的语言艺术，它不仅是有声语言的艺术，态势语言的艺术也起着不可小觑的辅助作用。由于态势语言的原因，使口语交际功败垂成的事例不罕见。

态势语是口语交际活动的辅助手段，通过体态、眼神等非语言因素来传达信息的一种言语辅助形式。司法口才主体的态势语言包括仪表、表情、眼神、手势、姿势等，这些体态语有可能对有声语言表达发生影响，会给听话者即司法口才对象形成一种"先入为主"的心理定势，直接影响司法口才的表达效果。由此，把握态势技巧也很重要。

一、仪容和气质

仪容，又叫仪表，是指人的身材、容貌、体态、服饰等外在形象，它侧重表现人的物质的、外在的面貌；气质，是指人的言谈、举止、神情、姿态等方面的综合表现与风貌，它侧重于人的内在的、精神的素养。

司法人员在办案过程中，仪容要大方、有度，着装要简洁、庄重，有统一服装的要穿统一服装，如公安穿警服，律师在法庭上要穿律师袍，法官在法庭上要穿法官袍，一般场合下也应以规范的职业装为佳。不要穿奇装异服，更不能配以其他不必要的饰物。现在年轻人追求时尚、追求个性，但法庭是庄重的，发型也不能奇形怪状，不要今天染个黄发，明天换个红发，后天又是彩发，这都是工作性质不允许的。女司法人员不要浓妆艳抹，化点淡妆显得有精神。

气质方面，要举止文雅，落落大方，不卑不亢，不唯唯诺诺，更不高声喧哗，对蛮不讲理之人要以理服人，要威在言内，力在言中，绝不狂呼乱叫，大打出手。

二、表情和眼神

表情，即脸部表情，指面部的颜色、光泽、肌肉的收缩与舒展以及纹路的变化。人的脸是人的思想的"荧屏"，其脸部表情可以反映其内心活动。生气时，脸色铁青、嘴唇发紫；高兴时，眉飞色舞、笑口常开；尴尬时，脸部肌肉极度收缩；哀愁时，蹙额锁眉；羞愧或紧张时，常常面红耳赤。

司法口才主体在展示司法口才时，司法口才对象在听觉方面首先注意的是司法口才主体的有声语言，而在视觉方面是通过司法口才主体的面部表情等态势语言，捕捉相关信息。这就对司法口才主体提出更高要求。

在办案过程中，司法口才主体的面部表情应有机地同有声语言同步，既不要超前，也不要滞后，与有声语言配合，自然和谐成一个统一体；同时，司法口才主体面部表情要准确鲜明，或赞许，或同情，或疑惑，或愤怒，或肯定，或否定……使司法口才对象一目了然；但更多的情况下，审讯人员应当保证自己的表情和眼神的隐蔽性，以迷惑对方。如审讯人员急需要证据，但在神态上不能表现出急，而应当漫不经心，沉着冷静，即便听到重要的供述也是如此。如犯罪嫌疑人供述："我那天确实去老王那儿拿了钱！"说完，等待审讯人员的反映，审讯人员漫不经心地答："我知道你还有事情要说。"这样对方有可能不得不把还拿了老李钱的事情说出来。

三、姿势和动作

（一）姿势

姿势，是人的身体的态势，身体的姿势多种多样，包括立姿、坐姿、行姿、蹲姿、卧姿等，在司法口才中，司法人员一般只用立姿和坐姿。

立姿，又称站姿，是人在讲话时的身体站立的姿态。讲话时用立姿，有利于气流的通畅和声音的传播，有利于与听众的视线交流，有利于在听众中树立精力充沛、谦逊有礼的形象。在法庭上采用立姿，更显得庄重。司法口才中，对公众讲话演讲，法庭上的宣读、辩论均应采用立姿。正确的立姿应该是：头正、肩平、腰直、收腹、挺胸、双手自然下垂，或一手捏住讲稿，或双手捧着判决书、起诉书等法律文书，两脚自然平行分开与肩同宽，或一脚在前一脚稍后，双脚跟成45°角，重心略侧重于前脚，身体微微前倾，保持端正庄重的姿态。不能身体紧靠讲台，更不要弓倚讲台。

俗话说：站有站相，坐有坐相。除了讲话、演讲、报告等大范围的讲话外，小范围的闲聊、交谈、辩论等，一般应取坐姿。司法口语交际中的讯问、询问、开庭审理中一对一的问话等，都采用坐姿。正确的坐姿应该是：腰背挺直、肩部放松放平、不倚不靠、双手自然放在桌面上，双膝并拢，也可分开一些，但不可超过肩宽，不跷起二郎腿，更不跷起二郎腿颤抖。

（二）动作

讲话中，不同部位的不同动作，可以表示不同的意思。如点头，表示对对方的首肯、赞许；身体向前微倾，表示谦虚有礼或凝神细听。

人们动作是多种多样的，说话中使用频率最高的动作是手的动作。因为手使用起来最方便，也最能表达情意。运用手掌、手指、手臂的动作变化来表达信息，就是手势语。

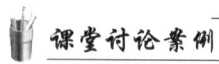

态势技巧不可小觑[1]

23岁的康尼过马路时被结了冰的地滑倒，一辆汽车刹车失灵，将其卷入后轮碾压，导致康尼四肢截肢，身体只剩下躯干。她多次提起诉讼，要求这家汽车公司赔偿，但因说不清究竟是不是自己滑入后轮，屡遭败诉。

"康尼是想敲诈阔佬！为什么今天不来法庭？就是因为她不敢面对你们大

---

[1] 摘选自 http://www.gkstk.com/article/wk-18611038708419.html.

家！她知道自己的做法是不道德的。"马格雷激动地说。

原告律师詹妮芙平静地指着原告席上空着的位子说：

"是的，康妮今天没有来。如果出庭的话，那（眼睛和手同时指向原告席）便是她坐的地方，不过不是坐在那椅子上，而是坐在一张特制的轮椅中（以物唤起听众同情）。"

说到这里，詹妮芙的声音突然变得低沉了："可是她成为富翁以后能干什么呢？上街去买钻石戒指吗（伸出左手无名指）？可她没有手啊（痛苦地摇头）！买舞鞋吗（眼睛看着前方的地面）？她没有脚啊！添置她永远无法穿的华丽时装（用手心朝上，用指尖面对自己的身体自上而下滑）？购置一辆高级轿车把她送到舞会上去吗（双手展开相抱）？可谁也不会邀请她去跳舞啊（摇头，双手一摊）！请诸位想一想，她用这笔钱到底能换取什么欢乐呢（愤怒）？"

法庭上响起了哭泣声、跺脚声和责骂声！

詹妮芙用目光扫视在场的所有听众：

"相信在座的人大多数都没有见过500万美元吧！我（左手自扣胸前）也没有见过。但是，如果我把500万美元的现钞（向前虚指）赠给你们中的任何一位，而作为交换的条件是，砍去你的双手和双脚（右手做砍的姿势）。这样，500万美元还算得上一笔可观的收益吗（双手展开，猛地向前一摊）？"

陪审团讨论后问詹妮芙律师，能否判给高于原告诉讼请求的赔偿数目600万美元。

问题：

1. 体会用态势技巧的效果。

2. 模仿此例态势语演讲。为什么有些人的态势令人觉得可笑？（原因是不自然，没有进入情境。）

常见的手势语有三种：

1. 指示手势。讲话时，用手指指示具体对象。如法庭上举证、质证时，用手指向具体的证据物品或具体的某个人等，如"×××，你作案时，是不是使用的这把斧头？"同时用手指向斧头。

2. 情势手势。讲话时，手势往往可以帮助你表达情感使之具体化、形象化或典型化。如"对于黑社会性质的犯罪，要坚决打掉它！"右手从上向下劈，像一把大刀向敌人的头上砍去。手势语增强了语言的形象性，使语言更生动更有力量。

3. 象形手势。司法口才为了使表达更形象、更直观，往往用手来拟形状物。如当讲到某物的形状、大小时，用手势进行模拟、比划。如：

问：你见到的尺子大约有多长？
答：这么长（伸出两只手的食指比划，大约有一尺）。

这种比划，形象、生动、可感。

课内实训

一、普通话训练。

你的普通话说得好吗？如果还有些小瑕疵，就找出自己普通话中发音不准的原因，强化训练。

1. 平翘舌音：

zh 郑重　专职　装置　中止　主张　抓住　指正
ch 传讯　充分　长短　查处　超越　车船　穿着
sh 声势　事实　失实　收容　税收　双手　设施
r 容忍　荣辱　茬苒　仍然　如果　柔软　柔韧
z 罪责　栽赃　遭灾　总则　造成　早操　紫色
c 层次　残留　仓皇　猜测　摧残　参差　灿烂
s 诉讼　撕票　搜查　思索　随便　松树　酸涩

读绕口令：

三山撑四水，四水绕三山。四水三山春常在，三山四水总是春。[1]

2. 前后鼻音：

濒临　金银　紧邻　尽心　人民　森林
英雄　行政　钟情　决定　章程　精灵
亲生—轻生　信服—幸福　陈旧—成就　反问—访问
赞歌—葬歌　心境—行径　机关—激光　存钱—从前

二、语序训练。

"没有钱是问题"这句中的六个字，词序不同，可以变成不同意思的句子！如：

1. 钱是没有问题。
2. 问题是没有钱。

……

---

[1] 吴郁：《主持人语言表达技巧》，中国广播电视出版社2002年版，第33页。

据说，能列出至少10个不同的句子就可以称作高手了。

三、用气息和声音传递感情练习。

朗读下面片段，再在网上搜一搜视频现代京剧《红灯记·痛说革命家史》中李奶奶的一段话并欣赏。

……咳，提起话长啊！早年你爷爷在江岸机务段当检修工人。他身边有两个徒弟：一个是你亲爹叫陈志兴，一个是你现在的爹叫张玉和。

那时候，军阀混战，天下大乱哪！

后来，毛主席共产党领导中国人民闹革命，民国十二年二月，京汉铁路工人在郑州成立了总工会，洋鬼子走狗吴佩孚硬不让成立，总工会一声号令，全线的工人都罢了工。江汉一万多工人都在大街游行啊！

就在那天晚上，天也是这么黑，也是这么冷。我惦记着你爷爷，坐也坐不稳，睡也不睡不着，在灯底下缝补衣裳。一会儿，忽然听得有人敲门，他叫着："师娘，开门，您快开门！"我赶紧把门打开，啊！急急忙忙走进一个人来——就是你爹，你现在的爹，只见他浑身是伤，左手提着这盏号志灯，右手抱着一个孩子，一个未满周岁的孩子。这孩子不是别人，就是你铁梅呀！你爹把你紧紧抱在怀里，含着眼泪站在我面前，叫着："师娘啊师娘！"他两眼直瞪瞪地望着我，半晌说不出话来。我心里着急，催促他快说。他……他说："我师傅跟我陈师兄……都牺牲了！这孩子是陈师兄的一条根，是革命的后代。我要把她抚养成人，继承革命！"他连叫着："师娘啊！师娘！从此以后，我就是您的亲儿子，这孩子就是您的亲孙女！"那时候，我……我就把你紧紧地抱在怀里！

四、按照司法口才技巧表达下面辩护词，要注意声音技巧和态势技巧。

梅尔温·贝利辩护经典

这是伟大的当代辩护大师梅尔温·贝利在1975年伊万斯法官评审的一件交通事故诉讼案中，面对12名陪审员，用略带沙哑的语调为一名6岁的孩子作的尾声辩论。案中这名6岁的小孩正在校园里与他的同学打球。学校四周的街道上都停满了汽车。由于用力过猛，球被扔到街上，这位小孩像箭一般的紧追了出去。

陪审团的先生们和女士们，这个孩子是如此的柔弱幼小。因而满脑子想的是世间最重要的事情——把球尽快地弄回来。他想整个世界都在静静地等待着他去捡球，并会小心翼翼地不使他受到伤害或者不使他失去幼小的生命。以后，他会得到更多的评判，但让我们感谢万能的上帝，他赐予每个孩子一个还用不着面对生活现实的生命阶段，在此阶段他童稚般的笃信世界的善良。

在你们被选任陪审员时，在资格审查中，我曾问你们，是否碰到过一个小孩突然跑到你们的汽车前面的情况,还记得此事吗?当时许多人举起了手。接着我问了下一个问题,也是最为重要的问题:你们中有谁轧倒了这个小孩吗?没有一个人举手!

你们知道留心小孩,你们倍加小心,你们的速度如此适中,你们是如此善于控制汽车以至于在碰倒或者轧倒那个孩子之前,车就已经停下了。但被告并非如此。他并没有你们表现出来的那种小心谨慎与苦心,当他停下车,只身走回来时,一个小孩已躺在马路上,生命的光泽从他的眼睛里消失了——永远地消失了!

这个孩子还没到选择职业的年龄。我们不知道他将在我们的社会上从事什么职业。他也许会当一名卡车司机或者其他的普通劳动者——哪种职业都是维持生计的体面手段。他也有可能成为一名律师,挣的钱跟代理被告的这些大律师一样多——我们是多么希望他们站在我们一边,可他们对你们所作的案情描述又会是多么的迥然不同!他也许会成为一名医生,也许会在某个不幸的日子,站在一个你们心爱的人的床前。尽管你们心爱的人已经奄奄一息,可他也许能够作为万能的上帝的使者,把健康、力量和生命留给这个你心爱的人。

可是,陪审团的先生们和女士们,我们无须说可能会是什么——这永远也不会发生了。他幼小的生命夭折了,刚好结束于正向他展现其广阔画面的这个美妙世界的门槛处。

所有口头的或者笔头的言词,最伤心的莫过于——有可能是!法律允许我谈论某些问题,尽管这些问题与证据无关,却是常识问题,如历史问题,庞大的泰坦尼克号船于1912年沉没,生命损失惨重;杰西·詹姆士行侠仗义于1665～1880年间,等等。所以,当我告诉你们1955年纽约市的各家日报登载的那张标着125.5万美元的价码签的赛马涅苏娃的照片时,我是毫不含糊的。稍稍想一想看!一匹赛马,其死后只能化为尘埃,而我们这儿的却是一个幼童——一个灵魂升天的人。在《圣经》时代,赞美诗作者大卫仰望苍穹,向创世者问道:人者何物,值得您挂在心上?人之子何物,值得您看望?回答来了——先知们记载下了——并沿着时间的长廊留芳至今:你创造了他,虽位居天使之下,却赐予荣华。

这个家庭并不宽裕的幼童,是依上帝的样子造出来的,是被赐予了荣华的!

我以我的灵魂中真诚的激情对你们说,这个州中最可怜的黑人孩子或者白人孩子也要比曾经参赛过的具有最优秀血统的马有价值!

让我们来看看小孩子的家吧。在对衣服的爱护和房间的整理上,他总是有些马虎——几乎每个孩子都如此。常常在他上学后,他母亲来到他的卧室,从地板上挂起他的睡衣,平整铺盖,揉平有时扔在地上的枕头。可现在,这是多大的变化啊!母亲走进房间,一切井井有条,衣服整齐地挂在他的小衣柜里,床铺整洁,枕头不打皱。可等一等,我说一切都井井有条,是的,一切,可除了一件:母亲的心已经碎裂成千百片,就是把国王所有的马和所有的骑士都给她,也无法缝合她那颗破碎的心。

要是能够再一次走进这个房间,看到铺盖和睡衣都扔在地上,枕头由于睡过而变得七皱八皱,要是能够再一次整理小孩睡过的房间,哪怕付一笔国王才付得起的赎金,要是有的话,她也心甘情愿。

她的曾经住在那里的小孩已经升入天国,再也不会用亲吻来向母亲道别或者问候。

陪审团的先生们、女士们,想到你们可怕的任务,即用金钱来衡量和表示一个小孩的生命价值,就几乎使我颤抖。这似乎大逆不道,俗不可耐,但我们所遵循的是这个国家的法律。金钱赔偿是我们向你们恳求的唯一东西。判决书关系到这个孩子的价值,当你们商讨要写进这个判决书的赔偿数额时,但愿有一个更加高超的力量能够给你们以启迪。

如果本案的证据足以让原告获得一个判决,我相信为原告作出一个适当数额的判决将是你们的义务。正义就是正义——因为上帝就是上帝,今天正义必将取得胜利,怀疑就是不忠,畏缩就是罪过。天国离尘世不过一箭之遥,上帝离凡人也近在咫尺,当义务之神降旨"法律,你要主持正义!"回答说"我有能力"。

先生们,女士们,不管你们作何判决,我都真诚地祝愿,这个判决以后将使你们白天步履轻松愉快,晚上睡得香甜。

陪审团的先生们、女士们,谢谢!

三个小时后,重新回到法庭的陪审团作出了裁决:原告应该得到500万美元的高额赔偿。[1]

---

〔1〕 资料来源:百度文库＞教育专区＞高等教育＞哲学＞梅尔温·贝利辩护经典。

下 编 实际操作

第六章 司法宣读

> **学习要点**
> 1. 了解司法宣读的概念和分类；
> 2. 掌握司法宣读的特点；
> 3. 会运用司法宣读的方法和技巧进行宣读。

在司法工作中，宣读是司法口才主体常见的、不可缺少的一种工作形式，又是司法口才最基本的口头言语形式。在审判法庭上，裁判人员要依法宣读判决书、裁定书或调解书，书记员要宣读法庭纪律，公诉员要宣读起诉书，律师要宣读有关证据材料等，这些口才表达形式均是司法宣读。

第一节 司法宣读的概念和分类

一、司法宣读的概念

司法宣读是司法人员和律师在办理案件的过程中，将有关法律文书和文件依法在特定的时间和场合下，将法律文书或文件转换成口头言语形态当众或向特定对象照文朗声宣告的一种司法口语活动。

司法宣读有其特殊的主体，即依照法律规定有权宣读法律文书及文件的司法人员和法律工作者，如审判员、书记员、检察官、律师及相关的法律工作者。刑事案件起诉书依法应当由担任公诉人的检察员当庭宣读，判决或裁定必须由审判长或审判员宣读，法庭纪律由书记员当庭宣读。

司法宣读有其特殊的客体，即特定的主体所宣读的各种司法文书、文件及相关证据。这些材料必须依法当庭当众向特定对象公开宣读、宣告或宣布。

司法宣读有特定的场合，即法庭、审讯室等。

司法宣读必须有特定的对象，即聆听宣读的法律文书内容有关的人员，如涉案人员或法庭人员和旁听群众。

司法宣读又有特定的程序，如起诉书的宣读应在开庭后法庭调查之前进行。

司法宣读时特定的主体、特定的客体、特定的对象、特定的场合与特定的程序缺一不可，共同构成司法宣读。

法庭宣判既是使裁判文书依法发生法律效力的必经程序，又是进行法制宣传、法制教育，扩大办案的社会效果的重要形式，同时也是体现审判人员业务素质的明显标志之一。

宣读，虽然是一种司法口语活动，但是，其作用和意义重大。如在法庭上，法官宣读刑事有罪判决文书，揭露了犯罪行为对社会的危害后果，公开表达国家法律对罪犯的制裁处罚，激发了群众同违法犯罪行为作斗争的积极性；法官宣读民事和经济案件的裁判文书，教育群众正确行使民事权利，教育他们运用法律手段保护自己的合法权益，使他们懂得要遵循自愿、公平、等价有偿、诚实信用的原则从事民事活动；法官宣读行政案件的裁判文书，可以有效地依国家法律支持和保护行政机关正确行使行政处分权，依法撤销或变更行政机关错误的处罚、处理决定，客观上，教育行政机关及其工作人员要正确、合法地行使国家管理职权。

二、司法宣读的分类

司法宣读主要分两大类，一类是程序宣读，另一类是实体宣读。

（一）程序宣读

程序宣读是指司法人员和律师在调查或审理案件过程中，严格依照法定程序或者根据审判程序的需要，当场对各种诉讼文书、工作文书所作的宣读。程序宣读是公安机关、人民检察院调查案件和人民法院审理案件的重要内容，是司法人员在讯问、询问、庭审过程中不可或缺的诉讼活动。其作用是保证法律活动合法有序进行。按照诉讼法的规定，程序宣读主要有以下几种形式：

1. 宣布法庭纪律。按照法律规定，法院审理案件庭审前应当由书记员对到庭人员和旁听人员宣布法庭纪律。法庭纪律是人民法院审判法庭的强制性规范，它保障庭审活动正常进行，是所有到庭人员和旁听人员都必须遵守的。法庭纪律有统一的书面内容，书记员应在庭审前当庭宣读。

2. 宣布案由和有关名单。《刑事诉讼法》第 183 条第 2 款规定："不公开审理的案件，应当当庭宣布不公开审理的理由。"《刑事诉讼法》第 185 条规定：

"开庭的时候，审判长查明当事人是否到庭，宣布案由；宣布合议庭的组成人员、书记员、公诉人、辩护人、诉讼代理人、鉴定人和翻译人员的名单……"开庭审理时，审判长在核对当事人身份情况之后，应当宣布案由并宣布合议庭的组成人员名单以及书记员、公诉人、辩护人或双方当事人、委托代理人、鉴定人和翻译人员的名单。

3. 宣读起诉书。按照刑事诉讼法的规定，起诉书由出庭支持公诉的检察人员当庭宣读。宣读起诉书后，被告人、被害人才可以就起诉书指控的犯罪进行陈述，公诉人才可以讯问被告人。

4. 宣读证人证言、鉴定意见、勘验笔录。《刑事诉讼法》第190条规定："公诉人、辩护人应当向法庭出示物证，让当事人辨认，对未到庭的证人的证言笔录、鉴定人的鉴定意见、勘验笔录和其他作为证据的文书，应当当庭宣读。审判人员应当听取公诉人、当事人和辩护人、诉讼代理人的意见。"

在法庭审理过程中，根据我国诉讼法的有关规定，证人应当出庭作证，未到庭证人的证言应由公诉人、辩护人或委托代理人当庭宣读，鉴定意见、勘验笔录也应由有关人员当庭宣读。

5. 宣读笔录。庭审笔录是重要的诉讼文书之一，它充分体现全部审判活动是否依照法律规定的程序进行。《刑事诉讼法》第120条规定："讯问笔录应当交犯罪嫌疑人核对，对于没有阅读能力的，应当向他宣读……"依照法律规定，庭审活动结束后，应当将庭审笔录交给当事人当即阅读，或由书记员向当事人宣读，当事人认为没有错误后，即签名或盖章。此外，公安机关、检察机关、审判机关的书记员在参与提审时所作的讯问笔录和参与调查时所作的询问笔录，有时也需要当庭宣读。

6. 宣读裁定书和决定书。为了保证审判活动合法顺利进行，有些案件的审理，需要审判组织及时作出解决程序问题的裁定和决定，如对当事人提出管辖权异议所作的裁定，对当事人申请财产保全所作的裁定等。审判组织在审判活动中所作的书面裁定或决定，应当公开宣读或当场宣读。

（二）实体宣读

实体宣读是指司法人员在司法机关审查案件或审理案件结束时，就案件的实体问题所作出的书面决定的公开宣读。实体宣读是司法机关对具体案件的最终处分意见的一种宣告，它意味着司法机关审查、审理案件的某种决定性司法意志的生效或即将生效。实体宣读包括宣读判决书、裁定书、调解书、布告和命令；宣读不起诉决定书；等等。

1. 宣读判决书。判决书是人民法院审理案件的结论性法律文书，是审判机关审理案件最终阶段对案件作出的最后意见。人民法院制作的判决书应当由法庭的审判长（或审判员）公开宣读。

《刑事诉讼法》第196条第2款规定："当庭宣告判决的，应当在5日以内将判决书送达当事人和提起公诉的人民检察院；定期宣告判决的，应当在宣告后立即将判决书送达当事人和提起公诉的人民检察院。判决书应当同时送达辩护人、诉讼代理人。"根据法律规定，人民法院宣告的判决有"当庭宣判"和"定期宣判"两种形式。

2. 宣读裁定书。裁定是人民法院在审理案件过程中和判决执行过程中，对诉讼程序问题和部分案件的实体问题所作的决定。裁定除记入笔录的口头裁定外，应制作正式的裁定书，裁定书一般应公开宣读。实体宣读的裁定书，只包括宣读驳回起诉和驳回上诉、维持原判的裁定书。

3. 宣读调解书。调解是在人民法院法官主持下，双方当事人自愿达成的协议的一种方式，具有终结案件审理作用，具有与裁定书与判决书同等的法律效力。记载当事人之间协议内容的调解书制作后，应当向双方当事人公开宣读。

4. 宣读不起诉决定书。不起诉决定是人民检察院在审查公安机关移送的案件后，认为被不起诉人没有犯罪、微罪或者依法不应当追究其刑事责任而作出的一种终结案件的决定。《刑事诉讼法》第174条规定："不起诉的决定，应当公开宣布……"依照法律这一规定，不起诉决定书应当公开宣读。

根据宣读内容的完整与否，宣读还可以分为完全式宣读和摘要式宣读两种。

1. 完全式宣读，是从头至尾，一字不落全部读完的宣读，如宣读判决书、起诉书等重要文书。这充分体现了此文书的重要性。

2. 摘要式宣读，是指公诉人在庭审中根据需要概括性或有选择性地宣读部分笔录的宣读。目前卷宗笔录是检察机关庭审举证的重要方式。以证人证言为例，对于同一证人所作的多份不一致的证言笔录或不同证人所作的不同证言笔录，公诉人可以有选择地宣读其中的一份证言，或者仅仅摘要宣读其中的一段或一部分，或者采取"合并概括"的方式宣读。这在一定程度上提高了庭审效率，但有时难免片面。

第二节　司法宣读的特点

司法宣读从工作性质及口语表达等方面，有其独特的特点。

一、单向传达性

从口语表达的角度看，司法宣读是对具体司法意志的口头传达，其语流是单向的，其表达方式是独白式的。司法口才主体单方面将具体的司法意志口头传达给特定的受话对象，只要求受话对象将所宣读的内容听完全、听清楚、听明白，不需要接受其他任何的信息反馈。

宣读与演讲不同。宣读是由司法人员单方面将某种具体的司法意志口头连续地、完整地传达给特定的受话对象，宣读的文件不允许做口语化处理，必须一字不差、郑重地照原样宣告。演讲除了自己表达内容，还要看听众的反应，以便及时调整演讲内容。

二、照文宣读性

司法宣读最明显的特点是"照本宣科"。它既不是背诵，也不是即席发言，而是按照文稿的内容大声念诵。

宣读与朗读都是照文大声诵读，但宣读和朗读的场合要求不同，朗读可以不论场合，可以公开读，也可以私下读；宣读的"宣"就是公开说出来的意思，因而宣读则一定要在特定的场合公开读，在语调、语速、语言、感情色彩、声音力度上都有别于其他文章、文件的朗读。宣读不允许像诵诗那样夹杂丰富多变的感情，不允许用跌宕起伏的语调来诵读，也不允许像演说家那样在群众面前以态势语言的艺术手段，运用一定肢体动作演讲。宣读不能加入宣读者的主观感情色彩，其感情由法律文书主旨而定，而朗读可以根据作品内容、情节揉进自己的感情进行再创造。宣读不能加进任何的解释和说明，也不需要作任何思考和记忆。宣读时，宣读者的大脑只用来指挥眼睛和嘴巴，将书面语言准确无误地转化成口头语言即可。如果边读文件边解释，就不是宣读。

司法宣读是训练发声技巧和司法口语气势的最佳言语形式，是司法口才训练的基础。

三、程序法定性

司法宣读在将书面语转化为口头语时，其宣读的时间、地点、对象、方式等都有法律明文规定，必须严格依照规定进行，不得随意更改和增删。《刑事诉讼法》第190条规定："公诉人、辩护人应当向法庭出示物证，让当事人辨认，对未到庭的证人的证言笔录、鉴定人的鉴定意见、勘验笔录和其他作为证据的文书，应当当庭宣读……"第196条第1款规定："宣告判决，一律公开进行。"法律规定宣读的内容具有公开性，因而，宣读必须公开进行。无论是在公开开庭的法庭上还是在有具体特定对象在内的听众参加的公开场合上，都要公开进行。如果在特殊情况下，聆听宣读的只有特定的具体对象一个人，宣读也应体现其公开性特征，朗声进行。

四、庄重严肃性

司法口才主体所宣读的内容一般是法律法规，或具有法律效力或法律意义的文书，或与案件有直接利害关系的证人证言、鉴定意见等。这些内容都体现着代表国家行使司法权的权威性、严肃性。宣读的外在表现形式也应当体现这一点——权威性、严肃性，以示法律实施之郑重，以树国家意志之威严。

宣读时，宣读者的声音应当高于普通音量基准线，体现内容的规整性，控制口腔力度，气息控制最沉，语流速度最慢，有发布重要消息的严肃感和持重感。只有进入这种特定状态，才能从心底焕发出宣读的主动性，获取到宣读的感觉，进而刺激语言形成宣读的样式——庄重、严肃和义正辞严。宣读时，其态势语也应当庄重严肃，要求端正站立，举止规范，表情严肃，语气语调要有威力，气息要用得沉稳、匀称，听不到换气的声音，也没有憋气的痕迹；在声音运用方面，不强调音色的多种变化，而应自始至终保持庄重严肃，显示出一种不可抗拒的力量。

五、形式转化性

司法宣读的一大特点是将书面语言转化为口头语言，也即将具体的司法文书、司法文件转换为司法口才，司法人员借助于特定的文稿当众或面对特定的对象朗声宣告将文稿内容由视觉形式转化为听觉形式。

宣读的这一特征，要求宣读者必须忠实于原文，在原文内容上不作任何增删和修改，不改变文书主旨和文意，在口语风格上也必须与法律文书所体现的法律语体风格完全一致，准确无误地将无声的书面语言转化为有声的口头语言，绝不能一个字一个字往外蹦，连不成句，或者结结巴巴，前言不搭后语。否则不但不能准确表达法律文书的内容、分寸，也会让人听不清内容，抓不住要领，甚至费尽思索，仍不知所云，客观上篡改了法律文书的原意，或者剥夺了听者的知情权。

第三节 司法宣读的方法

从本质上讲，司法宣读仅仅是将司法书面语言转换成司法口头语言。宣读这一特定的司法口语活动，只不过是转换司法书面语言的工具而已。要想使用好这一工具，要做好宣读前与宣读时两个阶段的工作。只有这样，才有可能读出法律文书的"神韵"。

一、熟悉原文

（一）了解原文主旨

司法文书的宣读者，有时是司法文书的制作者，但更多情况是宣读者不是该文书的制作者。这就要求宣读者要在宣读前了解原文的内容，明确案件当事人以及制作文书的机关对本案的定性和处分的司法意志。熟悉了原文，了解了文书主旨，明确了文书的内容、对象、司法意志，就可以选择适当的口语表达方法去表现文书的主旨，恰如其分地调整语调。

同是判决书，甲文书是过失伤害，致人死亡；乙文书是故意杀人。甲文书中的被害人是一个小偷，当他盗窃他人财物时被群众发现，并被群众追打到河中，其中一群众，也即本案被告人，投一砖头于河中，正好打在被害人头部，被害人沉入河中死亡。乙文书中的被告人罪大恶极、惨无人道，企图强奸本村怀孕妇女，强奸未遂又将被害人杀死后从死者腹中取出胎儿、胎盘等煮食，又抛尸于机井。两个文书中的被告人都触犯了国家刑法，都应当受到法律的惩罚，但宣读甲文书的事实时，应当读出对被告人疾恶如仇、见义勇为的果敢行为的赞同，同时也要读出对他触犯法律的行为的遗憾；而宣读乙文书则应该是义愤填膺指控被告人的犯罪行为。如果不真正理解文书的主旨与判意，是绝不会恰如其分地完成好司法宣读的。

（二）熟悉原文字词

1. 核实冷僻字的读音。拿到宣读文稿，要核实文书中关于涉案人员的姓名、地名、专业名词，遇到一些读音冷僻的音节，要认真核对。如不常见的多音的姓氏查、仇、宁、佟、曾、盖、华、区、邵等，特殊的地名如繁峙、芮城、解州、洪洞等，各省的简称如滇、黔、琼、渝等。

2. 核实多音、多义字的读音和含义。对不认识或似是而非的字要一一查字典，确认读音。如创伤、创建，灾难、艰难，刁难、为难等。

二、核对材料

司法宣读是向当事人和公众展示司法公正、宣传法律正义的方式。宣读，一般都是在具体特定对象及特定对象之外的听众参加的公开场合下进行的，有时是对特定的一个或特定的几个具体对象进行的。在这样特殊的正式场合下宣读，即意味着某一法律程序的开始，或意味着宣读的文书内容立即或即将发生法律效力。宣读前应当认真核对材料。

（一）核对法条

司法宣读是法律的公正、司法人员的良心、品行、智慧、信念、法律知识、文化素养等的凝结。宣读前，一定要认真核实文书材料，从事实材料到法律条款都要准确无误，特别要认真仔细核对文书中引用的具体的法律条款。从引用的法条序号到条款中的具体内容均应准确无误。否则，事实和法律风马牛不相及，如何去谈以事实为根据，以法律为准绳？宣读技巧再高超也是空谈一场，甚至背道而驰。

（二）推敲检查文字

司法宣读，除了事实材料、法律条款不能出错，文中语句也不能出现错误。宣读前，要认真推敲文中字句有无逻辑、语法、修辞以及文字校对等方面的重大错误。

1. 核对数字是否准确。法律文书中较大的阿拉伯数字最容易写错，也容易读错。宣读前要认真核对原文，对核对过的数字进行标注，以备宣读时准确迅速读出。

2. 核对人称代词是否恰当。法律文书中使用人称代词"其""他""她"等较多，这些代词在转化为有声语言时有可能指代不明了。宣读前，对"其""他""她"等字应认真推敲，发现问题及时纠正。宣读时，人称代词"其""他""她"在语气上必须紧跟前面的名词并要注意断句，使代词所指代的内容准确、明晰。

3. 推敲语义是否单一。语义的单一解释是法律文书的特点，但当法律文书书面语转化为口头语言时，有些语句由于语气停顿不当或多音字，有可能出现歧义。如"食糖"与"食堂"，"邮船"与"油船"，读音相同，语义不同，宣读时易引起歧义。再如某文书中有一句话："赃款是刘××代张××去接头拿走的"一句中的"代"本义是"代替"，如果转换成司法口语，听起来可能会理解成"等待"或"代替"或"带领"，引起歧义。读的时候，应当如实转化，将"代"读成"代替"。

4. 核对有无错字、漏字现象。错字漏字有可能在法律文书中出现，如果宣读者不加核对照本宣科公开宣读，后果会很严重，影响司法宣读的庄重与严肃。如：

……向被害人左臂猛刺一刀，致使被害人臀（注：应为"臂"）部手术缝合6针……

如果宣读者将这自相矛盾的句子照本宣科不加思索地读出，岂不是天大的笑话！宣读内容的真实性会大打折扣，严重影响人民群众对司法公正的看法。

三、正确宣读

司法宣读首要的任务是"照本宣科"，如实转达文书的主旨与文意。因此宣读的准确性，成了宣读的生命。

（一）正确读音

司法宣读的宣读者要想使宣读达到成功，首要的一条是用大众化、规范化的语音，准确清晰吐字，将要表达的语义内容通过规范清晰的语音被人们所理解，圆满完成司法宣读任务。

司法宣读应当按照现代汉语的口语习惯，使用标准的普通话。这是维护法律尊严的需要。某法院审判庭开庭审理一起非法经营案，书记员站立在书记员席上宣读法庭纪律，"在庭审过程中，参加旁听的人员，必须遵守下列法庭纪律……"洪亮的嗓音响彻审判区域，标准的普通话凸显了法庭的庄严。旁听席上很快安静下来，旁听人员纷纷关掉手机坐好，等待开庭。

试想，一个方言区的司法人员进行司法宣读，如何能使不属于这个方言区的听众听得懂宣读内容？这样的宣读又如何能准确达意？又如何能完成宣读使命？是否剥夺了聆听者的知情权、辩护权、上诉权……？

实践中，因吐字不清晰、不准确导致贻误大事的事例并不鲜见。在对越自卫反击战中，中国军队某排长带兵夜间潜入敌后，由于战士们携带着水壶、压缩饼干桶等金属壳物品在行军中难免互相碰撞发出声响，影响部队的秘密行动。操山西方言的某排排长悄声下令："向后传令，把饼干桶桶扔掉！"后面的战士听到命令，纷纷连饼干带饼干桶统统扔掉，他们将这一命令听成"把饼干统统扔掉！"。战士们在没有干粮的情况下，日夜兼程，与敌人作战，其作战的艰难程度可想而知。这一事例中口令传错的直接原因是发号施令的排长说了不规范的语言。汉语名词一般是不重叠的，但山西方言中，名词大多重叠使用，如水水、人人、花花等，"饼干桶桶"应表述为"饼干桶"。

一般情况下，司法宣读的读音不准对司法文书内容的准确传达影响不大，彼此都能传递信息，但关键字要读不准确就影响宣读内容的正确传达。如"判处有期徒刑十年"中的"十"（shí）如果读成"sí"或"sì"都是对原法律文书的严重误传。

形近字也是影响读音准确的一个方面。主要原因是宣读者遇到不认识的字懒得查字典，"秀才识字认半边"——蒙，蒙字音，蒙字义。久而久之，形成一种错误读音。有朝一日，当你在公众场合下亮相时就会出洋相。轻则一语即出哄堂大笑，搞得你面红耳赤无地自容；重则是对法律的亵渎！

目前，司法口才中常读错的字如"取缔卖淫嫖娼等丑恶行为"的"缔"（dì）读成"tì"；"供认不讳"的"讳（huì）"读成"weǐ"；"负隅顽抗"的"隅（yǔ）"读成"ǒu"；"咄咄逼人"的"咄（duō）"读成"chū"；"濒临"的"濒（bīn）"读成"pín"。像包庇（bì）、酗（xù）酒、造诣（yì）、木屑（xiè）、恪（kè）守、怂（sǒng）恿、玷（diàn）污等字也常听到有读错的时候。

把本不应读错的常见字读错，既影响文书的内容，又冲淡了法律的严肃性，实不可为！

(二) 如实转化

司法宣读将无声的书面语言转换成有声的口头语言，这个转化就是如实将书面语内容当众或对特定的对象的朗声宣告。宣读时，要忠实于原文内容，对原文内容不作任何的增删和修改，更不任意加入宣读者个人的感情色彩，真正体现文书的主旨。如"把鞋子扔到河里"一句，四川人很可能读成"把孩子扔到河里"；再如"举报毒品违法犯罪活动有奖"应当怎么读？这样读吗？"举报毒品违法/犯罪活动有奖"——宣读时，如果在"违法"和"犯罪"之间停顿就大错特错了。应该这样读："举报/毒品违法犯罪活动/有奖"。再如某人宣读证据"……盗窃东风140/型汽车一辆"在"140"后面作一停顿，让人听后会产生疑问："型汽车"是什么东西？闻所未闻，莫名其妙。

在司法实践中，司法人员和律师宣读法律文书丢字落字、读破词破句的现象时有发生，要坚决杜绝。

(三) 语调平稳

司法宣读要做到庄重、严肃，其语调应当是平稳的。语气不能像朗读诗歌、散文那样情感大起大落，应当以平稳、凝重的语调为主线宣读，体现司法宣读的庄重与严肃。如宣读判决书的首部："××××人民法院×事判决书"要读得凝重、缓慢、响亮，以体现人民法院之威严。读其余部分时，应当语调平稳，语速适中，不含任何个人的感情色彩，以充分体现国家法律之公正与威严。

宣读必须依法公开进行。司法宣读一般都是在具体特定对象之外的听众参加的公开场合进行的，要使在场的聆听者句句动心，字字可辨，宣读者应当根据具体场合确定音量基线，并以高出于日常言语音量和标准的朗声进行宣读，要响亮而有力度，要威在语言之内，力在语言之中，给人以坚强有力之感。

(四) 节奏分明

语言的节奏是一种由音高、音强、语速有规律地交替变化而形成的语言现象，其节奏的变化，主要受语速和停顿的影响。

司法宣读是一种庄严的宣告，以中等语速为基线，不宜过快也不宜过慢。过快显得激动人心，过慢显得十分沉重。选择适当的语速在适当的时候作适当的停顿很重要。

司法宣读节奏分明，能保持言语的清晰、流畅，体现司法活动的庄严神圣。流畅的语言、中等的速度与分明的节奏对立而又统一，共同构筑起司法宣读的庄重性与连续性。

宣读判决书，在音量与语调上略有变化，才能显示整个司法宣读的节奏感、层次感与整体感。宣读时判决书的首部、正文、尾部在音量、语调上总体体现节奏感，中速流畅，但在音量、语调、节奏上有略微的变化。宣读标题，要响亮、凝重、缓慢。宣读编号、被告人基本情况及案由案件来源时，语调平板、速度适中，不含任何感情色彩。宣读判决书的事实部分，速度可适当快一些，读到叙述关键情节时，应当注意配合运用强调停顿和重音。宣读理由时，语速应当比事实的语速稍慢些，同时利用现有的文字材料体现有法必依、违法必究、伸张正义、打击犯罪的感情色彩，并在每一独立的判意之间保持稍长一点的停顿，以充分体现人民法院的公正与威严。宣读判决的效力及交代上诉事项时，应当慢速而响亮，以示强调；宣读裁判人员及时间时要注意清楚、分明。

四、态势得体

得体的态势，也是司法宣读不可忽视的一个方面。在具体的语言交际中，司法人员的态势语是一种传递信息的重要媒介，它以庄重的身姿，得体大方的服饰，威严的气势，饱满的精神，与听者进行无声的交流。

（一）规范的着装

对一个宣读法律文书的人来说，规范的着装是至关重要的。因为宣读一开始，当事人和旁听群众首先看到的是宣读者的容貌、衣着、神态和举止。为了让态势语更好地服务于宣读，宣读者要注意自己的着装。从整体上讲，着装要庄重、大方。

在法庭上，法官、公诉人、律师均有自己统一的服装。

法官着法官袍。法官袍为黑色散袖口式长袍，黑色代表庄重和严肃；红色前襟配有装饰性金黄色领扣，与国旗的配色一致，体现法院代表国家行使审判权。法官穿法官袍审理案件，象征着思想的成熟和独立的理性判断力，象征着法官恪守始终遵循法律并对国家和社会负责的承诺。

检察官着庄重和儒雅的西服。检察官服的颜色为国际通行的藏蓝色，体现了亲民性；胸前佩戴着检徽，体现检察官的神圣。这种儒雅的服饰，承担着向社会大众宣示一种地位、身份和工作性质的任务，宣示着"以理服人"而不是以武力镇压人的工作特征。

律师出庭着律师袍。黑色的律师袍，领口配以深红色领巾，胸前佩戴律师徽章，寓含了律师沉着冷静、稳健理智、激浊扬清的职业特征。

这样的服装已成为一种职业态势语，体现宣读者的整体形象。

（二）得体的态势

宣读的庄重严肃性特点要求宣读者宣读时必须表情严肃，站立端正，举止规范，以示法律实施之郑重。宣读的姿态以站立为佳。站姿要双腿直立，脚尖略开，呈自然的小八字型或丁字型，收腹挺胸，双肩自然放松，给人以健美而充满活力的体态，给人以愉悦和信任感。宣读时，司法人员的身体不应过于前倾，更不能倾肩歪头、抖动双脚形成不雅观的架势。

宣读时，双手持宣读文稿，自然放于胸前适当的位置，以示法律的威严与文书的重要。切不可一手持稿，一手揣到裤兜里，给人以漫不经心的、松散的感觉。如果宣读者在以上任何一方面稍有疏漏，如心情紧张、手足颤抖、衣帽不端或举止轻浮等，都会立即引起旁听群众议论，影响法庭气氛和宣读的效果。

第四节 司法宣读的技巧

为了准确、鲜明地宣读司法文书内容、主旨和意图，司法宣读者善于运用口语表达的技巧。

一、发音技巧

司法宣读要字字清晰，声声入耳，发音是必不可少的技巧。

宣读时声音从哪里发出来？大多数人会不假思索地说，嗓子！是的，人的声音与嗓子有直接的关系，但是这个答案并不完全。从发音的生理层面讲，发音并不是哪个单独的器官能够单独完成的，它是由人体参与发音的动力系统、振动系统、吐字系统、共鸣系统协同配合，共同完成的。这就涉及发音技巧的问题。

二、吐字归音的技巧

司法宣读的发音技巧与普通话朗读的发音技巧是一样的。首先要把握好吐字归音。

吐字归音，是音节的字头、字腹、字尾三部分的发音过程，是口语发声的一个技巧。

汉字音节语大多可分解为字头、字腹、字尾三个部分，如南"nán"，字头为"n"，字腹为主要元音"a"，字尾为"n"。遇到有介音"i、u、ü"的如年"nián"，一般把介音与声母合在一起视作字头，"nián"的字头为"ni"，字腹为"a"，字尾为"n"。

如何处理音节中的字头、字腹、字尾呢？要领是：字头出字、字腹立字、字尾归音。

1. 字头出字。字头的主要功能是出字。出字关系到字音的清晰程度。出字发声时一定要咬住字头。有一句话叫"咬字千斤重，听者自动容"说的就是这个意思。所以我们在发音时，一定要紧紧咬住字头，这时嘴唇一定要有力，把发音的力量放在字头上，利用字头带响字腹与字尾。或者说字头的出字要发音部位准确，叼得住弹得出，成阻准确除阻轻巧有力。既不能含糊不清"叼"不住字头，也不能为了清楚，把字咬得过死过硬，就像大老虎叼小老虎过山涧，既不能叼得过死把小老虎咬死，也不能叼得过松把小老虎掉下山涧。

普通话中，有一部分音节是直接由韵母开头的，如"啊""安""音""央"等。司法宣读遇到这样的音节要格外注意，不能把两个音节不知不觉变成一个音节，如将"公安局"读成"关局"，把"中央台"读成了"专台"，把"洗安草"读成"鲜草"，这叫"吃字"。读这类由韵母开头的音节的词语，要通过"喉塞音"发 a、o、e 等，即声带先有意识地收紧再突然松开成声；或使 i、ü 的舌音高点收紧，气流通过时发出轻微的摩擦从而有效地防止"吃字"现象的发生。如"延安"（沿），"西安"（咸），"一样"（恙），"问安"（弯），"谢亚萍"（夏萍）。

宣读中"口齿不清""吐字含混"或"吃字""吐噜字"等问题均出在吐字归音上，应当注意。

2. 字腹立字。字腹的主要功能是立字。字腹的立字关系到字音的响亮与否。到位的字腹发音，是一个字音是否响亮的关键。同时，还关系到字音的正确、饱满。要求韵母发音拉开立起，圆润饱满，字音的响度与长度集中体现在字腹上。如"源泉"中的"源"（yuan），韵腹"a"一定要"拉开立起"，口腔打开，发音充分，才能发音到位。

字腹立字的功夫主要通过复合韵母的训练得到。司法宣读时，发字腹音时，口腔打开，韵腹即主要元音拉开立起，发音充分、饱满、响亮。

复合韵母舌位的移动和唇形的变化滑动快速而自然，做到在整个音节的发音过程中字腹占的时间最长，这样才能保证立字到位，保证字音的清晰、圆润和响亮。

3. 字尾归音。字尾的主要功能是归音。字尾归音关系到字音的完整，并在一定程度上影响语言的风格，或俗或雅，或文或野。归音的把握要恰到好处。归音过紧过死，会显得矫揉造作或笨拙；归音过松，显得大大咧咧，懒怠疏懒，满不在乎，形成人们常讥之的"京油子"味儿。现在北京一些女孩子说"对"字时，其归音不到位，"大撒口"，几乎成了"duai"的发音，露出一种"矫情，发嗲"的劲头。

总之，字头、字腹、字尾是字音的三个结构音素，是不可分割的整体，任何一个结构音素发音不准确，不到位，都会影响整个字的读音。

最理想的发音过程被称为"枣核形"。读音的"枣核形"对字头、字腹、字尾三个阶段的发音要求：字头、字尾占的时间短小，恰似一个枣核的两端，字腹占的时间长，力量相对也强些，好比枣核中间的"鼓肚儿"。发音时，从字头滑到字腹再滑到字尾，连续的三个阶段的发音过程好像一个枣核的形状！

课堂讨论案例

为避免各位再犯"镇(将'滇'误读为'镇')越铁路"之错,请仔细核对每个字的读音,否则,后果会很严重!

唾弃 棘手 机械 谒见 拯救 箴言 翌日 哺育 赏赐 书笺 贮存 迁徙 瑰宝 澎湃 簇拥 麻痹 濒临 罹难 鞭笞 饿殍 粗糙 拂晓 嗔怒 歼灭 发酵 狙击 酝酿 憧憬 干涸 畸形 咆哮 蓦然 糟粕 掮客 怙恶不悛 铿锵 脍炙 褴褛 抚恤 愤懑 龋齿 冗长 吸吮 按捺 回溯 鞭挞 塑料 狡黠 媲美 讣告 斡旋 联袂 赈济 汲取 刚愎 窠臼 修葺 悚然 惴惴 纨绔 桎梏 瞠目 膏肓 百舸 针砭 莅临 谬论 证券 喟然 取缔 西安 公安局

问题:
1. 你能全部读准这些词语吗?
2. 按照司法宣读的方法和技巧去读这些词语。

练习司法宣读,要把"枣核形"意识和吐字习惯带到宣读当中,不管一个字的音节结构是否"头腹尾"俱全,口腔开度都要由小到大、由闭到开,再由大到小、由开到闭。这样如枣核形的吐字、立字、归音控制过程是理想的发音。

司法宣读,允许多种形态的存在,正如自然界的枣核大小、圆扁、长短各异,但它终究是两头小中间大的枣核形状,在语流的声音中,不论是着意突出强调还是快速轻巧带过,每个字都必须是清晰的!

三、控制气息的技巧

(一)控制气息

人们在日常交际时,一般不必考虑有意识地控制呼吸,即便有人说话声音微弱也不影响日常交际。但是司法宣读是在人员众多的场合下进行,音量一定要大大超过日常交际的基础音量,并在较长的时间内不间断地照文朗声宣告,声音要始终保持清晰圆润、响亮达意。控制好气息是完成好司法宣读的技巧之一。

气息,是与呼吸有关的人的器官组成的使声带发生振动的动力系统,主要包括肺、气管、横膈、胸廓以及参与呼吸的肌肉群。学会控制气息的深浅、多少、快慢及长短,可以为有声语言的交流提供充足的动力。控制气息是有技巧的。

1. 胸腹联合呼吸。司法宣读的句子总是有长有短,情感、语速也在一定的变动之中，因此，控制气息十分重要。在容纳几十人甚至几百人的法庭上，司法人员宣读法律文书所需要的气息量比日常交际所需的口气流量大出几倍。为了使声音持久、底气充足，宣读时常常采用气力充沛便于控制的胸腹联合呼吸法进行呼吸。

（1）什么是胸腹联合呼吸？人的呼吸主要有三种方式：腹式呼吸、胸式呼吸、胸腹联合呼吸。腹式呼吸是人的本能，是人在平静状态下主要的呼吸方式。胸式呼吸又叫"锁骨式呼吸"，是人在紧张、惊恐、病体沉重的状况下，横膈收缩发生障碍，靠两肩耸起来扩大胸腔上部的呼吸方法。这两种呼吸方式的气息十分无力、十分短浅，不适合司法宣读。胸腹联合呼吸，是胸腔、横膈肌、腹肌联合控制气息的呼吸方法。这种呼吸活动范围大、伸缩性强，可以操纵和支持声音，为气息均衡、平稳呼出提供了条件。

（2）胸腹联合呼吸的吸气。从生理机制角度看，这种吸气，肌肉群积极工作使胸廓扩大，横膈明显下降，能吸入较多、较深的气息。吸气要领：两肩放平，两肋打开，横膈下降，小腹站定，吸气到位。所谓"小腹站定"，即口鼻进气的同时小腹保持"微收"的状态。所谓"吸气到位"，即气息下沉吸到肺底，如闻花香、毛细孔扩张、抬重物、半打哈欠等。这样"吸气无声"，对于司法宣读者来说极为重要。

（3）胸腹联合呼吸的呼气。两肋不能立即放松，要与小腹收缩的动作形成对抗，这实际上是吸气肌肉群与呼气肌肉群的拮抗动作。这个力量可以"拉住"在小腹收缩动作中回弹上升的横膈，减慢横膈回弹的速度，做到"两肋有控制地回缩，横膈有控制地上升"，从而控制气息的呼出均匀，稳劲而持久。

有控制的呼气能够保证声音的平稳和语意的完整，说话不至于"前重后轻""头高尾低"，可以有效地解决"句尾几个字总是让人听不清"的问题。

2. 胸腹联合呼吸好处多。宣读时，用胸腹联合呼吸的气息支持发音是十分适宜的。

（1）避免在话筒前有吸气声。有的人在话筒前由于紧张，每每张嘴"喝气"，结果经电声放大频频传出"吸气声"，不利于宣读的正确传播。用胸腹联合呼吸不仅吸气量大，而且进气无声，速度又快，能够适应话筒前电声传播的要求。

（2）避免因气息控制不好而"读破句"。用胸腹联合呼吸能对呼气进行有效控制，能给予较稳劲的宣读以有力的气息保障，使得宣读者不会发生因为气息控制不好而在大庭广众之下"上气不接下气""读破句"的现象。

（3）有利于读长句。司法文书中有好多是词量很大的长句，宣读者如果不会科学吸气，用吸气浅而弱的腹式呼吸、胸式呼吸是一口气无法完成的，不能

充分表达司法文书主旨。用胸腹联合呼吸的方法能够对气息的深浅、多少与快慢进行控制，有利于读长句。

（4）有利于保护宣读者的嗓音。胸腹联合呼吸符合科学用声的气息要求，对于宣读者嗓音的运用和保护是非常有利的。

（二）合理换气

在宣读时仅采用胸腹联合呼吸还不够，还应配以合理的换气技巧，使呼吸不影响宣读节奏，又能保持始终充足有余的气息动力。宣读中的换气，可以使用大气口换气、小气口换气和深呼吸相结合的方法。

1. 大气口换气。这种换气是一种少呼出多吸入的换气方法。大气口换气一般将气口安排在语流中的句与句之间的语法停顿处。大气口换气要迅速及时，抓准时机，先稍稍吐出一点余气，紧接着深吸一口气，以确保宣读时语调的平稳和语流的连贯。

宣读的主要换气方法是大气口换气，只要文中出现可以安排大气口换气的语法停顿，都应该不失时机地立即换气。这样，才能在较长时间的宣读中一直保持呼吸正常，底气充沛，气畅神舒。

2. 小气口换气。这种换气是一种不呼少吸的紧促换气方法。在宣读中，若遇较长的句子，中间无法安排大气口换气而一口气又难以读完时，为防止出现气竭现象，适当在句中意群之间适当的地方作短暂停顿，在吐完前一个字音时，迅速地吸进一小口气，随即吐出下一个字音。这种换气方法中只吸不呼、短促轻快、不露痕迹，可以及时弥补句中底气不足的问题。

小气口换气与大气口换气交替使用，可使发声的动力更加充足。

3. 深呼吸。这种换气是一种有效的换气方法。宣读时，为了给听众留下回味的余地，安排较长的语气停顿时，宣读者在利用态势语言连接语流间隙的同时，应抓紧时间将余气吐尽，再深深地吸足一口气，然后从容不迫地发后面的字音。

深呼吸与大气口换气虽然都吸入气体较多，但前者比后者要从容、充分一些。深呼吸能起到及时地调匀气息、调节心理的作用。所以，宣读时如有机会，不妨多做几次深呼吸。

四、共鸣的技巧

物体振动发出的声波传播到其他物体，使其他物体也产生相同频率的振动，这一物理现象被称为共振。物体共振时所产生的声音效果则叫共鸣。共鸣可以改变原声的音质和音量，使声音变得优美、洪亮。人在发声时，首先是肺部的气流冲击声带，使声带振动发出初始的原音，这声音较小也不优美。原音在沿着声道向外传递时，通过口腔体的共振产生共鸣，使音量增大。声音共鸣时能产生一系列的泛音，这些泛音与声带发出的原音组成复音，使声音得到美化。

司法宣读时，应侧重使用口腔共鸣和胸腔共鸣，使声音显得庄严、凝重而深沉。不同人的共鸣腔体和体内不同的共鸣腔体以及不同的发音方法都会影响语言声音的质量。合理地利用人体发声器官的共鸣效能，有效控制宣读口才音色和语调，并非简单之事。这需要在实践中反复地有意识地摸索、体会，从而不断寻找各种声音的最佳共鸣位置，逐步掌握各种控制共鸣的方法。

五、停连的技巧

所谓停连，是有声语言语流中声音的停顿与连接。

司法宣读，少不了停连，因为停连既是宣读者的生理需要也是心理的需要，任何一个人不可能没有停歇地一口气读到底，必须不断补充、调整气息完成宣读，这是宣读者本身的生理过程。另外，停连还是言语交际中的心理需要，宣读者需要通过停连将所宣读的司法文书的语句有机地传达给听众；其次，从听者的角度看，听话的人一方面有听觉的心理活动，同时也需要对宣读内容接收、判断、消化、理解。没有停连，司法宣读难以达意。

停顿的技巧，在第五章中已作初步探讨，主要介绍了换气停顿、语法停顿和逻辑停顿。停连有哪些技巧？下面作一介绍。

（一）按文意停连

司法宣读时，宣读者对司法文书中的句子成分的语法关系、结构关系并不需要逐行分析，完全靠宣读者积淀在潜意识中的由语法知识和语句的理解经验构成的"语感"来安排停连，明晰语义。但有时司法宣读者在宣读中会让一些莫名其妙、令人费解甚至令人捧腹的语句在不经意中钻进我们的耳朵。如"被告人将骑自行车与汽车同向行驶的城关一／中学生赵××轧死"一句，"城关一"为何意？让人听了丈二和尚摸不着头脑。为避免这种读破词、读破句的现象发生，宣读者应重点把握好特殊语句及长句子的停顿处理：

1. "兼语式"宾语的停顿。

　　××小公共汽车有限责任公司因征收公路客运附加费行政争议一案，不服／××省高级人民法院作出的（2004）×行初字第×号判决……

该句语义能否传达清楚，有一个关键性的停顿，在"不服"一词之后安排一个停顿。理由有二：①从语义上理解，××小公共汽车有限公司不服的是法院作出的"（2004）×行初字第×号判决"；②从语法角度看，该句比较复杂，"××省高级人民法院"是兼语，既是"不服"的宾语又是"作出"的主语。"不服"与"××省高级人民法院"构成述宾关系，而"××省高级人民法院"

与"作出"构成主谓关系。从全句的大框架看,该句为兼语句,应在"不服"之后安排停顿。如果在"作出"之前停顿,就会出现歧义。

2. 划分长句的结构关系。法律文书中长句较多,而长句的句子结构和句子成分比较复杂。宣读时,要让听众"一听了然",就应当认真运用停连,以帮助听众理解。如:

> 2014年8月25日××市中级人民法院通过决定:没收/被告人在上海××区的价值约800万的住房一套,用以支付/受害人因被被告人打伤而住院治疗的所有医疗费和赔偿/被害人因此而受到的经济损失。

人民法院通过的决定有两层意思:一是"没收……住房一套",二是"支付……医疗费"和"赔偿……损失"。第一层里,在"没收"后应短暂停顿,第二个层次是较为复杂的"和"字并列结构句,应当在"支付"后停顿,再在"和"字的前后各安排一次停顿,这两个并列的内容就交代清楚了。不能一口气冲下来,也不能随着口气说到哪算哪。

3. 顿号的分组与连接。法律文书中的顿号转换成司法宣读,必须有适度的处理,才能清楚明了地揭示语句深层的信息。法律文书中对于共同犯罪的案件,犯罪嫌疑人多,按顿号平均停顿,用以严谨地表达其中的并列关系,以示郑重和严肃。如远东国际军事法庭对东条英机等28名日本甲级战犯的判决(节录)片段。

> 美利坚合众国、中国、大不列颠及北爱尔兰联合王国、苏维埃社会主义共和国联盟、澳大利亚联邦、加拿大、法兰西共和国、荷兰王国、新西兰、印度及菲律宾共和国/对/荒木贞夫、土肥原贤二、桥本欣五郎、烟俊六、平沼骐一郎、广田弘毅、星野直树、板垣征四郎、贺屋兴宣、木户幸一、木村兵太郎、小矶国昭、松井石根、松冈洋右、南次郎、武藤章、永野修身、冈敬纯、大川明周、大岛浩、佐藤贤了、重光葵、岛田繁太郎、白鸟敏夫、铃木贞一、东乡茂德、东条英机、梅津美治郎/判决。[1]
> 本法庭在一九四八年十一月四日宣布判决。

(二) 顺文势灵活停连

宣读的一大特点是照本宣科,但并不是不过心不过脑的"固定腔调"。宣读

---

[1] 熊先觉:《中国司法文书学》,中国法制出版社2006年版,第285页。

时，每个句子如果没有停连像开机关枪一样的宣读，很难让听众明白你所宣读的内容。如果停连不当，宣读的内容就无法正确传达。好的宣读，应当顺文势灵活停连。句子与句子、段落与段落巧妙地松紧疏密变化。把句群的表达组织好，让几个关系紧密的句子构成一个整体，鲜明地体现文书主旨。

宣读人民法院制作的判决书，总体要求是依照文稿朗声宣读。不可随意发挥，以体现宣告判决的严肃性。但文书首部、正文、尾部等各部分的宣读在音量、语调及停顿、连贯上有变化，起到庄重而不呆板的效果。

1. 宣读首部。宣读文书名称的全称，要读得响亮、凝重、缓慢，有顿有连。如：

  ××人民法院/刑事/判决书

2. 宣读文书编号。宣读文书编号要语调平板，速度适中，不含任何感情色彩。如：

  （2017）苏 1283 刑初 44 号

3. 宣读判决书的事实部分。宣读判决书的事实部分，语速可适当稍快一些。为了突出事实等关键情节，应注意灵活运用停连和重音。如：

  经审理查明：1999 年 9 月 21 日中午 12 时左右，被告人桑××驾驶/赵××的河南 C—47760 号四轮东方红 180 型拖拉机/从县城拉石头回上店，经城关镇南街 61 号门口时，由于超载、制动不良等原因，将/骑自行车同向行驶的/城关一中学生赵××（12 岁）/轧死在拖拉机右后轮下。

如此连顿，使长句得到合理的断裂，突出被告人桑××轧死中学生的情节及原因是"超载、制动不良"，使语义表述明确清楚。

4. 宣读判决书的理由部分。宣读理由的速度应当稍快于事实部分，力度也要比事实部分强。宣读时，根据案情的不同，内容的变化，体现有法必依，违法必究，惩罚犯罪，伸张正义的感情。但这种感情是深沉、凝重，"威而不怒""不怒而威"的。如：

  综上，中材供应链公司/与山西立恒公司签订的《购销合同》/及《协议书》，均系当事人真实意思表示，内容未/违反国家法律和行政法规的强制性规定,应属合法有效。双方当事人均应/按照约定履行各自义务,按照双方签订的协议书/约定,山西立恒公司应将44 288 417.2元的货款/全部返还给/中材供应链公司,其公司至今仍拖欠/部分货款未返还的行为,属于违约行为,应承担违约责任。[1]

法律文书中的标点符号是停连的重要依据,但如果完全刻板地按照标点符号进行,有些逻辑关系紧密但用逗号或顿号隔开的语句,听起来就会变得松散、疏落,反而妨碍听众的理解。适当合理的停连,能将文意形之于声,由己达人,使听众理解文意,明确司法机关对这个案件的评价,进一步体现"以事实为根据,以法律为准绳"这一原则。

5. 宣读主文。如果判决书中犯罪事实和证据、判决的理由和法律依据是"画龙"的话,那么判决结果则是"点睛"之笔,宣读时应特别注意。

宣读判决结果时,速度应比宣读理由更慢一些。内容复杂的,要在每一独立的判意之间保持稍长一点的停顿,以充分体现人民法院的公正与威严。如:

被告人王×/犯/容留他人吸毒罪,判处/有期徒刑/6个月,并处罚金/人民币/6000元。

(刑期/从判决执行之日起/计算;判决执行以前/先行羁押的,羁押1日/折抵刑期1日,即/自/2016年11月5日起/至2017年5月4日止)。

如此停连,突出了人民法院对案件的判决结果,加上严肃、冷峻、果断、坚强有力的语调色彩,充分体现出法院判决的威严与公正。同时,听众对此判决会"一听了然",铭记在心。

六、重音的技巧

司法宣读,仅做到停连得体、吐字归音并不能完全保证每句话的目的明确,重点突出。它需要我们使用另一个宣读技巧——重音。

重音,也叫重读,常常是为了实现宣读目的,强调或突出词、短语甚至某个音节。强调或突出的部分就是重读。

重音是体现语句目的的重要手段,宣读法律文书的主旨及文意是宣读者要表达的目的。如果把宣读目的比成"一条红线",重音则是拴在这根红线上的一颗颗珍珠。用重音体现目的,犹如"红线穿珠",一穿到底。

---

[1] 资料来源:中国裁判文书网,北京市海淀区人民法院(2014)海民(商)初字第24135号民事判决书。

宣读中的重音，可以使语言传播准确、清晰。

（一）找准重音位置

重音可以分为两类：语法重音、逻辑重音。重音的位置一般情况下是有规律的。

1. 语法重音。语法重音是根据句子的语法关系读出的重音。语法重音的位置是比较固定的、有规律的。

一般短句里的谓语部分应重读，如："被告人刘××在倒卖票证过程中与张××结识……"

述宾结构中的宾语要重读，如："本院认为，××人民法院的判决处刑畸轻，特提出抗诉。"

定语、状语、补语比中心词要读得重一些，如："公诉人认为兰云信用社确实存在渎职的情况。"

疑问代词和指示代词要重读一些，如："这是谁的过错？"

列举事物时，并列的词语要读重一些，如："该信用社的领导却视而不见、充耳不闻、一意孤行。"

人名、地名的最后一个字，轻声音节的前面的音节要读重一些。

2. 逻辑重音。逻辑重音是根据前后意思按表达内容的需要应该读得重的音节。逻辑重音不像语法重音那样有规律可循。逻辑重音没有固定的位置，它完全是由表达的内容决定的。如"我是太原中院的法官"这句话，如果将它置于不同的语言环境，有不同的语言目的时，重音的位置也不同：

谁是太原中院的法官？

我是太原中院的法官。

回答这个问句，"我"成了强调的对象，"我"就是语句重音。

你是太原中院的法官吗？

我是太原中院的法官。

回答这个问句，"是"成了强调的内容，"是"就是语句重音。

你是大同中院的法官吗？

我是太原中院的法官。

回答这个问题，"太原"成了强调的对象，"太原"就是语句重音。

你是太原中院的法警？

我是太原中院的法官。

回答这个问题，"法官"成了强调的对象，"法官"就是语句重音。

由上述例句可知，在不同的语言环境中任何一个词均可能成为逻辑重音。既然哪个词都可能成为逻辑重音，宣读时到底哪个词可作重音？这就看你对文书内容的理解程度了。

（二）重音要少而精

从理论上讲，似乎每个完整的语句中都存在重音。司法宣读中，听众注意理解接受的是大于语句的连贯话语的"句群"和"语段"。重音则是凸显文书主旨与文意的。如果重音太多会影响语言的清晰，实际是没有重音。如果在每个标点隔开的语句中找重音，其结果必然割裂了语言的联系，模糊了语言的主次关系，听起来让人不懂要领。

司法宣读时，应注意把握大的语言单位，注意句群、语段的连贯性，重音尽量做到"少而精"，使之起到"牵一发而动全身"的作用。重音少而精，包含两层意思：一是表达中予以强调的重音数量少，选择准确、精到；二是确定的重音词组，往往可以把重音落实到一个音节上，听说效果鲜明。

课内实训

司法口才训练，最好从练习宣读开始。

单从口语表达方面讲，宣读要以普通话为标准音，对于母语是汉语的人而言，普通话不难学。但是在汉语方言区的人有一定难度，要注意找到自己普通话方面的弱点，强化训练，克服弱点。

司法宣读并非一般说话，其表现力、表达技巧与内在气势有特殊的要求。宣读时字正腔圆，语句流畅，语调、语气、重音、停连均能表达法律文书的主旨及文意，并体现司法宣读的威严。

一、单项训练

（一）吐字归音

1. 吐字训练：读绕口令，注意分辨声母。[1]

（1）老宋和老宗，二人去买葱。老宋把葱说成蒜，老宗把蒜说成葱。蒜是蒜，葱是葱，竹笋、红薯红、脆瓜、莴苣、辣椒青，哪样说错都不行。

（2）破皮袄破了个破皮窟窿，会补破皮袄的来补破皮窟窿，不会补破皮袄的别来补破皮窟窿。

2. 归音练习：读绕口令。

（1）梁家庄有个梁大娘，梁大娘家盖新房。大娘邻居大老梁，到梁大娘家看大娘，赶上梁大娘家上大梁，老梁帮着大娘扛大梁，大梁稳稳当当上了墙，大娘高高兴兴谢老梁。

---

〔1〕 张波主编：《口才训练教程》，机械工业出版社1999年版，第15页。

(2) 一进门，白粉墙，白粉墙上画凤凰。红凤凰，黄凤凰，粉红凤凰画满墙。

(3) 哥挎瓜筐过宽沟，赶快过沟看怪狗；光看怪狗瓜筐扣，瓜滚筐空怪看狗。

(二) 气息控制

1. 吸气训练。

(1) 深吸一口气。体会闻花香、毛细孔扩张、半打哈欠。

(2) 跑20米左右，然后朗读一段课文，尽量避免喘气声。

(3) 抬重物，找吸气的感觉。抬重物时，必须将气吸得较深，憋着一股劲。后腰鼓胀，腰带渐紧。这是正确的吸气方法。

2. 呼气训练。

(1) 深吸一口气后，体会叹气。数葫芦。

假设桌面上有许多灰尘，要求吹而不能吹得尘土飞扬。练习时，按吸气要求吸足气，停顿两秒钟左右，向外吹气息。吹气时，要平稳、均匀，随着气息的流出，胸腹尽量保持吸气的状态，尽量吹得时间长些，直至一口气吹完为止。

(2) 练习一口气说完下面顺口溜。要求进气深、多、快，控制意识强，用气均匀。

一二三四五六七，七六五四三二一，七个小孩来摘果，七个小篮手中提，篮中果子有七样：苹果、葡萄、石榴、柿子、李子、栗子、梨。

3. 换气练习。高声朗读《高山下的花环》中雷军长的一段演说，安排好换气，体会共鸣。

我的大炮就要万炮轰鸣，我的装甲车就要隆隆开进！就要去流血！！可刚才，有那么个神通广大的贵妇人，她竟有本事从千里之外把电话要到我这前沿指挥所。她来电话干啥？她来电话是要我给她儿子开后门，让我关照她儿子！奶奶娘！走后门，她竟敢走到我这流血牺牲的战场！我在电话里臭骂了她一顿！我雷某不管她是天老爷的夫人，还是地老爷的太太，走后门，谁敢把后门走到我这流血牺牲的战场上，没二话，我雷某要让她儿子第一个扛上炸药包去炸碉堡！去炸碉堡！[1]

(三) 共鸣

1. 哼鸣练习。双唇闭拢，口腔内像含着半口水，发"mu"音。声音反着气流下行，用手扶胸部有明显的振动感，双唇发麻，找到胸腔共鸣；仍发

---

〔1〕 张波主编：《口才训练教程》，机械工业出版社2004年版，第14页。

"mu"音,声音沿着硬腭上行,头部有振动感,双唇发麻,找到鼻腔共鸣。

2. 朗读练习。读下面诗词,要求放慢速度,有意识地夸张,尽量找出最佳共鸣效果。声音适当偏后些,使之浑厚有力。

红——军——不怕——远——征——难,
万——水——千山——只——等——闲。
五岭——逶迤——腾——细——浪,
乌蒙——磅礴——走——泥——丸。
金沙——水拍——云——崖——暖,
大渡——桥横——铁——索——寒。
更喜岷山——千——里——雪,
三军过后——尽——开——颜。

(四)停连

宣读下列一段话。先对重音和停连做相关标识。

本院经审查认为,宋×通过个人借款、协调有业务关系及无业务关联的房地产开发公司借款及帮助申请贷款等多种途径为贵州×××集团房地产开发有限公司开发"世纪佳苑""世纪雅苑"两房地产项目提供启动资金、项目运营资金,并承担资金风险。原判认为宋×没有实际出资,而是利用职务便利为请托人黄××谋取利益,以合作投资名义收取"干股"的理由不充分。且宋×的部分行为与其职务无关,原判未予考虑。综上,原判认定宋×犯受贿罪的部分事实不清,证据不足。[1]

二、综合训练

将所学到的宣读的单项表达方法和技巧综合运用到司法宣读的全文训练中,按照司法宣读的综合标准与要求进行宣读。

(一)宣布法庭纪律

书记员:请肃静。

根据《中华人民共和国人民法院法庭规则》的规定,现在宣布法庭规则:

全体人员在庭审活动中应当服从审判长(员),尊重司法礼仪,遵守法庭纪律,不得实施下列行为:

1. 鼓掌、喧哗;
2. 吸烟、进食;
3. 拨打或接听电话;

---

[1] 资料来源:中国裁判文书网,中华人民共和国最高人民法院(2012)刑监字第182-1号再审决定书(节选)。

4. 对庭审活动进行录音、录像、拍照或使用移动通信工具等传播庭审活动;
5. 其他危害法庭安全或妨害法庭秩序的行为。

检察人员、诉讼参与人发言或提问,应当经审判长(员)许可。

旁听人员不得进入审判活动区,不得随意站立、走动,不得发言和提问。

媒体记者经许可进行录音录像,应当在指定的时间及区域进行,不得影响或干扰庭审活动。

在场人员,请将手机关闭或调成静音。

全体起立,请审判长、审判员入庭。

审判长:请坐。

书记员:(转身)报告审判长,原告×××诉被告××× ××一案,法庭准备工作就绪,可以开庭。

(二)宣读判决书

注:该文书为南京市玄武区法院法官陈文军的一份民事判决书。该文书获中国法学会法律文书学研究会主办的"第二届全国优秀法律文书评选活动"全国一等奖。

南京市玄武区人民法院
民事判决书[1]

(2013)玄商初字第580号

原告安徽省华皖通信有限公司,住所地在安徽省合肥市淮河路303号邮电大厦12层。

法定代表人王俊霞,该公司董事长。

委托代理人高丽,北京德恒(合肥)律师事务所律师。

委托代理人李培培,女,汉族。

被告安徽宏图三胞科技发展有限公司,住所地在安徽省合肥市蜀山区长江西路189号之心城购物中心4层21号。

法定代表人袁亚非,该公司董事长。

委托代理人潘军,男,汉族。

委托代理人王鹏,男,汉族。

原告安徽省华皖通信有限公司(以下简称华皖公司)诉被告安徽宏图三胞科技发展有限公司(以下简称宏三公司)买卖合同纠纷一案,本院受理后,依法组成合议庭,公开开庭进行了审理。原告华皖公司的委托代理人高丽、李培

---

[1] 资料来源:载 http://diyitui.com/content-1482132861.66426647.html。

培,被告宏三公司的委托代理人潘军、王鹏到庭参加诉讼。经本院审判委员会讨论决定,本案现已审理终结。

原告华皖公司诉称:原、被告于2013年1月11日签订购销合同,约定原告向被告购买580台ipad4,每台单价3410元,总价1 977 800元,原告于合同签订后3个工作日内将全额货款付至被告指定银行账户,被告收到货款后7个工作日内交付货物。原告按约支付货款后,多次向被告催要货物,被告至今未向原告发货。被告的违约行为导致原告在春节销售旺季时无货可卖,因电子产品更新较快且已有新品上市,原告诉至本院,请求法院判令:①解除原、被告之间的购销合同;②被告返还货款1 977 800元,并按年利率24%支付至2014年5月7日止的利息612 521.95元。

被告宏三公司辩称:①原、被告之间进行了连续的交易,原告交易的目的不是为了取得货物的所有权,而是通过与被告员工程正的合作获得保底收益;②程正虽然是被告员工,但是与原告的交易过程中却代表原告的利益,程正从被告处提货,即代表原告收到货物,被告履行了交货义务;③原告与程正合谋,损害被告的利益,通过被告赋予程正的职权,低价销售被告货物,牟取月息2%、年息26.85%的高额收益。程正为原告从被告处购买货物、提货,为原告销售、交付、催收销售回款。综上,被告认为,本案讼争货物已被代表原告利益的程正提走,被告也是受害者。请求法院驳回原告的诉讼请求。

经审理查明:2013年1月11日,被告销售经理程正将加盖了被告合同专用章的《产品销售单次合同》电子扫描件发给原告,主要内容为:原告(甲方)向被告(乙方)购买580台ipad4,单价为3410元,价款总计1 977 800元;甲方于合同签订后3个工作日内将货款金额付至乙方指定的银行账户,乙方收到货款后7个工作日内交付货物;合同未选择具体的交货方式(①乙方送货。②甲方自提。③甲方指定提货人);甲方收(提)货时,风险发生转移;合同还约定了违约责任、争议管辖等条款。原告于同日将货款1 977 800元汇至被告账户。2013年3月,原告诉至本院,提出本案诉讼请求。

另查明:

1. 2012年10月16日~12月13日期间,原被告双方先后签订过七份买卖合同,除同年11月8日双方签订的第四份合同(合同标的价612 900元)未实际履行外,其余的六份合同均已履行完毕,但被告在六份合同中没有一次是按照合同约定品名、单价交付货物。原告对此的解释是,苹果产品的特性是随行就市,不可能按照合同约定的价格交付货物。被告认为,这说明原告并不关心合同的内容,只要程正保证原告取得每月2%的保底收益。

2. 2013年3月8日,程正因涉嫌犯罪被公安机关抓获。2013年12月27

日,南京市玄武区人民检察院指控被告人程正犯职务侵占罪、合同诈骗罪,向本院提起公诉。本院查明的程正与本案相关的犯罪事实是:2013年1月中旬,程正利用担任被告苹果电子产品区域销售经理的职务便利,侵占被告销售给原告并已发货的价值 1 977 800 元的 ipad4 平板电脑,后擅自卖出,货款用于赌博。程正对指控的基本犯罪事实及定性均不持异议。本院于2014年3月17日以程正犯职务侵占罪,判处有期徒刑6年;犯合同诈骗罪,判处有期徒刑11年,并处罚金50 000元;决定执行有期徒刑15年,并处罚金50 000元;并责令程正退赔赃款 5 700 900 元,发还给被害单位及被害人。该刑事判决现已生效。

上述事实有双方当事人陈述、南京市玄武区人民检察院玄检诉刑诉(2013)390号起诉书、本院(2014)玄刑初字第30号刑事判决书、刑事庭审笔录、刑事卷宗材料以及本院庭审笔录等证据证实。

本案争议焦点:被告销售经理程正与原告之间是否存在"保底收益条款"的约定,原、被告之间的交易惯例是怎样的,被告对涉案货物的交付义务有无履行。

原告否认其与程正之间有"保底收益条款"的约定,其与被告之间是正常的买卖合同关系,被告未按约交付货物,就应当返还货款。原告提供合肥市成浩科技有限公司(以下简称成浩公司)出具的"情况说明"一份,主要内容为:其与原、被告均有业务往来,主要看哪家公司的供货价格合理;程正曾多次称,被告给业务员规定有销售任务;成浩公司曾委托程正向原告采购货物,并书面委托程正付款。原告另提供编号为 HWTX2012 - 11 - 01 - 0020 的出货指令单一份,证明2012年11月1日,被告销售部按照原告发货指令将100台手机发送给北京峰跃强联商贸有限公司。

被告对上述两份证据的真实性不予认可。被告认为,原告不能证明公章为成浩公司加盖,也不能保证所述内容是成浩公司的真实意思。正常情况下,转卖价格肯定高于直接采购价格,原告的倒卖转售行为,恰恰说明程正和原告存在利益的合谋;被告从未收到过原告的出货指令单,也未设置销售部。依交易习惯,既然是出货指令,也应当有被告方的签收记录。

被告还认为,程正虽为被告员工,但其与原告串通,将名义上销售给原告的货物直接加价销售给下家客户,所得利润与原告分成,被告将货物交付给程正,视为向原告履行了交付义务。

为查明事实,本院从南京市公安局玄武分局调取该局对奚亦龙(原系原告销售总监)和程正讯(询)问笔录、程正与奚亦龙的QQ聊天记录。由于上述材料的形成时间在检察机关两次退回补充侦查结束之后,公安机关未向检察机关移交上述材料,故在本院刑事案件审理中未涉及上述材料。

1. 2013年12月27日,南京市公安局玄武分局对奚亦龙进行询问。奚亦龙称，2012年10月，原告总经理王昕和程正签订协议（一式三份，程正留一份，原告留存两份），协议内容是原告每月出资200万元作为运作资金，程正要确保原告2个点的毛利收入；如果达不到，就由程正补足。实际上原告提供一个资金平台，将资金打到被告的对公账户，由程正为原告开拓销售渠道。程正以批发价或者以较低的价格供货，为原告开拓销售渠道，销售给下家，程正能加价销售，加价利润由程正拿。2012年10月~2013年1月，原告从被告处进货，共发生六、七笔批发业务。原告通过电话或QQ和程正联系洽谈，然后签合同，原告先打款，将货款打到被告的对公账户，按合同约定，5~7天内被告发货，大部分货物都是程正安排送货人员直接送货给下家，只有少部分货物是程正安排送货人员送给原告，也能视为无货交易。这些下家都是程正找的，之前这些下家已将货款打到原告对公账户。一个月之内程正把被告的发票给我，我在两个月之内将原告开具的发票通过程正直接交给合肥本地的下家，外地的下家按程正给的地址寄发票。所有客户都签合同，如果是合肥本地的客户，程正把对方电话告诉我，之前程正都和对方谈好品名、价格、数量，我就电话联系，让对方将盖好章的合同送给我，我再盖原告的公司印章，双方各执一份。

2. 2014年1月23日，南京市公安局玄武分局对程正进行了讯问。程正的供述与奚亦龙的陈述内容基本相同，但对程正与原告之间有无签订过书面协议一事，两人陈述不一致。程正否认签过书面协议，程正称原告曾要求通过其让被告出一个书面东西，并附加一个书面保证，其未答应，也未向被告柯总汇报此事。

3. 2014年4月4日，南京市公安局玄武分局对程正进行了再次讯问。程正称其是帮原告送货给下家客户，这些下家客户都知道是代原告送货的。

4. 南京市公安局玄武分局调取了程正与奚亦龙之间的QQ聊天记录。记载的内容是程正与奚亦龙之间从2012年10月16日至2013年1月22日期间对话情况。根据QQ聊天记录，2012年10月16日，奚亦龙让程正汇给原告法定代表人王俊霞20万元（程：账号给我，我把20万先办过去，最好工行的）。在程正与原告合作期间，原告根据买卖合同将货款汇至被告账户，程正或程正许可的人（奚：可要带啥手续。程：不要）从被告处提取原告订购的同等价值的货物。原告利用程正在被告处工作所积累的人脉和客户资源，允许程正自主确定销售价格（奚：单品价格多少？程：PAD平出，手机3415）代为销售其从被告处订购的货物（奚：北京峰跃强联商贸有限公司4180*290的销售合同、收货收条。奚：没有就先把收货收条搞好。程：以后，就搞个收货收条吧。程：不要搞合同了，有点麻烦），谋取保底收益。双方合作期间，奚亦龙曾提醒程正注意回款风险（奚：你必须等到款才能发货），程正亦多次将客户回款汇给原告。2013年1月22日，奚亦龙通过QQ向原告发送最后一条信息（奚：款呢），但程正没有回应。

5. 本院于2014年5月7日对奚亦龙作了调查。奚亦龙称，其从2012年10月起，和程正合作了3个月，如原告每月毛利不足2个点，由程正补足差额。2012年10月16日，程正曾汇给原告法定代表人王俊霞20万元系保证金，以保证原告有每月2个点的毛利，如果毛利不足，从20万元保证金中扣除。程正帮原告将货卖给下家，价格由程正负责洽谈。2012年11月30日，因当月利润未达标，程正汇补差款30 500元至原告账户。

6. 2014年7月17日，本院至镇江监狱开庭，程正作为证人接受原、被告质询。程正表示曾交20万元保证金给原告，交保证金是为了保证原告利润。原告这几单批发业务80%~90%都是其介绍的，确认客户订单后，其帮原告代发货。奚亦龙曾要求签订书面协议，但最终并没有签。

7. 本院要求原、被告分别提供货款支付及货物交易清单。双方从各自的电脑上导出相应数据。被告的出库商品名称、数量、单价、金额与原告基本相同。仅有一次记载不相同，即2012年12月23日被告出库记载为联想笔记本200台、单价是3550元，总金额是71万元，而原告次日的进库记录则是苹果4S，但单价、数量和总金额都是一致的。此外，原告称其没有收到本案讼争货物，但原告在2013年1月17日的进库单中记载其总共进了价值1 987 700元的四个品种的苹果手机。2013年1月13日，被告的出库单显示，其向原告销售了上述货物。被告陈述，实际交付货物与合同价款的差价9900元，由程正现金补足。

8. 原告的银行账户显示，2012年10月29日至同年12月25日，程正先后汇给原告478 100元、136 600元、332 000元、12 200元、50万元、168 800元、30 500元、50万元、25万元、275元、303 480元。

9. 因程正陈述其曾向原告法定代表人王俊霞交纳保证金20万元，QQ记录有相应记载，奚亦龙亦认可此事。为此，本院限期原告提供王俊霞的工商银行账户交易清单。原告以王俊霞不参与公司实际经营，且王俊霞现居国外等为由未予提供。为此，本院调取了王俊霞的银行账户交易清单，该清单显示程正于2012年10月16日汇给王俊霞20万元。

原告对上述证据的真实性不持异议，但认为内容不能证明原、被告之间的交易过程，奚亦龙所称的200万元额度与原告每次的转账记录相矛盾，第一笔交易额为34万元，第二笔为612 900元，除了最后一笔为1 977 800元，其余几笔都不足100万元，与200万元亦相差较远。奚亦龙称程正与原告之间有书面协议，但程正否认有书面协议，证明奚亦龙的陈述不具有真实性。奚亦龙的QQ聊天记录是其个人的意思表达，与原告无关。至于王俊霞有无收到20万元，与原告无关，这是王俊霞的个人行为，不能证明原告收到程正的保证金。

被告对上述证据的真实性无异议,认为上述证据能够证明程正与原告之间存在合作关系,即程正给原告每月不少于资金额度2个点的回报,程正向原告交纳保证金20万元,帮助原告联系下家客户,并由程正确定销售价格。至于程正与原告之间有无书面协议,奚亦龙与程正的陈述不一致,但有无书面协议,不影响原告按200万元的资金额度收取每月2个点的保底收益,不足部分,由程正补足,事实上也是这样操作的。

关于原告与程正之间有无"保底收益条款"的约定。

本院认为,程正归案后,公安机关从程正的电脑上提取的QQ聊天记录,具有较强的证明力,虽然不能完整地呈现原、被告之间的交易全貌,但结合公安机关对奚亦龙、程正所做的谈话、讯(询)问笔录,本院对奚亦龙、程正所做的调查笔录以及程正向原告法定代表人王俊霞汇款20万元等相关事实,本院认为上述证据已形成证据链,能够证明程正与原告存在利益勾连,即程正代为原告进行销售,原告从程正处获得相应利益。至于双方之间有无"保底收益条款"的书面协议,不影响对双方行为性质的认定。原告认为王俊霞收到程正的20万元是王俊霞的个人行为,与原告无关。因王俊霞系原告的法定代表人,与原告存在特殊的关系,程正按照其与奚亦龙在QQ中的约定将20万元汇至王俊霞的账户上,原告没有举证王俊霞与程正还存在其他债权债务关系,故对原告的该项理由,本院不予采纳。

关于原、被告之间的交易惯例。

本院认为,从程正与奚亦龙之间的QQ聊天记录来看,程正与原告合作期间,原告利用程正在被告处工作所积累的人脉和客户资源,允许程正自主确定销售价格,代为销售其从被告处订购的货物,谋取收益。原告出于风险控制,要求程正向其法定代表人交纳保证金20万元。双方合作期间,奚亦龙曾提醒程正注意客户的回款风险,程正亦按双方的约定多次将客户回款汇给原告。如果程正仅是作为被告员工履行职务,不应出现程正在两个月左右时间多次从个人账户汇款给原告的情形,从而可以推断程正与原告之间存在利益上的勾连。原、被告之间履行了数份合同(2012年11月8日的合同外),在履行过程中,被告实际交付的货物品名、数量、单价与合同约定均不符,只是每次交付的货物总价大体相同,说明合同只是一个形式,原告的目的是通过程正的转售谋取收益,程正虽然是被告员工,但在转售谋利上与原告存在利益勾连,表面上,程正行使了类似或超越原告销售经理的职权,实质上,原告并不关心程正的销售过程或销售价格,只关心其收益能否实现。因此,从上述交易过程可以认定,原、被告之间的交易惯例是:原告根据买卖合同将货款汇至被告账户,程正或程正许可的人从被告处提取货物,由程正交付给原告或代为销售给下家客户,代销的货物由程正负责收回货款。

关于被告对涉案货物的交付义务有无履行。

本院认为,根据查明的事实以及原、被告之间的交易惯例,原告向被告订购的等价值货物,均由程正或程正许可的人代为提取,对前几批货物的交付,原告从未向被告提出过异议,说明前几批合同的交付义务已经完成。本案所涉的双方于2013年1月11日签订的合同,合同约定的是原告购买被告580台ipad4,单价为3410元,价款总计1 977 800元。被告的出库单说明被告交付的货物是苹果手机,并且已出库。而原告2013年1月17日的进货记录显示,原告共进了价值1 987 700元的苹果手机(非合同约定的ipad4),原告的进库记录与被告的出库记录完全相同,可以视为原告已实际收到货物。否则,因实际交付的货物与合同约定不符,原告不可能作出准确的记载。至于程正将该批货物转售,并不违反原告的意志。程正将货款收回后未按惯例汇给原告,系程正违反了其与原告之间的约定,而不是被告未履行交付义务。与之相佐证的是,2013年1月22日,奚亦龙在最后一次QQ中向程正催要的并非是本案拖欠的货物,而是销售回款。

此外,刑事案件被害人的认定理论也可以辅助判断本案被告的交付义务有无履行。根据刑法理论,在经济犯罪案件审理中,被害人的确定应当遵循直接原则、过错原则。直接原则,是指通常情况下犯罪行为直接针对的对象就是被害人。过错原则,是指在经济犯罪案件中存在多个民事合同关系和多个民事法律主体的情况下,应保护善意、无过错的民事主体,不认定其为被害人。与之相对应的,因追逐高额回报,贸然从事高风险投资对自己的财产受到损失持不谨慎甚至放任态度,主观上存在过错的,应认定为被害人。

南京大学刑法学专家孙国祥教授在2014年5月13日南京市中级人民法院召开的经济犯罪案件中刑民交叉问题案例研讨会(以下简称刑民交叉研讨会)上认为,在刑民交叉案件被害人的确定问题上,过错原则的确立是非常重要的。在善意、过错两方同时存在的情况下,善意一方的利益更值得保护。

本案中,程正作为被告的员工,本应尽心为公司创造价值。程正将本属于被告的客户介绍给原告,使本应属于被告的销售利润在原告与程正之间进行分配,原告应当知道其与程正之间的这种合作关系必然会损害被告的利益,原告也应当知道其允许程正转售货物并转交货款可能存在风险,但原告为追求高额回报,贸然从事高风险投资,对自己的资金安全持不谨慎甚至放任态度,主观上存在过错,应认定为被害人。在程正未及时将销售回款汇给原告后,原告转而要求被告承担本应由原告承担的交易风险,不符合诚信原则,本院不予支持。

关于民事诉讼中出现未涵盖在生效刑事判决中的新证据,致民事判决与生效刑事判决可能存在冲突如何协调的问题，法律或司法解释缺乏相应的规定。对此，南京大学民法学专家叶金强教授在刑民交叉研讨会上认为，刑民交叉案件的处理应当采取分别判断、个案判断。即在该类案件中，案件的事实是同一的，但刑事审判程序与民事审判程序关注的重点不同，需要的案件事实、证据材料不同，裁判的结果也应当根据刑法、民法分别作出判断。东南大学法学院院长刘艳红教授在刑民交叉案研讨会上认为，刑民交叉案件没有一个简单的处理模式，无论是"先民后刑"还是"先刑后民"都是教条化、简单化的处理方法，最重要的原则还是取决于具体个案中民事关系和刑事关系的关联性和相互影响程度。本院认为，在刑民交叉案件中，刑事证据的认定标准远高于民事证据。就同一法律事实，刑事判决在先，民事判决在后，刑事判决中认定的事实应当作为民事裁判的依据。但在刑事判决生效后，出现新的证据，民事案件不应仍依据生效的刑事判决书作出裁判，而应根据优势证据规则作出独立的判断。因民事判决与刑事判决并非基于同一法律事实，故也不存在两判决认定事实冲突的问题。

鉴于程正案的刑事判决已经生效，在判决中责令程正向被害人退赔赃款，因实际受害人为原告，故被告若收到程正退赔的赃款，应及时转交给原告。

综上，被告的交付义务已经履行，原告要求解除合同、返还货款并赔偿损失的诉讼请求，缺乏事实与法律依据，本院不予支持。依照《中华人民共和国合同法》第九十一条第（一）项，《最高人民法院关于适用〈中华人民共和国合同法〉若干问题的解释（二）》第七条，《最高人民法院关于民事诉讼证据的若干规定》第二条，《中华人民共和国民事诉讼法》第一百四十二条之规定，判决如下：

驳回原告安徽省华皖通信有限公司的诉讼请求。

本案案件受理费23 888元、保全费5000元，共计28 888元，由原告安徽省华皖通信有限公司负担。

如不服本判决，可在判决书送达之日起十五日内，向本院递交上诉状，并按对方当事人的人数提出副本，上诉于江苏省南京市中级人民法院，同时根据国务院《诉讼费用交纳办法》的有关规定，向南京市中级人民法院预交上诉案件受理费。南京市中级人民法院开户银行：南京市农业银行鼓楼支行；账号：10××× 76。

审 判 长　　陈文军
人民陪审员　　封　波
人民陪审员　　吕旦华
二〇一四年十二月十九日
见习书记员　　褚孟莹

第七章　司法问话

学习要点

1. 了解司法问话的概念和分类；
2. 掌握司法问话的特点；
3. 会运用司法问话的方法和技巧进行司法问话。

司法问话是司法谈话特别重要的一类。

司法人员和其他相关的法律工作者在司法或与司法相关的工作过程中运用的各种形式的问话和答话，我们称之为司法谈话。

司法谈话是司法工作中使用十分广泛的口才形式和工作形式，种类很多，如讯问、询问、发问、解释、答复、调解等都属于司法谈话的范畴。本教材重点讲授常用的司法问话和司法调解。本章为司法问话。

司法问话，是侦查人员、检察人员、审判人员和律师在特定的场合下，对特定的对象提出问题并要求其回答的一种工作口才。

问话与问句不同，问话是言语行为，是动态的话语，是在一定语境中为了一定目的或效果而发出的具有一定语力的言语行为，对应的英语是 question；而问句则是语言，是静态的，是脱离语境的，是从句法分析角度归纳出的一种句类，对应的英语是 interrogative sentence。本章研究的内容是司法口才主体为了查明案件事实而引出回答话语行为的问话，而不是问句。

第一节　司法问话的概念和分类

《刑事诉讼法》第 50 条规定"不得强迫任何人证实自己有罪"，"严禁刑讯逼供和以威胁、引诱、欺骗以及其他非法方法收集证据"。司法口才主体在行使司法权的时候，承担着判断是非曲直、解决矛盾纠纷、制裁违法犯罪、调节利益关系等重要职责。侦查办案中的调查取证，是完成这一职责的基础和关键，而在调查取证过程中，尽管犯罪嫌疑人在侦查讯问中承担"如实回答"的义务，但并不意味着所有犯罪嫌疑人都会主动供述。出于趋利避害、自我保护的天性，他们往往会选择沉默、拒不供述案情。因此，司法问话是实现调查取证中必不可少的工作。如何通过司法问话，合法查明真相？值得我们去研究。

一、司法问话的概念

司法问话是司法人员和律师在诉讼等特定场合下，依照我国法律的有关规定对被问话的人提出问题，并要求其如实回答的一种司法口语表达形式。主要包括侦查人员、检察人员和审判人员为了证实犯罪和查明犯罪嫌疑人，依法对犯罪嫌疑人和被告人进行的讯问；侦查人员、审判人员、公诉人、辩护人等，为了查清案件事实，依照法律规定的程序，直接或间接向了解案件情况的被害人、代理人、证人、鉴定人等进行的询问；在案件审理过程中，当事人、公诉人、辩护人、代理人等为使案件得到公正判决，从各自所处的诉讼地位向被告人、受害人、自诉人、附带民事诉讼的原告人以及证人、鉴定人等进行的发问。

司法问话的主体是侦查人员、检察人员、审判人员和律师，问话的对象是与本案有关的犯罪嫌疑人、被告人、被害人、知情人、证人以及民事行政案件的当事人等，问话的特定场合是审讯室、法庭或其他法律规定的场所。问话的过程不是一个个问话的提出，而是从提出问题到回答问题的全过程。将通过司法问话调查清楚的客观案件事实，用具有法律证明作用的证据链予以证明并加以固定，形成笔录，成为直接反映案件事实和违法犯罪嫌疑人的证据，成为具有法律效力的检验案件的历史凭证。这些直接证据的获得，司法问话功不可没。

二、司法问话的分类

司法问话依法可分为讯问、询问和发问等。

（一）讯问

讯问是国家安全机关、公安机关和检察机关的侦查人员在侦查过程中为了查证事实与犯罪嫌疑人、被告人进行的一种口头对话形式。《刑事诉讼法》第116条第1款规定："讯问犯罪嫌疑人必须由人民检察院或者公安机关的侦查人员负责进行……"依法对犯罪嫌疑人、被告人、死刑犯等进行讯问，是确认证据、获取供词的过程，它是一种带有强制性的言语交际行为——司法人员有权问，受讯者应当答。但是，口供本身的可信度有限，以此推脱罪责或代替别人认罪等现象屡见不鲜，司法实践中就有领导肇事，司机代替肇事的领导认罪的案件。再者，唯口供定罪容易造成刑讯逼供，也容易发生错案冤案。

司法实践中，进行讯问的司法人员和被讯问者是司法口才主体和司法口才对象的关系，是矛盾对立的双方。一方总是千方百计依法去追查、揭露和证实犯罪，查明事实真相，另一方出于本能和保护自己的心理，大都极力隐瞒事实、回避案件的关键情节，或借机报复、肆意指控他人有违法犯罪行为，或伙同他人参与报复陷害、作伪证等。

讯问中问与答的双方，在客观上始终形成对立的目标，彼此在组织语言时，都少不了考虑对方的心理，相互制约，形成心理障碍，目的是保证自己的成功而不使对方取胜。所以，讯问语言的运用与犯罪心理障碍息息相关。犯罪嫌疑人、被告人的侥幸心理在审讯阶段的表现是普遍的，主要表现在两个方面：一是谎言供述；二是拒绝供述。掌握讯问对象的犯罪心理状态进行讯问，是司法人员讯问能否取得成功的关键。

（二）询问

询问是侦查人员、审判人员、公诉人、辩护人等在诉讼活动中，为了查清案件事实，依照法律规定的程序，对刑事案件的被害人、代理人、鉴定人、知情证人，民事行政案件的当事人、知情证人等直接或间接了解案件情况进行的一种口头问话形式。

《刑事诉讼法》第122条第1款规定："侦查人员询问证人，可以在现场进行，也可以到证人所在单位、住处或者证人提出的地点进行，在必要的时候，可以通知证人到人民检察院或者公安机关提供证言。在现场询问证人，应当出示工作证件，到证人所在单位、住处或者证人提出的地点询问证人，应当出示人民检察院或者公安机关的证明文件。"第189条第2款规定："审判人员可以询问证人、鉴定人。"

询问是侦查人员、审判人员、公诉人、辩护人、代理人对知情人、当事人、被害人或受害人、证人、鉴定人就案件的相关问题进行调查时所进行的口语活动。询问的目的主要是寻找破案线索，查明案件事实，获取证据或解决纠纷。询问性质的司法问话在司法实践中使用范围广，可以说是每一个办案人员都要使用的一种口语表达方式。

询问是刑事案件中调查工作的组成部分。如犯罪嫌疑人到药店购买药物用于杀人，售货员可以证实什么样的人买了何种药品，甚至可以通过辨认来确定购药者。据此协助认定犯罪嫌疑人的这项工作，需要办案人员通过司法询问来完成，并制作询问笔录、辨认笔录作为间接证据使用。

（三）发问

在案件审理过程中，当事人、公诉人、辩护人、代理人等为使案件得到公正判决，从各自所处的诉讼地位向证人、鉴定人、被告人、受害人等进行发问。发问是在庭审中审判人员就本案事实展开调查，在审判长的主持下控辩双方对证人、被害人进行询问、质证的口语活动，双方发言的机会均等。《刑事诉讼法》第189条第1款规定："……公诉人、当事人和辩护人、诉讼代理人经审判长许可，可以对证人、鉴定人发问……"这种形式的发问，总是问话主体提出问题要求对方回答。

我国《刑事诉讼法》第 59 条规定:"证人证言必须在法庭上经过公诉人、被害人和被告人、辩护人双方质证并且查实以后,才能作为定案的根据……"这一规定,形成了法庭调查阶段又一种发问形式——交叉发问。在法庭调查阶段,律师或公诉人经审判长许可,可以直接向证人或被告人发问。这种发问是有目的的,为下一步的法庭论辩作准备、打基础。律师或公诉人通过有目的地发问,弄清和确定某些原先发问过程中所肯定的某些情况或者反驳原先发问过程中所认定的某些情况,为被告人辩护或支持公诉。公诉人、辩护人的交叉发问带有对立性或间接论辩的性质。

第二节 司法问话的特点

司法问话是司法口才主体在办案过程中的一种确证手段和获取供词查明案件事实的过程,又是一种复杂的特殊的言语交际过程。司法问话的最终表现形式是一个个具体的问话。问话语言的法律性、规范性,决定了司法问话的特点。

一、问答的互动性

司法问话,不能仅仅理解成是一个个问话的链条,它是由司法口才主体提出一个问题并要求对方回答的完整过程。司法问话主体根据问话目的向问话对象提出问题,问话对象接收到信息后应作出反应——回答。这一问一答才是一个完整的司法问话过程。问话引出回答,再根据答话提出问话。问引导答,答又影响问,一问一答具有很强的互动性。

> 如某公诉人在法庭上对被告人的问话:
> 公诉人:车主是谁?
> 被告人:车主,车主,车主是……
> 公诉人(打断话语):是不是你的?
> 被告人:嗯……是。

公诉人打断被告人的话,是一个问话技巧,在被告人刚刚启动答话机制提出新话题之际,公诉员打断话题,不给被告人想方设法逃避或者构思借口来应付的机会和时间。

司法问话中,问话受一些因素的制约,同样答话也受一些因素的制约。如问话的话语是否与问话的目的一致,答话人愿意不愿意回答,答话人有无回答问题的知识或信息。这些因素使司法问话的问与答在动态的状态下进行。互动,成为司法问话的一大特点。

二、语境的制约性

司法问话的语言,在特定的受法律约束的语言环境中生成使用。司法问话语言受多方面的约束:一是受谈话双方的身份约束,二是受法律约束,三是受语境因素的约束。

(一)受谈话双方的身份约束

司法问话的双方,按法律规定,有特定的身份。司法问话的主体是指在问话过程中占主导地位的一方,是国家的法律工作者,如负责侦查工作的公安人员、支持公诉的检察人员和法院的审判人员、担任辩护或法律咨询工作的律师等。他们担负着实施国家法律的任务,肩负着行使国家司法权的使命和职责,其身份不同于一般公民,成为司法问话特定的主体。

司法问话的对象,是指在问话过程中处于被动地位的一方,其始终受谈话主体的牵制。一般是指具有特定身份的人,比如刑事诉讼中的被告人、犯罪嫌疑人;民事或行政案件中的双方当事人等。

(二)受法律约束

司法人员在办案过程中,随着诉讼程序的转换,问话语境在不断流动变换,构成语境的因素也随之发生变化。受法律约束及这些客观因素的影响,司法问话形成了讯问、询问和发问等不同的类型。

刑事诉讼法规定,司法人员对犯罪嫌疑人、被告人、罪犯进行讯问。讯问的目的是获取犯罪证据,问话具有强制性。

按照刑事诉讼法的有关规定,司法人员和律师对知情人、当事人、被害人或受害人、证人、鉴定人进行询问,目的是查明事实获取证据,但其问话不能像讯问那样带有强制性,而应说服引导其讲真话讲实话。

法庭问话,按照诉讼法的相关规定进行。在法庭调查阶段,审判人员可以就本案事实向被告人发问,审判长、审判员、公诉人、辩护人可以向鉴定人、证人、被告人等发问,其目的是调查质证,通过发问、举证、质证最后认证。由此可见,法庭问话不是人人都可以问话,它受法律约束。如:

> 审判员:公诉人有没有发问的?
> 公诉人:有。
> 审判员:可以发问。
> 公诉人:你看到的那个打赵×的男子在法庭上吗?如果在,请指给我

们看。

证人：在（指向被告人）。

公诉人：赵×被杀时，只有被告人和他在一起吗？

证人：是的，另一个男的被我抱住了。

审判员：被告人有没有发问的？

被告人：没有。

审判员：被告人汪×的辩护人有没有发问的？

辩护人：有。

审判员：可以发问。

辩护人：证人梁×，你抱住别人，怎么还能看见被害人跑呢？

证人：因为我没抱一会儿就被那个男的挣脱了，我一起身就看见赵×向楼下跑去。

辩护人：审判员，我的问题问完了。

（三）受语境因素的约束

司法问话的种类简单，只有询问、讯问和发问，但是问话的对象却是形形色色、情况不一的。同是讯问，因犯罪嫌疑人的性别、年龄、职业、文化程度等自然条件不同，问话方式方法也应有所改变。讯问知识分子犯罪嫌疑人用盛气凌人的态度恐怕不会收到良好的效果；讯问经济犯罪的嫌疑人，问话应特别掌握分寸；讯问文化较低的犯罪嫌疑人语言应通俗明白。如：

一个捡破烂的老者，为盗窃集团销赃工业用铜2吨。被捕后，侦查人员问："你涉嫌犯了销赃罪！"犯罪嫌疑人听了呆若木鸡，表明他不懂什么是销赃罪。接着侦查人员解释道："销赃罪是明明知道是犯罪所得的赃物而你又替他销售的行为。"犯罪嫌疑人这时点头表示懂了。

侦查人员两次所说的内容是同一意思，第一种说法受文化知识的限制，犯罪嫌疑人不能理解，而换成第二种说法，侦查人员说得比较通俗易懂，被讯者易于接受，从而完成了言语交际任务。

再如《人民的名义》中一名涉案的国企老总，当检察院的人员到其办公室带他去检察院调查时，做贼心虚的老总立马爬到窗户上欲跳楼，后被成功救下。第二天，在审讯室进行讯问。

问：刘总，昨天真是精彩呀！那我们接着昨天的继续聊，其实你昨天冷静一些就更好了。

答：（不好意思）丢人，丢人了。

问：你是大型国企的老总，又当过侦察兵。昨天你的举动就说明你知道自己做过些什么，也知道我们反贪局为什么来找你，是不是？

答：侯局长，我能说实话吗？

问：实话实说。

答：好。说心里话，这些年我知道一些人一直在不停地告我，目的是什么？就是想从我这个当秘书的身上打开缺口，给我们省委书记制造点麻烦。从秘书身上下手，这是很多人惯用的伎俩。

答：我跟他们就是一般的朋友关系，是正常的交往。

问：你和高小琴的关系恐怕没那么一般吧！举个例子，你们汉东油气集团和高小琴的山水集团每年有合作项目，也有资金往来。你们公司每年要通过山水集团放几笔过桥高利贷，是不是？

答：这个，企业之间互相拆借资金，这不是很正常的事吗？

问：但是放高利贷不正常啊。是不是违反国家规定呢？还有，赚到的高额利息放到自己的口袋，就更不正常了。

答：是，我承认，为了给大伙儿谋点儿福利违反了财务制度，这个我确实有责任，但是我没有给国家造成任何损失。

问：没有损失吗？那大风项目七个亿的资金是怎么回事啊？

答：……

审讯国企老总、正厅级干部，就像平时的交谈，但是不失法律的威严。

由此，问话语境的复杂性，决定了司法问话语言的组织和选择具有一定的规律性和复杂性。

三、内容的规范性

司法问话的规范性，包括问话形式的法律性，也包括问话言语的规范性。按照法律的规定，讯问犯罪嫌疑人必须由人民检察院或者公安机关的侦查人员负责进行。讯问的时候，侦查人员不得少于2人，要全程录像。询问证人应当个别进行。对所提问必须有根有据、合乎法律，"言必有据"，禁止指供、诱供、刑讯逼供。

但在实际工作中，刑讯逼供、指供、诱供等渎职行为，一直是困扰公安机关的顽症，历来受到各级公安机关的重视，但问题至今没有从根本上消除。原因是旧的司法理念根深蒂固，司法部门习惯于把口供当作主要证据，于是想方设法要口供，甚至不惜刑讯逼供。刑讯逼供是冤案产生的温床、土壤和根源，必须禁止。

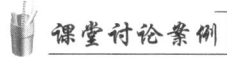

冤案是怎样制造的

2017年4月5日和6日CCTV1《今日说法》连续两天播出《警察与小偷（上下集）》。讲的是广西政法管理干部学院几个学生，被几个警察带到公安局，说是配合调查。警察之所以会锁定这4个人，是因为有人供出了他们。

被带到派出所的4个小时里，这4个学生经历了人生中最大的屈辱，最后顶不住了，就什么都"认"了。

当律师介入之后，很快就发现了其中存在的问题：一是没有任何的客观证据能够证明这4名学生实施了相关盗窃行为，没有指纹、没有脚印，就连遍布小区以及遍布城市各个角落的监控录像也没有；二是律师在阅卷中发现了大量警方违法取证的情况，如在公安局摄像头监控下，看到有明显的指供和诱供现象：警察在纸上写出时间举起来，提示嫌疑人念；警察感觉嫌疑人说的不满意，就打断正常拍摄，再重新录像，直到使警察满意为止。于是律师申请了排除非法证据。

法庭审理中，非法证据排除的程序已经启动，但一审法院仍然判4人有罪。这4名学生不服，提起上诉。二审法院判决，撤销原判，发回重审。

最终人民检察院以事实不清证据不足对4名被不起诉人"不予起诉"。

问题：
1. 指出本案警察讯问中的违法行为。
2. 找出本案警察违反了哪些法律规定。

之前聂树斌案、呼格吉勒图案、于英生案、陈满案、钱仁凤案、赵作海案，每个案件都是司法机关违反法律规定，刑讯逼供，有罪推定，造成了冤假错案。此案《警察与小偷》与之前的冤假错案不同的是：在找到真正的嫌疑人之前，人民检察院最后作出"不予起诉"的决定，通过法律将错案及时得到纠正。这种敢于亮丑、敢于纠错的行为，在令人愤慨的同时，也确实让我们看到了依法治国的光明前景。

指供和诱供也是司法问话所不允许的。这种问话貌似启发，实际严重违反审讯原则。这样容易使当事人顺杆爬，不由自主地提供错误的信息，很可能造成冤假错案。

如一起杀人案，犯罪嫌疑人对犯罪事实作了供述，但所供作案时间总交代不清，一直供述的是9月初，而事实上本案发生在11月初，司法人员进行了如下问话：

问：你们当天吃什么菜？
答：买了一只鸡炖着吃，另外把鸡杂炒了。
问：鸡里有没有放菜？比如萝卜之类？
答：有菜，可能是萝卜。
问：只有10月、11月才有萝卜，那么都开始吃萝卜了，是几月份？
答：是11月份。

这段司法问话，是诱供。讯问人员凭借自己的想象和猜测，故意提到"萝卜之类"，引诱犯罪嫌疑人顺竿爬，这样得来的口供有可能不真实，要坚决杜绝！

司法问话不仅要合法，也要规范。如审判人员宣布完合议庭成员后问：

被告人×××，你申请回避吗？

在一审判决结束后又问：

被告人，你要求上诉吗？

这两句常规问话，形成程式化的规范用语，任何其他问话都没有这样表述准确、规范。如果换句话问：

被告人，你还要上诉吗？
被告人，你还要申请回避吗？

话语中的"还要"一词，表示出审判人员对"上诉"和"申请回避"的不耐烦，不符合法律规范，表述时要去掉。

四、言语的策略性

策略性是司法问话的又一大特点。在刑事案件中，侦查人员获取证词、查证供词，是司法问话的最终目的。但是被讯问对象往往产生对立的心理动机，无罪的就是无罪，但是大多都有罪的往往企图逃避罪行而竭力隐瞒事实。这样的情况下,问话的策略性就显得尤为重要。

清朝人说:"文有定则,术有恒数。"司法问话主体也须遵循一定规律,以意为经以言为纬,所讲内容合乎常规为被讯问者所理解,同时,也绝不能被固定的成法所囿,在规矩的基础上灵活运用达到策略的境界,以达到事半功倍、出奇制胜的效果。

问话的策略性,要求讯问人员的讯问语言寓未知于已知,使语义具有概括性、联想性和适当的多义性质;寓特殊语体于基本语体之中,以普通话为主,艺术地运用方言、专门术语、行业语、宗教语;艺术地运用成语、谚语、歇后语;必要的时候可以运用社会黑话。正确掌握讯问策略在讯问言语表达上的艺术运用,如言语表达的严肃性与灵活性,精确性与模糊性,委婉性和强硬性,直率性和含蓄性,有声语言和无声语言,把握其内在联系,转化关系,使它们在具体的运用中体现出高度的策略性。如某中学女学生×××与老师吕×关系密切,某日吕×以下棋为诱饵,对女学生×××实施强奸,然后杀人碎尸。案发后,经警方初步调查,吕×被确定为重大嫌疑对象而被拘留。

讯问一开始,吕×暴跳如雷,大喊大叫。

问:请你别叫喊,为了查清事实,每一种可能都要查到。讯问你,你若犯了罪就说犯了,没有犯罪就说没有,要什么态度!

吕×:(突然感到自己失态)我不冷静,请原谅!

问:你会下棋吗?

吕×:会一点儿。

问:好。咱俩先下一盘棋,先冷静一下。(公安人员随便拿出一副象棋。棋盘是在案发现场捡到的,是用白帆布做成的。)

问:(突然地)你会写棋盘上那几个字吗?

吕×:(看到上面写着他的亲笔字"再来一盘,不要脸红",顿时脸色惨白)不!这不是我的棋盘!

犯罪嫌疑人吕×大惊后失色失言的表现,为公安人员留下了把柄。公安人员抓住战机,使其不得不交代了犯罪事实。

与重大嫌疑人谈话,侦查人员语气较为平和,"看似无关实有关",从而取得了突破性胜利。

第三节 司法问话的方法

一、讯问的方法

讯问，是侦查人员与犯罪嫌疑人面对面的交锋。侦查人员要通过一个个问话，最大可能地让犯罪嫌疑人讲出已消失的客观的案件事实，最大可能地让复制的案件事实与原始的案件事实相吻合，客观公正地再现案件的真实情况。但是，大多数犯罪嫌疑人归案后，在利害得失方面反复权衡，在认罪态度的表现是不敢不交代，但即使交代也是露头藏尾，避重就轻，被动迟疑，甚至忽认忽翻。如某侦查机关在侦查一起贪污案时，发现犯罪嫌疑人利用涂改发票、以小充大的方法贪污公款。检察机关在侦查过程中，隐蔽了这一犯罪情节，对几个嫌疑人一一调查，当讯问到嫌疑人王某时，审讯人员拿出被涂改的发票，放在桌上：

问：这张发票是怎么回事？
答：那不是我涂改的。
问：你根本就看不清楚发票的内容，怎么知道这张发票是被涂改的？
答：……我不知道。
问：发票被涂改的事情，只有我们办案人员知道，不是你干的你怎么知道发票是被涂改的呢？
答：（不语）……

检察人员设置出示发票的距离，足以让犯罪嫌疑人看不清发票的内容，而犯罪嫌疑人做贼心虚，一见发票便说发票不是他涂改的！此地无银三百两！最后不得不交代自己涂改发票侵吞公款的犯罪事实。

如何通过讯问合法查明真相？这就需要讯问人员高超的工作方法和技巧了。

（一）熟悉案情，制订计划

知己知彼，百战百胜。知己，要求司法人员应当了解自己的情况，如文化知识、智力、能力、工作经验、驾驭语言的能力；知彼，要求司法人员要掌握犯罪嫌疑人的心理、品质、认罪态度、本案情况以及事实和证据掌握的多少。

讯问前，侦查人员可以通过以下四个途径研究和掌握犯罪嫌疑人的心理。

1. 阅卷。通过对卷中犯罪嫌疑人的供述、现场勘查笔录、被害人陈述、证人证言等的分析，可以了解犯罪嫌疑人的个性、作案时的心理状态等信息。

2. 观察。讯问时直接观察或通过管教干部同寝室的犯罪嫌疑人与监控设备等进行侧面观察，了解捕捉犯罪嫌疑人内心的变化信息。

3. 查访。在侦查讯问前后，通过对犯罪嫌疑人的亲友、邻里、同事、同学等的调查访问，了解犯罪嫌疑人的日常行为。

4. 制订计划。为了使侦讯工作取得胜利，讯问人员要精心组织，精心指挥，精心准备，从组织上、行动上、物质上做好讯问计划。

（1）全案讯问计划：①案件的简单情况，包括犯罪嫌疑人的基本情况，发生案件或发现案件的时间、地点，有哪些证据材料，证据材料中有哪些疑点和矛盾，以及缺乏哪些证据材料；②通过讯问查明的事实、情节、核对证据；③讯问的步骤和策略方法；④讯问时需要出示的证据材料，出示证据材料的方法；⑤讯问如何与其他侦查措施结合（如查证、监控）；⑥讯问中可能出现的问题解决，问题的预设方案。

（2）个别事实情节讯问计划。为了查明案件中某一关键情节、关键性事实或情节，在全案讯问计划的基础上制订个别事实情节讯问计划，它是全案讯问计划的深化。如某国家工作人员生活腐化，与自己的正常收入严重不符，并且银行还有来源不明的巨额存款。经群众举报该国家工作人员曾多次索取他人的贿赂。那么该国家工作人员是否犯有贪污贿赂罪，他的巨额财产是从什么地方来的？当该国家工作人员成为讯问对象时，钱的来源、去向、数量、性质就是侦查讯问的重点事实情节。

（3）突击讯问计划。由于案情紧急、案情重大，需要通过讯问迅速查明犯罪嫌疑人的犯罪事实或迫切需要，追讯有现实危险性的问题的讯问计划。

总之讯问计划要根据案情的变化和讯问的进展情况及时修正和调整。

我国著名预审员，曾在北京市公安局预审处工作的汲潮同志，曾成功地审理过许多案子，靠的就是大量阅卷，吃透案情，广泛调查，找到案件的症结而一举成功。

1954年冬，一个穿着破烂、胡子拉碴的人去闯中南海，自称是从台湾来的，是蒋介石的随身副官，要见毛主席。因其形迹可疑，北京市公安局将其扣留审查，不料一连审了三天，也弄不清此人的真实身份。

这桩奇案，移到汲潮同志手里。他认真阅卷，用了半天的时间到被关押的蒋帮派遣的特务中广泛了解搜集台北和蒋介石的情况，将台北的情况、蒋介石的假牙列入讯问计划。结果，在审讯中，对方全然不知蒋介石的这些细节，那么蒋介石的"假随身副官"现了原形。原来，他是从战俘营里逃出来的逃犯。

这个案子连调查带讯问前后总共用了一天的时间就审清楚了。

(二) 区别类型，设计问话

讯问前，侦查人员应尽可能地了解犯罪嫌疑人的有关情况，如是老年人还是未成年人，是男性还是女性，是小学文化还是大学文化，是普通百姓还是国家干部，是初犯还是累犯……真正了解了犯罪嫌疑人的年龄、性别、文化层次、自身修养、社会地位、被问话时所处的环境及精神状态，通过观察犯罪嫌疑人的外貌、气质、眼神、言谈举止等表象来了解其内心活动，再选择与该人情况最为接近的问话方式进行讯问，有的放矢，才可能顺利拿下这个案子。

如暴力犯罪的讯问方法与讯问贪污贿赂犯罪在方法计策和用语上都是不一样的。近年来，国家反腐风暴强烈，很多高官因贪腐而入狱。如中央纪律检查委员会找某某谈话时，让涉嫌职务犯罪的官员宣读入党宣誓词，读着读着，痛哭流涕深刻反省自己。

某银行出纳员王×，利用职务上的便利，提取现金不入账，先后挪用本单位公款人民币20万元，交给其未婚夫蔡×进行营利活动。王×多次向蔡×催还，蔡×没有归还。经银行其他工作人员举报，检察机关初查后决定立案，并对王×进行了讯问。

问：王×，经你手的钱少了20万，有这么回事吗？

答：（低头，默不作声）。

问：王×，那20万你拿去作什么用了？这可不是一件小事，你有义务向我们检察机关说清楚。

答：（仍然低头不作声）。

问：（拿出法律条文）这样吧，你既然不愿意回答问题，就请你给我们读读第384条。

答：（声音很小）国家工作人员利用职务的便利，挪用公款归个人使用，进行非法活动的，或者挪用公款数额较大，进行营利活动，或者挪用公款数额较大、超过3个月未还的，是挪用公款罪，处5年以下有期徒刑或者拘役；情节严重的，处5年以上有期徒刑。挪用公款数额巨大不退还的，处10年以上……（声音逐渐颤抖，读不下去了）

问：你知道你读的是什么吗？

答：（强作镇静，略等了几秒钟后才回答）知道，是刑法。

问：你怎么知道这是刑法？

答：（略微迟疑）是……是单位组织普法时看到的。

问：那你能看懂吗？
答：能。请……请问你们，2……20万算不算数额巨大？
问：你自己觉得呢？
答：我……我……
问：王×，那20万现在到底在哪里？我们希望你能主动跟我们说清楚。
答：(忽然哭起来，一边哭一边说) 别问我了，我什么也不想说，反正钱现在是拿不回来了，我就等着坐一辈子牢好了……

侦查人员的讯问和言细语又柔中带刚，使犯罪嫌疑人如实供述了自己的罪行。

(三) 消除情绪，以利配合

侦查人员为了达到讯问目的，要千方百计消除对方的不良情绪。一般情况下，犯罪嫌疑人在被讯问时往往存在紧张情绪或对抗情绪，这些情绪都不是积极的，都不利于讯问。为了消除犯罪嫌疑人的紧张情绪，侦查人员的问话可以适当口语化，问话的语气可以平和些，但不失威严。同时，还可以先问一些与本案关系不怎么重要的问题，待犯罪嫌疑人的紧张情绪消除后，再选择适当时机和问题切入正题。

为了消除对抗情绪，侦查人员提问的语言用词应避免引起犯罪嫌疑人的反感情绪或抵触心理，以免影响调查取证。如贪污、贿赂、渎职犯罪，犯罪嫌疑人被采取强制措施后，心理落差都很大。在接受调查时往往不能正视自己的问题，而是避重就轻。侦查员要用一些关怀用语来消除对抗情绪，轻易不要使用"贪污""受贿""渎职"等字眼。要帮助他们分清利弊，消除他们的对抗情绪，在激烈的心理对抗中，让对方在对抗中慢慢地败下阵来，在无可辩驳的证据面前，心理防线轰然倒塌，会收到非常精彩的效果。

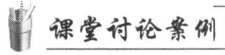

侯亮平查"小官巨贪"[1]

侦查员侯亮平：(出示《搜查证》) 请你配合，跟我们走一趟。
贪官赵德汉：我可以跟你去，但是我有一个条件。

---

[1] 资料来源：反腐电视剧《人民的名义》第一集片段。

侦查员：你还有条件了？

赵德汉：我觉得，为了减轻一些对我的负面影响，咱们两个骑自行车过去。你一辆，我一辆，我的自行车就在这边。平时我和我爱人去上班都是骑的自行车。（表明自己很清廉）

侦查员：不行不行。太危险了。

赵德汉：你放心，我不会跑的。

侦查员：你跑得了吗？！万一路上有车祸怎么办？

赵德汉：你们检察院的这辆车一进我们部委大院，我这个人一辈子的政治生命就算完了。人家以为我犯什么事儿了。

侦查员：赵处长，你还以为你没犯事儿啊？

赵德汉：我能犯什么事儿啊？说实话，我这人政治觉悟是不高，因为我胆小怕事，这一点部里的人都知道。我这人是只知道工作，不大会生活。

（侦查员在赵的办公室没有查出有价值的东西）

赵德汉：（暴跳如雷，又拍桌子又摔文件）侯处长，如果你们今天查不出任何的赃款赃物，你们要是听信谣言搞错了，我告诉你，我饶不了你们任何一个人！我会请最好的律师，起诉你们，让你们赔偿我的名誉损失！

赵德汉：（试探）是不是丁义珍诬陷我了？

侦查员：你们不是好朋友吗？他每年到你这两三次，无话不谈了呢。他诬陷你什么呀？

赵德汉：侯处长，（试探）丁义珍是不是出事了？

侦查员：牵扯到案情问题，你觉得我会告诉你吗？

赵德汉：好好好。侯处长，我得给你提个醒啊，丁义珍跟我有仇，最起码有过节吧，我没批他的项目，他就向我行贿……

侦查员：你说丁义珍向你行贿？

赵德汉：我说丁义珍向我行贿？我说了吗？我没说呀，我！

侦查员：（提醒对方）哎——，全程录像都录下来了。

赵德汉：我的意思是说，我不会接受丁义珍在向我行贿，绝对不会！并不代表我已经接受了丁义珍向我行贿。党把这么重要的岗位交给我，我得赤胆忠心啊！我得对得起党，对得起人民。我这人，党性原则是很强的，所以有些人就诬陷我。

（侦查员出示第三道《搜查证》，搜查赵的另一个住处。）

赵德汉：这房子不是我的。

侦查员：别以为房产证不是你的名字，就不是你的。你是够谨慎的，我们也不傻。

侦查员：（猛开冰箱，掉出成沓的钱）你说房子不是你的，那么这钱也不是你的？

赵德汉：（狡辩）不是我的！这是谁呀？这……这，谁……谁把这么多钱放……放放在我我……我们家冰箱啊？这是谁呀？这不是成心害我吗？

侦查员：你承认这是你家冰箱了。

赵德汉：（由惊恐到哭）侯处长，我一分钱都没有花，不敢。我们家祖祖辈辈都是农民，穷怕了，一分钱都不敢动，全在这儿。

侦查员：你大把大把捞黑钱的时候，怎么没想到自己是农民的儿子？现在出事儿了，说自己是农民的儿子。中国农民怎么那么倒霉，有你这样一个坏儿子。

赵德汉：我错了，我错了。

问题：

1. 侦查员在与赵德汉的心理对抗中，问话的语气平和但不失威严。请指出并分析这样说有什么益处。

2. 侦查员抓住赵说话自相矛盾之处，使对方不能自圆其说。找出对话中的关键句。

3. 赵德汉被查时，心理上有哪些明显的变化过程？

（装—暴跳如雷—试探—不得不承认。）

如果审讯人员态度恶劣或者使用一些刺激性语言，很容易和犯罪嫌疑人发生顶撞，出现僵局，最终也不利于案情的进展。

（四）讯问三步走

对犯罪嫌疑人的讯问，主要应当查明犯罪嫌疑人犯罪作案的时间、地点、作案人、作案的动机目的、手段、情节、结果。具体要了解犯罪构成的四个要件：犯罪主体、客体、主观方面、客观方面。

讯问一般分三步走。

1. 对犯罪嫌疑人主体身份的讯问。这是司法人员和犯罪嫌疑人的第一次语言交锋。其实在审讯人员与犯罪嫌疑人第一次四目相对时，较量就已经开始了。审讯人员应当树立好自我形象和权威，在犯罪嫌疑人心中形成权利、威望、信誉和敬意的第一印象，对审讯工作的顺利进行大有裨益。

第一次讯问，要分别问清犯罪嫌疑人的姓名等基本情况、受过何种行政或刑事处罚等。

2. 过渡性讯问。在了解了犯罪嫌疑人的基本情况后，接着就该查明案件事实了。在这两者中间，有一个过渡环节。

过渡性讯问的法律依据是《刑事诉讼法》第118条第1款："侦查人员在讯问犯罪嫌疑人的时候，应当首先讯问犯罪嫌疑人是否有犯罪行为，让他陈述有罪的情节或者无罪的辩解，然后向他提出问题。犯罪嫌疑人对侦查人员的提问，应当如实回答。但是对与本案无关的问题，有拒绝回答的权利。"对犯罪嫌疑人进行是否有罪的讯问，有利于对真假案的甄别，有利于对无罪的犯罪嫌疑人和犯罪嫌疑人的甄别。

过渡性讯问的内容，一般是根据犯罪嫌疑人如何到侦查机关接受讯问入手。根据不同的法律规定，将犯罪嫌疑人带交侦查机关接受讯问的法律措施也不同，如继续盘问（留置）、传讯、拘传、刑拘、逮捕等。

过渡性讯问的方式一般有下列几种：

问：因何将你带到公安机关？
答：因为打架。（或……）
或问：因何将你（传唤或拘传）到公安机关？
或问：因何被刑事拘留（逮捕）？

过渡性讯问提出后，如果犯罪嫌疑人拒不供认犯罪行为或进行辩解时，侦查人员可掌握火候，暂不讯问。

过渡性讯问有承上启下的作用。如果过渡性讯问顺利，侦查人员便可以开始对犯罪嫌疑人进行实质性的关于犯罪事实的讯问。

3. 实质性讯问。实质性讯问是对犯罪嫌疑人犯罪行为的讯问，这是讯问的重点环节。

侦查人员对犯罪嫌疑人进行犯罪事实的讯问，一般情况可按下列方式提问：

《刑事诉讼法》第118条第2款规定："侦查人员在讯问犯罪嫌疑人的时候，应当告知犯罪嫌疑人如实供述自己罪行可以从宽处理的法律规定。"司法问话可以这样表述：

问：根据法律的有关规定，如实供述自己的罪行可以从宽处理。
或问：依法律的有关规定，你应如实把问题讲清楚，不得隐瞒。（讲法律）
或问：把你的问题如实讲清楚（讲法律）。

讯问时，一般要讯问犯罪嫌疑人实施犯罪行为的时间、具体地点、参与犯罪的嫌疑人、被害人等与案件相关的人员，实施犯罪行为的原因，在何种情况下实施的犯罪行为,实施犯罪行为的经过及所造成的后果。这就是讯问犯罪嫌疑人犯罪事实的"七要素",即作案的时间、地点、作案的人、作案的动机目的、手段、情节、结果。它具体反映犯罪构成要件中的客观方面及主观方面,是讯问的核心所在。

二、询问的方法

询问,是办案人员为了进一步了解案情、核实证据向被害人、证人、当事人、受害人等就与案件相关的问题进行调查时进行的一种口语活动。为了查明案件事实、核实证据或获取证据、解决纠纷,办案人员应做到:

(一)打消顾虑,以求配合

在办案中,有些被询问对象出于各种考虑怕对方打击报复,怕引火烧身,对办案人员的询问往往明知不说,躲躲闪闪,顾虑重重。办案人员应及时发现对方心理,打消对方的心理顾虑,以求得被询问者的配合。

某杀人案的犯罪嫌疑人供述他在出租车上作案的时间与发案的时间有矛盾。公安机关侦查人员向邻居调查核实,在×年×月×日下午7时左右是否见嫌疑人的车辆在院里停放。邻居吞吞吐吐不肯作证。经过一番晓之以理的劝说,邻居终于敢于作证,谈了她那时所见的真实情况。

(二)晓之以理,如实叙述

有些证人证言,特别是被害人、受害人的陈述,会因为各种原因出现人为的夸大、缩小、隐瞒事实真相的情况,有时也有遗忘某些情节,甚至有可能发生诬告、陷害、作伪证的情况。为了避免举报、控告失实或诬告陷害等情况的发生,侦查人员在询问时,一定要向举报人、控告人讲清法律规定,说明公民有作证的义务,对自己知道的事实既不能夸大也不能缩小,否则要负法律责任。如:

问:您来公安局(派出所)反映什么情况?
答:我被人打了。
问:依法律规定,您应当如实向公安机关反映情况。否则应负法律责任。
答:我知道。
问:请把事情经过详细讲清楚。
答:……

(三)询问三步走

办案人员对被询问者的询问,主要是进一步了解案情、获取证据、核实证据、查明案件事实。从刑事案件来讲，是要搞清楚犯罪嫌疑人及其实施犯罪行为的"七要素"；从民事案件来讲，主要是查明案件的来龙去脉。询问要符合法律的规定。《刑事诉讼法》第122条规定："侦查人员询问证人，可以在现场进行，也可以到证人所在单位、住处或者证人提出的地点进行，在必要的时候，可以通知证人到人民检察院或者公安机关提供证言。在现场询问证人，应当出示工作证件，到证人所在单位、住处或者证人提出的地点询问证人，应当出示人民检察院或者公安机关的证明文件。询问证人应当个别进行。"

具体询问也分三步走：

1. 询问被询问者的身份。在询问的一开始，要先问明被询问者的姓名、性别、年龄、住址、电话等基本情况。

2. 过渡性询问。在向被询问者询问完基本情况后，就要向被询问人转入对犯罪嫌疑人有犯罪客观方面内容的询问，或对民事案件纠纷产生的原因、经过、结果的询问，这中间有一个过渡性询问，与讯问的结构相同，要跟被询问者讲明法律的规定："《刑事诉讼法》第123条规定，询问证人，应当告知他应当如实地提供证据、证言和有意作伪证或者隐匿罪证要负的法律责任。"但提问的方式方法不同，态度要和蔼，不具有强制性。

3. 询问切入正题。过渡性询问结束后，司法人员和律师切入正题，向被害人、证人、受害人、当事人等进行案件事实的全面询问。刑事案件要侧重在犯罪构成要件的犯罪客观方面进行询问，并根据案件实际情况，向被询问人对犯罪主体及主观方面的情况进行询问。切忌有倾向性的提问被询问人，不得诱导或变相诱导，否则易造成侦查方向的失误，引发冤假错案。

三、法庭问话的方法

法庭调查阶段，有一个相当重要的环节——法庭的发问阶段。发问，并不是任何人都问，谁问、问谁、问什么，都是有法律规定的。如何回答将是非常重要和关键的，让谁回答也是至关重要的。

如果发问得当，回答得当，不仅可以省去很多不必要的举证麻烦，还可以将原本相对薄弱的举证环节通过发问、回答的方式加以固定。但如果用得不好或者没有加以利用，会让有利于自己的证据悄悄逃跑，甚至面临事实上有道理但法律上却无法获得支持的最终结果。

在一起彩礼返还的纠纷中，男方向法院提起诉讼，要求女方返还彩礼。

在法庭审理的过程中，法官问了如下问题：

法官问（男方）：你给了女方哪些彩礼？——说来。

答：我一共给了女方本人10万元现金，还给了金器4件给女方本人。

法官问（男方）：你是通过何人给付的？如何给付的？

答：10万元现金，是通过媒人××给付的，给女方本人金器4件，也是通过媒人给付的。

法官问（女方）：你收到男方哪些彩礼？

答：我没有收到10万元现金彩礼，我只收到8万元，另外收到金器4件。

法官通过上述简单的发问，就将本案中最重要和最关键的事实加以固定。4件金器无异议，则法院就可以据此认定；但是现金彩礼数额有出入，需要由原告（男方）举证证明其向女方给付了现金彩礼10万元的证据。

如何做好法庭问话？

（一）做好问前准备

法庭问话尽管具有随机性特点，但是它总是围绕某一具体的诉讼展开的，这就要求法庭问话者要了解原被告双方的常态情况，也要预设彼方以及问话中可能出现的变态态势。唯其如此，才能保证对案情真实性的进一步确认。如果不负责任随意而问或任其发展，则是对社会、对公民合法权益的渎职。

做好问前准备，主要是针对诉讼争议的主要方面进行分析，设想对方可能提出一些什么观点和责难，分析对方会从什么角度、采取什么方式提出问题，这些问题的要害之处在哪，怎样应付？同时，对证人的情况也应有所了解，如证人的职业、文化修养、道德标准、情感及性格心理特征，还要考虑证人所处的法庭内外的大环境，如本案情况、社会影响、社会宣传及社会舆论对证人作证心理所产生的影响等。由此设计问话提纲，确定具体的询问目标，为庭上问话把握主动权。

（二）把握问话结构

法庭问话往往是公诉人、辩护人或法官按法定程序的一次问话机会里与被告或证人的一次整体的互动过程。

一个完整的问话过程，由三个部分组成：一是问话准备阶段；二是问话实体阶段；三是问话行为结束阶段。

1. 问话准备阶段。法庭问话的准备阶段，是问话人要开始提问让对方准备回答的阶段。这段话的内容主要由问话人用陈述的语句讲明问话人要问话了，希望或要求答话人配合。如：

公诉人：证人×××，今天通知你到法庭作证，希望你把你所知道的事实如实向法庭讲明，不要扩大也不要缩小。如果有意作伪证或隐匿罪证，要负法律责任。你听明白了吗？
证人：听明白了。
公诉人：现在我询问你几个问题。
证人：是。

2. 问话实体阶段。法庭问话的问话实体阶段，是问话人实现询问主题的问话系列阶段。这一阶段，每个问话，都有一个明确的主题，这个主题不是单个的一个问句，也不是漫无目标的一连串零散的问句，通过一系列的有目的的问话论及一个话题或一个话题之下的若干分支话题。当事人在法庭中的回答将直接决定着法庭的审理思路，决定着法官审理案件的方向，直接影响着最终的案件判决结果。如：

辩护人：事发之后，你为什么要跑？
被告人：当时我心里特别害怕，以为这事太大了，我哥也死了，所以心里害怕就跑了。
辩护人：你被抓获以后，对公安机关是这么如实陈述的吗？
被告人：是。
辩护人：在公安和检察院审理阶段，你们家对这车赔钱了吗？
被告人：我曾多次找过管教，让他打电话找您，让家里协商，尽快赔偿被害人的损失。
辩护人：你怎么看待这件事？
被告人：我自己犯了罪，法院该怎么处理就怎么处理。

这是一起交通肇事案法庭调查阶段辩护人对被告人的问话。这个实体性问话主题，辩护律师想证实被告人案发后的认罪态度。通过两个问话群来完成，第一个问话群是："事发后你为什么要跑？"目的是说明意外事故因害怕而逃跑。第二个问话群是：被抓以后，对公安机关如实陈述了吗？你们家对这车赔钱了吗？你怎么看待这件事？三个连贯性问话说明被告人主动向司法机关交代，并积极赔偿被害人的损失，认罪服法。

3. 问话行为结束阶段。法庭、公诉人及律师对当事人的实体问话内容完成以后，往往要有明示的语言表明问话结束。如：

公诉人：现在对于你的问题有什么想法？
被告人：只有认罪服法。

公诉人：行。审判长，问话完毕。

公诉人这个问话"对于你的问题有什么想法"本身是含有预设的，说明你有问题，这已经定了，以此作为结束的暗示，再以明示"问完了"作结束。

（三）掌握问话方法

法庭问话中，由于案件性质不同，问话人在诉讼中所起的作用、担任的角色不同，其各自的问话目的也不同。控辩双方发问的目的不同，具有对抗性；法官处于居中的地位。问话人的问话角度和目的虽然不同，但是问话方法有共同之处。

1. 针对性问话。法庭问话中，由于控辩双方发问的目的不同，具有对抗性。在交叉询问中，往往对抗双方的问话是针锋相对的，而且每个问题都是有针对性的。如某故意杀人案，当庭公诉人、律师对被告人、证人的交叉询问。[1]

公诉人："被告人莫××早在×年×月就购买了一把木柄单刃尖刀，准备用于杀害被害人……"

辩护人问被告人："莫××，你用于杀死被害人的木柄单刃尖刀，在你购买它时，到底是用来准备杀害被害人的，还是用来作别的用呢？"

被告人：我买这把刀是卖马蹄（水果）时用来削给别人吃的。

公诉人问证人：你当时看见莫××拿出一把什么样的刀？

证人：是一把带锈的木柄单刃尖刀。

公诉人：是带锈的吗？

证人：是，刀刃上几乎全是锈。

公诉人：审判长、辩护人，请注意，难道会有人吃用一把生锈的刀削的马蹄吗？

之前，辩护人已针对性的发问，意在往"好"里想被告人；这段话公诉人针对性发问，意在往"坏"里想被告人。公诉人当庭针锋相对发问，使律师的发问意图失去作用，公诉人质证成功。

2. 确认性问话。问话人为了证实或强调某一事实，以备后面的法庭论辩准备，往往用确认性问话来确认某一事实。一般用正反问或是非问支配答话人，不让对方多说，只作肯定或否定的回答。如：

---

[1] 王洁：《法律语言研究》，广东教育出版社1999年版，第320页。（略有改动）

> 公诉人：是不是你打伤了×××？
> 被告人：是。
> 公诉人：有没有别人参与殴打？
> 被告人：没有。
> 公诉人：案发后，你带被害人去医院了吗？
> 被告人：没有。

3. 明知故问。为了说明本案要说明的问题，问话人可用问话来求得答案非常明显的问题。如：

> 被告代理人：我想问一下申××，作为公司的总经理，你认为是依规章制度和法律来经营，还是以感情来经营？
> 证人：当然是依法律、规章制度来经营。

被告代理人的这一问话，完全是借这个显而易见的问题，说明证人根本没有按制度和法律来经营。

4. 明示发问。为了让答话人合作，问话人向答话人有明示的要求，或明确要求对方遵守自己提出的要求，或者明示对方合作对对方有利，或明示对方要端正态度，或明示对方的态度会影响刑罚的程度，或批评对方不合作的态度。如：

> 审判长：我提醒你一下，在法庭上你的认罪态度对你有直接影响。问到你，你要主动回答，声音要大一些。这是最后一次提醒你。
> 被告人：我没有去过丽水桥。
> 审判长：大声点！
> 被告人：我没有去过丽水桥！

这个问话是明示"态度"会影响刑罚程度的问话，一般在答话人没有合作或拒绝合作的时候使用。

5. 重复发问。当问话人在答话人那里没有掌握全部信息，问话人可重复追问，直到答话人提供了新的信息为止。某案被告人拒绝回答其哥哥下车给过他什么东西，公诉人连续重复"还有什么"五次，才得到新的信息。如：

> 公诉人：下车的时候，都有什么东西？

被告人：就给过一只手套。

公诉人：还有什么？

被告人：×××说，天气冷，你带上。

公诉人：还有什么？

被告人：到现场就递给我个面罩。

公诉人：还有什么？

被告人：到现场递给个面罩，什么也没有了。

公诉人：我再问你一遍，还有什么东西？

被告人：他提了一个塑料桶，我看不清。

这个塑料桶正是公诉人想要得到的新信息。

6. 解释性问话。当答话人不合作或不明白问话意思时，问话人可以变换方式问，或将刚才问话解释一下。如：

公诉人：去时你们带了什么东西？

被告人：我不知道带了什么东西。

公诉人：下车以后，你们往下拿了什么东西？

被告人：我拿了一根棍儿，他递给我一副手套。

上例中，公诉人换了一种说法：上车拿什么你不知道，下车拿什么你该知道吧。其实下车拿的东西正是上车带的。

第四节　司法问话的技巧

为规范讯问行为、保障人权，法律规定讯问犯罪嫌疑人特别是死刑犯和职务犯罪的案件要实行全程同步录音录像。这对讯问人员的讯问行为提出了更高的要求，讯问语言不仅要规范合法，更要科学有效。由此掌握讯问的技能技巧很重要。

一、听的技巧

司法问话的过程不是一个个问话的提出，而是从提出问题到回答问题的全过程，双方处于一个动态的过程中。要想说好，首先要听好。听是为了全面准确地捕捉信息、获取信息，迅速而精确地分析信息、处理信息，及时而优质地反馈信息。如审讯涉嫌职务犯罪的某女犯罪嫌疑人。

  审讯人员：你存那么多钱干什么？
  犯罪嫌疑人：那是我儿子的钱，存在银行的。
  审讯人员：钱存在哪家银行？存了多少？

  上例中，审讯人员的问话，引出犯罪嫌疑人的脱词——"那是我儿子的钱，存在银行的"。无论犯罪嫌疑人出于什么样的目的说了这句话，审讯人员会在这句话中听出新的信息：首先，她有儿子；其次，她银行里有存款。于是穷追不舍，继续盘问："钱存在哪家银行？存了多少？"犯罪嫌疑人一旦把银行存款的信息告诉审讯人员，就等于交出了犯罪证据，对案件的进展非常有利。

  由此可见，审讯活动实际上就是审讯人员不断地问、仔细地听、不断地获取新信息的过程。

  司法人员要善于倾听。司法人员在审理案件、调查案件时听清、听准、听出对方的话，懂得话外音，有利于正确而高效地查清案件事实。

  （一）慎重地听

  对司法问话的人员来讲，慎重而专注地听，就是全心全意、全神贯注地倾听。这样可以迅速而准确地获取信息，而不至于听漏、听错、听"走耳"。同时，对于被问者来说，司法人员慎重而专注地听，有利于他认真地说。

  专注是指在进行司法问话的时候，司法人员的眼睛要认真注视、表情姿态要全神贯注，不能因任何客观外界的纷扰而分神，也不能因自己心境不佳、情绪激动等原因而心不在焉。

  慎重是指在进行司法问话的时候，司法人员的眼神、表情所表现出来的郑重其事的神情，表示司法人员对被询问者的话题感兴趣，并且愿意思考，而没有不屑一顾、勉强应付的姿态和神情。

  当被询问者看到司法人员目视自己、认真倾听、表情温和、姿态自然的时候，会在心理上产生亲切、舒畅、愉快的感觉，引起他的大脑皮层的兴奋，从而愿意提供更多更详尽的信息，最终达到把事实调查清楚的结果。

  在听的过程中，听懂犯罪嫌疑人动摇的心理。

  1. 情绪紧张混乱。动摇心理状态加剧了犯罪嫌疑人的紧张与混乱情绪引起一系列的生理变化，并有明显的表情动作出现，例如有的口干舌燥，不断地舔嘴唇讨水喝；有的不断要求上厕所；有的要求抽烟；有的坐立不安；有的用力搓手或使劲儿抓头；有的面部表情不由自主地抽搐；等等。

  2. 态度有明显的变化。在动摇心里的支配下，有的犯罪嫌疑人低头沉思，欲言又止；有的吃硬变软；有的面带愁容，露出要交代问题的口风；有的表示要交代，但真正要交代时又犹豫徘徊；等等。

3. 把握时机及时转化。当发现犯罪嫌疑人在动摇反复阶段，应当把握时机及时做好转化工作。犯罪嫌疑人想反抗，又怕受到从严惩处；想回避，又怕讯问无休止地进行下去；想供述罪行又抱着侥幸心理。讯问的进展迫使犯罪嫌疑人进入权衡利弊的紧要关头。这时讯问人员要果断把握时机，加以恰当的引导，犯罪嫌疑人就会放弃对抗心理而交代罪行；如果讯问方法不当或者未能把握时间，就会延长僵局时间，使犯罪嫌疑人得以修补或重构防御系统进行更顽固的对抗。

（二）听出"话外音"

在司法问话中，司法人员在讯问犯罪嫌疑人、被告人时，往往会形成犯罪嫌疑人与司法人员对抗的局面。为了开脱罪责，出于侥幸心理，犯罪嫌疑人、被告人容易出现不实口供。如果司法人员一味相信犯罪嫌疑人、被告人的供述，而不对其所说的话进行分析，就容易使案件走向"死胡同"。

常言道：会说的不如会听的。犯罪嫌疑人、被告人供述时，为了逃避犯罪，往往会隐瞒自己的犯罪事实。如不愿意供出自己的籍贯，但是难改的乡音会露出一些破绽。有经验的司法人员会在对方的回答中不仅听出话中话，还要听出话外音，从而找到案件的突破口。

1. 听口音辨析供词真伪。中国地域广阔，人口众多，十里不同音，百里不同俗。中国的方言，按大块分为北方方言、吴方言、赣方言、湘方言、客家方言、粤方言、闽南方言、闽北方言。另外含有入声的是山西、陕西方言。这些不同地域的人说话口音差异极大，但是其话语中最本质的语音特征是不会轻易改的，在其话语之间会不由自主地流露出乡音的味道来。李谷一出道那么多年，仔细听仍然能听出她的湖南口音，真是"少小离家老大回，乡音无改鬓毛衰"，鬓毛斑斑，乡音难改。如东北人说话，主要是平翘舌不分，阴平调值偏低；老北京人说话，最后一个音又长又绕，想想店小二的腔调吧，几个字之间没有间隔，吐气不断，轻声字多，儿化音明显，翘舌音舌尖位置比普通话靠后；河南东部、山东西部一般en韵母开口小，发成in，鼻音稍重一些；江苏南部、上海、浙江等地发音部位靠前，他们不分前后鼻音，只有in和en，没有ing和eng；粤语音调搞不准，不会轻声、儿化，j、q、x与zh、ch、sh分不大清；长沙人音调不准，l和n不分；河南开封话最后一个字尾音甩得很高；锦州口音尾音上挑，像唱歌；四川话腔调拖得很长；等等。犯罪嫌疑人说话时如果刻意伪装，审讯人员则要注意其话语的味道，这样做有利于判定嫌疑人的籍贯，对案件的顺利侦破起促进的作用。

为了掩饰自己，犯罪嫌疑人往往会刻意在语音上做改变，但是难改的乡音会在不经意间透露给司法人员真实的信息：犯罪嫌疑人是哪里人。只有对犯罪嫌疑人讯问时，才能准确辨别其说话口音。

2. 从口语重音，听出供词含义。语句中念得比较重，听起来特别清晰的音叫做重音，它是相连的音节中某个音节发音突出的现象。

重音有四种类型：语法重音，逻辑重音，修辞重音，感情重音。

重音直接体现说话者的语言目的。在对犯罪嫌疑人进行讯问时，审讯人员要特别注意说话人的重音，听出说话人真正的含义。如在审讯某家庭暴力案件嫌疑人时审讯人员问，嫌疑人答。

问：那天晚上你有没有打他？
答：我那天晚上打他了。
单看文字看不出什么，但是一听，就有差别了。
我那天晚上打他了。
我那天晚上打他了。
我那天晚上打他了。
我那天晚上打他了。
我那天晚上打他了。

就是这么简单的一个对话，嫌疑人所说话的重音位置不同，可能会表达不同的意思，带来不同的效果。如果重音放在"我"上，这句话的意思是那天晚上打他的人是犯罪嫌疑人自己；如果重音放在"那天"上，这句话的意思是我打他的时间是那天晚上，即审讯员所指的那个日期，而不是其他时间；如果重音放在"晚上"上，这句话的意思是我那天打他的时间是在晚上，而不是在中午或者早上；如果重音放在"打"上，这句话的意思是，我那天晚上对他的行为动作是"打"而不是"骂"或其他的动作；如果重音放在"他"上，这句话的意思是我打的人是他，而不是其他人，强调了打人这个行为的承受者是他而不是其他人，如果还有其他人受伤则不是我所为。

仅仅8个字的一句话，说话者的重音不同，能够表达的意思也有差异。所以在司法问话中，犯罪嫌疑人所表达的任何一种意思都能对案件的方向、进程产生不同程度的影响。对于司法问话主体来说，此时应根据犯罪嫌疑人情绪及状态的变化及时调整审判策略。

3. 从说话声音的高低，听出供述者的心理活动。在审讯过程中，虽然犯罪嫌疑人竭力想伪装自己，隐藏事实真相，但其内心的活动依然能够透过言语流露出来。说话时采用不同的句调能够表达不同的感情。审讯人员在进行审讯活动时,要结合案件的实际情况,从说话的音高、语速等,听出供述者的心理活动,在细微之处对犯罪嫌疑人进行观察,做出准确判断。

如20世纪末,某市一起杀人案的审讯录音节选:

> 审讯人员:你可以回家了。
> 犯罪嫌疑人:回家?我?为什么?你们应该起诉我了。
> 审讯人员:就××被杀一案,我们起诉的将是另一个人。
> 犯罪嫌疑人:不,不是别人,是我。
> 审讯人员:我的意思是,我们将对真正杀××的凶手进行起诉。当然了,如果你肯于实事求是地提供××被杀那天夜里你的所见所闻,我们非常欢迎你能出庭作证。
> 犯罪嫌疑人:不,你说的不对!不!人是我杀的……
> 审讯人员:你要是再胡闹下去,我们可就不客气了。
> 犯罪嫌疑人:不客气吧,我等着呢!反正是我杀的××,就是我!我告诉你们,你们要是不处理了我,我就要杀死所有的女人,一个不剩![1]

这个例子,反映了犯罪嫌疑人一系列情绪的变化。犯罪嫌疑人说话的语气越来越强烈,音调也越来越高,最后的情绪达到了顶峰,语气达到了最强,音高也达到了最高,表达了嫌疑人对所面临情况的不满,急于想辩驳,以此改变现状。犯罪嫌疑人如此着急地想反驳审讯人员的结论,说明嫌疑人想掩盖案件的真实情况,以达到自己内心的真实目的。

4. 从语速的快慢,听出犯罪嫌疑人口供的真伪。语速即说话的速度。有过生活经验的人都知道,凡事都要透过现象看本质,一个表情、一个动作都能暗示一个人的内心活动。对犯罪嫌疑人的审讯自然也不例外。在审讯中,犯罪嫌疑人极力掩饰罪行,审讯人员应该从细节之处以小见大,发现问题。

从犯罪嫌疑人的语速了解其心理活动,比较直观形象。一般说话速度较快,表明其内心处于较紧张的状态,这有可能是因为掩饰罪行而造成的内心紧张;说话速度较慢,反映出说话者内心较为放松,表明有可能是"身正不怕影子歪"的心理状态。审讯人员应抓住这两个基本判断要点,根据不同的实际情况,尽可能准确地揣摩犯罪嫌疑人的心理活动,做到准确办案。

---

[1] 马越:"浅析犯罪嫌疑人口语的法律语音",载《法律语言学说》2010年第2期。

慎重听，努力记，细心分析，才有可能对犯罪嫌疑人发出的信息进行加工、整理和去伪存真。如有的人在接受讯问时火冒三丈，有的忽然转变话题，有的说"半句话"，有的在连续的话中多次出现断句，有的说话的语调时强时弱……听到这些有用的东西，一定要多问几个为什么，在"为什么"中找原因、找结果。

二、问的技巧

司法问话，如用兵打仗，面对千变万化的情况，司法问话主体往往灵活机动，依案情而问。有时以守为攻，有时迂回侧击，有时穷追猛打，有时则步步为营、逐个解决，有时欲扬先抑，有时请君入瓮，有时投石问路，有时射人先射马，有时利用矛盾反戈一击，有时又釜底抽薪……在司法问话基本方法的基础上，适当采用灵活机动的战略战术——司法问话的策略性，可取得意想不到的好效果。

常用的问话技巧主要有：

（一）探索问话

这种方法，一般在询问、讯问时常用。其表现形式主要有三种：

1. 常规探索发问。这种方法用于初审，主要是核查被问者的姓名等基本情况来探索对方的虚实。通过这样的提问，可观察对方的神态，了解其心理状态及是否配合司法问话，以备下一次问话时选择相应的方法。如某市财政局局长张×在该市甲公司与外省乙公司签订联营协议的过程中，利用手中的权力，违反国家有关强制性规定，为甲公司提供担保，从银行贷款200万元，由甲公司电汇给乙公司，乙公司并未遵循联营协议，并有欺诈行为，导致120万元人民币无法追回，检察机关对张×进行了立案侦查，在讯问开始阶段之后，进行了常规探索发问。[1]

问：张×，知道我们检察院为什么抓你吗？

答：不知道。如果你们有什么事情向我了解情况，我愿意配合你们的工作，但我不明白你们为什么要抓我，不过拘留证我也签字了，谁让你们是在执法呢，但这回你们可真抓错人了。

问：（拿出银行提供的贷款担保书，向张×出示）这上面的字是你签的吗？

答：（细看一下贷款担保书）可能不是吧，当领导时间长了，很多人都

---

[1] 杨迎泽、刘品新主编：《检察机关侦查讯问实务》，中国检察出版社2002年版，第108~109页。

摹仿我的笔迹，上次我们局里还有个同志摹仿我的签字到财务上去报账，让我们给处理了呢。

问：这上面财政局的公章你怎么解释？

答：那你得问管公章的小刘了，公章的事我不亲自管，再说现在造个假公章有什么难的。

问：甲公司和乙公司联营的事你总该知道吧？你知道甲公司还欠银行多少钱吗？

答：（漫不经心的）听说有几十万吧。

问：（义正词严的）几十万？是120万！你应该明白这笔钱乙公司还不了，就得作担保的财政局来赔，市里的财政情况你应该最清楚了，中小学教师的工资都还拖后一个月发的吧？这120万财政局打算从哪里出？市里还有什么基础设施建设在等待资金注入？下岗职工的最低生活保障彻底解决了没有？……

答：（沉默，目光游移）……

问：（语重心长的）你是多年的老党员了，在市里的财政战线上工作了这么多年，说起对国家、社会的贡献来，您也是一位前辈了。您怎么能忍心看着国家的钱就这么白白地被糟蹋？

答：（低头沉思不语）……

问：我们听说去年财政局组织职工向"希望工程"捐款，您带头捐了五百块钱，这说明您应该是很有社会责任感的人，现在财政局要承担这么大的经济损失，作为局里的领导，难道您就不感到痛心吗？

答：（沉默了一分钟左右，缓缓地做出回答）我在工作上的表现大家是有目共睹的，我做的事都是对得起党和国家的，尤其是市里主管财政的李副书记，我是他一手提拔培养的，在重大问题上我会向他请示汇报，李副书记非常关心我的成长，我的事他一定会过问的，我怎么敢在工作上出错呢？

以上探索发问，可以看出犯罪嫌疑人张×面对检察机关的讯问，其侥幸心理是非常严重的。他认为自己有市委副书记李×作靠山，检察机关不敢把自己怎么样。

2. 无定向探索发问。这种方法，表面看感觉不到问话者的具体问话目标，但问话者是"醉翁之意不在酒"，表面看从不直接相关的问题的外围问起，然后话锋一转，单刀直入，转向具体发问。如：

问：你干的坏事真不少啊！

答：是的，我罪大恶极，罪该万死！

问：（话锋一转）既然如此，你为什么不如实交代？

答：好吧。……

3. 定向探索发问。这种方法是在无定向发问的基础上已掌握了对方的虚实，并以一定目标为突破口，发起进攻。

一起致人死亡的案件。犯罪嫌疑人与朋友在酒店喝酒时，看见女朋友的前男友从自己身边走过，说"你他妈的是什么玩意儿！"被害人回过身来问："你骂谁？"犯罪嫌疑人倚仗人多，趁着酒力，大声说："我骂的就是你！你要咋？"双方发生口角，继而武力相向。喝酒的旁观者中，有的人出来拉架劝架。尽管如此，结果还是发生了，被害人倒在地上，被送往医院抢救无效死亡。经法医鉴定：被害人后脑被钝器所打击，引起蛛网膜破裂出血死亡。讯问开始了。[1]

问：你认识被害人李某吗？

答：认识。

问：你们是怎么认识的？

答：我们是初中同学。

问：你觉得他（李某）人品怎么样？

答：不知道。

问：你们同学之间有来往吗？

答：过去有过来往，后来就不来往了。

问：因为什么事不来往了？

答：说不上，大概是因为我的女朋友吧。

问：女朋友怎么啦？

答：过去他追求过我的女朋友，恨我呗。

问：他是怎么恨你的？

答：他骂我！

问：他是怎么骂你的？

答：当时人多，我没有听清楚。

问：那你怎么知道人家在骂你呢？

---

[1] 吴克利：《镜头下的讯问》，中国法制出版社2016年版，第66~68页。（有改动）

答：我通过他的表情能够看出来。

问：你是怎么看出来的？

答：他的那个表情就是在骂我！

问：那他为什么要骂你呢？

答：关系不好呗！

问：你骂他了吗？

答：他骂我，我能不骂他吗？

问：你是怎么骂他的？

答：我也记不清了。

问：你骂过他，以后又出现了什么情况？

答：他回身打了我一拳，我不能老是让他来打我，于是我们就对打起来，后来被我的朋友拉开了。

问：既然你们对打被别人拉开了，那么李某是怎么倒在地上的？他的脸部和头部的伤是你打的吗？

答：不是。我当时还没来得及打他的时候，就被朋友拉开了。

问：那他的伤是从哪里来的？除了你跟他打架，没有其他人。

答：不知道！他是个非常狡猾的人，也许当时是为了讹诈我，自己往地上倒的时候，不小心头碰到水泥地上造成的伤，与我无关。

问：经过法医学和病理学的科学鉴定，李某头部的创伤，不是撞到了水泥地上造成的！

答：那我就不知道了。

问：你相信科学吗？

答：当然相信。

问：如果有人说这些伤痕是你造成的，你觉得他们为什么会这么说？

答：除了我，还有别人在那里。我不知道他们为什么只看见我而没有看见别人。

问：你说的别人是谁？

答：在一起吃饭喝酒的人就有好几个，还有吃饭的其他人。

问：那么你怀疑还有谁打了李某？

答：我不知道。这正是我要说的，对李某的受伤，我真是莫名其妙。无论怎么说，我都不会对他下如此毒手，毕竟我们过去还是同学，我后悔，早知道会是这样的结果，当时他就是再骂我几句，我也不会去理他的。

问：你现在后悔还来得及！

答：怎么来得及，我确实后悔。（犯罪嫌疑人产生了顺应的倾向）

问：据现场的目击者说，那天他从那个吃饭的饭桌走过，并没有人听到他说话，更没有人听到骂你的话，你无故地骂了人家，人家并不在意地走开了，你却紧追不放，跟上去又打了他一拳。

答：是他回过身先打了我一拳。

问：无论是你打他还是他打你，都不是你们真实的意愿，你们都是喝了酒的，在一刹那间失去理智，行为失控。酒后失去理智的人多的是，也不是你一个是这样的，大家都能够理解。

答：是的，要不是酒，我也不会干那种事。当时就像鬼使神差似的，顺手抓起了一个酒瓶，就砸在了他的后脑勺，后来发生了什么情况，我也记不清了，当时脑子里一片空白，但是我知道我拿酒瓶的时候没有人看见。因为我坐的位置左前方是一个大的柱子，我拿着酒瓶转身过来的时候正好被柱子挡住了。

审讯胜利突破！

该案在审讯的初始阶段，讯问人员并没有直接涉及两人打架引起对方死亡的主题，而是采用定向探索发问的方法，讯问一些无关紧要的犯罪嫌疑人和被害人之间的关系的问题，以观察犯罪嫌疑人的反应。探索的结果是：犯罪嫌疑人否认被害人死亡是他自己的行为所致，认为被害人死亡与自己无关。探明虚实后，侦查人员抓住了犯罪嫌疑人的心理转换倾向，编制了一个过失的主题，以"因为酒后失控造成的，酒是害人的东西，是罪魁祸首"的话题作为突破口，取得了犯罪嫌疑人的心理认可。最终犯罪嫌疑人讲出实话——被害人是他酒后用酒瓶子砸死的。

该案审讯取得成功，顺利地交付了审判。

（二）迂回发问

在审问一些惯犯、累犯时，为了缓解对立情绪，分散对方注意力，往往采取曲线前进绕着问的方法。这种发问使用频率高，且成功率也高。这种发问技巧，由外围问题入手，隐蔽主攻方向。从表面上看，谈与案情无关的问题，使被讯问者放松戒备，在不知不觉中诡辩的路被一条条堵死，最后，导致不能自圆其说的尴尬境地。

审讯一起电击杀妻案，被讯问者否定是他作的案。讯问人员采用的就是迂回发问的方法。

问：你爱人身体平时如何？

答：一般没什么大病，有时爱感冒。

问：你爱人同家庭、同事等方面关系如何？

答：很好。她与两家的老人和同志之间关系都相处得很好。

问：你同爱人平时关系如何？

答：这你们可以调查，结婚一年多，架都没吵过（自认为关系好，不会杀她）。

问：18号上午，你回家后，家中有哪些人？

答：我、妻子、岳母及未满3个月的女儿。岳母8点20分左右去买菜，9点多就回来了。

问：这期间有没有人来过？

答：没有。

问：你岳母买菜这段时间，你和妻子做什么？

答：我给女儿煮米粉，爱人洗衣服。她洗完衣服说累了，上床躺下了。我煮好米粉上床，就发现她死在床上了。是被电击死的。

问：你怎么知道她被电击死？

答：她脸上有电灼的伤痕，肯定是被电击死的。我那插销没放好啊！

问：她怎么会被电击死呢？

答：不知道，可能是不小心触电死的。

问：电击致死有三种情况：一是不小心触电，二是自杀，三是被他人用电击死。你妻子死于哪一种情况呢？

答：不是不小心触电，就是自杀，不是他人杀的。

问：依据呢？

答：家里没有其他人。

问：你相信科学吗？

答：当然相信。

问：那么我告诉你，通过科学鉴定和法医鉴定，你妻子确实是电击致死。不过，既不是不小心触电，也不是自杀，她死于一种自制的专用工具。而这种自制工具不可能造成自杀（法医鉴定），况且你们关系很好，同志关系也很好，不可能突然自杀。那只有一种可能。你刚才讲了你岳母离家后没有来过人，只有你爱人、小孩和你。3个月的孩子不会杀人吧？

答：（无语）。

讯问人员问被讯问者的第一个关键，被讯问者说自己与爱人关系好，排除自杀作案的可能；然后，被讯问人说，那天没有人来过，又排除他人作案的可能，把被讯问者诡辩的路一条条堵死，只好如实交代犯罪事实。

课堂讨论案例

于×贪污案审讯片段

审讯人员：你们厂买那么多塑料薄膜，没有入库、出库的手续，导致大量实物不知去向，你作为一个会计人员，为什么不履行监督责任？

于×：（自以为追查其职务上的责任）制度混乱，我应负全部责任。因为我们厂的资金不足，有时为了生产上的需要，就到离厂远的四门孙商店去赊账，只要厂里一有活动资金，马上去还账的。那商店是我回家必经之路上的，所以，也方便。

审：你怎么去算的账？

于：我开好转账支票去结的账，根本不动用现金。

审：你没记账，开转账支票怎么填写金额多少呢？

于：我估量着填写，一般我怕不够，所以都多填一些金额在上头。

审：你结账时，支票上多出来的金额怎么处理？

于：（一愣，不敢说余额现金被拿回）余额当时又买东西了。

审：既然你当时又买了东西，为什么在同一个店里买东西不用一张支票结账而要返回现金以后再买呢？

于：……

审：为什么支票上剩余款能与你再买的东西正好在数额上一分不多一分不少呢？

于：……

审：为什么你在同一天同一个店买同一种东西又是同一个单价，偏偏要开两张发票呢？

于：……

审：为什么在你厂边上的又和你厂有供销关系的商店你不买东西，非要到离厂十多里地的与你厂并无长期供销关系的商店买东西呢？

于：我交代，我……我隐瞒了错误……

被告人很快将贪污的几笔主要现金作了供述，同时供述了用贿赂等十多种手段进行贪污的犯罪事实。

问题：
1. 审讯人员用了什么审讯技巧？
2. 审讯人员第一个问话是否与本案贪污案无关？（表面无关，实则是让对方放松警惕。）第二、三、四问的作用是什么？（逐步包抄，为后面主攻设下埋伏。）

(三)（含蓄）暗示发问

暗示性发问，有很强的策略性。以暗示的语言作有针对性的发问。这种方法，适用于证据不很充足的情况。

夏天，某女青年下夜班在小路遇到歹徒，被强奸。女青年报案后，说犯罪嫌疑人的声音记不大清，只记得解她衣扣时说"凉快凉快嘛"。

在讯问中，被讯问者一再表态此事与己无关。这时，讯问员走到被讯问者面前要解他的衬衫纽扣，被讯问者此时思考的是如何应付审讯，不解其意地问：

"你解我的纽扣干啥？"

"凉快凉快嘛！"

一听此言，犯罪嫌疑人立刻面如土色，惊恐地望着审讯人员。此时他想：被害人已经找到，并作了证，审讯人员已完全掌握了证据，只好认罪。

(四) 离间发问

这一方法，适用于共同犯罪的案件。讯问共同犯罪嫌疑人，不应选择平均使用力量而应从全案的实际情况出发，考虑有利于打击犯罪的社会效益，选择易于突破的对象，集中力量从其身上打开缺口。什么样的人容易打开缺口呢？我方掌握犯罪证据较为充实充分的；对主犯情况或某一项犯罪事实了解较多的；与主犯或者其他共犯有利害冲突的；一般选择中毒不深的容易动摇的性格脆弱的或者有悔改和立功赎罪愿望的，初犯，或者犯罪经验较少，或者被胁迫参加犯罪的。找准要讯问的问话对象，破除同案犯之间的"攻守同盟""哥们儿义气"，讯问人员常用这样的语言："你不说，有人会说……""虽然是亲朋好友，但谁愿意背窝藏的罪名，况且还是替别人背黑锅。""你是为了保护自己，但有时亲戚也是为了保护自己，毕竟是犯罪，谁不为自己考虑呢？"以此来离间他们的罪恶联系。如审理一个黑社会性质的犯罪案件：

问：卖车分钱，你分了多少？

答：无可奉告！

问：你倒是很仗义，可他们却把你往火坑里推！这次卖车得赃款8万，是不是？

答：（不语）……

问：是你摸黑把车盗来的，可你得了多少钱？7000元。×××得了多少钱？5万。现在人家说盗车的主意是你出的，盗车的行为是你干的。主要罪责在你这儿！你还蒙在鼓里呀！

答：他真是这样说的？

问：有笔录在此。

答：×××呀，×××，你不仁，我也不义了。……

后来，该犯罪嫌疑人作了如实供述。

（五）跳跃发问

这一方法，适用于被讯问者的防御体系十分严密，事先编造了一套谎言，讯问人员必须打破常规问话顺序，跳过被讯问者早已准备的防线，直插被讯问者没有准备的问题，忽前忽后、忽东忽西跳跃问，使被讯问者措手不及，从而不得不交代其犯罪事实。如审讯一个盗窃犯时的一段问话：[1]

问：你盗窃中岳乡石板桥的耕牛时真的有同伙吗？

答：真的是两个人，是童××偷的，我只在外面放了哨。

问：平江县加义乡芦头村一带你认识一些什么人？

答：我在那里搞过副业，认识我的人很多。

问：中岳乡石板桥一带你认识些什么人？

答：我同一些人搞过赌博，他们有的认识我。

问：（讯问人员写了被讯问者的名字，拉开距离让他辨认）这是什么字？

答：看不清。

问：证明你的视力很不好嘛，人家看得清，你却看不见。

答：（低头不语）。

问：那天晚上什么天气？

答：记得是下毛毛雨……可能后来还出了太阳。

问：你那天傍晚坐在五里圳的石块上干什么？

答：（目瞪口呆，无语）。

问：那天晚上你的同伙哪里去了，你是怎样丢牛逃跑的？

---

[1] 徐加庆等编著：《讯问言语学》，中国人民公安大学出版社1992年版，第80页。

被讯问者供认作案时自己只是放哨而已，是同案犯干的，问了以后讯问人员跳过"你是怎么放风的?"这一问题的追讯，而是追问他在平江县加义乡及中岳乡一带认识什么人，接着又追问那天的天气情况，跳开天气又问"如何逃跑"。被讯问者在多次讯问中都谎供有同伙，讯问人员调查后，被讯问者向来个人作案，作案当天他向别人借斗笠，偷后因被人发现而逃跑。从以上言语表达表面上看，杂乱无章，而实际上它们都有必然联系，而且这样跳跃式的发问，撕开了被讯问者的防御体系，迫使其作出如实供述。

（六）激将发问

对硬着头皮充好汉，自尊心强、爱面子的被讯问者，用激将发问，如"你敢作不敢为""你不敢说实话"等，有时会收到奇效。

如有一涉嫌强奸的犯罪嫌疑人，任凭侦查人员怎样问，就是不开口，于是侦查人员用激将法激了他一下，这"闷罐"竟被打开了。

问：陈××，通过公安机关大量的工作，现在已经认定你已触犯了法律。

答：（不语）。

问："啪"（拍了一下桌子）！不要装哑，想你平时敢作敢为，今朝变脓包啦！

答：谁是脓包，我只是想同她睡觉（指发生性关系）。唉！想不到这一搞，她死掉了！

如一犯罪嫌疑人刘××，因强奸一孕妇被收审，被讯问者在接受讯问时软硬不吃，讯问中多次公开顶撞讯问人员，拒不交代罪行。讯问人员分析，被讯问人员属于胆汁质，决定使用激将法。

问：你叫什么名字？

答：还用问吗？

问：什么时候到这里来的？

答：记不起来了。

问：为什么被抓起来的？

答：谁知道你们为什么？我不偷、不抢，没犯什么罪。

问：难道犯罪只是指偷、抢吗？

答：我没罪，你枪毙我好了，我不怕死。

问：连自己做过的事都不敢承认，还说不怕死，装什么英雄好汉！

答：我不敢承认？有什么了不起的，不就是那天抱了一下那个大肚子（孕妇）嘛！

问：就只抱一下，那么简单？

答：……（详细作了供述）。

讯问人抓住被讯问者的心理弱点，竭力激怒他"装英雄"，以使被讯问者认为这是对自己极大的轻视，为显示其"英雄"本色，是真正的好汉，被讯问者便不计后果，作出了"不就是那天抱了一下那个大肚子嘛！"这样受情绪支配的供述。

（七）"无理"发问

在讯问中，被讯问者对抗审讯，拒不交代罪行，甚至一言不发。讯问人员从财产利益关系出发，问一个看似毫无道理的问题，犯罪嫌疑人因不满而反驳。由此引出交代问题。

查办王×职务犯罪案件中，发现王×有多名情妇。据其交代，王×将受贿的现金、房产、汽车和一些高档物品，大都送给情妇们。经查，有证据证明这些情妇确实参与了敛财受贿等犯罪活动。但是在讯问这些情妇时，她们矢口否认情妇角色，有的甚至直接否认，不认识王×。审讯人员从财产利益关系入手，提出一个看似"无理"的话题，对王×的一名情妇展开了审讯。

（第一组问话）

问：你现在拥有的那些财产我们准备没收！

答：你们凭什么没收我的财产？

问：为什么不能没收？

答：……那是我应该得到的回报！

问：你是以什么方式获得如此丰厚的回报的？

答：……（不语）

（第二组问话）

问：你不该拉领导干部下水啊！

答：怎么是我拉领导干部下水？也不是我主动先找他的！

问：那么也就是说是他先找你的？

答：……（不语）

问：那他是怎么找你的？

答：……（不语）

（第三组问话）

问：那好！我现在问你的话，你可以不回答我，我的话说得对你可以点点头，如果说得不对你就摇头，你看行不行？

答：嗯……（表示同意）

问：你不是一个贪财的人，你也不是通过敲诈的方法获得那些财产的！房子是他自己主动给的，不是你敲诈的，是不是？

答：……（点点头）

问：关于你们的关系，根据你平时的为人，你是不可能主动找他的，而是他主动找你的，问题出在他的身上，是他背叛了自己的妻子，是不是？

答：嗯……（点头）

问：你刚才点头摇头是什么意思？（实际上对方没有摇头）

答：你说的对我就点头呗！

问：我哪些地方说得对了？

答：房子和那些东西都是他主动给的，也不是我要的。

问：还有呢？

答：不是我主动找他的。

问：你说的他是谁？

答：就是你们说的人。

问：王×吗？

答：嗯……（点头）

此后，对方交代了自己收房子的经过和房子的具体位置以及自己收的高档手表、戒指和一辆丰田轿车。[1]

第一、二组的问话"你现在拥有的那些财产我们准备没收""你不该拉领导干部下水啊"，在被讯问者看来讯问人员的结论性问话是无理的，于是她要反驳。反驳的结果是默认了自己拥有的财产不是正当途径获得的，默认了与王某有关系。然后进入第三组问话，用碎片化的问话一个一个问，最后就是一个整体的内容。

三、答的技巧

问与答是一对矛盾统一体。回答是对提问的反馈。在司法实践中，被问者常常会反过来向发问者提出问题请求审讯人员的回答或反驳审讯人员的问题、

---

[1] 资料来源：吴克利：《镜头下的讯问》，中国法制出版社2016年版，第236页。

否定审讯人员的问话。在讯问、询问过程中，审讯人员不仅要问得巧，也应当答得妙，要牢牢地掌握审讯的主动权。

如何成功回答是成为合格的审讯人员在审讯过程中的必备技巧。

(一) 直接回答

直接回答就是对方问什么，答什么，不要转弯抹角。但是，审讯从来都是办案人员审问对方，最忌讳的莫过于办案人员把自己知道的那点儿东西泄露给对方。审讯人员在回答问题时，任何时候都不要暴露自己的虚实，想方设法让对方感觉到，你的事情我全知道。

但是，犯罪嫌疑人常常反问审讯人员都知道哪些底细，然后再决定交代或者抵赖。这时审讯人员要当机立断，给犯罪嫌疑人有力的回答。

(二) 含蓄回答

审讯中，有时犯罪嫌疑人会认真地向审讯人员提出这样的问题，跟你讨价还价，这样的问题很难作出肯定或否定的回答，但是又不能不答。如犯罪嫌疑人常常会这样问：

1. 我交代了，你们会不会枪毙我？
2. 如果你们能保证少判我几年刑，我就交代！
3. 我说了，你们能保证不枪毙我吗？

讯问人员一般用含蓄的方法来应答。

1. 这个你放心。我国刑法不是以惩罚为目的的。你的问题怎样处理，一方面取决于你的犯罪事实，同时也在一定程度上决定于你的认罪态度。只要你彻底坦白交代自己的罪行，人民法院一定会依据法律的规定，作出合法合理合情公正的判决。
2. 如果你愿意听我一句话，说出实情，我们都愿意拉你一把，不会推你一把的。这样做，你很清楚，对你只有好处，没有坏处。
3. 机会在于自己把握，失去了你可不要后悔。

含蓄回答，既不明确表示肯定也不明确表示否定，让犯罪嫌疑人作多种理解，既让他抓不住把柄，又能给他以某种希望，促使其交代罪行，更没有违反法律，何乐而不为？

嫌疑人：（试探）是不是丁义珍诬陷我了？

讯问人员：你们不是好朋友吗？他每年到你这两三次，无话不谈了呢。他诬陷你什么呀？

嫌疑人：侯处长，（试探）是不是出事了？

讯问人员：牵扯到案情问题，你觉得我会告诉你吗？

（三）答非所问

审讯中，有时犯罪嫌疑人会认真地向审讯人员提出问题，或者试问，或者探问，或者质问，审讯人员又不好直接回答，只好答非所问。如某贪官，当从他办公室搜查巨额财产时，他绝望中生出幻想。

问：你看我这样，能从宽处理吗？
答：早知今日何必当初啊！

再如检察院的侦查员在审讯职务犯罪的犯罪嫌疑人时，犯罪嫌疑人咆哮道："为什么那么多人腐败，你不管，偏偏追着我不放？为什么？为什么？"侦查员义正辞严地说："因为你犯了法，犯了法就要依法追究！"

（四）击破反驳

审讯人员在审讯前，往往要编制一个完整的审讯计划。在审讯的过程中，犯罪嫌疑人很可能会提出逻辑上的反驳，而非简单的否认。犯罪嫌疑人一旦辩解，不但会打乱审讯计划，还容易把审讯人员置于被动的情势，甚至被牵着鼻子走。有经验的审讯人员，往往会及时处理，击破犯罪嫌疑人的反驳。

某渎职案件。因公安局办案人员的过失行为导致发生犯罪嫌疑人坠楼死亡的后果。本案被讯问者曾经是公安局的办案人员，因涉嫌渎职罪从讯问别人的位置转为被审者，因此在心理上出现了反差。

问：你的姓名、职业及个人的自然情况？
答：你们有什么话照直问就行了，没有必要转弯抹角。我叫什么名字，干什么的，你们在逮捕证上写得清清楚楚，何必明知故问！
问：难怪你工作上出问题！你连最起码的程序都不懂，怎么能够依法履行职务呢？
答：你爱怎么理解就怎么理解！
问：是的，我们很难理解你这么多年的案子是怎么办的？
答：我怎么办的？我问心无愧！
问：这么说你办的案子是成功的？把犯罪嫌疑人办的跳了楼，你问心无愧?

答:他想跳楼,我拦也拦不住。谁不会跳楼?我也会跳楼,如果你认为有必要,我马上跳给你看!

问:你在这里没有办法跳楼的。

答:那我可以撞墙死给你看。

问:你认为有这个必要吗?值得吗?

答:那你让我怎么办?死都不行,那我还有什么办法呢?

问:你办案就是这么办的吗?不是你死就是我活的?

答:他的死与我有什么关系!我当时是在一边讯问一边记录,他突然站起身来,拉开窗户,从窗户蹿了出去,我拉都拉不住!我起早贪黑没明没夜地办案。家里的事情,从来没有时间过问。那天是清明节,我原本要回老家上坟的。可是有了这个案子,为了能够尽快破案,我就没有休息。这么多年我就没有过过一个节假日。我女儿高考,我都没有回过家。我图的是什么!案子办到这种程度可算是办到家了,把自己办进了看守所!流血、流汗又流泪!我后悔的就是没日没夜地干,不干,什么事都没有!

问:我理解你,换了我也会有这种想法。但是我们努力工作,是为了让大家能够在一个安定和谐的环境里生活。因为我们工作的失误就有可能给老百姓带来意想不到的灾难。你在前面说的"我一个人讯问又记录……"。这说明你是一个人在讯问现场,这就是你违反法律规定的地方。如果那次的讯问室有2个人在场,在一楼的安全环境中,就不可能会出现跳楼死亡的情况。谢某的死亡给他的家庭所带来的伤害可以说是极其惨重的。女儿失去了父亲,妻子失去了丈夫,老人失去了儿子,白发人送黑发人,那个场景惨不忍睹啊!

答:我当时真的没有想到他会跳楼!本来下午就准备放他回家。因为当时还有一个情节,他没有说清楚,就留了下来让他把那个情节说清楚再走。谁知道会出现这种情况?如果知道他心理压力那么大,我早就放他回去了,事情也就避免了。

犯罪嫌疑人不得不承认自己渎职!

当审讯人员问他姓名等自然情况时,他反驳:"你们在逮捕证上写得清清楚楚,何必明知故问!"审讯人员当机立断,立即击破反驳:"难怪你工作上出问题!你连最起码的程序都不懂,你怎么能够依法履行职务呢?"接着,犯罪嫌疑人自认为自己工作辛苦,流血、流汗又流泪,认为自己问心无愧,审讯人员再次予以反驳:"这么说你办的案子是成功的?把犯罪嫌疑人办的跳了楼,你问心无愧?"最后,审讯人员将心比心,晓之以理:我们流血流汗,是为人民创造和谐幸福的生活,但是由于你违反法律规定,违法讯问,造成一家人"女儿失去了父亲,妻子失去了丈夫,老人失去了儿子,白发人送黑发人"的后果!审讯人员一次次的反驳,迫使被讯问者不得不承认自己的渎职犯罪行为。

课内实训

一、单项训练

1. 逼问快答。逼问快答是对答如流的训练,也是对突发性提问思维反应的强化训练。由于提问内容广泛,跳跃性大,要答得快,答得巧。

设计一组问答,在100秒以内两个人限时进行快速提问,快速回答练习。

(1)"伏法"和"服法"的意思相同吗?
(2)独角兽代表什么?
(3)处于困境又遇生路可用什么成语表达?
(4)鸟都是会飞的,对吗?

2. 坦诚表白。这是了解一个人各方面情况的快问快答训练。设计问话要由浅入深,由近及远,步步进逼。问话要多侧面、多角度,避免单调和程式化。答语要旗帜鲜明,坦率从容,也可以含蓄风趣一点,有些哲理色彩;要特别留心复杂问话的隐含前提。如:

(1)你的优点是什么?
(2)你的缺点是什么?
(3)你的爱好是什么?
(4)这个爱好是怎样形成的?
(5)这个爱好给你带来什么好处?

3. 听辨练习。要善于从别人的表达中发现合理的成分,自然顺承,毫无痕迹地渗入己见,让对方在和谐的气氛中感觉到你的这种见解的有理性,从而达成共识。

(1)哎,我觉得我自己很平庸,见人矮三分,什么也不行。
(2)某人借了你的钱,说好三天以内还,可是过了一个月了,还不见动静。于是……
(3)天已很晚,你的朋友还在你家闲聊,你碍于面子不好意思下逐客令。这时你看看表,打个哈欠……

4. 一语中的。听了别人的问题,你要能用概括的语言回答出来,言简意赅、一语中的。要能够准确揭示客观事物繁杂表象背后富有规律性的东西。如:

问：你赞成"一见钟情"吗？

答："一见钟情"先叫人心醉，后来多半让人心碎。

(1) 他学富五车，怎么会在社会上总碰壁？

(2) 为什么人的手、耳朵都是双数，嘴却只有一张？

(3) 什么样的学生是最好的学生？

5. 避锋回答。在不便于直白应对时，可以绕开话题焦点，用迂回曲折的方法表达自己的意思。下面是犯罪嫌疑人、被害人对司法人员的诘问，你该如何回答？

(1) 如果你们保证不枪毙我，我就交代！

(2) 我的同伙也逃跑了？

(3) 被害人×××是不是死了？

6. 根据公平、公正、自愿供述的法律原则，审讯人员在讯问中不得诱供、骗供。但是，在司法实践中，有的审讯人员的言辞与行为违背《刑事诉讼法》的规定，恐吓、诱骗被讯者，甚至与被讯者达成某种交易，这样有可能会给律师提供攻击的"炮弹"，也可能会给犯罪嫌疑人提供"翻供"的机会，更可能会出现冤假错案，给司法公正带来负面影响。

审讯人员下面的语用行为规范吗？请你分析。

(1) 不说就多判你几年！

(2) 不老实交代，就把你关起来！

(3) 你不说，就是不老实！

(4) 钱退出来就没事儿了！

(5) 别人都说了，你还不说？

(6) 所有的事情我们都清楚！

(7) 我们调查过了，就是你干的！

(8) 快说吧，不就是拿了别人一点钱吗？

(9) 现在谁不找人办事？拿一点钱是正常的。

(10) 比你拿钱多的人有的是，不都没事了吗？

(11) 事情说清楚，你就可以回家了！

(12) 交代清楚就给你办取保候审。

二、综合训练

1. 选一个离婚案件，拟定询问提纲，然后进行询问。

2. 根据问话继续发问。

在一件彩礼返还的纠纷中，男方向法院提起诉讼，要求女方返还彩礼。法官在法庭审理的过程中，问了如下问题。请你接着发问，直到把问题搞清楚。

法官问（男方）：你给了女方哪些彩礼，一一说来。

答：我一共给了女方本人10万元现金，还给了金器4件给女方本人。

法官问（男方）：你是通过何人给付的？如何给付？

答：10万元现金，是通过媒人××给付的，给女方本人金器4件，也是通过媒人给付的。

法官问（女方）：你收到男方哪些彩礼？

答：当时我的确是收取对方10万元，但是后来我在去男方家中时又将其中的2万元给了男方。

（提示：法庭会认可女方收了男方彩礼10万元，至于另2万元是否给了男方，需要女方来举证。如果女方不能举证或者男方就此并不认可，则法庭会认为女方收取了男方现金彩礼10万元。）

3. 中学生赵××杀害同学李××一案中，一开始两名男讯问人员讯问。如赵××谎称墙上、被子上的血是自己来月经弄上的，审讯人员反驳："你来月经，与别人不一样。你来月经像水龙头一样，喷得墙上、被子上到处都是吗？"[1]

赵××情绪对抗，反而一句话也不说了，形成了僵局。

后改为两名女讯问人员对赵××进行讯问：

问：小娟，你相信我们吗？

答：相信。

问：相信的标准是互相之间说真心话，我们相信你会说实话，我们更相信你对自己的人格非常尊重。

答：嗯，我应该尊重自己的人格。

问：你在学校经常和哪些同学接触？

答：我经常和张××她们几个，接触也不太多，她们去操场玩，我就去教室看书，我不喜欢玩。

问：我们听说你有个男朋友，他叫什么名字？

答：在高二时，我们班转来一个男生，叫孙××，他父亲和我父亲是同学，孙××的东西放到我们寝室，他经常去，同学们认为我们谈恋爱。

问：你们谈了没有？

答：后来，班里的李××主动和孙××谈，这样同学们说我们是"三国同盟"，闹得满城风雨，到三年级时李××对我讲的话更难听，讽刺挖苦，这些情况对我压力很大，弄得我学习成绩下降，身体素质不好，经常有病吃药，我曾

---

[1] 徐加庆等编著：《讯问言语学》，中国人民公安大学出版社1992年版，第270页。

想过自杀……我对李××非常反感。

问：反感就使你有所行动，对吗？

答：开学不久，孙××到郑州工作了，有一天，我到了郑州。后来，孙××写信给李××说我去郑州了，李××看信时只给我看了两行，说下边是他俩的事，气得我哭了好几天，我在三月份写了谩骂李××的匿名信，我是想报复她，出出气。

……

问：小娟，我只想问你一件事，你被褥上的血是怎么回事？

答：是我来月经弄上的。

问：你说得不对，我们都是女人，都来过月经，都知道来月经时应该怎么办，小娟，你说对吧？

答：……（低头沉默）。

问：人来月经一不会量那么大，二不会弄到墙上，三更不是你的血型，小娟，你要相信科学。

答：（头更低）我说……

思考：

1. 两个男讯问人员的讯问为什么会失败？

2. 女讯问人员用了什么样的讯问方法获得成功？具体分析这9个问话言语链中都用了哪几种问话方法。

第八章 司法调解

学习要点
1. 了解司法调解的概念和分类；
2. 掌握司法调解的特点；
3. 掌握司法调解的方法和技巧。

理想很丰满，现实很骨感。理想的诉讼总是和现实有差别的。

传统的民事审判对于离婚案件，法院多是注重庭审判决和财产的分割，很难有精力顾及当事人的情感以及家庭关系的修复。当事人往往费时费力，终于等到法庭的一纸判决，但无法完全化解当事人的心结！

许多人在诉讼中，由于对法律不熟悉，某些证据收集难度大，很多证据自己知道却无法收集全，如果法院照着证据判下来，对自己极为不利，极有可能败诉！

当事人对判决不服，于是讼不息，走上漫漫维权路，拖得散金无数，筋疲力尽。有的当事人终于赢了官司，但是拿不到钱，又要申请执行……

怎么办？其实还有另外一种通过诉讼解决纠纷的方法，那就是调解或和解。

法律规定，对于民事案件、刑事自诉案件以及被害人自愿和解的法律特别规定的部分公诉案件——调解或和解。

第一节 司法调解的概念和分类

民事司法调解制度是民事诉讼制度中一项重要内容，被誉为东方经验，是我国处理民事纠纷的一种行之有效的方式。

《民事诉讼法》第93条规定："人民法院审理民事案件，根据当事人自愿的原则，在事实清楚的基础上，分清是非，进行调解。"

一、司法调解的概念

我国的司法调解，也称为法院调解，是在人民法院审判人员的主持下，双方当事人通过自愿、平等地协商，就诉诸法院的民事纠纷达成协议，终结民事诉讼程序的制度；是发生纠纷的双方或多方当事人，在第三者（法官、人民调解员、司法助理员）的主持下，依照国家法律、法规、规章和政策以及社会道德规范等进行居中调停，帮助双方或多方当事人解决纠纷，达成调解协议或和解；或在查清事实，分清是非后，劝其彼此谅解，消除纷争的活动。

从司法口才学的角度讲，司法调解是指法官、司法助理员、人民调解员等法律工作者在处理诉讼纠纷中解决纠纷，引导当事人双方达成协议，终结诉讼或争议时，选择、组织、运用语言进行表达的能力和技巧。

在民事诉讼中，调解优先是《民事诉讼法》等法律法规中明确规定的法官办案原则，所以说，法官在判决之前进行调解，绝对不是违法办案。恰恰相反，正是因为有了法律的明文规定，法官才可以操刀主持进行调解。

司法调解好处多。

（一）对当事人双方有好处

按照法律规定，调解必须是双方当事人都同意才可进行，任何一方不同意，调解都无法进行。这样自愿达成的协议，基本上会即时履行。当事人会很快地得到赔偿（或者另一方会愿意很快地赔偿）。避免再花更多的时间与金钱成本在接下来的诉讼程序里，省很多时间达到"案结事了"。

最坏的情况，也许某一方在调解中会吃点亏，但会得到很多长期的潜在好处。如你会赢得个人或公司的声誉，多得到一个商场上的朋友或一个很好的邻居……

（二）消除当事人心理上的对抗

民商事案件的当事人之间往往有着千丝万缕的联系，解决纠纷后仍然要在一起工作、生活。司法调解通过做深做透当事人的思想工作，彻底消除矛盾、解除心结、理顺社会关系，维护社会安定团结，可有效地减少"民转刑"案件的发生。

（三）体现当事人平等主体的地位

诉讼内调解作为重要的诉讼机制，使诉讼更加人性化。除刑事公诉案件的和解外，诉讼当事人可以平等协商，自主选择。当事人对纠纷的真相和自己的利益所在十分清楚，经过自愿选择的处理结果，应当最符合他们自己的利益需求，也最接近当事人追求的实体公正。调解结案更符合司法公正的实质要求，创造和谐的气氛。

（四）具有法律效力或约束力

司法调解不是简单的"和稀泥"。诉讼内调解，是一种具有司法性质的调解，是与法律相关联的以法律为依据、受法律约束、履行法律责任、承担法律后果的调解；诉讼外调解，是一种具有权威性的调解，是与法律相关联、与道德紧密联系、化解当事人双方矛盾的调解。

（五）提高司法效率

调解制度，使大量纠纷在进入审判阶段之前就得到化解，确是降低社会管理成本，提高工作效率，解决"案多人少"的治本之策。虽然调解一起案件可能要投入大量的时间和精力。但是一旦调解成功，便迅速审结案件，及时履行，减少了不必要的诉累。案件调解结案后，双方当事人通常不上诉、不申请再审、不再上访，既稳定了社会，又节约了司法资源，提高了司法效率，缓解了法院"案多人少"的矛盾。

（六）减轻法官压力

法官员额制改革，入额法官办案终身负责制。每办一个案子，判决书都要上中国裁判文书网，接受社会广泛监督，这对法官来讲压力不小。但是调解书可以不上网。于是，调解也成为法官特别喜欢的一种结案形式。

但是法院调解不是无原则的"和稀泥"，调解必须由审判人员主持，审判人员在整个调解过程中自始至终处于主导的地位，遵循双方当事人自愿以及调解合法的原则。调解协议必须经过法院的认可，由人民法院制作调解书，调解书送达签字后，即产生与生效判决同等的法律效力。

二、司法调解的分类

《民事诉讼法》第93条规定："人民法院审理民事案件，根据当事人自愿的原则，在事实清楚的基础上，分清是非，进行调解。"

《刑事诉讼法》第206条第1款条规定："人民法院对自诉案件，可以进行调解；自诉人在宣告判决前，可以同被告人自行和解或者撤回自诉……"第277条规定："下列公诉案件，犯罪嫌疑人、被告人真诚悔罪，通过向被害人赔偿损失、赔礼道歉等方式获得被害人谅解，被害人自愿和解的，双方当事人可以和解……"

根据不同的划分标准，我们可以将司法调解口才划分为许多种类。

（一）根据案件性质的不同划分

1. 诉讼内调解。诉讼内调解亦称诉讼调解，或称法院调解，是我国民事诉讼法、刑事诉讼法规定的一项重要的诉讼制度，是当事人双方在人民法院法官的主持下，通过处分自己的权益来解决纠纷的一种重要方式。

司法调解以当事人之间私权冲突为基础，以当事人一方的诉讼请求为依据，以司法审判权的介入和审查为特征，以当事人处分自己的权益为内容，实际上是公权力主导下对私权利的一种处分和让与。

《民事诉讼法》第95条规定："人民法院进行调解，可以邀请有关单位和个人协助。被邀请的单位和个人，应当协助人民法院进行调解。"这种调解形式，称为庭外调解。

2. 诉讼外调解。只要不是在法院法官主持下进行的调解，称为诉讼外调解。诉讼外调解是指在调解员（包括人民调解员、仲裁员、司法助理员以及其他法律人员）主持下，以国家法律、法规、规章和社会公德规范为依据，对纠纷双方当事人进行调解、劝说，促使他们互相谅解、平等协商、自愿达成协议、消除纷争的活动。包括人民调解、仲裁调解、行政调解、司法调解、诉前调解等。仲裁调解书本身就具有法律效力。

（二）根据主体的不同划分

1. 审判人员调解口才。审判人员调解口才，是审判人员在刑事自诉案件、民事案件、特别规定的刑事公诉案件审理中依法进行的调解或和解时使用的口才。

2. 律师调解口才。律师调解口才，是律师参与诉讼、非诉讼法律事务中，对双方当事人的纠纷进行调解时使用的口才。

3. 司法助理员调解口才。司法助理员调解口才，是司法助理员处理民间纠纷时进行调解所使用的口才。

4. 人民调解员调解口才。人民调解员调解口才，是人民调解员主持调解民间纠纷时所使用的口语能力和技巧。

5. 家事调解员调解口才。家事调解员是我国法院家事审判方式和工作机制改革出现的新群体。在家事立案前配合法院家事审判工作对当事人的家事矛盾进行调解所使用的口语能力和技巧。

6. 仲裁员调解口才。仲裁员调解口才是仲裁员主持调解民间纠纷时所使用的口语能力和技巧。仲裁调解书本身就具有法律效力。

（三）根据口才适用范围的不同划分

1. 调解民事案件的口才。
2. 调解刑事自诉案件的口才。
3. 调解行政案件的口才。
4. 调解特别规定的公诉案件的口才。
5. 调解非诉讼法律事务的口才。

第二节 司法调解的特点

司法调解属于谈话性质的口才，但又不完全等同于司法问话等其他谈话口才。司法调解是在第三方主持下进行的，第三方可以是个人（包括法官、律师、人民调解员、司法助理员、仲裁员、家事调解员等），也可以是群众组织、行政机关或审判机关、人民调解机构、司法所等。由此，司法调解的主体具有特指性。这是司法调解的最本质的特征，具体特征表现如下：

一、主体的公正性

"努力让人民群众在每一个司法案件中都感受到公平正义"，是对每一个司法人员提出的要求。公正，不仅是司法调解的核心，更是司法调解的生命。消除私欲，保持公心，是司法调解中最关键的一个方面。每一个案件的事实只有一个，处理意见也只有一个，如果偏离了这个线，另一方当事人肯定不会接受，那么案件也肯定调解不下来。

调解人员在进行调解时，对双方当事人的各执己见，既要表示出充分的理解和认同，同时又要秉公直言，忠言相劝，公正无私，不偏不倚。在协调双方当事人的意见时，采用的语言、语调、语气要一致，要一"语"同仁。面对有权有势或和自己亲近的人，就语气亲切，语调和缓，言辞尊重；对待无权无势或与自己生疏的人，就语气冷漠，语调严厉，言语怠慢，这是极不利于调解顺利进行的做法，是司法调解口才要坚决杜绝的做法。

俗话说："吃人家嘴软，拿人家手短"。假如一位调解员或法官在案件的审理中得到了一方当事人的好处，那么他的一言一行、一举一动，都会不自觉地流露出偏袒这一方当事人的意思，以此来回报当事人给他的好处。这位法官在对案件事实的认定和处理上都会或多或少表现出不公。这方当事人在心理上总有一种优势感，使其很难进入案件的实质性状态，直接影响调解工作。

二、内容的合法性

司法调解的主体是居中调停者，不是单方的代理人。按照法律规定，调解双方必须出于自愿，任何一方不同意调解都是不能进行调解的。调解者应始终尊重当事人的意志，使当事人在自愿的前提下，在互谅的基础上达成共识，从而使纠纷得到解决。在调解的方式方法上，司法调解主体只能用说服教育的方法，排除争端、解决纠纷。

内容的合法性是调解口才的基础。司法调解中，衡量是非的准绳和依据，判断正误的尺度和标准依然是国家的法律、法规和政策。调解口才在查明事实，分清责任时,要坚持原则,态度鲜明,不能无原则地混淆是非,"和稀泥",当"老好人"。协议的内容必须以事实为依据,以法律为准绳,以道德规范为补充,合法合理,公平公正,使当事人心悦诚服。不能违反法律规定,更不能无原则许诺。

三、过程的主导性

司法调解口才调解过程的主导性特点是调解能否顺利进行的前提。

在司法调解实践中,如果调解人员盲目听从当事人,被当事人双方的争辩所牵制,为当事人的言辞所左右,势必处于疲于应付的被动局面,陷入无休止的纠缠之中,不利于解决矛盾。在调解过程中,调解人员要自始至终占据主导地位,主动了解事实,对当事人进行法律宣传和教育,要冷静清醒,主动采用启发、引导的语言,循循善诱,让当事人按照自己的调解思路来陈述事实,分清是非,互谅互让,协商和解,达成协议。

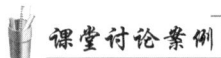

化干戈为玉帛

2003年3月法官宋鱼水受理了一起案件。原告是某公司的总经理,被告是副总,两人曾是同住一室四年的大学同学。后来由于利益分配问题,被告离开了公司并成立了一家新的公司。原告认为,被告推出了与自己一样的产品,获得了可观经济利润,却给自己造成了几百万元的损失。为此,原告向法院提起诉讼。

作为审判长的宋鱼水接过了这个案子。很快,她安排了第一次调解。原被告双方当时都十分激动,不顾法官和律师在场,情绪失控,差点大打出手。

案件审理先后进行了9次询问、4次勘验和4次开庭审理。宋法官征求双方意见,案件能不能调解解决。

由于双方争议大、积怨深,又都是很有个性的硬汉子,双方态度都很强硬,都想要通过打官司要一个明确的结果。于是宋鱼水找双方的亲朋好友从中多次撮合,但也没有结果。

在这个关键时刻,宋鱼水对原被告当事人像朋友一样地循循劝导,既彰显了法官的权威,又还他们以尊严……

结果,双方当事人接受了宋鱼水的调解。调解的结果是原告和被告共同组建一个股份有限公司,并按照《公司法》的规定,拟定了公司章程,明确了各自的权利义务。

两个冤家走到了一起，成为盟友。

问题：

1. 本案使用什么方法，使剑拔弩张的原、被告成为盟友？
2. 司法调解的好处有哪些？

四、方法的灵活性

调解口才灵活性的特点是提高调解成功率的有效方法。

在司法调解过程中，调解人员遇到的案件纠纷复杂多样，有刑事的、民事的；有工人、农民、知识分子；有知礼识性的、无理取闹的……当事人的职业、地位、性格、脾气、文化素养、生活环境各不相同，各地的人情风俗、语言习惯也千差万别。案件的性质不同，当事人的心理更差别巨大。

在调解过程中，司法调解口才要求因人而异，因境而异，因时而异，捕捉当事人语言中的调解契机，寻找突破口，因势利导，灵活调整自己的语言。或劝，或哄，或夸，或责，随机应变，话到事成；时而严肃，时而活泼；时而庄重，时而诙谐。再适时甩出几句俏皮话、歇后语，灵活机动，生动活泼，调解成功的希望就在眼前。

五、语言的通俗性

司法调解的目的在于引导当事人双方知法懂法，通情达理，使案件协商和解。沟通双方当事人达到调解成功目的的桥梁，应当是调解人员及其通俗易懂的语言。

调解人员宣讲法律知识、析事说理、感化当事人要深入浅出，需运用通俗贴切的语言，选用感情色彩浓的语气、语调等实现调解目的。在组织语言时，常常综合使用比喻、对比、谐音、双关、设问、反问等修辞手法，以加强调解效果；更不乏用民间诸如"一日夫妻百日恩""大人不计小人过""天上下雨地上流，小两口打架不记仇""一笑泯恩仇"之类的谚语、俗语、歇后语等人们喜闻乐见的语言形式来使调解语言通俗化。

六、态度的亲和性

在调解中，司法调解员能让当事人双方认同的亲和力是促成当事人和解的情感润滑剂。

在调解过程中，调解人员运用可信的言辞，可近的态势，可亲的语气，营造一种轻松、平和的氛围，使当事人双方平心静气地协商、和解，自愿、合法地达成协议、解决纠纷。如果司法调解员摆架子，板面孔，言语冷淡，生搬硬套，极易使当事人陷入压抑、反感的负面情绪之中，甚至产生对抗、抵触心理，调解工作则难以顺利进行。

第三节 司法调解的方法

司法调解人员进行调解非常辛苦,既要明白法律规定的界限,又要通达人情世故;既要诚实守信,还得施展必要的手腕。几种素质综合运用,需要许多耐心和智慧,需要许多方法和技巧。

一、耐心倾听,了解案情

司法调解人员进行调解首先要倾听。做一个细心、耐心的倾听者,起码有两大益处:对司法调解人员来讲,只有倾听,才能了解案情;对当事人来讲,倾听当事人诉说,就是让当事人说够、说足、说透,说完了,估计气就消了许多。司法调解人员对如下两种类型的人更要特别善于倾听:一是哭诉的当事人,这类当事人心里有很多委屈,需要倾诉,一吐为快;二是情绪暴躁的当事人,这类当事人一般文化程度低,脾气暴躁,气头之上谁劝也不听,有一股"二杆子"劲,容易冲动失去理智。司法调解人员这时候要轻声细语将其安抚下来,平静下来,倒上一杯茶,劝其慢慢说。

有时,双方当事人为了各自的利益,针锋相对,往往公说公有理、婆说婆有理。此时此刻,调解人员一定要保持冷静的头脑,不仅要善于倾听,更要听懂当事人说什么。一是要听懂"说出来的话"所表达的真实意思;二是要能听懂没有说出来或没有完全说出来的"肚子里的话";三是要听懂当事人的"心里的话"。不急躁,不发怒,语态亲切平和,语词沉稳有节,语调不急不躁,语气不恼不怒,将双方当事人带入平心静气的调解语境之中。

二、抓住症结,采取对策

一起纠纷的产生,往往原因很多,过程很复杂,枝节丛生。当事人双方又各持己见,纠缠不清。因此,调解人员在调查、了解清楚案情之后,迅速寻找产生纠纷的症结,找到牵一发而动全身的问题,分清责任,对症下药,问题就可能迎刃而解。请看一个成功的调解。

1. 受案——情况复杂难平息。2008年7月9日,法官受理了一起离婚纠纷案件。原告朱×诉被告张×生,原告诉称:双方婚前缺乏了解,婚后感情不和,被告二哥(单身生活)与其夫妻二人一起居住并由被告二哥掌握家中经济收入与支出,经常生气、吵架,所以起诉离婚。

2. 调查分析——夫妻感情未破裂。法院受理后,通过双方当事人的陈述，法官对案情有了初步的了解。原被告二人均是再婚。原告再婚前有一女，婚后与被告生一女。经法庭调查，得知原告患有严重心脏病，按医生叮嘱已不适于再生育。2004年7月15日，原告冒生命危险为被告生下一女，证实原、被告是有夫妻感情的，原、被告的夫妻感情并未破裂。

3. 症结——争当家作主权。原告起诉离婚的真正原因是什么呢？法官找准了此案症结：被告二哥张×利（单身）与原、被告一起生活，掌控着原、被告的经济收入和支出。被告在外打工所挣的钱每月都要如数交给张×利，原告觉得自己在这个家中没有自主权。所以原告用起诉离婚当"砝码"来换回自己在这个家庭中当家作主的权利。

4. 调解一——劝"二哥"放弃当家权。抓住了主要的症结，法官对张×利劝解：

"家是你的家，亲人还是你的亲人。你为这个家操心、受累大家都清楚。现在你岁数也大了，弟弟和弟媳的岁数也不小了。你应该把家交给他们了，你也该轻轻松松享福了。这次你弟媳起诉离婚的原因你也应当清楚吧。你不能眼睁睁地看着这个家就因为这么一点小事破裂吧。让你弟弟打光棍？让你侄女缺爹少娘？……"

通过法官的耐心劝说，张×利最后终于同意将家里的财权交给原告，让其当家作主，并当庭把家里仅有的3000元存单交给了原告。

5. 调解二——劝原告继续让"二哥"随他们共同生活。案件结了，但是原告提出不同意张×利继续与被告一起生活。

这无疑在精神上与生活上给张×利造成重大打击，张×利也不会就此轻易善罢甘休，处理不好会造成不良的社会效果。

法官开始寻找新的思路劝说原告，从情、理、法方面深入浅出地给原告摆事实、讲道理、讲法律，宣讲我们中华民族的传统美德。又说："你二哥也是一个非常本分的纯朴农民，为你们当家的这些年，无论是家里活、地里活，他都承担了下来，平时不乱花一分钱，也是实实在在为你们掌控着这个家。"

和风细雨般的疏导劝说，大大降低了原告的抵触情绪，最后原告终于点头同意张×利以后继续随原、被告共同生活，并撤回了离婚诉讼，此案画上了圆满的句号。[1]

---

[1] 刘艳桥："朱某诉张某生离婚案案例分析"，载110法律咨询网，http://www.110.com/ziliao/article-225825.html. （有删改）

三、疏导劝说，息事宁人

司法调解人员在抓住了问题的症结之后，就要秉公调解，劝说疏导，息事宁人。一般而言，当事人唯恐自己在案件中吃亏，都会把目标有意说得很高。法官在拉锯式的调解过程中，往返于当事人双方之间，让双方像在市场买菜卖菜一样来"议价"，以中间人的方式来"撮合"双方达成一致意见。

自称38岁的马×与40岁的农民李×经人介绍，认识7天，李×给了马×彩礼款7万元，二人领证结婚。婚后3天，李×发现马×的真实年龄是52岁，当初是用假身份证骗了他。一气之下向法院起诉了马×，要求与马×离婚并要求其退还彩礼款7万元。

法庭上，李×说当初找马×是为了能生个小孩。婚后发现马×已52岁，不能再生育孩子了，坚决要求和马×离婚并要求马×退彩礼款7万元。马×说，自己52岁原告是知道的，并没有欺骗他。

在法官主持调解下，双方都同意离婚，但是彩礼款的返还发生分歧。被告认为，他们已经登记结婚，按照《婚姻法》的规定，彩礼款不应予以返还，所以坚决不退彩礼。原告李×认为马×骗了他，必须退还彩礼，并且态度激烈，扬言如果马×少退一分彩礼就抄她全家！

法官对当事人进行单方调解，试探性地摸清了各方当事人关于退彩礼款的"底线"。

法官：马×，你隐瞒年龄；使原告在经济上、精神上造成了巨大的伤害，你要负主要责任。你应当在最大范围内给原告退还彩礼。

马×：好吧，我最多退3万。

法官：李×，首先你要抄她家，这不是解决问题的方法。再说你不了解对方情况就草率结婚，这是你对自己不负责任，你应该为自己的行为买单。我们尽量说服对方退彩礼。彩礼款你能不能做一些让步？

李×：不得少于5万。

在法官的调解下，当事人双方对退彩礼款的"底线"都有了松动，做了最大让步。

法官又通过一次次的重复沟通，双方当事人最终达成了一致意见：协议离婚，被告马×退原告李×彩礼款4万元。该协议当庭予以履行。

司法调解，要"以理服人"，其中的"理"很大一部分源自民间法。民间法是老百姓常年形成的习惯习俗、价值、是非标准。这些内容积极地影响、制约着人们的行为，具有强大的生命力。法院在调解中既严肃适用法律又在一定程度上尊重、依循甚至适用民间法，有比较浓郁的人情味道。这样，既不破坏国家法治的既定原则、制度和程序，又给民间法一定的生命空间。

第四节 司法调解的技巧

司法调解，说到底是一种暗的博弈。这种博弈以双方当事人追求利益最大化为本能，以各方可以最大限度忍受的最终妥协为特色，是一种利益的分配与再分配的调节。这种利益分配与再分配，需要司法调解人员介入进行斡旋，积极在当事人之间进行沟通、协商、谈判，这就需要调解技巧。

一、遇到虚假，单独揭穿

在案件调解中，有的当事人自作聪明，认为调解人员并不知真情，故意隐瞒已经明了的案件事实，想从中达到自己的目的。

调解员如果发现这样的现象，要把一方当事人单独叫到一边，用法官的威严或调解人员的威信进行毫不留情的批评教育，严厉指出他的错误认识和做法，把案件的真实情况和法律的相关规定，原形呈现，彻底揭穿。

调解时，先用含蓄性的语言，给足当事人自尊和面子。如果当事人还是不能明白，胡搅蛮缠，有错不认，调解人员要用一些比较严厉的、具有震慑性的话语，给当事人一定的心理压力，以唤起当事人的恐惧心理，把当事人的思维拉到案件正常的轨道上来。再用一些期待、鼓励性的语言，缓和紧张气氛。但这种揭穿必须是善意的，也必须是只有单方在场。

某人身损害赔偿纠纷案中，原告李×与被告赵×是隔墙相邻的邻居，关系一直不错。最近因琐事产生矛盾，被告将原告打伤，原告住院多日，花了两千多元医药费、误工费。

原告起诉到法院后，庭审中原告未能就这一事实提供相关证据，因双方是同村的人，证人碍于情面都不愿作证。被告拒不承认殴打原告。按照法律程序，原告应承担举证不能的败诉后果。

法庭上原告指天发誓："上有天，下有地。如果被告没有打人，让天诛地灭。如果公家管不了，宁肯人头落地，也要把事情摆平！"

法官没有简单地一判了之，而是通过走访，了解到案件的事实真相：被告确实打了原告。

法官抓住了这一点，做被告单方的思想工作，并毫不留情地指出其在法庭上所讲的是谎话："你是骗不过法院的。"让被告的思想崩溃。

法官又对被告进行了多次道德和法制教育，晓之以"和为贵"的道理。最后被告向法庭承认了自己确实打了原告，只是不愿在村内落个输了官司的名声。

法官对他进行道德和法制教育："你不承认打原告，导致案件没有一个公正的处理结果，于法不公；对你来说，你心里永不安宁；对原告来说，他也绝对不会轻易地不了了之。你既然不愿落输官司的名声，就让法院以调解方式结案，这样既能让案件公正了结，又显示不出你输了官司，以后你们双方还能和谐相处。"

最终，案件以调解的方式解决。被告主动向原告赔礼道歉，双方就赔偿达成了一致意见，并当即履行。

"面子文化"是中国文化很"要紧"的构成因素。"面子"感受往往也是谈判一方重要甚至最为核心的利益所在。这其实是兼顾各方利益的一种"共赢"心态，是设身处地为对方着想促成战略目标达成的一种智慧。

二、矛盾激烈，放冷处理

课堂讨论案例

王阳明智审大盗

王阳明在庐陵担任县令时，抓到了一个罪恶滔天的大盗。这个大盗冥顽不灵，面对各种讯问强烈顽抗。王阳明亲自审问他，他一副死猪不怕开水烫的架势说：

"要杀要剐随便，就别废话了！"

王阳明于是说："那好，今天就不审了。不过，天气太热，你还是把外衣脱了，我们随便聊聊。"

大盗说："脱就脱！"

过了一会，王阳明又说："天气实在是热，不如把内衣也脱了吧！"大盗仍然是不以为然的样子："光着膀子也是经常的事，没什么大不了的。"

又过了一会，王阳明又说："膀子都光了，不如把内裤也脱了，一丝不挂岂不更自在？"

大盗这回一点都不豪爽了，慌忙摆手说："不方便，不方便！"

王阳明说："有何不方便？你死都不怕，还在乎一条内裤吗？看来你还是有廉耻之心的，是有良知的，你并非一无是处呀！"

大盗被王阳明说得动心了。

问题：

1. 这个故事告诉我们一个什么道理？
2. 王阳明用了什么方法发现大盗还有自耻之心。

这个故事告诉我们，没有一无是处的人，只有自暴自弃的心。生活中总有人感叹人心险恶，可王阳明告诉我们，哪怕是罪恶滔天的罪犯，心中也是有良知的。王阳明用激将法发现大盗还有自耻之心。明白了这一点，就能明白他们最需要的不是惩罚，而是感化。这对于我们的民事调解有一定帮助。

对民事案件的调解一般宜早不宜迟。但是对矛盾特别激烈的案件如赡养案件、婚姻案件等，不要急于调解，可以放冷处理。时间可以淡忘一切。时间久了，双方矛盾自然会淡化。采用时间消磨法，让时间淡忘仇恨，让时间唤回亲情。在当事人双方的情绪趋于稳定时，再对案件进行全方位的调解，效果良好。

大多数的离婚案件，双方当事人从走向婚姻的殿堂到走进法院的大门，必定经历激烈的思想斗争和心理矛盾过程。发生矛盾的原因是多种多样的：有的与对方父母、兄妹关系僵化，有的由于一时误会，有的是一时冲动……矛盾发生后，双方总会你一言他一语，互不相让，一赌气就进了法院的大门。在气头上如果法院进行调解，双方都会为了自己的面子不甘示弱，可能会引起矛盾激化，所以应给他们留有足够的时间，让他们回去充分考虑。

在亲友的劝说下，有的当事人会主动前来撤诉的。不去主动撤诉的当事人，在离婚的决心方面，也会有不同程度的动摇。主审法官可趁热打铁，加大调解力度，双方和好的可能性就会增加。对一些思想比较固执的当事人，法官要帮助他们展望前景：离婚之后，自己的孩子将处于一个什么样的生活环境，自己将身归何处？最终达到使双方和好的目的。

现在的赡养案件在逐年减少，因为农村生活水平高了，法律意识增强了、道德观念转变了，真正不孝顺父母的少了。对于个别起诉到法院的赡养纠纷，一般不要急于开庭，在向被告送达应诉手续时，要先向他们进行法律、道德教育，鼓励他们回去主动向父母履行赡养义务，尽量征得父母的原谅和宽容。被告一般不愿落个不孝顺的名声，会主动找人调解的。而父母对待孩子是不会有恶意的，只要能过得去，父母也不会和孩子计较这么多。一般情况下赡养案件都以撤诉或调解结案。

三、假如挂嘴，换位思考

俗话说：要想公道，打个颠倒。不当家不知柴米贵，不养儿不知父母恩。一个人在扮演了某种角色以后，才能真正体验到作为该种角色的认识与情感。

司法口才学教程

在调解中,调解人员向当事人做思想工作时,如果常常把"假如"二字挂在嘴边,形成一个现场模拟的换位思考体系,可使当事人进入一个虚拟"现实"之中,有效达到接受对方要求的目的。

一般情况下,调解赡养纠纷,常让子女与父母角色换位,以教育不尽赡养义务的当事人。调解未成年人人身损害赔偿案件,让被告的监护人与原告的监护人角色换位,让他们体会一下孩子受到伤害的情形,案件就好调多了。

某赡养纠纷案中,原告某村民石老汉,共养有5个女儿,现均已成家另过,妻子去世后,第5个女儿一家到家中与其一起生活,对石老汉也承担着应尽的赡养义务,一家人生活得很好。

后来,矛盾产生了。2008年,石老汉认为第5个女儿对他照顾不够,提出让第5个女儿一家搬离其家,并承担赡养费用。第5个女儿及女婿则认为,其已尽到了赡养义务,是其老父亲受到了其大姐的挑拨才产生误会的。

石老汉将其第5个女儿及女婿告上了法庭。

审理中,查明事实、分清是非之后,法官对两被告讲:

"赡养父母是中华民族的传统美德,善待老人是天经地义之举。你们想一想,在你们成长过程中,父母把你们拉扯大付出了多少的艰辛,奉献多少无私的爱。乌鸦尚有反哺之情,羔羊还报跪乳之恩,况且人呢?父女之情血浓于水。即使父母有不当之处,也不要和父母一决高低,斤斤计较。父母毕竟是长辈,做小辈的不要计较。"

让两被告换位思考,法官对被告讲:

"你们也是为人父母的人了,做父母的艰辛你们也体会到了,父母养育你们也同样艰辛,如果你们的孩子长大后对你们也不尽赡养义务,你们心里会是什么滋味?作为父母,你们也是孩子的一面镜子,你们的不孝之举会传给下一代。过去,你们在一起生活多舒心,现在反目成仇心里多堵。父女之情血浓于水,有什么大不了的,希望你们能求大同、存小异,大事化小、小事化了,忘记前嫌,主动履行赡养义务与原告和好。"

2009年3月16日,双方当事人在法院的主持下达成了调解协议,第5个女儿及女婿自愿继续照顾石老汉的饮食起居,并每月给付原告石老汉赡养费50元。父女二人洒泪相依,和好如初。

总之,只要不失时机地把"假如"挂嘴边,就能使当事人的怨气消去很多,为做下一步的调解工作奠定基础。

四、已到尾声，适时泄密

保密制度是法院的一项重要制度，每一位法官都必须遵守。但是，善意的、适时的泄密会对案件的调解有所帮助，特别是在案件调解的尾声，当事人往往爱决一死战，不到最后，决不放弃。针对这些案件，法官应及早拿出判决意见，必要时制作出判决书，在当事人犹豫不决时，"偷偷"让当事人看上一眼，以促使当事人当机立断。但这种泄密要掌握火候，单方进行。

某法官利用泄密法成功调解了一起工伤保险待遇纠纷案。

原告唐×与邻村被告苗×系表兄弟关系，两人关系比亲兄弟还亲。

2007年初，被告在某物探公司获得了钻井业务，而从事这项钻井业务的工人必须经过爆破培训后才能上岗。被告为完成承接下来的钻井工程，就召集了10名工人，让原告唐×带队到该物探公司指定地点进行免费爆破培训。2007年1月25日下午，该培训班结束，原告唐×带10名工人坐出租车在返回工地的途中发生交通事故，该事故造成原告唐×右腿多处粉碎性骨折。交警队事故认定，原告唐×无责任，肇事车主负事故的全部责任。在交警队的主持下，原告唐×与案外人车主达成了交通事故损害赔偿协议，即：一次性赔偿唐×各项损失等共计95 867元，该交通事故纠纷一次性了结。

原告唐×系家中唯一的劳动力，自受伤后，家庭生活陷入困境。原告唐×经过法律咨询了解到，其所受伤害属于工伤。原告唐×就向被告苗×提出了工伤待遇要求，被被告苗×一口回绝，二人反目成仇。

该案起诉到法院后，经过庭审，原、被告间未订立劳动合同，而被告苗×也拒不承认他们之间有劳动关系。原告唐×也提供不出相关证据。根据"谁主张，谁举证"的民事诉讼原则，原告唐×应承担举证不能的法律后果。

一脸无奈的原告唐×肯定地说，他们确实存在劳动雇佣关系，有证人可以作证，不过都在千里之外。在经过合议庭充分合议后，为查清案件事实，同时也为了维护一个残疾人的合法权益，合议庭决定去外地调查，询问证人，终于弄清了案件事实，原、被告间确实存在事实劳动关系，得到了扎实的第一手证据材料。

二次开庭，双方存在的事实劳动关系已很明确，被告苗×没有为其雇员原告唐×购买工伤保险。可被告苗×还是不予认可，双方矛盾不减。经多次劝说、调解，被告苗×始终不承认双方存在劳动关系，也不同意给原告分文。

法院经多次调解无效，经合议庭评议，拿出了判决意见，并制作了判决书。但法官还是不愿放弃调解，想在向当事人下判决书之前，再调解一番，做最后一搏！

法官将判决结果"偷偷"泄露给被告苗×，被告苗×对判决心服口服，他认为抵赖不成，便自动承认了双方确实存在劳动关系，并愿意支付给原告唐×2万元工伤保险金。法官再好言相劝，既有严肃批评，又有道德谴责，被告苗×终于同意当即给付原告唐×38 000元工伤保险金。

原被告二人重温昔日的兄弟之情，握手言和。

五、找到契合，一调到底

案件几经调解，是非已清，双方的契合点几乎相近。这时调解人员要一鼓作气，一调到底，以免当事人夜长梦多，出现反悔。即便是下班时间已到，也要坚持调解下去。一旦达成协议，要当机立断，一锤定音，现场制作调解书，当即送达。经验告诉他们，如果等到下个工作日再调解，当事人可能会接触一些不懂法律的亲属、朋友，受他们的影响，很容易产生动摇，改变自己已有的意愿，使调解工作前功尽弃。

河南省南乐县人民法院民一庭副庭长冯利敏曾办过这样一个案子。[1]

2007年，冯法官主审过一件很难缠的离婚案件。双方当事人都是县城某单位的干部，非常较真，调解工作很难开展。法官运用了多种调解方法，也无济于事。

调解工作从下午2点一直调到下午7点钟时，不知是双方当事人身心疲惫了，还是法官的调解工作奏效了，双方诉讼目标的差距越来越小，法官穷追不舍的调解，最后就差2000元了。

这时，被告男方接了一个电话，之后，就要求回去和家人商量后明天再说。原告也愿意明天再接着调解。其实，早就到了下班时间，法官何尝不想回家了，但考虑到，费了好大的劲，才调到这个程度，如果当事人回到家后，和家人商量，可能意见会有分歧，到了明天可能还得从头开始，今天的调解工作就会前功尽弃。

法官给当事人讲，明天我有明天的工作，今天的工作就是调解你们的案件。如果你需要和家人商量，可以用电话现场商量。

---

[1] 资料来源：载 http://hnfy.chinacourt.org/article/detail/2009/08/id/746331.shtml.

在法官主持下，原被告又经过几次协商、让步，终于达成了离婚调解协议，子女抚养；财产分割，原告女方给付被告男方现金 15 000 元。法官当场制作了调解书，予以送达，让原告回家取了 15 000 元现金，当场给付了被告。

一件难缠的离婚案件终于调解成功！此时已是晚上 10 点钟了。

六、巧用关系，消除矛盾

每个人都生活在社会之中，都会存在各种各样的社会关系。这些社会关系，既可以干扰调解，找法院说情，也可以帮助法院说服当事人。法官在调解过程中要充分利用社会关系调解案件。

某赔偿款分割纠纷案中，原告崔×与丈夫贾××系夫妻关系，一家三口一直与贾××的父母生活在一起。一天，贾××在一次跑运输的途中发生了交通事故，贾××当场身亡。贾××死亡后，得到 25 万元的赔偿款。贾××的父母拿到赔偿款后，没有给崔×母子，崔×跟贾××的父母多次协商赔偿款分割的事宜，但均未果，双方反目成仇。崔×一纸诉状将贾××的父母告上了法庭。

办案法官没有急于给他们定开庭时间，想通过他们共同的熟人、亲戚、街坊等进行庭前调解。他们打听到，贾××村内一知名企业家，与他们双方家庭都熟悉，在当地有一定的威望，平时愿意并善于处理一些民间纠纷。法官找到他让他帮忙调解。他推脱说："这案子起诉前我已经调解多次了，双方的态度都比较坚决，谁都不愿作出让步，调解很难，你们看着判决得了。"这时，法官诚恳地说："调解再难你也要给他们调，因为这次调解工作是法院委托你做的，你一定得帮忙。"这些话让这位企业家感到了自己的位置很重，体会到他在法官心目中的分量，他答应了。

经过这位企业家的努力，该案在应诉后的第 7 天调解成功。原告崔×高高兴兴地到法院撤回了起诉。

本案调动了社会民间力量，通过道德、乡规民约、生活习俗、地域习惯等社会规范来调整家庭关系，在最大限度内，使这些非法律社会规范在解决纠纷中发挥作用。

以上调解的方法和技巧，看起来很复杂，其实也很简单：只要处理问题有公心，说服当事人有诚心，做思想工作有耐心，舍得投入精力和时间，就能获得调解的成功。

从司法实践上看，调解能否成功，很大程度上取决于权利方的让步程度。虽然司法调解好处多多，但是审判人员过多地使用调解，也不利于教育违法一方。

课内实训

一、品味下面的话语，再搜集资料。

调解人员常用如下话语来说服当事人，会起到极好的效果。

"对方承担了应承担的责任，你还得理不饶人，就不利于矛盾的解决了。"

"你的话确实有道理。"

"你的想法，我能理解。"

"换了我是你，我也有可能像你一样。"

"你做出了让步，对方很感激。"

请你在生活和工作中，注意搜集一些调解中特别有效果的语言。

二、分角色读，给当事人找出问题的症结。

2012年5月22日湖北卫视"调解面对面"《索爱记》有这样的两段对话：

1. 女主人公：我带着一颗纯真的心嫁到他家，我对他家每一个人都是真诚的。到坐月子的时候才把他妈的心看出来，没有把我当一家人（老公也没把我当一家人）。我生小孩只照顾了我7天就要走。我说让他妈来照顾一下孩子。结果他妈来了后，就编故事说："哎呀，我脖子疼、颈椎疼，吹不得空调。"我说："你下去睡算了，我来照顾。"然后他妈下去，跟他爸说："没办法干了，我被赶下来了。"我气晕了，跟她吵了两句，她就上来打我，说我是"精怪婆"。我是剖腹产生的小孩，肚子上的伤还没有好，他妈上来就朝我肚子上踹了两脚。

调解员：小杨（男主人公），这事你知道吗？

男主人公：我在外地上班，不清楚。听邻居说，当时双方很激烈，她用做蜂窝煤的机器砸我妈。

女主人公：我坐月子伤口没好，他妈打了我两次。我打电话给他，他没有任何反应，还帮着他妈说话，说他妈是对的。我去年宫外孕他也不管我，他妈打我，不出一分钱，没有一个人去医院看我。

调解员：小田（女主人公），很多事情肯定不是空穴来风，不是无端地他们打你、骂你。你想过没有，他们为什么会对你这么残忍？

女主人公：他从头到尾一概听他妈的话，他妈从头到尾都在挑拨是非。

调解员：你老公家有几个媳妇？

女主人公：他哥是福建的上门女婿，他嫂子从来就没有在家待过。生第二个侄儿的时候在家坐月子。

调解员：嫂子坐月子挨打了吗？

女主人公：（无语）……

调解员：田女士，你总是说老公在家里没有把你当自己家人，其实，你自己就没有把自己当家里人，说什么话都是"他妈""他嫂子""他家人"……

（参考答案：婆婆、老公对你不好，是你自己有问题。你自己就没有把自己当家里人。）

2. 女主人公：结婚前，给我买耳环。我试探他对我是不是真心的，就故意挑了一个最小最轻的。结果他真的买了这个最小最轻的耳环。事后，我妈给他打电话说："再加1克就把耳朵拽掉了？"结果他真的换了一对，只多买了1克。结婚7天他就去工作了，气得我想刺激他，说："我没钱"，他就给我钱。他应该说："这是我老婆，应该留下来和我一起过日子。"可他一点反应都没有。

男主人公：你要钱，我给你钱嘛。她花钱大手大脚，洗头要到外面，我说在家洗省钱，可她就要到外面洗，吹头也要到外面，说家里的电吹风功率不够。

（参考答案：女主人公一直想要得到的是男主人公给他一点最基本的爱。男主人公给她的是丈夫应该给的责任，不是爱。所以她不停地索求爱，用很多方法来逼男主人公。她心里想要的东西和男主人公能给的东西不是一回事。男主人公只要轻轻一句"我爱你"，很多问题就迎刃而解了。）

三、根据案例，进行调解练习。

某人身损害赔偿案件的原告李甲与被告李乙、张×（系李乙之母）系同村，且两家责任田相邻，曾因责任田边界问题发生过纠纷，原告李甲在被告李乙之父的脊梁上打了一锄头。后经村干部调解，事已完结。三天后，两被告在村口遇见了原告李甲，上前质问，并用手推打原告致原告轻微伤，原告花去医疗费900多元。

原告以故意伤害罪将被告起诉到法院。法院判决后，双方均不服，提起了上诉又重审。通过4次审理，双方当事人矛盾更加尖锐。他们都扬言："哪怕倾家荡产也得把这官司打下去。"

该案交由某司法所办理。接了此案后，司法所所长了解到，双方的诉争数额不过千元，原告要求全额赔偿，被告认为应赔偿原告一部分，而不是全部。在农村，官司输赢对当事人影响很大，双方都碍于面子谁都不肯让步，对立情绪越来越大，特别是他们双方都有亲戚在政法机关任职，他们这些亲戚也都争相给他们出主意、想办法，互不示弱。

司法调解员做了大量工作：①查清案情，以事实说服人。②做好案件幕后人、代理人的思想工作。③把双方当事人都传唤到庭，推心置腹地给他们谈心，以铁的事实,对当事人进行法制宣传和思想疏导。这时,他们的态度比先前有了很大的改变。④司法所所长请出了他们双方的委托代理人和幕后的亲戚,他们均表示愿意接受法院调解。⑤司法所所长趁势拿出了具体的调解方案,当事人的委托代理人、亲戚都表示赞同,并主动去做己方当事人的思想工作。

调解历时5个小时,双方当事人达成了和解协议,被告自愿赔偿原告各项损失600元并当庭履行。一起历时2年、4次对簿公堂的民事纠纷案,终于画上了句号。

调解训练:

1. 如果你是司法所所长,你把双方的委托代理人叫到法庭,会怎样说?

(如:"当事人最信赖的就是委托代理人,作为法律工作者应该与法官一道共同维护法律的公平正义,不能与一个不懂法的当事人对一个再普通不过的案件进行反复折腾。案件不能案结事了,与你们代理人有很大的关系。")

2. 如果你是司法所所长,试想你把双方的幕后亲戚分别叫到法庭,又会分别跟他们说些什么?

(参考以上)

3. 如果你是司法所所长,你怎样说服当事人?

(如:"如今我们生活富裕了,谁都不在乎那些钱,你们打官司无非是想争口气。为了一口气,你们通过四次诉讼,所花去的费用,恐怕比那些医疗费还要高。如果继续打下去,会劳民又伤财的。何况,乡里乡亲的,高姿态一下过去了,抬头不见低头见,谁胜谁负又能怎么样?")

第九章　法庭演讲

> **学习要点**
> 1. 了解司法演讲的概念和分类；
> 2. 明确司法调解的特点；
> 3. 掌握司法调解的方法和技巧。

演讲，又称讲演、演说，是演讲者以自己的真实身份，在特定的时境中运用有声语言和态势语言面对听众传播知识、发表意见、抒发情感，以感染、鼓动听众的一种社会交际活动。演讲是一门科学，也是一门艺术。它不同于一般的讲话，是一种高级的、完善的、富有审美价值的口语表达形式。

本章的法庭演讲，是从演讲的内容上划分出来的。从诉讼程序上讲，法庭演讲是法庭审理的一个程序。因而，法庭演讲的形式为论辩型，风格表现为严肃性。

第一节　法庭演讲的概念和分类

雷姆·拉伯哈依有句名言："对许多律师来说，在通向胜诉的道路上，有效的演讲这一素质，要比任何其他单一因素更能发挥作用。"[1] 法庭上，司法口才主体出众的口才、成功的演讲，必定会对正确实施法律、惩罚犯罪、教育在场听众产生积极的作用和影响。

一、法庭演讲的概念

法庭演讲是指依法出庭的公诉人、辩护人或代理人在法庭调查结束之后、法庭辩论开始阶段，以事实为根据、以法律为准绳就具体案情当庭发表意见、宣传法制的独白式公开讲话，具有论辩性、宣传性、感染力。

---

[1]　赵建平：《辩护与代理》，中国法制出版社2003年版，第308页。

(一) 有特殊的主体

依照我国《刑事诉讼法》第 193 条和《民事诉讼法》的相关规定，出庭参与发言、陈述、辩护、答辩、辩论的人员应为公诉人、当事人和辩护人、原告、被告、第三人及其代理人。这众多人员的发言是否均为法庭演讲？不一定。因为他们中大多没有系统的法律知识，所作的陈述和辩解，一般不具备法律性、宣教性。

法庭演讲主体应当是依法出庭支持公诉的公诉人、出庭履行职责的辩护人及担任诉讼代理人的律师。他们是专门从事法律工作的法律工作者，经过专门的法律培训，具有法定的职责和义务。他们的发言具有庄重性、职责性、艺术性及宣教性等特征。

(二) 有特殊的程序

按照法律规定，法庭审判有着严格的程序。依据《刑事诉讼法》的规定，法庭审判程序大致可分为开庭、法庭调查、法庭辩论、被告人最后陈述、评议和审判五个阶段。民事审判也大致分五个阶段：庭审准备、法庭调查、法庭辩论、当庭调解、（如果调解不成）评议和判决。

法庭演讲是在法庭调查结束之后、法庭辩论刚刚开始阶段的发言。此时，法庭调查刚刚结束，本案案件事实当庭证实，案情已经明朗，审判法庭及时听取诉辩双方的主要意见意义重大。演讲的内容是后面的法庭辩论的基础。法庭演讲在特定的严格的诉讼程序中进行。

(三) 有特定的聆听者

法庭演讲有特定的聆听的对象——参与诉讼的庭上的人员，包括审判人员、公诉人员、辩护（或代理）律师、被告人、民事行政案件的当事人、代理人、证人、鉴定人以及旁听群众。

(四) 有特殊的语境

一般演讲的场所是随意的，教室、广场、礼堂、会议室甚至街头都可以作为演讲的场所。而法庭演讲有特殊的语境，演讲的场所是固定的，是特殊主体在特殊的场所——法庭。

(五) 有特殊的表现形式

法庭演讲是特殊主体依法出庭参加论辩的控方和辩方发表的公开讲话，是控辩双方从各自诉讼角度出发充分阐述意见、宣传法制的最佳时机，在特殊语境中的艺术性极强的独白式公开讲话，它具有对抗性、攻击性、复杂性的特征。

二、法庭演讲的分类

法庭演讲按演讲主体来分，可分为：公诉人演讲、辩护人演讲和代理人演讲。

（一）公诉人演讲

我国《刑事诉讼法》第184条和第193条规定，人民检察院应当派员出席人民法院审判公诉案件的法庭支持公诉，出席法庭的公诉人，在法庭调查结束、法庭辩论开始阶段，应当依法首先对该案证据、案件情况、定罪量刑、适用法律等重大问题，集中发表支持公诉的意见，以提醒法庭注意。

1. 公诉人演讲的概念。公诉人演讲，即公诉人在法庭上发表的公诉意见，是指刑事案件出席第一审法庭的公诉人代表人民检察院在法庭调查结束、法庭辩论之前，依法首先发表的支持公诉的意见。

这是一种演讲词，主旨是支持公诉、揭露犯罪、宣传法制。公诉人对公诉意见的制作和演讲要紧紧围绕起诉书所指控的罪名、犯罪事实、适用法律和社会危害等内容进行。公诉人的公诉意见，不是对起诉书的简单的罗列和机械的重复，而是对起诉书不足之处的补充、错误之处的纠正或更深层次的阐述，是对被告人的犯罪行为和刑事责任所作的全面系统的分析和论证。公诉人在法庭上发表公诉意见，主旨是揭露犯罪、宣传法制。

2. 公诉人演讲的绝佳技巧——先发制人。法庭论辩有很多技巧（见第十一章第四节），而先发制人则是公诉人演讲论辩常用的技巧之一，最具特权。"先下手为强"这句俗语恐怕每个人都知晓其道理所在。正如两人下棋，下先手棋者能赢得交战的主动权。

公诉人在法庭上发表公诉意见，特定的程序为公诉人演讲提供了得天独厚的条件。先发制人，抓住这绝好良机，发动攻势，占领论辩制高点，给听众以强烈的先入为主的首次效应，取得斗争主动权，则是公诉人演讲最常用的技巧。

公诉人的公诉意见要先发制人，要制人而不制于人，应当将法庭调查中经举证、质证、认证等无懈可击的事实和证据引入文中，加以分析、论证，揭露犯罪，做到事实清楚、证据确实充分，不给对方留下可钻之隙、可乘之机。可将演讲材料排队，能先发制人的材料放在首次演讲中，而一些似是而非的材料，则不急于"曝光"和"亮相"。先入为主，可以改变辩护人原先对案件的不正确的观点与看法。

（二）辩护人演讲

辩护人在刑事诉讼中的诉讼地位较特殊，在诉讼中，辩护人与被告人同为辩护一方，依照刑事诉讼法和律师法的有关内容和要求，进入刑事诉讼程序经法律许可，正式担任刑事辩护职责的刑事辩护人，在诉讼中具有两方面的基本特征：①纯属辩护职能的主体，一般与控方主张相对立；②具有独立的地位和职权，即代行当事人辩护权，依照事实和法律维护犯罪嫌疑人、被告人的合法权益。辩护人在法庭调查结束、法庭辩论开始阶段，针对公诉人的公诉意见发表辩护词。

1. 辩护人演讲的概念。辩护人演讲，即辩护律师在法庭上发表的辩护意见，专指担任被告人的辩护人，依法出庭辩护，在刑事审判的法庭辩论开始阶段，依照事实和法律发表的辩护意见。

辩护意见是一种演讲词，发表辩护意见是具有演讲特性的口语表达活动。其内容主旨是行使辩护权，维护被告人的合法权益，提出被告人无罪、罪轻或者应当免除、减轻刑罚的意见。

2. 辩护人演讲的绝佳技巧——釜底抽薪。我国现行的刑事诉讼、刑事审判体制在力趋于公诉人与辩护人的平等对抗式或控辩平等式，但在充任控、辩双方不同角色的诉讼主体上，即公诉人员与辩护律师之间似乎存在较大差异：作为"国家公诉人"在法庭上总有一些自己的"优越感"，这与我国现期的检察制度有关，而宪法、刑事诉讼法也有这方面的规定，公诉人是代表国家出庭支持公诉，发表公诉意见的。面对如此现状，辩护律师发表辩护意见绝佳的方法应当是釜底抽薪。"抽薪"可以"止沸"，法庭演讲中面对咄咄逼人的公诉意见和听似有理有力的公诉人的法庭演讲，辩护人为了削弱对方气势，干脆把"薪"抽出来。如果发现对方指控的案件事实难以成立或证据不确实、不充分或调查取证违反诉讼原则，发现对方任意一点"薪"，均可击其要害，釜底抽薪，使对方的演讲立不住脚而功亏一篑。

世界最伟大的诗人和剧作家莎士比亚的《威尼斯商人》，描写商人安东尼奥为了帮助朋友，曾向高利贷者夏洛克借3000块钱。夏洛克就趁机迫使安东尼奥在借款契约上写明，如果不能按规定的日期和地点还钱，就要在欠债人"靠近心口的地方割一刀，取下1磅肉"。不料，安东尼奥因商船触礁而破产，到期还不起夏洛克的钱。

狠心的夏洛克告到法院，坚持要根据借约规定，从安东尼奥胸口割下1磅肉来，想借助法律，合法地置安东尼奥于死地。

开庭审判的那一天，法庭多次进行调解未果。在这紧急关头，一位年轻的法官走进了法庭，参加了审判。这位年轻的法官首先劝说了夏洛克，但无效。

于是，年轻的法官说："既然这样，我同意依据契约执行处罚。根据法律规定，夏洛克有权割下1磅肉。商人安东尼奥，你应该把胸膛袒露出来，准备让夏洛克来割肉。"

夏洛克拿出亮晶晶的尖刀正要动手，年轻的法官不慌不忙地说："且慢！根据契约的规定，准许你割1磅肉，这是写明了的，你可以拿去。但是，你割肉的时候不准流一滴血。否则，这就是违背契约，这是法律所不允许的。"

夏洛克一听傻眼了，在活人身上割肉哪有不流血的？但是，既然契约上只写着割 1 磅肉，没有写可以流血，那么照契约办事，在割肉时不准流血，这当然是无法实现的。他只好让步说："我愿意接受还钱，只要给我 3 倍的数目，我就放了那个商人。"

年轻的法官脸一沉说："不行！你已经在法庭上拒绝还钱了，既然你坚持照契约办事，法庭就该主持公道。"

这位法官接着又说："根据契约，不仅不准流一滴血，而且只许一刀割下 1 磅肉，不许多割，也不许少割，否则，按照法律规定，你就犯了伤害人命罪，是要抵命的。"

夏洛克害怕了，急忙表示："只要还我本钱就行了，放我走吧！"

年轻的法官说："你现在只能按契约办事，别的办法你早就拒绝了。"

夏洛克无可奈何地说："本钱我不要了，我不打这场官司了。"

年轻的法官说："别急，按法律规定，凡是直接或间接企图谋害公民的，要判罪，严重的可判死刑，其财产一半充公，一半为受害者所有。根据你在法庭上的表现，你已触犯了上述法律条文，本法庭要依法宣判。"

年轻法官的"反导弹"发射出去，夏洛克的"核导弹"自然就折戟沉沙！

（三）代理人演讲

诉讼代理人是指公诉案件的被害人及其法定代理人，刑事附带民事案件的当事人及其代理人，民事、行政案件的原告、被告、第三人及其代理人。

刑事案件的诉讼代理人的法律地位从属于被代理人，会因被代理人的诉讼地位的不同而不同，而民事、行政案件的诉讼代理人，其代理权来自委托人的授权，并只能在代理权限以内进行诉讼活动。

代理人演讲是专指律师担任各类刑事、民事、行政案件的诉讼代理人，在法庭调查结束以后，依法依次发表的代理意见。

不同性质的诉讼活动，代理演讲的内容有所不同；同一性质的诉讼活动，其主体不同，代理人演讲的内容、侧重点、方式方法也有区别。于是，代理演讲就有了许多种类：刑事公诉案件，有被害人诉讼代理演讲；刑事自诉案件，有自诉人诉讼代理演讲、被告人诉讼代理演讲；刑事附带民事案件有原告人诉讼代理演讲、被告人诉讼代理演讲。民事、行政案件，有原告诉讼代理演讲、被告诉讼代理演讲、第三人诉讼代理演讲。

刑事案件被害人诉讼代理演讲与自诉人诉讼代理演讲在主旨、风格上与公诉人的公诉意见基本相似，都是指控被告人的；而民事案件、行政案件的诉讼代理演讲与刑事案件的代理演讲，由于性质不同，在演讲内容、演讲形式及演讲风格上都有所不同。至于代理演讲的功用及演讲技巧，与辩护演讲相似，故不赘述。

第二节　法庭演讲的特点

法庭演讲不仅是诉讼中的一个必经程序，同时在诉讼中起着举足轻重的作用。从口才学角度看，它具有一般社会演讲的共同特性，同时又有自己突出的个性。

一、单向传达性

法庭演讲一般指公诉人、辩护人、代理人在法庭辩论开始阶段的首次发言。这个首次发言，从言语流向来看，属于一种独白式的言语形式，具有单向传达性。庭审中，法庭辩论阶段开始后，公诉人或原告诉讼代理人、被害人的诉讼代理人的首次发言，是一个以法庭调查、起诉书为依据论证公诉方的观点，并没有针对性的辩驳，可以视为相对独立的法庭演讲。辩护人或被告诉讼代理人的首次发言即发表辩护词、发表代理词，虽有辩驳的内容，但这一辩驳不是全部的直接反驳公诉人、被害人诉讼代理人的发言，都属于单向的独白式的对听众讲话。

二、内容限制性

公诉人、辩护人、诉讼代理人在法庭调查结束后当庭发表的演讲，由于各自的职责不同，因而在发言内容、发言风格等方面受到限制。演讲内容应与具体案情密切相关，不可脱离案情任意发挥。演讲者因职责不同所以演讲的内容也受到限制——不得越过自己的职责范围。公诉人的演讲要紧紧围绕起诉书所指控的罪名、犯罪事实、适用法律和社会危害等内容进行分析、论证，对起诉书作进一步阐述和补充，进一步地指控、揭露和证明犯罪；辩护人的演讲是为维护被告人的合法权益，就案件事实、适用法律和客观证据而发表的有关被告人无罪、罪轻、从轻、减轻、免除处罚的演讲，以维护被告人的合法权益。

常言道：上帝的归上帝，恺撒的归恺撒。法庭审判的唯一任务是要通过公诉方和辩护方针锋相对的演讲，让法官在看得见的正义面前对被告人有罪无罪、罪重罪轻以及如何判处刑罚等问题作出明断。

三、形式论辩性

从程序上讲，法庭演讲是依法参与法庭论辩的控方和辩方在法庭调查结束之后法庭辩论刚刚开始阶段发表的公开讲话，即公诉人发表公诉意见、辩护人发表辩护词或代理人发表代理词。

这样的法庭演讲在口头言语形式上虽然不是表现为论辩，但在双方发表的内容形式上仍是法庭论辩的一个不可分割的组成部分。就像一般辩论的双方陈述自己的观点一样，既是演讲，又是论辩的开头，是其后论辩发言的诸观点的统领。

 课堂讨论案例

一起抢劫案的法庭辩论片段

辩护人：请问数额较大以什么为标准？被告人抢了一部原价3000元的国产手机，已用过2年。一部手机的寿命普遍最多也就是3～5年，按5折计算只值1500元，是否属于数额较大？

公诉人：根据《刑法》关于抢劫罪的规定，以暴力、胁迫或其他方法抢劫公私财物的，认定为抢劫罪，并没有数额的规定。这是因为抢劫犯罪行为本身就足以造成对社会的严重危害性，只要实施了抢劫的行为就构成抢劫罪。被告人乘夜深人静之机，以武力和以武力相威胁抢劫兴建小区物业女员工的手机，这不仅给被害人造成了物质的损失，更重要的是造成人心的恐慌、社会秩序的混乱，社会危害性极大。自从这起案件发生后，很多女士不敢晚上出门，如果非出门不可，也必须得要家人护送，直接影响了社会的安定。该案在这方面造成的危害，何止是区区一部手机的价值所能相比的。

问题：

1. 辩护人和公诉人的意见各是什么？
2. 公诉人的演讲有无针对性？

（参考：公诉人的发言是针对辩护人的观点，把"抢手机"的行为按抢劫罪的构成要件来阐述，合法有据，阐述抢劫罪造成的社会危害是很大的，深刻地揭示这些现象的本质，有效地增加论辩的力度。）

法庭演讲不可避免地具有极强的论辩色彩，形成了法庭演讲的论辩性特征。

四、宣传教育性

宣传教育的职能是任何类型的演讲都具有的职能，法庭演讲的宣传教育性表现得尤为突出。

法庭演讲者是具有较高法学水平和分析问题、解决问题能力的办案人员包括辩护人、公诉人。经过法庭调查，案件事实已经基本明了，检察官的演讲要对起诉书作进一步阐述和补充，进一步地指控、揭露和证明犯罪；辩护人的演讲是为维护被告人的合法权益，就案件事实、适用法律和客观证据而发表有关被告人无罪、罪轻、从轻、减轻、免除处罚的演讲。由此可见，一个高质量的开庭本身就是最好的法制宣传和法制教育。

五、发言可变性

法庭演讲和司法宣读都是独白式的单向传达。但是，发言的可变性是法庭演讲与司法宣读最大的区别之一。司法宣读是照着文稿念诵，不能随意增删内容，不能丢字落字，更不能随意加入个人的情感，一句话即"照本宣科"。而法庭演讲，其演讲稿（即公诉意见书、辩护词、代理词）虽然是事先经过充分准备拟写而成的，但经过法庭调查，有些事先准备的内容可能在此发表就不适宜了。在发表意见时，可根据法庭调查的实际情况临庭对演讲词的内容作适当的修改和加工，以增强演讲的效果。

第三节 法庭演讲稿的拟写

法庭演讲，不是随意的即兴演讲，是以事前准备好的书面演讲为基础，在诉讼活动中进行调整补删的口语活动。法庭演讲必须做好三件事：庭前拟稿、现场改稿、当庭发言。

一、怎样写公诉意见书

公诉意见书，是指出席第一审法庭的公诉人员在法庭调查结束、法庭辩论之前，依法首先发表的演说词。其主要内容是在检察院对刑事被告人提出的起诉书的基础上，对起诉书进行补充和阐发。

公诉意见书一般分引言、主体、结论。

（一）引言

引言包括制作文书的题目和导言。如"××人民检察院公诉意见书"，开头有称呼语"审判长、审判员"，这一称呼语不仅只用在开头，在演讲过程中，为了提醒审判人员注意，可随时插入这一导言。导言是用简明扼要的语言对法庭调查情况进行概括。这一部分的表达方式不拘一格，根据具体案件的特点有不同的表达方式。

1. 概括指控式。这种方法是用简练的语言对法庭调查加以概括，并直接明朗地提出公诉意见要领。如：

审判长、审判员（人民陪审员）：

依据《中华人民共和国刑事诉讼法》的规定，受××市人民检察院的指派，我以国家公诉人的身份出席今天的法庭，对在此公开审理的被告人黄×、何××受贿、私分国有资产案出庭支持公诉，并对刑事诉讼活动依法履行法律监督职能。为进一步说明本院将被告人交付法庭审判的理由，现就本案的证据和案件情况发表如下意见，请合议庭评议时予以充分考虑并采纳。

如果公诉人在宣读起诉书时已经表述过，在此可以省略。而用另一种前言作开头。

审判长、审判员（人民陪审员）：

通过前面的法庭调查，充分证实了起诉书的指控成立。现针对本案证据和案件情况发表如下意见。

2. 针对反驳式。通过反驳被告人的辩解或者论述罪行而讲述法庭调查概况。如：

首先，我针对被告人董××上诉的第一点理由，谈谈董××究竟犯了什么罪。他声称"我不是故意蓄谋杀人，是犯了盲目伤害"。董××构成犯罪这一点，刚才无论被告人或是辩护人都是没有异议的。但是，他们对究竟是故意杀人还是伤害有不同看法。根据刚才法庭调查时的证人证言、被害人的陈述以及所出示的凶器，可以充分证明被告人是故意杀人，绝不是盲目伤害。理由是：（略）。

（二）主体

这一部分是公诉人演讲的核心，其任务是引用多方面的材料，摆事实讲道理，论证导言中所提出的要点。

这一部分，主题鲜明，层次清楚，分几个问题，一一阐述清楚公诉意见。如被告人姚××危害公共安全一案。被告人姚××，为报复领导，驾驶汽车向天安门广场上的人群猛撞，致使无辜群众5人死亡，19人受伤，所驾驶的汽车被撞毁。

公诉意见的主体部分分两个层次：①被告人姚××罪行十分严重，手段极其残忍，情节极为恶劣；②被告人姚××的犯罪行为，造成了特别严重的后果。

每一部分的阐述均应采用夹叙夹议的方法展开，据实论罪，依法论理，把犯罪事实、证据和法律有机地联系起来，深入分析评论，把道理讲深讲透。

（三）结论

最后的结论是印入听众脑海最长久的声音。公诉人在阐述完公诉意见之后的结论部分，要充分利用演讲结尾的传播效应，集中阐明自己的立场和观点。要确切地引用法律，在归纳犯罪性质、情节、被告人认罪态度等基础上，向法庭提出被告人应负的法律责任及从重从轻的意见。如一份抢劫、杀人案的公诉意见书的结尾：

审判长、人民陪审员：

在结束发言之前，我再一次请法庭对这伙虽然年龄不大，但气焰相当嚣张、手段十分凶残、情节极其恶劣、法理实在难容的被告人劳××、周××等8人，根据他们在犯罪活动中所处的地位和具体犯罪情节，依照《刑法》所规定的故意杀人罪、抢劫罪和聚众扰乱社会秩序罪，分别依法惩处。

二、怎样写辩护词

辩护词是刑事案件被告人的辩护人在法庭上为被告人作无罪、罪轻或者减轻、免除刑事处罚辩护时的演讲词。

我国刑事诉讼法规定，被告人除自己行使辩护权以外，还可以委托律师、被告人的近亲属、监护人或其他公民为其辩护。辩护人为实现辩护职能、维护被告人的合法权益要写辩护词。辩护词是与公诉词相对而存在的。两者分别从不同的角度剖析案件事实，论证案件性质，并提出适用法律的意见。

辩护词没有法定的文书格式，实践中一般分为引言、主体、结论。

（一）引言

引言要求措辞简练。先写明标题"×××（姓名）××（案件性质）一案的辩护词"；然后是称谓，即写明该辩护词的听取人，如"审判长、审判员"；其次写明以下三点内容：①出庭的根据；②开庭前律师接受委托后的工作情况；③对案件的认识和提请法庭注意的事项。如：

审判长、审判员：

依据《中华人民共和国刑事诉讼法》第32条、《中华人民共和国律师法》第25条的规定，我接受被告人陈××及其家属的委托，作为陈××玩忽职守案的辩护人，今天出庭为其辩护。开庭前我查阅了北京市人民检察院移送北京市第一中级人民法院有关本案的证据材料，同时也多次会见了被告人陈××，向他进行了详细的询问，了解本案的有关情况，并作了必要的调查。今天又认真听取了法庭调查。作为被告人陈××的辩护人，就本案的定罪量刑，我提出以下四点辩护意见，请法庭予以认真考虑。[1]

（二）主体

主体也称事实和理由，是辩护词的核心部分。它承接导语，对公诉方指控的事实和理由进行全面的分析和论证，证明自己观点和主张是正确的。辩护人的辩护意见，主要应围绕公诉人指控的罪名，从事实、证据、法律等不同方面进行分析，找出并论证控诉方在事实认定、证据效力、适用法律等方面的错误、漏洞或疑点等方面反驳其指控。

如果起诉书上对于犯罪事实的认定有问题，就针对认定的错误和矛盾予以辩驳，部分错了部分驳，全部错了全部驳。辩驳时，一方面指出对方的错误事实所在，同时还应提出自己可靠的证据，有破有立，说服有力。

（三）结论

这是辩护词的结束语，是律师对整个辩护工作意见的总结，这一部分要对自己的辩护观点进行归纳、总结，并向法庭提出对被告人的处理建议。如：

> 综上，被告人陈××依法不构成间谍罪，辩护人恳请人民法院依法宣告被告人陈××无罪。

再如：赵建平等律师为海南省政府原副省长、省人大党委会原副主任辛业江辩护的辩护词结尾：[2]

尊敬的审判长、审判员：

《刑事诉讼法》第195条第3款规定："证据不足，不能认定被告人有罪的，应当作出证据不足、指控的犯罪不能成立的无罪判决。"据此，辩护人在此大声疾呼：①鉴于没有充足证据证明辛业江没有支付5万元人民币给林丹扬，辛业江应当被依法宣告无罪；②鉴于既没有充足证据证明辛业江没有支付5万元人民币给林丹扬，又没有充足证据证明辛业江存在利用职务之便为海药谋取利益的行为，辛业江更应当被依法宣告无罪；③鉴于

---

[1] 周道鸾主编：《法律文书教程》，法律出版社2003年版，第322页。
[2] 赵建平：《辩护与代理》，中国法制出版社2003年版，第30页。

海药不是行贿者，鉴于辛业江不存在利用职务之便为林丹扬谋取利益的行为，即使假定辛业江没有支付5万元人民币给林丹扬，辛业江也不构成受贿罪，同样应当被依法宣告无罪。只有这样，我们才能真正做到依法反腐败，并脚踏实地向建设社会主义的法治国家的宏伟目标迈进。

三、怎样写代理词

代理词是刑事案件被害人、自诉案件自诉人、刑事附带民事诉讼被告人、原告人、民事案件原告、被告所委托的诉讼代理人在法庭辩论阶段代表其委托人当庭发表的演说词。是诉讼代理人为维护所代理一方的合法权益而进行控告、答辩的全面性发言。

代表原告一方的代理词，其主旨在于进一步论证、补充诉状；代表被告一方的代理词，其作用在于答复和辩驳原告的指控。

代理词一般由三部分组成：

（一）引言

代理词的引言分两部分，即表明自己的身份及律师代理所根据的法律规定，对法庭调查的结果进行简明扼要的概括。

（二）主体

律师根据担任不同对象当事人的代理人，应当依据事实和法律，详细、完整论述具体的代理意见。如果是原告诉讼代理词，就要依据事实和法律，对原告提出的诉讼事实、理由、请求进行全面的论证与支持；如果是被告诉讼代理词，则要针对原告诉状及代理词的指控进行答辩与驳论，并依据事实与法律，提出维护被告合法权益的主张。

（三）结论

这一部分是对代理意见作出的结论性概括和归纳。

第四节 法庭演讲的技巧

法庭演讲虽然"以事实为根据，以法律为准绳"，但不是干巴巴、毫无生机的讲话，更不是板着面孔的说教。

法庭演讲是一朵充满奇特魅力的艺术奇葩，它的奇特之处在于法庭演讲是一场惊心动魄的现实诉讼活动，又是一个特殊的现实艺术活动。

一、写作技巧

好的演讲稿，应当有充实有力的内容、引人注目的首尾。

（一）充实有力的内容

法庭演讲之所以引人注目，关键在于它是人们观察和感受社会的"窗口"，通过聆听精彩的法庭演讲来理解他们所处的社会，拥有一种怎样的公正观念、怎样的法律秩序甚至是怎样的社会利益目标与分配。因而法庭演讲不单是表演与竞技，更是靠事实与法律说话的艺术。诉讼主张无懈可击，关键要有充实有力的内容。

充实有力的内容，就要真实地提示事实真相，准确地适用法律，合法合理地解决争讼。只有遵循这种公正观念，将演讲内容写得充实有力，法庭演讲才具有动人肺腑的魅力。

充实有力的内容，首先是吃透案情，实事求是，合法、合理、合情地提出自己的诉讼主张。再深入、细致、客观、准确、全面地掌握事实和证据，如果演讲中有一条强有力的证据链条，不仅能处于不败之地，而且将攻无不克，甚至在演讲中举惊四座，创造出石破天惊的法庭演讲奇效。

（二）引人注目的首尾

元人乔梦符说："作乐府亦有法，曰凤头，猪肚，豹尾六字是也。"这句用在法庭演讲中也非常适合：引言要漂亮，主体要丰满充实，结尾要有力。

1. 好的开头。好的开头是成功的一半。这句话用在法庭演讲中虽然有些夸张，但是在演讲中它确实起着重要的作用。好的开头，可以先声夺人，引人入胜。

法庭演讲中，典型的开头方式有：

（1）目的依据式。即在开头首先言简意赅地说明辩护词的目的和依据。这是最常见的方法，这种开头常起到宣传法律常识之作用。如：

审判长，人民陪审员：

《中华人民共和国宪法》《人民法院组织法》《刑事诉讼法》都明确规定，被告人有权获得辩护。据此，我受被告人刘××委托，担任本案的辩护人，我将依照《刑事诉讼法》第35条"……根据事实和法律，提出犯罪嫌疑人被告人无罪、罪轻或者减轻、免除其刑事责任的材料和意见，维护犯罪嫌疑人、被告人的诉讼权利和其他合法权益"之规定履行我的职责。

这种开场讲明了辩护的目的、依据，同时还宣传了有关法律知识。但是由于这种开场白广为辩护人所采用，易使听众产生老生常谈之感。

（2）提纲挈领式。即把辩护核心、案件要领在开场中简明扼要地阐明。例如：

司法口才学教程

审判员、同志们：

　　我同意公诉人对被告人提起的关于盗窃他人款项这一事实的指控。由于被告人是财会人员，指控被告人犯有贪污罪，我也没有不同意见。但公诉人的另一项指控，即关于被告人为隐瞒罪行而伪造、制作假文件的指控是没有根据的。我将在发言的第二部分中详细论述此点。此外，我认为被告人存在许多从轻和应当减轻处罚的理由，对于此点，我将在发言的第三部分详加阐述，并请求法庭对被告人给予宽大处理。

这种开场白开场具体，一下便把听众的注意力引到辩护发言中来，并且为听众提供了理解辩护发言的钥匙，使听众易于接受。

（3）阐明观点式。此方法是开门见山地把辩护的中心观点置于开场之中，直截了当阐明态度、观点。请看下面的辩护词：

审判员、同志们：

　　当我此刻为被告人××作辩护发言之际，我不能不首先指出，本案是一个重大责任事故案。但对事故应负主要责任的305船当班船长李×，检察机关却作了免诉决定，而对没有多少责任的二副钟××提起公诉，要求追究刑事责任。这是很不公允的……

这种开场白直接点明了辩护人的辩护立场，语言简明、态度鲜明，使听众立刻了解了辩护的中心问题，引起听众极大关注，产生急欲听下去的迫切感，达到了唤起听众高度注意的目的。

（4）委婉引入式。即演讲者直接表达自己的感情，创造有利于讲话的气氛。如：

　　在发表辩护词以前，审判长、审判员，请允许我首先转达我的委托人，即本案被告人徐××的意愿，她要我代表她，在庄严的法庭上向因她工作上的过错而遭受痛苦和不幸的95名小朋友以及他们的家长表示深切的歉意，向各级领导和所有参与抢救治疗的专家、医护人员表示由衷的感谢……

2. 有力的结尾。明朝学者谢榛说过："起句当如爆竹，骤响易彻；结句当如撞钟，清音有余。"联系前面所提元朝学者乔梦符的"豹尾"之说，法庭演讲的结尾既要铿锵有力,还要使人回味无穷。或突出重点、升华主题,或收拢全篇、画龙点睛,或强化主题、点醒听者,都是法庭演讲追求的结尾方式。

(1)总括式。即在演讲结束时,演讲者对所述内容作一扼要的概括总结。如:

综上所述,本案属意外事故,为被告人所不能预见,不属于责任事故,请法庭宣告被告人无罪。

(2)请求式。即在演讲结束时,以恳求的语句结束演讲。如:

综上所述,我认为公诉人对被告人张××的指控事实不清,证据不足,定性不准,适用法律不当。如果公诉人提不出新的证明被告人有罪的材料,我请求法庭依法宣告张××无罪。

(3)情感式。即用深沉真挚的感情,依法论理,给听众留下深刻的印象。如:

审判长、审判员:

何××平时谨小慎微,工作兢兢业业,一贯表现好。这次犯错误主要是受他人勾引,偶尔失足。因此,我认为对他应立足于挽救教育,给他一个改过的机会,以便让他在有生之年,继续发挥他的特长,为国家和人民多做贡献。我认为无论从什么角度看,都不应为一幅不辨真伪的旧画,轻率地毁掉一个画家的艺术生命。

这段话感情深沉真挚,审判长、陪审员听了也不能不为之感动。

二、表达技巧

在第五章中,我们已经比较详细地阐述了司法口语表达的种种技巧。这些技巧,对于法庭演讲都是适用的。

但是法庭演讲相对于司法宣读来说是一种更高层次的口语表达形式,具有散文的秉性,是综合了各种艺术表现手段的综合口语表达活动。

(一)庄重优雅的声音

法庭演讲,要想收到最佳效果,光有充实的内容是不能充分展示演讲风采的,它需借助庄重优雅的声音来实现演讲者通过音调的抑扬顿挫、音节的错落有致来展示充足有力的演讲内容。演讲者的口语表达要有一定的修养,声音要洪亮悦耳，吐字要清晰明快，语速要适中、富有节奏。

1. 停连得当，方能扣人心弦。法庭演讲中，为了表达内容的需要，恰当的声音的中断和连续是不可忽视的技巧之一。

如果在法庭演讲时，忽视停连的恰当运用，其效果可能像开机关枪一样语速失控，以致语意浑浊不清；或像开慢车，松松散散，语意不全或支离破碎。

停连不仅可以调节气息，更重要的是可以恰如其分地传情达意。适当的停连，可以使演讲语清意明，创造出从容不迫、紧张急切等多种情势。

一般情况，每一篇演讲词都有标点，演讲时，标点就是最好的停连标志。但是过分拘泥于标点，会使听众感到机械、呆板。有时，为了表达感情，向听众传情达意，演讲时往往不拘泥于标点。冲破标点的局限，哪该停，哪该连，完全可以凭借演讲者的感情来处理，无标点的地方可以停，有标点的地方也可以连。

简言之，当断不断，反受其乱；该连不连，语意难全；有断有连，方能扣人心弦！

2. 巧用重音，才能主次分明。一篇演讲词，由许多句子组成，这些语句围绕演讲的主旨表达相对独立的意蕴。语句的重音在表意上并不是并列的同等重要，而是有的重要些、有的次要些。为了传达内容，正确表述，音节也就有了强弱、轻重之分。

重音与非重音是相对而存在的，没有非重音也就没有重音。因此，确定重音，始终遵循少而精的原则，切忌重音过多。重音多了，也就显不出重音，等于没有重音，反而使表达内容飘移或语意模糊。如：

……汽车运输公司的领导指令无正式执照的学徒工单独出车，发生了交通事故，由谁负责？制药厂领导指令学徒工代替药剂师配方投产，因技术问题造成严重后果，是谁渎职？医院领导指令实习人员代替外科主治医师单独主持外科手术，因手术失误，致使病人死亡，谁应负刑事责任？

该例中，重音强调"谁"，突出了本案被告人不应承担玩忽职守罪责。"谁"字作重音，非常醒目，可以说"万绿丛中一点红"，这"一点红"，正是演讲者要表达的主旨的显示。

（二）情理交融的语言

一篇充满法理和情感的法庭演讲，能使被告人一颗冰凉的心为之融化，能使被告人顽固的情绪转为愧疚，能使一个沉沦的被告人萌生走上新生的向往。

语言艺术之所以感人，根基是真实性的感情；法庭演讲之所以有效，根基在真情性的内容。法庭演讲特别是公诉人的演讲，是公诉人站在国家的立场上，

饱含深情的为人民大众说话,以充满正义的情感去指控犯罪、揭露犯罪、打击犯罪,保护国家集体和公民的财产和生命安全。基于此,法庭演讲的演讲者要靠情理交融的语言去打动在场听众,不但要有深刻的法理知识,还要有浓厚的感情,用情感的启发性让演讲者与听众的情感联系起来,互动起来,达到心理上的沟通和理解,激发群众情绪,引起旁听者的共鸣,从而能收到意想不到的社会效果。如:

审判长、审判员:[1]

法庭辩论已经结束。作为国家公诉人向法庭宣读并出示了大量依法收集的证据,前后向18位出庭的证人依法进行了询问,经法庭质证证明,被告人王长恭无可置疑地犯有本起诉所指控的受贿罪、包庇罪、滥用职权罪。相信法庭会依据《中华人民共和国刑法》对被告人作出公正的判决。

被告人王长恭在法庭的最后陈述中提到了良心,请问王长恭:你真的有良心吗?你的良心究竟在哪里?

如果你还有良心,你怎么能在长山市南部煤矿几万矿工吃饭都成问题,生活陷入极度贫困的情况下,伙同周秀丽一次受贿达480万;如果你有良心,你能忍心看着将失火错定为防火,将一个罪不至死的失业矿工推向刑场吗?如果你有良心,你能为了包庇,伙同周秀丽掩饰自己的受贿罪行,而千方百计地阻挠和破坏检察机关对"513"大火案的查处和起诉吗?你如果有良心,你会擅自向公安局长蒋正流发出将重要证人苏阿福杀人灭口的指令吗?

王长恭,你的所作所为,尤其是"513"大火案发生以后的所作所为,到底哪一点体现了你哪怕一点点的良心?因此,当你提到良心时,我就不得不反问一句:你作为一个党的领导干部,你对得起曾经加入过的这个执政党吗?作为一省的常务副省长,王长恭,你对得起这个生你养你的人民共和国吗?作为长山市前任市长,你对得起这500万朴素善良的百姓吗?这些年,当你一次次在会议主席台上作报告时,当你满口以国家和人民的利益去训斥别人、批评别人的时候,在报纸、电视台上高谈阔论的时候,你相信你自己说的那些话吗?恐怕你从来也没有相信过。因为你从来就是按着你个人的意志在那里胡言乱语。

在这部人民共和国的国家机器上,你这颗很重要的螺丝钉早已滑丝了,

---

[1] 资料来源:电视剧《国家公诉》字幕。

并且掉进了机器的齿轮箱里,严重的阻碍了这部机器的正常运转。所以,我必须正告你:今天长山市人民检察院代表国家对你提起公诉和长山市中级人民法院即将对你的庄严判决,正是为了人民共和国的良心今后不再大火中哭泣;今天将你押上法庭,将意味着"513"大火案画上一个圆满的句号,也意味着法律和正义战胜了你手上被异化和滥用了的公共权力。我们这个人民共和国的良心终于取得了含泪带血的胜利。……

再如1987年9月13日,四川省凉山自治州的首府西昌市发生了一起血案,自治州副州长之子季××携带凶器,寻衅滋事,把一无辜公民刺伤致死。在审判被告人季××的法庭上,当审判长宣布公诉人发表公诉意见时,这时公诉人表情严肃,音调洪亮而低沉:

在正式发表公诉词之前,我请求法庭组成人员和所有在场的听众同志们允许我声明:我承办这个案子,是顶着巨大压力进行的。说到这里,今天我在这里公诉之后,我的这顶庄严的帽子很可能就戴不成了。如果将来我被迫害,甚或被迫害致死,请把我的骨灰的一半,与被季××伤害致死的钟××葬在一起,因为我未能为人民申冤除害;另一半,请人民群众随便抛洒在西昌城的哪个角落都可以……

这时,公诉人正式发表公诉词,全场肃然恭听,似乎落根针都能听见。当诉说到钟××被季××凶残刺伤又拳脚相加而殒命的情节时,场内外的许多听众发出了愤怒的咬牙声和悲痛的抽泣声。

公诉人娴熟地引用国家的现行法律条文,就"9·13案件"的由来、事实、情节、性质、对社会的危害以及被告人,特别是季××在本案中的地位、作用和承担的法律责任,阐明了检察机关的意见,他说:

《中华人民共和国刑法》(1979)第160条规定:聚众斗殴,寻衅滋事,侮辱妇女或者进行其他流氓活动,破坏公共秩序,情节恶劣的,处7年以下有期徒刑、拘役或管制。流氓集团的首要分子,处7年以上有期徒刑。我们认为被告人季××等人丧失了起码的道德观念和法制观念,以危害公众的流氓犯罪活动来寻找精神刺激,填补精神上的空虚,视守法为"无能",视犯法为"好汉",在大庭广众之中恣意挑衅、殴打无辜群众,实属"情节恶劣",完全符合流氓犯罪的法定条件……被告人季××在流氓犯罪活动中,主观犯罪故意随着犯罪行为的变化而发展,终于导致了毫无过错反而一再向他委屈告饶的钟××的死亡，犯下了故意伤害致人死亡罪，这就应该数罪并罚。季××一贯严重危害社会治安，多次寻衅滋事，打人、杀人，死者钟××又是一个毫无一点过错的被害人。西昌市人民检察院和自治州人民检察院一致认为：对于季××这样的严重犯罪分子，必须适用1983年9月2日全国人大常委会通过的《关于严惩严重危害社会治安的犯罪分子的决定》的第1条第1、2项的规定——携带凶器进行流氓犯罪活动，情节恶劣的；故意伤害他人身体，致重伤或死亡，情节恶劣的，可以在《刑法》规定的最高刑以上处罚，直到判处死刑。这就是我们州、市两级检察机关的鲜明态度。

然而，对这样一个简单明白、事实准确、危害特别严重的案件，竟拖了10个月才开庭审判，又有哪位领导站出来催办过呢？没有……（全场鼓掌）

人民代表，西昌市的人民代表就曾向政法部门提出了质询，凉山州的人民代表向我们检察院和中级人民法院提出了质询，我们认为质询得好、质询得对……要不是人民代表的监督，我看这个案子今天还开不了庭。（全场掌声）

现在全凉山的人民都在等待着、观望着，就要看最后的结果了。今天大礼堂座无虚席，巷道内和坝子外都挤满了人，直观我们台上的这些人，不要摆架子，而要做出好样子，我相信法庭将不负众望，依法对本案的主犯季××严惩不贷！（全场响起了热烈的掌声，经久不息）如不从严惩处，我们就对不起死者钟××的阴灵！如不从严惩处，"法律面前人人平等"就是一句空话！如不从严惩处，人们就更加肯定地称之为"权大于法"；如不从严惩处，西昌的社会治安就好不起来！（全场掌声经久不息）所以，我们建议合议庭按照《刑法》第160条、第23条、第134条第2款和全国人大常委会的《决定》的第1条第1、2款的规定，对"9·13案件"的主犯季××从严从重判处！（全场又发出经久不息的掌声）[1]

公诉人感人肺腑、动人心魄的语言，激起了在场和旁听群众一次又一次的赞叹和掌声。尽管这起案件过去30多年了，法律也有较大的修订。但是公诉人情理交融的语言似乎仍然在我们耳畔回响！

（三）得体自如的态势

法庭演讲是演讲者在法庭上声态并作的直观表达，是有感情激发性的。作为一门艺术，除给人以内容、声音的听觉效果外，得体的态势语言，即通过形

---

[1] 郭谷新、陈立明：《法庭论辩艺术》，中国检察出版社1992年版，第269~272页。（有改动）

体动作和脸部表情来达到最佳的表达效果也是必需的。一篇充满真理性、情感性的法庭演讲词，如果在演讲时排斥这种造型和表演艺术的表现手段，语调平淡，声音低弱，表情冷漠，动作呆板，就会失去其感染力，难以引起观众共鸣，又何以能够感动和说服他人呢！

法庭演讲中的态势语主要是为协助口语表达服务。态势语言的内容主要包括眼神、表情、手势、头势、体态等。其中表情受眼神的制约，体态受头势、手势的影响。演讲时，恰当运用表情、肢体语言、语速、语调，使法庭演讲立体化，表达就有艺术感染力。法庭演讲者在表达的态势的同时还要给当庭群众一个良好的外观形象，如坐姿端正、站姿挺拔、神态自若、目光坚毅有神等。

法庭演讲中运用最多最为重要的态势语是眼神和手势。已在本教材第三章第二节做了详细介绍，故略。

法庭演讲运用这种视觉艺术表现手段是有限度的，态势语言的运用不可多，更不可被夸张到戏剧化的程度。挤眉弄眼和忸怩作态必将大损法庭演讲者的形象。

课内实训

一个人口才的好坏，固然与其天赋有关，不承认差别是不对的。但是对于大多数人来讲，好的口才还是要靠后天学习、训练、培养来提高的。

一、单项练习

（一）声带训练

1. 发"气泡音"。喉头和面部放松，口腔放松微开；由胸部缓缓升起一股微弱的气流，到达喉部时声带产生振动，发出很低的颗粒状的声音，类似漱口时口里含着水仰头发出"咕嘟、咕嘟"的声音。

2. 学鸭叫声。挺软腭，口腔张开成一圆筒，边发 gágá 音，边仔细体会：共鸣运用得好，gágá 声好听；共鸣运用得不好，gágá 声枯燥、刺耳。

3. 学牛叫声。类似打电话时的"嗯？（什么？）""嗯！（明白了。）"

4. 牙关大开合，同时发"啊"音。

5. 模仿汽笛长鸣声（di）。可平行发音，也可由大到小或由小到大地变化发音。

6. 大声呼唤练习。假使某人在离自己 100 米左右处，请你大声呼唤：

阿——毛——！

王——老——师——，您——好——！

喂——！那里——危——险——！赶快——离——开——！

（二）语气训练

1. 交际对象不同，语气不尽相同。下级对上级说话：语气要诚恳、恭谦；

上级对下级说话：语气要亲切、明确；同辈、同事、同学、朋友间说话，语气要随和、亲切；与长辈说话，语气要带敬意；与晚辈说话，语气要带爱意；与所爱者说话，语气要平和、亲昵；与所憎者说话，语气要严肃、激愤。

2. 语句的句型不同，语气也有区别。陈述句：办案人员是根据辛××的无效口供获取林××的证言的。疑问句：仅凭林××的证言，就一定得出辛××受贿的"铁证如山"的结论吗？感叹句：这个案子终于有了结果了！祈使句：放下武器，把手举起来往外走！（上文中的陈述句，是平铺直叙的陈述语气；疑问句，是由衷发问的疑问语气；感叹句，是带有真情实感的有感而发；祈使句，是声色俱厉，命令的语气。）

3. 语句表情达意的内容不同，语气也有区别。

（1）表意语气。通过这种语气向听众表达自己的意见、意思。

对此↘，被告人的意见如何？（反问）

对这件事，你真的↗事先一点儿也不知道吗？（疑问）

被告人王××↘，你不要一意孤行，执迷不悟啊。（提醒）

请求法庭↗对本案予以公正判处！（请求）

站住↘！否则开枪啦！（命令）

8月13日下午↘你干什么了？（询问）

你怎么能↗这样做啊！（责备）

（2）表情语气。通过这种语气表达自己的感情。

犯罪嫌疑人终于落网了！（喜悦）

被告人作案手段极其残忍。（愤恨）

这位才华横溢的作者死得太惨了。（叹息）

这一仗打得真漂亮啊！（赞叹）

哦！我终于明白了。（醒悟）

呸！你这个无耻之徒！（鄙视）

（3）表态语气。通过这种语气，表明自己的态度。

他确实尽了最大的努力。（肯定）

这方面的证据恐怕难以找到。（不肯定）

这样的结局是我们所不愿意看到的。（委婉）

你认为这样做行吗？（商量）

××人民法院的第×号判决是错误的。（否定）

（三）态势训练

法庭演讲以讲为主，以演为辅，是有声语言和态势语言的有机结合。

1. 正姿训练。在法庭演讲中，司法口才主体无论是坐姿还是站姿，其身姿都应当是端正的。坐,要坐如钟(正襟危坐);站,要立如松(挺身直立)。

2. 自我训练。对着镜子,如果发现自己的身姿不规范,予以纠正(如有无驼背、凹胸、挺腹、塌腰、垂肩、跷腿、晃腿、晃身等毛病),并在日常生活中时时注意。请别人帮忙,请他人观察自己的身姿,指出自己身姿中不规范或不良的地方,及时予以纠正。

3. 表情训练。日常生活中,注意观察与你交谈的人的面部表情,从其表情及其表情变化,分析其内心活动与情感变化。

观看电影、电视剧,观察演员的面部表情,找出表情与内心情感的对应关系。

对着镜子抓住关键部位眉毛、眼角、嘴角练习以下12种表情,力求表情准确、鲜明、自然。大笑、冷笑、苦笑、微笑、忧愁、平静、自负、自得、惊讶、悲伤、兴奋、愤怒。

4. 眼神训练。眼神,是"心灵的窗户",本应含在表情之列,但法庭演讲眼神对传情达意有着特殊的作用。故单列训练。

用不同的眼神表述不同的心情:正视、斜视、环视、点视、俯视、凝视、漠视、虚视、扫视。

5. 手势训练。练习"你""我""他"的各种手势,感受怎样的手势才更得体自然。

二、演讲词写作训练

根据如下案例,拟写公诉意见、辩护意见各一份。[1]

案情介绍:被告人刘军(23岁)与张俊峰(21岁)、金瑞(22岁)、死者徐亚鹏(21岁)系山西省黄河艺术学院大三学生。

2013年9月15日21时许,张俊峰请同学刘军、徐亚鹏、金瑞在郝庄姚记烙饼拌汤村吃饭,四人共喝了两瓶大北特加(1.2斤/瓶)、一瓶小北特加(0.25斤/瓶)。从饭店出来后,徐亚鹏提出去歌厅,金瑞不想去便回了学校。张俊峰、徐亚鹏、刘军三人打车到了服装城"同一首歌"KTV门口,徐亚鹏不同意去同一首歌歌厅,要求去"糖果"KTV,刘军说时间太晚了不去,要求回学校,张俊峰也硬把徐亚鹏劝回学校。在学校门口,徐亚鹏与刘军发生争执并厮打在一起,刘军对徐亚鹏拳打脚踢,将徐亚鹏摔倒在地并致徐亚鹏头部碰撞墙壁后休克,徐亚鹏经送医院抢救无效死亡。

经鉴定:徐亚鹏头部遭受钝性外力作用后导致重度颅脑损伤死亡。

检方公诉意见:被告人刘军构成故意伤害罪。

---

[1] 资料来源:2014年5月"黄河律师杯"第三届山西省大学生模拟法庭大赛案例题。

辩方辩护意见：被告人刘军构成过失致人死亡罪。

参考内容：

公诉意见

审判长、审判员：

根据《中华人民共和国刑事诉讼法》第184条、第193条、第198条、第203条的规定，我们受黄河市人民检察院的指派，代表本院，以国家公诉人的身份出席法庭，支持公诉，并依法对刑事诉讼实行法律监督。

围绕本院起诉书指控的事实，公诉人在法庭调查过程中讯问了被告人，宣读了被告人在侦查阶段的供述与辩解；向法庭出示了证人证言以及相关书证等，已经充分证实了被告人刘军故意伤害罪的事实清楚，证据确实、充分。为进一步揭露犯罪、弘扬法治，公诉人就本案发表以下公诉意见，请法庭注意。

一、被告人刘军的行为构成故意伤害罪。

首先，被告人刘军实施了故意伤害徐亚鹏的行为。故意伤害罪在客观方面表现为，行为人实施了非法损害他人身体健康的行为。本案中，刘军、徐亚鹏等人前往饭店吃饭，后因唱歌问题引发矛盾。因言语不和，刘军与徐亚鹏发生争执，继而动手打了徐亚鹏，后二人厮打在一起。此时同行的张俊峰上前劝阻，二人的厮打行为因劝阻行为就此终结。接着刘军在被害人徐亚鹏没有任何伤害行为的情况下，又接连两次对徐亚鹏实施了殴打行为，且殴打行为全部集中在被害人的头部、肚子等人体要害部位。甚至在徐亚鹏已经丧失还手能力的前提下，刘军又将徐亚鹏摔倒在地上，头部因碰撞墙壁而休克，后因重度颅脑损伤死亡。

被告人刘军实施的是刑法意义上的伤害行为，与被害人的死亡结果之间具有直接因果关系。本案中，对徐亚鹏的法医学尸体检验鉴定书显示，死者徐亚鹏全身腰背、四肢、眼睛等均可见明显伤痕，死因为重度颅脑损伤。同时对尸表检验部分还有这样的一段描述：双侧眼睑青紫，唇黏膜挫伤，右额部有一7×5.5cm青紫。

可见，无论从案发的开始、行为的过程考察，还是从行为的方式、行为的结果看，在此阶段，刘军主观上的伤害故意都十分明显。

综上，被告人刘军故意伤害被害人徐亚鹏，并导致徐亚鹏死亡的故意伤害行为，既具有客观的违法性，又具有主观的有责性。被告人刘军的行为确已构成故意伤害罪。

二、关于对被告人刘军的量刑建议。

被告人刘军无视国法，因琐事故意伤害公民身体健康，并且致人死亡，其行为已触犯《中华人民共和国刑法》第234条第2款的规定，应处10年以上有期徒刑、无期徒刑或死刑。但鉴于本案被告人当庭翻供，认罪态度较差。公诉机关建议：对被告人判处无期徒刑，附加剥夺政治权利终身。

本案犯罪事实清楚，证据确实充分，足以认定被告人刘军的行为构成故意伤害罪。为保护公民的人身权利不受侵犯，维护社会秩序，请合议庭依据本案的事实、性质、情节，依法对被告人刘军作出罪刑相适应的判决。

辩护意见

尊敬的审判长、审判员：

山西黄河律师事务所依法接受被告人刘军亲属的委托，并征得其本人的同意，指派我们担任一审辩护人。接受指派后，我们依法会见了被告人，认真听取了被告人刘军对案件事实的陈述，复制和查阅了本案案件材料，又参加了今天的法庭调查。综合本案事实和现有证据，辩护人认为被告人刘军的行为构成过失致人死亡罪而非故意伤害致死。现发表以下辩护意见：

故意伤害致人死亡是故意非法伤害他人身体，导致他人死亡的行为。过失致人死亡是行为人因疏忽大意或过于自信造成他人死亡的行为。两罪在客观上均出现了死亡结果，对死亡结果均是出于过失，但是构成何罪，关键在于行为人在犯罪时的主观心态，即是否具有伤害他人身体的故意。

本案，我们无论从案发前被告人和被害人的关系，还是从案件起因、案发过程分析，被告人刘军主观上都没有故意伤害徐亚鹏身体的故意。

一、从案件的起因考察，被告人刘军没有故意伤害他人的现实动因。

被告人与被害人是同学关系，平时兄弟相称，他们一起聚餐、共同游乐，不存在任何矛盾和积怨。

2013年9月15日晚，两人之所以发生争执，也只是因为去哪个歌厅意见不一致引发的。根据证人张俊峰的证明及被告人本人的供述，徐亚鹏当时脱了衣服，对刘军说："你当过兵，咱俩出去练练。"当时是笑着说的。从徐亚鹏当时的言语表达来看，双方的"厮打"行为，其实就像竞技比赛的摔跤一样只是想比个高低而已。刘军虽然朝徐亚鹏身旁扔了水泥块，但并没有砸到他，其本意也只是吓唬吓唬。所以，被告人刘军不可能有伤害被害人的动机和理由。

二、从客观方面分析，被告人刘军的主观过失十分明显，没有故意伤害的意图。

在刘军与徐亚鹏第三次发生的冲突中，刘军只是为了摆脱徐亚鹏的纠缠，是他的甩脱行为导致徐亚鹏倒地，并不是故意将徐亚鹏摔倒在地。刘军为摆脱徐亚鹏纠缠的甩脱行为是因，被害人徐亚鹏倒地头部撞墙而死是果，需要说明的是，刘军的甩脱行为并不必然导致徐亚鹏头部撞墙，二者之间没有刑法意义上的因果关系。

刘军对徐亚鹏的死亡结果既不可能是积极追求的故意，也不可能是放任不理的故意。当然，刘军对于这一结果的出现，主观上是有过错，虽然出乎意料，但也并不是不可预料,应预见而未预见,最终导致死亡结果的出现,完全符合过失致人死亡的构成要件。

三、从行为人事后的态度看,被告人是有避免危害结果发生的意愿。

证人张俊峰证明,徐亚鹏与刘军在肢体冲突结束后,刘军对徐亚鹏说:"咱俩今天都喝了,本不该发生的事发生了,明天再向你赔礼道歉"。以上两人事后的互相谦让,和善相待,同去医院治伤的举动足以印证两人事前的拉扯、扭打并非人们想象中的故意伤害行为。连伤害行为都不是,怎么可以构成故意伤害罪的加重犯呢!

综上,辩护人认为被告人刘军因疏忽大意未能预见在"厮打"过程中可能造成的危害后果,导致被害人徐亚鹏受伤并最终因抢救无效死亡,构成过失致人死亡罪。

以上辩护意见,请合议庭合议时予以考虑并采纳。

三、法庭演讲训练

初习法庭演讲,首先必须认真对演讲词进行揣摩标注练习,以强化演讲者积极、主动、正确、合理地运用各种口语技巧和态势技巧。

1. 识记标注记号:①语速加快:"＿＿";②语速更快:"＿＿";③语速减慢:"～～";④语速更慢:"≈≈";⑤语音提高:"↑";⑥语音更高:"↑↑";⑦语音降低:"↓";⑧语音停顿:"｜";⑨较长停顿:"‖";⑩强调重音:"．"。

2. 请给下面一段代理词进行标注。根据标注大声演讲。在标注练习完成之后,应反复持稿诵读,达到较熟练程度时半脱稿,最后是脱稿演讲。

如灭绝人性的李兴华毁容案中受害人的代理人陶武平的一段代理词:

"被害人所忍受的↘｜又何止是↗肉体上的痛苦！↘她｜今年才24岁↘,大学本科毕业不久,｜聪颖美丽,前程似锦。‖毫无疑问,↗从今以后,被害人↗将再也得不到其｜作为正常人↗本应得到的那｜许多↘美好的东西↘,而这对于一个有知识、有文化、有理想、有追求的人来说｜打击该是多大！↘被害人被毁容后｜第一个本能的反应｜是自杀｜便充分证明了这一点。↘‖被告人终于实现了其↗｜将被害人置于生不如死的境地的卑劣目的。↘‖一审判决↗以被害人已被彻底毁容这一后果↗确认被告人的犯罪后果｜极为严重,↘实无↗半点过分之处！↘"[1]

---

[1] 陶武平:《名案劲辩》,上海人民出版社2003年版,第71页。

第十章　法庭论辩（一）

学习要点

1. 了解一般论辩的概念和特点；
2. 掌握论辩工具——辩题和命题、证明与反驳；
3. 初步识别诡辩，学习反诡辩的方法。

有人将出庭的法律工作者称为语言大师，将公诉人、律师的法庭论辩称之为法庭论辩艺术。的确，法庭论辩的对抗性、情节性加之论辩技巧的高超性，常常给人以美的享受，称之为艺术一点儿都不过分。法庭论辩艺术是司法口才中最具风采的言语对抗艺术，它以雄辩之美跻身于论辩艺术之星空。本章着重从法庭论辩的角度谈谈与法庭论辩有关的论辩基础常识。

第一节　基础论辩常识

诉讼中的是非曲直，生活中的摩擦纠纷，科学研究的真理谬误，这一切都需要论辩。

一、什么是论辩

论辩，又叫辩论。我国古代，辩论又叫"辩"。墨子在《墨辩》的《小取》中说："夫辩者，将以明是非之分，审治乱之纪，明同异之处，察名实之理，处利害，决嫌疑。"意思是辩论的目的和作用在于划清是与非的界限，探索治与乱的标准，明了同与异的区别，弄懂名与实的关系，权衡利害得失，决断困惑疑难。这段精辟的论述，明确地指出：论辩的目的是分清是非、合理选择、统一认识。常言道："是非越论越清，真理越辩越明。"

论辩是持不同观点的人之间所进行的论证和反驳的说理过程。论辩中的辩题、命题、证明、反驳及双方共同遵守的规则等成为论辩中捍卫真理、驳斥谬论的得力工具，是揭露诡辩、戳穿谎言的锐利武器，也是辩论中不可或缺的几个要素。

论辩，也是一种激烈的言辞对抗与角逐。古希腊语中，"论辩"一词的原意是指事实上的演讲对抗。中国古代先哲墨子也认为："辩，争彼也。"这都揭示了一切论辩的共同的外部形式特征就是言词对抗性。

二、古代的论辩活动

论辩，早在古代埃及、巴比伦、印度和中国文明发祥之始，便已成为一朵艺术奇葩。中国堪称是论辩艺术的"东方故乡"。

早在秦汉以前，春秋战国时期的诸子百家，就将论辩活动推向了高潮。特殊的大动荡、大变革时代，有许多重大问题需要有识之士去思考和探索。这就迫使当时的政治家、哲学家、思想家、外交家们，纷纷自觉或不自觉地拿起了论辩的武器，分析各国之间的形势，阐述自己的观点，驳斥不利于本国利益的观点，从而兴起了中国历史上第一个社会论辩高潮，形成了中国历史上罕见的"百家争鸣"局面。

在这个"百家争鸣"的历史阶段，涌现出无数个口若悬河的雄辩家，其中著名的有：孟轲、荀况、墨翟、庄周、晏婴、商鞅、苏秦、张仪、唐雎等。他们对中国古代论辩体系的建立做出了杰出的贡献。

古代论辩的"西方故乡"在哪里呢？在古希腊。古希腊雅典城邦是法庭论辩的故乡。由于当时民主政治的形成和发展，使得人类社会发展的童年时代有了宽松的民主的氛围。公元前6世纪~公元前4世纪，雅典人在处理纷繁庞杂的人际纷争时，日益摒弃野蛮无理的强权，由于原始的神明裁判要借助于公平的手段解决诉讼争端，因而法律诉讼成为雅典人生活中的重要组成部分。法庭论辩也成为雅典人的风雅。

以雅典为中心的西方人将论辩视为真理的探寻术、智慧的助产婆，西方的论辩艺术得到了极大的发展。一时，辩家鹊起，哲人如潮，涌现出了论辩星空中最引人注目的几颗璀璨的明珠，如著名的苏格拉底、柏拉图、狄摩西尼和亚里士多德。

第二节　论辩的工具

论辩是典型的"动口不动手"的"君子"，以此区别于体育、战争等竞技、竞力的对抗。但论辩又是一种"战争"，一种没有硝烟的战争，双方用唇枪舌剑对抗敌方。辩论的武器是什么呢？

一、辩题与命题

论辩如兵家打仗，欲想制胜，首先要开辟有利于自己的战场，抢占论辩战场的制高点——辩题与命题。

（一）辩题

1. 辩题的定义。辩题，又称论题，是争辩中的问题或题目，是引起论辩双方争端的焦点，是论辩双方所持的不同观点。任何论辩都是围绕着辩题这个争端焦点进行的。

如全国首届律师大赛有"一盒蛋糕引起的官司"这样一个案例。××食品厂与店主发生纠纷，食品厂说："店主的行为构成敲诈勒索罪"，店主说："店主的行为不构成敲诈勒索罪"。在辩论中，食品厂所持观点叫辩题，店主所持观点也叫辩题。

所谓"不同观点"，不是任意两个或几个不同观点，而是指对同一客观事物的同一方面所产生的不同观点。如：

> 2010年10月10日，王可邀陈振、刘贝贝同去太原市某区五轮发电站附近一个仓库盗窃用于搭建高压铁塔的铁板，正往外运输时，被看守人张甲发现。张甲说："干什么，偷东西，不要命了。"王可恼怒，从腰间抽出一把尖刀，一边指着张甲说"再叫唤，把你舌头割了"，一边朝外走。门外陈振和刘贝贝刚把铁板装上车，就听见王可和别人吵架的声音，刚准备逃离，就看见王可出来了，情绪不太好。上车后，刘贝贝问王可发生什么事了，王可说他刚才出来的时候被人发现了，那人骂人，吵了几句，陈振问，"不会出什么事吧"。王可说，没事。随后，三人一同销赃。[1]
>
> 公诉机关指控：被告人陈振的行为构成抢劫罪。
>
> 辩护方认为：被告人陈振的行为不构成抢劫罪，构成盗窃罪。

本案中出现三个不同的观点：

"被告人陈振的行为构成抢劫罪。"
"被告人陈振的行为不构成抢劫罪。"
"被告人陈振的行为构成盗窃罪。"

这三个不同的观点都是针对同一客观事物（陈振的行为）的同一方面产生了的争论，每个的观点都可以是辩题。

---

〔1〕 资料来源：2012年5月19日"黄河律师杯"第二届山西省大学生模拟法庭大赛复赛案例题。

2. 辩题的种类。辩题一般分为两大类，一类是矛盾关系的辩题，另一类是反对关系的辩题。

（1）矛盾关系的辩题，是指针对客观事物的同一方面，同时进行肯定和否定的两个观点完全相反的论题。一个论题针对某一客观事物的某一方面进行了肯定，另一个论题则针对同一客观事物的同一方面进行完全相反的否定，这两个辩题之间就是矛盾关系的辩题。如：

"被告人陈振的行为构成抢劫罪。"
"被告人陈振的行为不构成抢劫罪。"

矛盾关系的两个辩题之间水火不相容，是"是"与"非"之间的争论。

（2）反对关系的辩题，是针对同一客观事物的同一方面，同时进行了完全对立的肯定。即一个辩题针对某一客观事物的某一方面进行了肯定，另一个辩题针对同一客观事物的同一方面进行了完全对立的肯定。这样两个辩题之间，就是反对关系的辩题。如：

"被告人陈振的行为构成抢劫罪。"
"被告人陈振的行为构成盗窃罪。"

反对关系的辩题，实质是矛盾关系的辩题的变种，是由两对矛盾关系的辩题构成的。例如，如果说，矛盾关系争论的是"是"与"非"，那么，反对关系争论的是肯定"此"还是肯定"彼"。

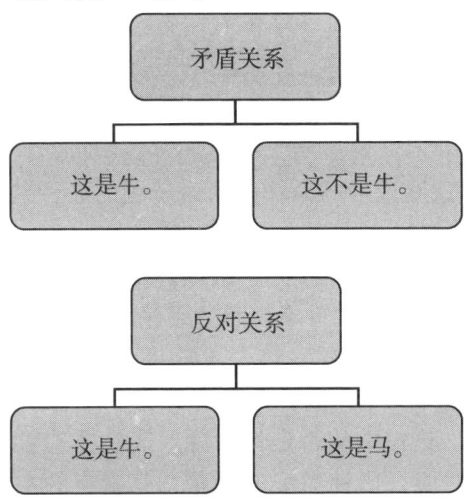

3. 对辩题的要求。

（1）辩题不能无中生有。论辩，是针对同一客观事物的同一方面所产生的不同观点之间的争论。这就要求，论辩必须针对客观事物来论辩。客观事物不存在，用主观虚拟的东西作辩题来论是非，没有任何意义，如"凤凰用一只翅膀飞"和"凤凰用一只翅膀不能飞"。

（2）辩题不能互不相干。辩题针对的不但必须是客观事物，而且必须是同一客观事物的同一方面。否则，一个说东一个说西，彼此风马牛不相及，无法进行论辩。如"石榴花是红色"和"玉兰花不是红色"，这对辩题互不相干，就像打仗没有目标就无法进行。

（3）辩题不能观点统一。统一观点的两个辩题没有必要辩论。如"这是黑的"和"这不是白的"，两个观点一致，争论没有意义。

知道了论辩中的辩题，就可以避免没有意义的争论。

（二）命题

我们在论辩时，仅有辩题是不够的，必须站在自己的诉讼立场上，从维护己方合法权益的角度，坚定而明确地提出我们对辩题的基本观点或看法，也就是确立命题，对命题作出绝不犹疑的判断。

1. 命题的定义。法庭论辩的命题是论辩者对辩题的是与非、真与假的一种肯定或否定的鲜明态度，是对辩题的一种判断，是论辩者打出的堪称论战之魂的旗号。命题是论辩的核心，是论辩的论点。

辩题（即论题），是争辩的题目、争论的焦点，而命题则是对辩题的判断，是坚定而明确的对辩题的看法。

一个鲜明有力的命题，是事、情、法、理交融在一起的一面夺目的战旗。在论辩的双方对垒中，它势必领导着各方在整个论辩中的策略筹划、战术部署以及使用的兵将粮草、武器弹药，即围绕论点选择的材料——事实、证据和相应的法律。如果没有命题，论证则无的放矢；没有明确的命题，论证必然迷茫和混乱。

2. 命题的种类。法庭论辩的命题作为对辩题的一种判断，从性质上讲，无外乎有四种类型：

（1）肯定性命题。论辩中的肯定性命题，表达了对某种情形作出肯定的判断。这种类型的命题，其论点主旨不仅表达了论辩者的判断，而且要通过论证，使接收者也肯定这种判断。例如，"被告人姚××的作案手段极其残忍，情节极为恶劣，后果特别严重"三个判断，个个对辩题持肯定态度。

（2）否定性命题。论辩中的否定性命题，表达了对某种情形作出否定的判断。与第一种类型相对应，这种类型的命题，其论点的主旨不仅表达了论辩者对这一情形所持的否定的判断,而且通过论证,使接收者也对这一情形持否定判断。如"被告人的行为不构成抢劫罪"。

(3)建议性命题。论辩中的建议性命题,表达了建议对某种情形作出某种改变。这种类型的命题,主旨在于通过论证使接收者认可这一改变。如"以上事实和证据可以证明被告人不构成××罪,建议法庭宣告被告人无罪"。其中"建议法庭宣告被告人无罪"的命题,属于建议性命题。

(4)质疑性命题。论辩中的质疑性命题,表达了对某种情形提出质疑。这种类型的命题,表面上提出某种问题,实际上包含了论辩者否定的判断。如"被告人违背妇女意志的事实,没有相应的证据肯定或否定"这一命题,说明法庭诉讼对认定这一情节既没有充分的依据肯定,又没有充足理由否定,给命题持有者以回旋的余地,处于进退两便的主动地位。

3. 命题的要求。

(1)命题要真实。所谓命题的真实性,要求命题表述的内容与客观实际应完全一致。它包括两种情况:①命题所反映的事物及其关系必须符合客观事实;②命题所反映的法律状况必须符合法律规定。

法庭论辩的力量,首先来源于命题的真实性。如果论辩命题是虚假的,则整个论辩从灵魂到外部都必将是彻头彻尾的虚假。在攻击论辩对手的利器中,如果发现对方命题是虚假的,则奋起揭露,往往会收到擒贼先擒王而致其于群龙无首的毁灭性效果。

课堂讨论案例

林肯为小阿姆斯特朗的辩护

林肯在担任总统之前,曾经当过一段时间的律师。

林肯青年时代好友的儿子小阿姆斯特朗被人诬告图财害命,而且有证人当庭作证:1857年10月18日夜11时,他曾亲眼看见小阿姆斯特朗和一个名叫梅茨克的人殴斗,当时皓月当空,月光下他看见小阿姆斯特朗用枪击毙了梅茨克。法院听取了证人的证言,小阿姆斯特朗已被法庭判定有罪。

林肯得知情况后,以小阿姆斯特朗律师的身份提请复审。他查阅了法院的全部卷宗,又到案发现场进行了实地勘察,发现法庭据以定罪的主要证据是虚假的。

按照美国法庭的惯例,林肯作为被告的辩护律师与原告的证人福尔逊进行了对质:

林肯：你发誓你看见的是被告？

福尔逊：是的。

林肯：你在草堆后面，被告在大树下，相距二三十米，能看清吗？

福尔逊：看得很清楚。因为月光很亮。

林肯：你肯定不是从衣着等方面辨认的？

福尔逊：我肯定看清了他的脸，当时月光正照在他脸上。

林肯：你能肯定是晚上11点吗？

福尔逊：完全可以肯定。因为我回屋看了时钟，那时是11点15分。

林肯：你担保你说的完全是事实吗？

福尔逊：我可以发誓，我说的完全是事实。

林肯：（面向众人）我不能不告诉大家，这个证人是个彻头彻尾的骗子。10月18日午夜前3分钟，即当晚10点57分，月亮已经落下看不见了。这个铁的事实已明白无疑地说明福尔逊是在说谎。证人发誓说他于10月18日晚11点钟在月光下看清了被告阿姆斯特朗的脸，但历书已证明那天晚上是上弦月，11点钟月亮已经下山了，哪来的月光？退一步说，就算证人记不清时间，假定稍有提前，月亮还在西边，而草堆在东，大树在西，月光从西边照过来，被告脸向西，证人根本看不到被告的脸；如果被告脸朝草堆，即向东，那么即使有月光，也只能照着他的后脑勺，证人怎么能看到月光照在被告脸上，而且怎么能从二三十米的草堆处看清被告的脸呢？

福尔逊在这无懈可击的辩驳面前，灰溜溜地败下阵来，在众人咒骂声中，承认是被人收买来陷害被告的。小阿姆斯特朗被当庭释放。

问题：

1. 林肯为什么能赢得此次辩护的全胜？

2. 当林肯发现证人福尔逊做了假证，为什么一开始不直接揭露，而要问他那么多的问题呢？这些问题有用意吗？

林肯的辩护虽已成为历史，但林肯那高超的论辩艺术及其散发出的不同凡响的逻辑魅力、严谨的办案作风却值得我们去研究和体味。

（2）命题要完整、严谨。论辩命题不仅要真实，还要完整与严谨，做到严谨得"摔不烂，砸不断，打不散"。

一个论辩命题总是包含若干定义，这些定义往往是命题的核心或出发点。如果定义以偏概全，则不能反映事物的本质特征，整个命题都面临被颠覆的危险。"盲人摸象"的故事正是以偏概全、命题不完整、不严谨的典型事例。

命题，法庭论辩的旗帜。只有当其从形式到内容都完整统一成一个严实的整体，才能将事、理、情、法汇成一面鲜明的旗帜，坚定地高扬于法庭。

二、证明与反驳

法庭论辩的逻辑是钢铁般的。法庭论辩者要想求得论辩的成功，必须借助于"论证"这位逻辑巧匠来完成。而论证又往往靠证明与反驳来实现。

（一）证明与反驳

任何一场论辩都少不了证明与反驳这两个基本要素或两种基本手段。

1. 证明。证明是借助其他某些真实的有关的判断来论证某一命题的真实性的逻辑方法。

例如，某抢劫案，在审判法庭上被告人提出他当时根本就不在现场，没有作案的时间。而发生抢劫案时，他在外地，去×市进货去了，并有当日的车票和进货单等证明。

被告人对"案发时他不在现场"的命题用证明的方法进行了论证。

证明在表象上是建设性的、固守的论证方法，但在运用中，往往证明了某一命题的真实性，也就否定和揭露了另外一些命题。因此，证明的作用是不乏破坏性和攻击力的。

2. 反驳。反驳是论证某一命题的虚假性的逻辑手段，是辩论中最具代表性的方法。

例如，上例中，某抢劫案，被告人提出案件发生时他不在现场，而是去×市进货去了，有车票和进货单等证明。公诉人针锋相对，从正面直接反驳被告人"不在现场"的命题：

> 第一，被告人出示的去往×市的车票，既没有剪票，邻座乘客也证实座位一直无人；第二，被告人所说进货单位否认当日见过被告人；第三，×市"春媚旅社"当日没有被告人的住宿登记；第四，案发前后均有人证实被告人在案发现场附近出现；第五，现场遗留的作案凶器上留有被告人的指纹。由此证明，被告人当日在案发现场。

上述几个连锁证据，一一反驳了被告人的狡辩，从而证明被告人当日在案发现场。

反驳，从形式上是一种极具破坏力的攻击性的方法。反驳往往厚积薄发，在对方广泛的战线中选择攻击点，把握论辩的主动权。当然，反驳绝不是单纯破坏，它有破坏的性质，也有证明的特性，它一方面否定一个命题，另一方面必然地要证明另一个命题，即"不破不立""破中有立"。

（二）常见的证明方法

论辩中，一方为了证明自己的观点是正确的，往往采用相应的论证方法去证明。

1. 直接证明。直接证明就是直接论证一个命题为真的方法，即直接用证据的真实性来证明命题的真实性。证明时，可用归纳推理的形式，先分论后总论，也可用演绎推理的形式先总论后分论。大多数的证明都使用直接证明的方法。

在司法实践中，起诉书、判决书中所提出的法律依据和事实论据，都必须运用直接证明的方法证明，并且要旗帜鲜明、斩钉截铁。例如，某辩护人认为某故意杀人案的被告人只是想教训一下被害人，并无故意伤害的意图，应宣告被告人无罪。公诉人当即用直接证明的方法论证被告人构成故意杀人罪：

> 第一，被告人因与被害人恋爱不成，遂起伤害恶念；第二，被告人事先准备了信那水，显然信那水足以致人皮肤灼伤；第三，在实施犯罪行为的过程中，被告人选择了伤害被害人的要害部位——脸部；第四，灼伤的后果十分严重，造成被害人脸部重度烧伤，手段残忍，后果严重。故被告人的行为构成故意伤害罪。

2. 间接证明。间接证明就是在证明命题的过程中，借助与原命题相反的假设命题的虚假性，推出原命题的真实性。简单地说，间接证明相对于直接证明来说是绕了个弯子。如反证法、排除法的论证方法，均属于间接证明。

（1）反证法是先假定原命题为假，通过论证，推出假设命题的逻辑矛盾。从而证明原命题为真。其结构为：

命题：A

证明：假设非 A 真，

如果非 A 真，那么 B，

已知非 B，故非 A 假。

所以：A 真。

反证法又叫引申法。这种说理方法可以用来进行论证，但更多地用来进行反驳。

（2）排除法是通过证明原命题以外的其他可能情况为假，从而证明原命题为真的方法。其结构为：

命题：A

已知：A 或 B，或 C。

论证：B、C 均不成立。

所以：A 成立。

运用排除法，必须穷尽各种可能情况。否则，证明的结果不一定真。在侦查工作中，侦查人员常用排除法缩小侦查范围，确定侦查方向。

3. 演绎证明。马克思主义认识论认为，人们认识客观事物总是从个别、具体和特殊性开始，通过对具体事物的概括而产生对事物一般性质、规律的认识，并形成一般原理和理论；然后又以一般性原理为指导去认识各种个别、具体事物。人的认识总是循着从个别到一般，再由一般到个别的途径。这就是归纳与演绎。

演绎推理是以一般性原理、原则为命题，推断出个别性结论的思维方法。演绎论证是先总论后分论。总论提出中心论点，分论用论据来论证中心论点。

在司法实践中，对案件的关键性问题作出结论时，都要运用演绎证明法。只要作为论据的一般原理可靠，反映的具体情况属实和推理形式符合规则，命题就是可靠的，如关于定罪、判刑或法医检验结论的证明，多用演绎证明。

4. 归纳证明。这是运用归纳推理方式来证明命题的真实性的论证方法。

归纳证明用事实和理论作为论据，在简单枚举的基础上，分析产生某一属性的必然性，从而证明某个观点的真实性。这是一种从众多的个别事例中把握其共同点的推理方法。

归纳证明是用具体的事实、证据来支持某一命题的论证方法。法庭论辩中，我们常常为了证明被告人的某个行为构成某种犯罪，运用有关事实和证据，从犯罪的主体、客体、主观方面、客观方面进行论证，从而证明该行为的犯罪性质。

（三）常见的反驳方法

《笑得好二集》中有一个途中两人相骂的故事：
彼曰：你没天理。
此曰：你更没天理。
彼曰：你丧良心。
此曰：你更丧良心。

故事中二人互相指责，却没有一个人能说出对方观点的悖谬之处，这不叫反驳，因为它丝毫没有将对方的观点驳倒。

论辩中的反驳，就是对错误的命题进行批驳，揭露错误命题的悖谬之处，指出它的错误，说明它的虚假。

找到对方命题错误之处，采用相应的反驳方法去反驳。

1. 揭悖反驳。

(1) 反驳论点。在论辩中,能积极识破并指出对方论点明显违背事实和常理的地方,使其主张不能成立,就是反驳论点。

> 1988年"亚洲地区大学生辩论赛"预赛的第一场,香港中文大学队对新加坡国立大学队,辩题是"个人功利主义是社会进步的最重要的因素"。辩题即是命题,站在反方的香港中文大学队的一名队员发言指出:"国父孙中山领导辛亥革命,推翻了中国两千多年的封建统治,难道是因为个人功利主义吗?爱迪生发明了电灯,造福于全人类,难道是因为个人功利主义吗?"香港中文大学队用了两个反问句,举出两个无可辩驳的历史事实,直接反驳了"个人功利主义是社会进步的最重要的因素"这一命题。

(2) 反驳论据。论辩中,直接反驳和揭露对方论据的虚假性,使对方论点失去支撑力,从而使论点不能成立。

> 某菜市场小贩和胖顾客的一段对话:
> 小贩:买点笋吧!吃一餐笋要刮三天油的。
> 女顾客:吃笋增肥!动物园里的熊猫吃竹子咋长那么胖哩?
> 小贩:谁都知道狗靠吃屎也长得很胖。你这么胖,难道是吃……?
> 女顾客:……

人的营养和动物的营养怎么会是一回事呢?售货员用生活中的事例,借类比推理的方法直接反驳了女顾客的"人吃笋增肥"的论据。

> 某案被告人何×与徐×因口角而致互相厮打,何打徐左眼一拳,致徐左眼球纯挫伤、外伤性白内障、失明。
> 辩护人未做深入调查,仅听何×说被害人因着急上火而致眼病的言词,轻率地提出这样的命题:"被害人着急上火而造成眼病,这就是民间俗传的'火蒙',学名就是白内障。被告人的行为与徐的左眼失明无直接因果关系。"
> 公诉人:"火蒙与白内障根本不同。第一,在病理上,火蒙是角膜炎,而白内障是晶体混浊;第二,在发病原因上,火蒙是炎症引起的,而外伤性白内障是由于外力作用引起的;第三,在发病的位置上,火蒙是在眼球外部形成,白内障是在眼球内部形成。因此,这两种病,在病理上没有联

系，不能将二者混为一谈。着急上火、生气都不能构成白内障的发病因素，也不是促使其发展的条件……"

辩护人将角膜炎与白内障混为一谈，又将其与案件的后果扯到一起，论据当然虚假无力。所以，揭露其证据的虚假性，常常具有擒贼先擒王的毁灭性效果。

（3）反驳论证方式。反驳论证方式就是要确认对方的论据与命题之间没有必然的逻辑关系，从论据推不出命题，或者揭露其论证过程存在不合逻辑、相互矛盾的地方。

从已知论据为真，直接推出被反驳的命题为假，不需要经过中间环节，这就是直接反驳法。也是论辩中主要的、最常用的一种反驳方法。在法庭辩论中，控辩双方经常使用直接反驳的方法来推翻对方的论点、论据和论证方式。如：

戴××在火车上卖小报，车到某站，上来的旅客中有一位大胖子，手上拎个小黑箱子。戴××趁胖子不注意，拿了小黑箱子悄悄往车门口走去。不料此时被胖子发觉，戴惊慌中从车窗跳下火车逃跑。胖子和一些人喊着追上来，戴××发现自己手中还攥着些小报，于是回身把报纸摔在胖子脸上，胖子一躲，摔了个跟头。这时候站上铃响了，戴××瞅空从车底下钻了过去。胖子为了追戴××，也钻火车。他刚下去车就开了，被轧死了。

本案在庭审过程中，检察院（控方）认为："被告人戴××见财起意，光天化日之下，公然抢夺；为抗拒追捕铤而走险，使用暴力将被害人打倒在地，致使被害人被火车轧死，被捕后认罪态度不好，依法应予严惩。"

辩护人指出："本案事实是，趁失主疏忽之机，戴××偷走钱箱，在没有离开车厢时就被失主发现，携钱箱跳窗而逃，与失主无直接接触。戴眼瞅着要被失主追上，回身把手中攥着的小报摔在其脸上，失主一躲，摔了个跟头，戴瞅空从即将起动的火车下钻过。失主紧追不舍，也钻了火车，被火车轧死。戴向失主脸上抛撒小报，目的在于阻止失主追赶，与其钻火车被轧死无刑法上的因果关系。"

戴××的辩护律师根据本案事实，采用直接反驳的方法，直接推出控方指控的罪名与事实不符。

2. 归谬反驳。归谬反驳是直接从被反驳的命题推出荒谬的结论，再由否定荒谬的结论推出被反驳的命题的虚假。

某顾客看中了广告中介绍的自行车，专程找到售卖这家自行车的商店购买。挑选时，他发现实际出售的那款自行车的车灯要另外收费。于是，他找到店主：

顾客：你们的广告骗人！店里自行车的价格为什么要比广告的贵？

店主：哦，先生这灯是额外的东西，没有进入车子的售价。

顾客：广告里是有灯的！

店主：广告里还有一位骑在车上的女郎呢，难道我们也要随车提供一位吗？

我们暂先不论他们谁是谁非。仅从顾客和店主的对话中我们就发现店主用了归谬反驳法赢得胜利。店主运用归谬法假设顾客的"广告里有灯"的观点是对定的，推导出荒谬的结论："广告里还有一位骑在车上的女郎呢，难道我们也要随车提供一位？"，很富于逻辑力量。

以被反驳的命题为依据推出荒谬的结论，这是归谬法关键的一步。我们用归谬反驳，可以从被反驳的命题中推出逻辑矛盾。再使用这种方法进行反驳，能明显地揭露对方命题的荒谬，在语言上产生幽默、讽刺的效果。

第三节　论辩中的诡辩与反诡辩

理，不辩不明。论辩的目的是论清是非、辨明真伪。但是有的人为了赢得暂时的胜利，往往随意变换或违反论辩规则，导致无法把争论的问题辩论明白，这就是诡辩。

一、诡辩概述

诡辩的目的是反驳正确观点，维护错误观点，其论证方法常常是似是而非的，表面看起来合乎逻辑，其实违反逻辑。

课堂讨论案例

买东西不用付钱

古希腊哲学家普罗泰戈拉就曾看到一个人在教人"买东西不用付钱"的办法，并当场试验。这个人来到一间酒铺，向卖酒的要了一瓶红酒，看了看后又

第十章 法庭论辩（一）

还给卖酒的并说换一瓶白酒。拿到白酒后，他不付钱就走。卖酒的一把抓住他说："你怎么不付钱就把我的酒拿去？"这个人说："这瓶白酒怎么是你的呢，明明是我用一瓶红酒换来的。"卖酒的说："红酒你也没付钱呀！"这个人却说："我又没有拿你的红酒，你怎么让我付钱呢？"

再看一例：古代一个窃贼被官府戴枷示众，行人都围拢来观看。有个熟人见了很惊讶，挤上前去问道："为什么犯了这么大的罪？"他长叹道："唉，人背时干什么事也倒运的。昨天晚上我在街上闲逛，偶然见到地上有一条草绳，心想以后也许会有用，随手拾了起来，这就……"

熟人不解地问："有这样的事？拾根草绳能判这样的重罪？"

窃贼支支吾吾地说："谁知道草绳那头拴着一头牛呢！"

问题：

1. 上述两例买酒人的话和小偷的话你认为对不对？
2. 为什么卖酒的和那个熟人无法反驳呢？

（买酒人的话和小偷的话都是诡辩。）

（一）什么是诡辩

伟大的先哲黑格尔说："诡辩这个词通常意味着以任意的方式，凭着虚假的根据，或者将一个真的道理否定了，弄得动摇了，或者将一个虚假的道理弄得非常动听，好像真的一样。"[1] 有的人也说，诡辩是漂亮的谎言，他穿着窃来的真理外衣；诡辩是玄妙的谎言，他变色龙一般掩饰自己，让擒拿他的勇士无从下手；诡辩是阴险的谎言，他施放袭人的烟幕和陷阱，让他的猎物陷入灭顶之灾。

那么，到底什么是诡辩呢？

"所谓诡辩，就是违反客观事实，违反客观公理及科学原理，似是而非地反驳正确观点，维护错误观点的论证方式。"[2]

> 《世说新语》有这样一则故事：刘伶每每喝醉则赤身裸体坐在屋里，有朋友好言相劝，请他不要这样。他反而说："吾以天地为房屋，以房屋为衣裤，你怎么钻到我裤子里了？"

如此回答，是典型的诡辩。房屋和衣裤是两码事，怎么能混为一谈呢？

---

[1] [德]黑格尔：《哲学史讲演录》第2卷，商务印书馆1997年版，第7页。
[2] 李卒、林鸿伟：《诡辩与反诡辩》，山西教育出版社1996年版，第4页。

诡辩的危害很大，它首先颠倒是非，使其论辩对手陷入不能自拔的难堪之地。美国总统林肯曾痛诉诡辩公然违反社会公理的恶劣行径。他打比方说：当你说他戴着帽子的时候，他把帽子脱掉以证明你在说谎；当你说他没有戴帽子的时候，他又把帽子戴在头上证明你在说谎。诡辩是论辩的副产品。只要存在论辩，诡辩这只怪物就会跳出来一竞风流。

诡辩若盛行，将危害到社会的稳定。因为实事求是、诚实守信、遵守社会公理是人类社会赖以维系的基本信念之一，诡辩却恰恰相反，它用欺骗和出尔反尔的伎俩，破坏了人与人之间正常的情感和社会交往关系。

(二) 巧辩

现实生活中的许多诡辩实例又告诉我们，有些诡辩是故意的，有些诡辩并不是故意的。所以，人们又把诡辩分为善意的诡辩与恶意的诡辩。因为有时人们为了维护自己的主张和利益，不知不觉也会诡辩，这可能就是善意的诡辩吧，我们美其名曰"巧辩"。

俄国伟大的诗人普希金年轻时，有一天在彼得堡参加一个公爵的家庭舞会。他邀请一位小姐跳舞，可这位小姐傲慢地说：

"我不能和小孩子一起跳舞！"

普希金灵机一动，微笑着说：

"对不起，我亲爱的小姐，我不知道您正怀着孩子。"

说完，他很有礼貌地鞠一躬后离开了她。那位漂亮小姐十分窘迫，无言以对，满脸绯红。

普希金的答辩转换了"孩子"这个概念，机智地回击了那位姑娘的傲慢与无理，摆脱了自己难堪的局面，收到了很好的论辩效果。这就是巧辩。

1. 巧辩是为正义而进行的狡辩。如果遇到有人不怀好意的向你发难，用语言侮辱你的人格、国格，这是不能相让的，必须以牙还牙，为正义而巧辩。

在一次谈判中，对方因为周恩来没有接受他的意见而极不礼貌地说："真是对牛弹琴！"

周恩来马上接口说："对！牛弹琴！"

为了反击对方，把不能拆开的成语硬拆开，不仅幽默诙谐，还有力地反击了对方的不礼貌行为。

诡辩与巧辩都是故意违反论辩规则的狡辩，但它们违反规则的动机与效果不同。诡辩是为邪恶事情所进行的狡辩,而巧辩则是为正义事业所进行的辩解;诡辩采用反逻辑的手法,在论辩中掩人耳目、制造荒谬、否认真理、开脱自己,巧辩则是借助于反逻辑的手法,在论辩中置某些无聊的论敌于困境,或使自己从论辩的困境中解脱出来。

2. 巧辩往往具有幽默、谐趣、令人捧腹的效果。巧辩显示的是论辩者的机智与聪明。也就由此成为有智之士的一种高尚的游戏娱乐活动,同时也被人们当作锻炼智力的一种十分有效的方法。

前民主德国柏林的空军俱乐部举行盛宴,招待空战英雄。一位年轻的士兵斟酒时,不慎将酒泼在了当晚的主角乌戴特将军的秃头上。顿时,士兵悚然,全场寂静,倒是这位将军却悠悠然,他轻抚士兵的肩头说:"兄弟,你以为这种治疗有效吗?"全场立即爆发出了笑声,人们绷得紧紧的心弦,也随之松弛下来。[1]

总理周恩来的幽默就很让人佩服。在一次招待外宾的宴会上,一盆菜汤中,漂浮着几个厨师精心雕制的花样笋片。有个外国女宾见了,惊得当下啸叫起来。因为卍字形(卍)在我国为一种吉祥的万福标志,却也同法西斯的标识十分相像。外国女宾的啸叫,让在场的服务员一时不知所措。幸好周总理在场,他微笑着走过来,告诉外国宾客,这个字形花样在中国有另一种象征,祝福客人万福万寿,吉祥如意。接着,周总理又拿起筷子,说:"如果它是法西斯,咱们来共同把它消灭掉。"说着夹起一片,送进嘴里吃了。这样一来,宾主释然为乐,气氛顿时轻松起来。

法庭论辩是在极为庄重的场合进行的。但巧辩照例要登这个大雅之堂。我们在一些著名的律师的传记材料及奇闻轶事录中,经常可以看到他们巧辩中闪烁出的智慧与应变的亮光。

二、诡辩的类型

为了能及时识破诡辩,揭露和驳斥诡辩,我们应当知道诡辩常常以怎样的形式出现,它有哪些种类。

(一)偷换概念,转移论题

概念是判断推理的基本元素,不同的概念有不同的要领和内涵,由此推出的结论也是不同的。论辩原则要求,在一个辩论过程中,如果反复使用某个概

---

[1] 摘自《深圳特区报》2004年8月29日。

念,该概念应当在辩论中始终是同一个意思,不能随便变换含义。在论辩中,将一个概念转换成另一个概念,是一种逻辑错误。偷换概念正是犯了这一逻辑错误,或将两个不同的概念混为一谈,或用一个概念去偷换另一个不同的概念。

甲乙二人赌输赢。
甲:请你回答一个问题,如果答对了,我请你喝酒;答错了,你请我喝酒。但有一个条件,只能回答一次。
乙:好,请出题。
甲:日大还是月大?
乙:日大。
甲:错。一天怎么比一月大?

如果换个答案,乙说"月大",甲仍然会说"错,月亮怎么比太阳大?"因为"日"和"月"的概念不明确,甲偷换了概念。

有人说:"我对法律上规定的'律师为被告人辩护'有意见。被告人犯罪怎么还有理?还要有人辩护?请问这是站在什么立场上了?"这个人把被告人等同于犯罪者(罪犯),因而得出了不应为被告人辩护的错误结论。这种偷偷把一个概念变成另一个相近的概念的诡辩,往往很隐蔽,不易被察觉。

(二)玩弄推理,故弄玄虚

论辩中,论辩者总是打着逻辑推理的幌子招摇撞骗,用荒谬的逻辑来论证谬误。其诡辩术不外有二:

1. 机械类比。常见的论辩方法是由此及彼的类推。这种方法之所以可能,是因为事物之间存在某些实质性的联系。而机械类比则是脱离了事物之间实质性联系或根本不存在联系,强行类比推理。

我国战国时代的施惠,在论证"犬可以为羊"的诡辩时,运用了这样的推理:
犬是动物。
羊是动物。
所以,犬可以为羊。

机械类比强行推导出的结论荒谬至极!

2. 二难推理。二难推理是由两个充分条件假言命题和一个二支的(即有两个选言支的)选言命题做前提,并根据充分条件假言命题和选言命题的逻辑含义进行的推理。这种推理常常会令人面临两种选择,推出进退两难的境地,无论作出哪种选择,都会引起对自己不利的结果,被称为"二难推理"。

据说,古希腊有一个叫欧提勒士的人,向当时著名的辩论者普罗泰戈拉学法律。师生订有合同,在毕业时欧氏付给老师普氏一半学费,另一半学费等欧氏第一次出庭打赢官司时付清。但欧氏毕业后并不出庭打官司,普氏无奈就向法官起诉,要欧氏付另一半学费。

老师普氏指控学生欧氏:"如果你欧氏这次官司打赢,那么按照合同,你应付给我另一半学费;如果你欧氏这次官司打输,那么按照法官判决,你也应付给我另一半学费。你这次官司或者打赢,或者打输,你都应付给我另一半学费。"

欧氏辩驳:"如果我打赢了这场官司,那么按照法庭判决,我不必给你另一半学费;如果我打输了这场官司,那么按照合同,我也不必给你另一半学费;我或者打赢或者打输,我都不必给你另一半学费。"

这个故事中,乍听起来,师徒二人的话都有道理,但这并不能掩盖两者都用的是诡辩方法的实质。他们二人之所以能得出对自己有利而又迥然不同的结论,是因为二人所使用的标准不一样,从而整个论题便是不确定的。

 课堂讨论案例

杜芸芸遗产官司

20 世纪 70 年代,中国大地流传着苏州青年女工杜芸芸将 10 万元继承的遗产捐赠国家的动人事迹。但是很多人不知,围绕这笔遗产,有过一场旷日持久的继承官司。

被继承人死者是新中国成立前的工商业者,杜芸芸作为死者的养女,一人长期服侍,直到死者终老。然而,当死者入葬后,原先素不来往的两家远亲匆匆赶来,合伙伪造遗嘱,企图瓜分遗产。后来因双方都想独吞遗产,打起了官司。

诉讼开始后,其中一方陈×提出死者生前向她家借过 50 两黄金和 200 条被面,必须先从遗产中扣除这笔欠款,然后再按遗嘱平分遗产。她还提出一些旁证,都未被法庭采纳。

审判员问:"写遗嘱时顾×(死者)神志清楚吗?"

陈×想，说神志不清，那么立的遗嘱是没有法律效力的，于是他连忙回答："清楚，清楚！"

审判员随即又问："那好，既然她神志清楚，理应记得欠你家的这一大笔债务。当时，你们日夜守在她身边，她既然能把遗产如何分配都写得那么详细，为什么不在遗嘱中写明偿还你的债务呢？"

审判员看出了伪造遗嘱的破绽，陈×顿时呆若木鸡，哑口无言。

问题：

1. 办案中，审判员有一个关键的问句，是哪一句？
2. 分析审判员设置的这个二难推理。

（参考：如果顾×当时神志清楚，那么陈×索债没有证据；如果顾×当时神志不清楚，那么遗嘱就不发生法律效力。所以，顾×的遗嘱要么使陈×索债无据，要么不生法律效力。这是个无可回避的二难推理。彻底否定了陈×索债的非分之想。）

3. 复杂问话。复杂问话也是诡辩者惯用的方法之一。这种诡辩的作用之一就是利用它来陷害他人。

如有人问："你是人还是东西？"该如何回答？

问：你是人还是东西？

答：我是人。（意味着你否定后者，可推出"你不是东西"，你将遭到羞辱。）

问：你是人还是东西？

答：我是个东西。（意味着"你不是人！"同样遭到羞辱。）

因此，无论你选择哪一个答案，你都会陷入被自我奚落的尴尬境地。

司法人员要防止使用复杂问话来诱供。

司法问话中，也常有人用复杂问话来试探情况。有时，这种方法在特殊情况下可以体现出积极意义。

如审问一个涉嫌盗窃的嫌疑人，公安人员虽掌握了一定的证据但证据不充分，这时可以利用复杂问话加以巧问：

"你把赃物藏在何处了？"

这样问，如果被讯问者真有盗窃行为的话，有可能中计而坦白。

（三）强词夺理，无端攻击

说穿了，诡辩都是无理之辩。诡辩者或者取巧歪辩，或者无理蛮辩，更有甚者赤膊上阵，不顾诉讼的事实和法律，向论辩对方进行人身攻击。

某职务犯罪案件的调查阶段，犯罪嫌疑人为巴结赵姓领导，多次为这位领导的儿子赵公子的公司输送巨额利益。

> 问：赵×以6000万买下这块地，转手就卖了12个亿。你为赵家输送了多少好处？难怪老百姓说你是赵家的——
>
> 答：（咆哮道）你说什么？你再说一遍？我是赵家的什么？赵家的什么？赵家的狗？你骂谁是狗？我告诉你，我是堂堂国企的老总，是正厅级干部，你居然敢骂我是狗！你才是狗，你是疯狗！你疯了吗？我投诉你。你在侮辱我，你们领导呢？

犯罪嫌疑人不承认为赵家效劳，应当拿出具体事例予以反驳，但他没有指出侦查员言论的悖谬之处，而是破口大骂，强词夺理，无端攻击。这种诡辩，实际上是一种"输光了本钱"的极其苍白无力的举动。

（四）歧义命题，天赐良机

法律语言最大的特点是单一解释，语义不可有多个不同的内涵。诡辩者们，喜欢利用歧义去设置歧义命题，请君入瓮，或者千方百计从对方的言语中寻找歧义，曲解原意。因此，歧义命题成了诡辩者们天赐的良机。

> 传说有个小伙子，因为没鼻子而娶不到媳妇；有个大姑娘，因为是豁嘴而找不到婆家。虽然他们有残疾，但心都很高，都不愿意找有残疾的人。因此，他们的婚事就更难办了。
>
> 有个媒婆知道了这件事，便去为双方说亲。
>
> 媒婆对小伙子说："有一个姑娘，哪儿都没毛病，就是嘴不好！"小伙子听了，以为姑娘是多嘴多舌爱说话，就说："嘴不好不算毛病，慢慢劝她改嘛！"于是，小伙子答应了这门亲事，并送给媒婆很多礼物。
>
> 媒婆又去对姑娘说："有一个小伙子，哪儿都挺好的，就是眼下没什么！"姑娘听了，以为小伙子现在没产业，就说："眼下没什么不要紧，多陪送点不就行了。"于是，姑娘答应了这门亲事，也送给媒婆很多礼物。
>
> 当小伙子把姑娘娶到家后，发现姑娘是个豁嘴，心里非常生气。姑娘一看小伙子没鼻子，也非常生气。于是，双方气冲冲地找到了媒婆，指责媒婆欺骗了他们。
>
> 媒婆不紧不慢地说："小伙子，我不是跟你说了'姑娘嘴不好'吗？姑娘，我不是也跟你说了'小伙子眼下没什么'吗？我说得明明白白，你们

也听得清清楚楚,又是自己愿意的,怎么说是欺骗你们呢?"

小伙子和姑娘听了,顿时愣在那里,一句话也说不出来了。媒婆利用有歧义的命题迷惑了小伙子和姑娘,并进行了诡辩。

再如某人向朋友借5万元人民币并打了借条。当他如数偿还时,朋友说借条丢了。为了慎重起见,某人又向朋友写了一个还款证明条子,内容为"还欠款5万元"。意思是我已还了你5万元。一年后,朋友又向他讨债,要求他还欠款,并有"还欠款5万元"的条子为证。朋友说:"你立字为据,还欠我5万元",某人被问得张口结舌。

某人的朋友在"还"字上做了文章,钻了空子,因为"还"是个多音字,还款人的本意是"还"(huán),而某人的朋友却故意将"还"(huán)读成"还"(hái),本来已还了欠款的他现在又成了还欠人家5万元的债务人。

三、论辩中的反诡辩

诡辩作为论辩中的一种特殊的谬误,作为歪曲事实伪装真理的荒谬论证,是论辩这棵大树上不结果而又特别迷惑人的花朵,极具诱惑力与欺骗性。因此,我们不仅要了解诡辩技法,还应通晓反诡辩的技法,识别诡辩、驳斥诡辩,以事实、真理、机敏,揭穿诡辩者的诡辩,堵住诡辩者之口。下面介绍几种常见的反诡辩的技法:

(一)让事实说话

诡辩者无中生有,故意遗漏,以虚假的证据歪曲事实。对此,辩论者要识破其虚假歪曲的地方,用连诡辩者也无法否认的事实来反驳,才能将诡辩内容击溃!

清朝乾隆年间,有一年除夕之夜,乾隆帝出宫微服私访,他在街上走着,欣赏着各家各户门上的春联。

乾隆边走边看,不觉来到一个门楼前面。当他看完这家春联后,不由得大吃一惊。原来,这家的春联写的是:"数一数二门第,惊天动地人家。"横批是:"先斩后奏。"

谁家如此大胆,敢这样的狂言大语,就是三朝元老、皇亲国戚,也不敢说自己的家"数一数二、惊天动地"呀?难道想谋反吗?乾隆想进去问个究竟,又恐暴露了身份,便打道回府了。

大年初一,文武百官上朝给皇帝拜年,乾隆还没忘昨天晚上的事,降旨叫跟班大臣去查问那户写"谋反"春联的人家。

不一会儿,跟班大臣回朝复旨,将查问结果奏明乾隆。原来,那户是个平常百姓家，全家人都不识字，往年的春联都是求别人去写。这年的春联，是户主念了几天书的儿子写的，户主也不知道春联上写了些什么。乾隆听完，说："把那个写春联的拿来见我！"

那个写春联的被绑着押了上来。乾隆一看，竟是个十一二岁的孩子。

乾隆问："你知道你犯了王法吗？你为什么写那样的春联？"

孩子说："不知道犯了哪条王法，那写的都是俺家的事儿。"

乾隆又问："你说，你家怎么是'数一数二门第'呢？"

孩子说："那是指俺爹说的，俺爹是个打斗的，打一斗报一斗，一天到晚数着一、二，那不是'数一数二门第'吗？"

乾隆听了，点了点头，又问："那'惊天动地人家'呢？"

孩子说："那是指俺二叔说的，俺二叔在道台衙门里管放炮。道台老爷一出门，俺二叔就放三声大炮，那不是'惊天动地人家'吗？"

乾隆点了点头，又问："那'先斩后奏'呢？"

孩子说："那是指俺三叔说的，俺三叔在肉架子管杀猪，把猪先杀了，然后揍，揍的时候用棒子揍猪身子，那不是'先斩后奏'（揍）吗？"

乾隆听完了孩子的解释，对跟班的大臣说："松绑！赏十两银子，叫他去上'满学'！"

小孩的回答完全是用事实说话。

（二）使概念明了

辩中，诡辩者往往故意将几个不同的概念混为一谈，企图浑水摸鱼，蒙混过关，瞒天过海，欺骗对方。在这种情况下，辩论者应正确解释概念，明确其内涵和外延，可以使诡辩者处于进退两难的境地。

国民党江苏高等法院在审判"七君子"时，反动法官故意混淆概念，企图加害于"七君子"。法官问："你们的宣言有句话'各党派代表进行谈判，建立一个统一的抗日政权'，这难道不是不要政府吗？"王造时当即反驳道："你们把政权和政府混为一谈，真是不知政治为何物！政府是一个国家机构，政权为政府行使它的职能力量；政府是具体的，政权是抽象的。政府目前最迫切、最重要、最神圣的任务是抗日。我们要抗日，就不能不使这个作为国家机构的政府有极强大的力量。这极强大的力量必经全国统一才能发生。我们所说的统一抗日政权的意义便是如此。"法官听后，哑口无言。

无疑，反动法官秉承其主子的旨意，故意将"政府"和"政权"两个不同的概念混为一谈，以达到罗织"七君子"反对政府罪名的险恶用心。针对这种情况，王造时先生首先阐述了"政府"和"政权"两个不同概念的含义，接着又叙述了两个概念的区别，然后又着重强调建立抗日统一政权的巨大意义，有理、有力地揭露了反动法官故意混淆概念的错误实质，同时又巧妙地宣传了抗日的正确主张，起到了一箭双雕的作用。

（三）把预设推倒

论辩中，诡辩者为了达到其既定目标，往往预先设置陷阱，让人在不知不觉中陷入被动。反诡辩的最有效方法是：否定预设、堵住诡辩者之口。

如有人问"你还偷东西吗？"就是预设。这样的问话，暗含了两个意思：一是你过去偷过东西；二是你现在是偷东西还是不偷东西？这实际是一个复杂问话。你若回答是肯定的，说明你过去偷东西，现在还偷东西；若回答是否定的，那么，你过去偷东西，现在不偷了，你还是偷过东西。

回答时，如果没有偷过东西，就应当识破其预设："我过去没有偷过东西，现在也没有偷过东西。"

（四）以全纠偏

论辩中，诡辩者所持论据只是个别前提，推不出普遍性的结论。反诡辩应将事实的全貌加以展示，来纠正其只见树木不见森林的片面看法。

某被告人以自己没有直接参与绑架杀人而得出自己不应定为主犯。公诉人反驳："你虽然没有直接实施绑架杀人行为。但事情由你而起，你为了报复被害人，招兵买马不惜重金雇凶杀人，组织共同犯罪，制订犯罪计划，指挥绑架杀人。这一切，正说明你在本案中起了主要作用，是本案的主犯。"

（五）以其人之道还治其人之身

反诡辩，如能恰当运用"归谬法"，可以轻松地使诡辩者的荒谬暴露于光天化日之下。如下列一则对话：

甲：洗完手再吃饭！
乙：我才不洗呢！
甲：为什么？
乙：洗净了还会脏，何必多此一举！所以我不必干这种傻事。喂，你拿走我的饭菜干什么？
甲：吃饱了，还会饿的，何必多此一举！所以，你不必干这种傻事。

这个对话中，甲拿掉乙的盘子诱使他发问，因为乙一旦发问，就等于伸出

第十章 法庭论辩（一）

了他的脖子，用他自己设计的诡辩绳索套在他自己的脖子上了。

再如《笑得好》中有这样一个故事：

一人有丧，偶食红米饭，一腐儒以为非居丧者所宜。问其故，谓红色乃喜色也。其人曰："红米饭，有丧食不得。难道食白米饭的，都是有丧服么？"

反诡辩的方法还有很多，这里不一一赘述。

反诡辩的目的是破坏诡辩，使诡辩的论据丧失证明力，破坏的途径可以是雄辩，还可以是巧辩，只要使诡辩失去支撑就可以。在表达方式上，不管如何表述，直到对方陷入理屈词穷的境地为止。

课内实训

一、突破思维惯性，限时3分钟说出"曲别针"的各种用途，比比看，谁说得多。

二、据说东汉鲁国人孔融有一次去拜谒李膺，这时，太中大夫陈韪正好也来拜见李膺，陈韪见众人正夸年幼的孔融如何聪明，他很不以为然地撇撇嘴说："小时候聪明，长大了未必好！"孔融听后立即反击一句。使得陈韪无言以对，尴尬万分。请说说孔融是怎样反击的？

（孔融说：想必大人您小时候就很聪明。）

三、有一个常以愚弄他人而自得的掌柜。一天早晨，他正在门口吸着水旱烟，远远看见赶路的大爷骑着毛驴来到门前，于是就喊道："喂！抽袋烟再走！"大爷连忙从驴背上跳下来，说："多谢掌柜，我刚抽过了。"掌柜一本正经地说："我没问你呀，我问的是毛驴。"说完得意地一笑。大爷抓住掌柜的语言破绽，进行了狠狠的反击，给掌柜一顿教训。大爷是怎样反击呢？

（大爷对着毛驴的脸打了两耳光，说："蠢东西，出门的时候我问你城里有没有朋友，你斩钉截铁地说没有。没有朋友，人家怎么会请你抽烟呢？"）

四、国外有这样一个例子：起诉一方的律师正在对证人进行严厉的盘问，而这位证人是被告的妻子。

律师：夫人，你是这位先生的妻子吗？

证人：是的。

律师：当你嫁给他时，你是否知道他是一个小偷？

证人：是的。

律师：你可以告诉我你为什么要嫁给这样一个人吗？

证人如何用语言去报复律师的侮辱？

（"可以，因为我那时年龄已太大，不得不在一个小偷和一个律师之间作出选择。"）

五、一个大学生对不让他随地乱扔杂物的清洁工人说："我不扔，你们还干什么呢？"

（"清洁的环境靠大家来维护，你是一个有文化的人，如果大家都像你这样乱扔垃圾，怎样创造整洁干净的环境呢？"）

第十一章　法庭论辩（二）

> **学习要点**
> 1. 了解法庭论辩的概念和分类；
> 2. 正确区别法庭论辩和法庭辩论；
> 3. 掌握法庭论辩的方法和技巧；
> 4. 模拟法庭，通过扮演法官、公诉人、辩护人、被告人、书记员、法警等角色，熟悉审判程序，提高司法口才实践能力。

第一节　法庭论辩的概念和分类

我国司法人员和律师共同办理着同一个案件，共同遵守和执行着同样的法律，但是由于各自的职责不同，看问题的角度不同，对法律的理解程度不同，对事实的了解深浅不同，常常会在同一案件的同一问题上发生分歧，引起争论。这种争论主要在法庭上展开，称为法庭辩论。

一、法庭论辩的概念

法庭辩论对于揭露事实真相具有巨大意义。依赖法庭辩论这一必经程序，诉辩双方通过对事实和法律条文含义解释的争议，揭露证词的谬误，避免冤案的产生，使纠纷和案件得以公正地解决，在很大程度上保护了人权。

法庭辩论不仅可以帮助法庭全面客观地了解案情，正确地作出判决，也是司法口才的论辩者们驰骋口语才华的天地。法庭辩论不仅是一项重要的诉讼活动，也是一种极具法律性的口语论辩活动。

说它是一项重要的诉讼活动，是因为法庭辩论是审判程序的重要环节之一，是一种诉讼活动，是诉讼学研究的对象，我们称之为"法庭辩论"；说它是一种特殊的口语论辩活动，是因为法庭辩论是口才学研究的对象。

本章研究的是法庭辩论阶段的一种口语活动——法庭论辩。为了区别于程序上的"法庭辩论"，我们称之为"法庭论辩"。

法庭论辩指在诉讼活动中，公诉人、律师、当事人以及其他诉讼参与人围绕争议纠纷事实，根据有关法律规定，在法定程序之下以口头形式展开的论证和辩驳的活动，对争议或纠纷从事实上和法律上得出正确的认识并获得合法、公正解决的一种口语表达活动。

在刑事诉讼案件、民事诉讼案件和行政诉讼案件的审理过程中都要进行法庭论辩。从法律角度讲，这几种辩论是有区别的，但从口语表达的角度看，却大同小异。它们都是为了辨明是非曲直、搞清事实真相，以便于法庭作出公正的判决。由于刑事案件的诉讼直接关系到被告人有罪还是无罪、罪轻或罪重、生或死，故其论辩更为激烈、更针锋相对，更有利于我们学习法庭论辩的方法和技巧。因此，本书较侧重研究刑事案件的法庭论辩。

二、法庭论辩的分类

按照我国法律规定，法庭论辩从案件性质的角度去分，可以分为刑事案件法庭论辩、民事案件法庭论辩和行政案件法庭论辩。

（一）刑事案件法庭论辩

按照法律规定，对刑事犯罪的控诉有两种形式：公诉人以国家名义向人民法院提起公诉，称为刑事公诉案件；公民个人或代理人直接向人民法院提起诉讼，称为刑事自诉案件。

1. 刑事公诉案件的法庭论辩。刑事公诉案件的审理是由人民检察院提起公诉引起的。客观上公诉案件的法庭论辩是由被告人及其辩护人与公诉人就案件的不同观点引起的争辩。

一审程序中，公诉人的论辩包括发表公诉意见和进行多轮的随机论辩发言。

除一审程序的论辩外，公诉方还有二审程序中出庭的检察员的论辩（包括抗诉程序中检察员的论辩，上诉程序中检察员的论辩）及一、二审程序中被害人方的论辩等。

2. 刑事自诉案件的法庭论辩。刑事自诉案件法庭论辩与刑事公诉案件法庭论辩的区别主要表现在下面几个方面：

（1）论辩环境不同。刑事自诉案件审判法庭的布置是参照民事审判法庭的布置格局进行的。在审判台前下方两侧呈八字型分设自诉人及其代理人座席和被告人及其辩护人座席，双方在审判长的指挥下可以面对面地互相论辩。

（2）论辩核心不同。刑事自诉案件法庭论辩的核心往往是对罪与非罪、过错大小和责任主次的论辩。

（二）民事案件法庭论辩

在民事诉讼活动中，当事人及其诉讼代理人围绕争议或纠纷事实，依据有关法律和证据，在法定程序下，以口头形式展开论证和辩论活动，以期对争议或纠纷从事实上和法律上得到正确的认识并获得正确、合法的解决。这就是民事诉讼中的法庭论辩。

民事诉讼中的法庭论辩，按不同的程序有不同的分类：

1. 一审程序中的法庭论辩。一审程序中原告方的起诉引起民事诉讼程序的发生。原告是诉讼的发起者，处于诉讼的主动地位。在论辩中应紧紧围绕自己的诉讼请求，用充分的事实证据和法律依据加以论证，力求使自己的诉讼请求获得法院的支持。

被告是原告的相对方，被人民法院传唤应诉。从形式上看，是消极维护自己民事权益的人。被告一般以原告起诉状中所列的对象为准。在法庭论辩中，被告是守的一方，以反驳原告的立论为主，是论辩的被动方。

2. 二审程序中的法律论辩。二审程序又称上诉审程序或终审程序。因二审裁判具有终审的效果，一经作出就发生法律效力，对论辩者来说尽管论辩方法、手段、对象与一审相通，但意义非同小可，往往竭尽全力，"毕其功于一役"，争取赢得终局胜诉。

（三）行政案件法庭论辩

行政案件法庭论辩，是指在行政诉讼活动中，被诉行政机关或法律、法规或者规章授权行使行政职权的组织与行政相对人及行政相关人围绕被诉具体行政行为是否具有合法性，依据有关事实、证据、法律规定，在法定程序下以口头或书面形式展开的论辩活动。

行政诉讼活动中的法庭论辩，按不同的程序有不同的分类：

1. 一审程序中的法庭论辩。根据行政诉讼法的有关规定，原告方对起诉符合法定条件被告方的论辩主要在于论而不在于辩，只有当被告对原告的起诉是否符合法定起诉条件提出异议时，才存在辩的问题。

2. 二审程序的法庭论辩。二审程序中，上诉人是不服一审判决而向上一级人民法院提出上诉的一审中的当事人。

第二节　法庭论辩的特点

法庭论辩以它雄辩滔滔、势不可挡的气势，在法定的诉讼言语环境中、在舌战剧烈的法庭论坛上，为完成特定的任务而进行激辩。其特点主要表现在以下几个方面：

一、双向对抗性

双向对抗性是所有论辩活动的共同特征。在古希腊语中，论辩一词原意即为事实上的演讲对抗。中国古代先哲墨子认为："辩，争彼也"，这就揭示了一切论辩的共同特征——双向对抗性。

法庭论辩是一种言词的对抗与角逐，它所体现的言辞的对抗性更为明显。法庭论辩中，诉讼双方通过言词抗辩来争论，论辩双方由于各自的职责不同、自身的各种权益不同，导致论辩双方论辩事理势不两立、针锋相对，最终达到揭示案件事实真相、阐明论证道理的目的。

如某案，公诉机关指控被告人的行为构成故意伤害罪，辩护人则认为被告人的行为不构成故意伤害罪，被告人的行为是典型的正当防卫，是正义行为。双方以事实为根据、以法律为准绳，在舌战激烈的言辞角逐中，任何一方都既要千方百计地证明自己的观点的正确性，又要针锋相对地批驳对方的观点，用事实和法律迫使对方放弃自己的观点，从而影响合议庭的评议、裁决。可以说没有双方的言辞对抗就没有论辩。

二、时境限制性

法庭论辩在法庭开庭审理某一特定案件时，在法庭调查结束后进行。它具有临庭性、对抗性的时境特点。超出这特定的时间、地点、程序所进行的论辩，即便是控辩双方之间针对其诉讼纠纷所进行的论辩，也不属于法庭论辩。因而，特定的程序、特定的时间、特定的场所限制性，成为法庭论辩的一大特点。

法庭论辩之所以是一种特殊形式的论辩，是因为它是在国家的审判机关——人民法院审理案件的法庭上进行的。其特殊性表现在：①审判法庭的气氛是庄严的。论辩双方都有责任维护、保护法庭气氛，要求参与法庭论辩的检察人员、律师做到服装整齐、仪态端庄；严格使用庄重、准确、规范、文明的司法语言；自觉遵守法庭纪律，维护法庭论辩的正常秩序。控辩双方要发言，应举手，未经审判长许可不能随意发言。②审判法庭的布置是严格的。论辩者参与法庭论辩，往往要受到法庭的环境布置以及自己所处的具体位置的限制。③法庭论辩的聆听者是法定的。所有必须到庭和可能到庭的人员，都是法庭论辩发言的聆听者。法庭论辩是整个审判过程中最精彩的部分，是审判人员接受各方意见的关键环节。法庭论辩的各方应充分认识这一点。④法庭论辩按严格的程序进行。由于案件性质与诉讼程序的不同，论辩者论辩的内容、方法也有所不同。因而，法庭论辩者论辩的内容与方法受案件性质、诉讼程序、诉讼阶段的限制，也受双方各自职责的限制。

三、内容法定性

法庭论辩是一项神圣的诉讼活动，它不是无端的纠缠，不是鱼死网破的拼杀，更不是泼妇骂大街或谩骂。它论辩的内容是由法律决定的。《刑事诉讼法》第193条第1、2款规定："法庭审理过程中，对与定罪、量刑有关的事实、证据都应当进行调查、辩论。经审判长许可，公诉人、当事人和辩护人、诉讼代理人可以对证据和案件情况发表意见并且可以互相辩论。"

按照法律规定，法庭论辩的内容应围绕争议或纠纷的事实，依据有关的证据和法律的规定针对涉及案件处理结果的事实、法律程序等问题展开论证和反驳。

法庭论辩的具体内容应从以下几方面着手：

1. 事实辩。对争议或纠纷事实进行论辩。案件事实是对案件定性的基础，也是对行为人量刑、处罚以及使其承担其他法律责任的基础，更是选择适用法律的基础。因此，对案件事实的认定有着举足轻重的意义。

2. 证据辩。对各方所持的认定事实的证据进行论辩。对各方所持的证据证明的内容不一致甚至相反的证据内容，应着重从证据的客观性、关联性、合法性等方面加以论证。

3. 法理辩。对处理案件适用的法律及对处理争议或纠纷的程序等方面进行论辩。在法庭论辩中，诉辩双方通过对案件事实、法律适用及法律程序的证明与反驳，通过对各自解决争议意见的阐述来促进案件的真相大白。

四、临场应变性

法庭论辩是公平与心智的较量。不管是哪种类型的论辩，都是双方同处于一个论辩现场，面对面即席性的论辩，无法事先周全准备，即使事先有准备，也不能完全估计到论辩场上的风云变幻。面对这种似乎难以捉摸的变幻风云，有的人一筹莫展，哑口无言；有的人无视变化的情势，无的放矢照读事先拟好的发言；还有的人强词夺理，滑入诡辩的深渊。这些都是对公正的亵渎和嘲弄。

面对法庭论辩的动荡风云，冷峻、聪慧、巧妙的应变成为法庭论辩的"神韵"。

法庭论辩的随机应变，只能以变制变，通过敏捷的反应、灵活的对策、巧妙的周旋，以应变之势赢得论辩之胜。

法庭论辩者应变能力的内容，一般包括：

1. 控场能力。指司法人员和律师在法庭上进行指控、辩护、代理时，有驾驭、支配论辩形势的能力，表现为不怯场、不怕质疑、不怕乱场。

2. 对答能力。指司法人员和律师在法庭上能对对方提出的问题，或正面回答；或迂回作答，避其锋芒；或巧妙地拒绝作答；或针锋相对予以反驳。

> 1991年，在一次中美知识产权谈判会上，双方刚一落座，美国人想给前国务委员吴仪来个下马威，开场白便显现出来者不善："我们是在和小偷谈判。"

面对对方的无理，吴仪毫不留情地反唇相讥："我们是在和强盗谈判，请看你们博物馆里的展品，有多少是从中国抢来的。"

针锋相对的回答令对方愣了一下，同时对手马上清楚地意识到：这个女人不简单。之后，在数次中美外交谈判中，吴仪的魅力让美国人既头痛又不得不敬佩，由衷地称赞她"既是国家利益坚定的维护者，又是坚韧的谈判者"。了解吴仪的人都说，吴仪"很会修理"傲慢的美国人。

3．判断能力。当出现重要证人未到庭，发现新的证人需要到庭，发现案件事实不清、证据不充分，或者发现新的事实影响案件正确处理等情况，应当当机立断，依法建议法庭延期审理。

4．补救能力。当发觉自己发言不完整、不妥当或者体态存在某种失误时，能利用适宜时机与方法巧妙地加以纠正，并讲究补救有效果。

五、目的公正性

法庭论辩是一项神圣的法律诉讼活动，它追求的目的既不是雄辩获胜的掌声和桂冠，也不只是为了塑造雄辩家的形象，它有着更深的使命和职责。诚然，打赢"官司""胜诉"，是出席法庭的公诉人、辩护律师和代理人所追求的目标，但它不是论辩的唯一目的和评判标准。

法庭论辩追求的直接目的，就是保障法律正确实施，以维护法律的尊严。具体说，就是运用法律这一武器，切实维护诉讼者的合法权益，协助和促使法律对案件依法作出公正的裁判。唯其如此，法庭论辩才有意义。

我国法律规定，国家审判机关是行使国家审判权的唯一主体。而法庭论辩并不能直接对诉讼作出决定，它只能通过事实和法律经控辩双方从不同角度去证明和反驳来影响和促使法庭朝着公正的方向实施裁决行为。如国家公诉人作为特殊的论辩一方，应站在法律的公正立场上，既要揭露犯罪，也应维护包括被告人在内的诉讼者的合法权益。如果错误地将法庭论辩理解成有罪论辩，无视被告人的合理辩解，甚至将被告人的合理辩解斥责为"狡辩""认罪态度不好"都是不公正的。

公正性，这是法律反复咏叹的一个主题，更是法庭论辩者追求的最终目的！

第三节　法庭论辩的方法

如果说现代战争常常是兵器的竞争，那么法庭论辩则是论辩方法与论辩技巧的争斗。谁运用了巧妙的方法，谁就可能在论辩中轻松获胜。法庭论辩的方法多种多样，法庭论辩者要巧妙灵活地运用这些方法，以充分体现司法口才的浩然正气，保障法律的正确实施，有效维护法律尊严。

一、事理法

任何一起案件的构成，都必须有基本的元素：事实和法律。事理法就是要我们通过列举证据、叙述事实来阐明理由的方法。如：

母亲：（训斥儿子）你次次都考不好，真是个笨蛋！
儿子：（无语）
母亲：（责怪儿子）你每天的作业这也不会那也不懂，真是个笨蛋！
儿子：妈，鸡蛋是鸡下的，鸭蛋是鸭下的，笨蛋是什么下的？
母亲：（无语）

儿子以事论理，让人想到一个令人忍俊不禁的结论，这种用问话生动有趣地反驳，驳倒了母亲的论点：儿子是笨蛋。

在法庭论辩中，每一方都须以事实为根据，以法律为准绳，尽量使自己的观点正确、鲜明，论据充分有力，阐述合乎逻辑，使己方观点坚如磐石，无懈可击。同样，论辩要从事实和法律的角度出发，找对方言辞中的破绽，打开论辩的突破口，进行论理。

二、法理法

法理式的论辩方法，是法庭论辩中必用的一种方式。法庭论辩中的理论，实际上就是法学基本理论与法律原理、条文等。用法理法去论证，就是论辩中用法律原则、法律理论以及对法律条文理解作为论据来证明己方的观点来反驳对方观点的一种法庭论辩方法。

法庭论辩的客体，是事实、证据、定性和适用法律几个方面。如论辩一方发现对方在发言中存在错误，有违背法律的基本原则，避重就轻错用法律条文，似是而非曲解法律条款等现象。发现这些现象，即可运用法学原理、法律条款规定和相关司法解释，阐明案件所触及法律的立法本意以及法律所保护的社会关系，保证法律的公正、完善、准确实施。如一起交通肇事案的法庭论辩片断。

辩护人：被告人在这起交通事故中也是受害人。车报废，人受伤，且在处理事故阶段，已经经由交警队赔偿有关被害人1万元，所以建议法庭不应追究被告人的刑事责任。

公诉人：法律实施，刑事优于民事，这是众所周知的。民事赔偿不等于不承担刑事责任。由于本案被告人的行为,致使在该案中4人丧生、3辆车报废、2辆车严重受损,如此恶劣的特大案件的肇事者,必须以刑事手段予以严惩。

辩护人的辩护看似有理,其实是歪理。公诉人火眼金睛,从法律、法理角度甄别、鉴定,将被告人的辩护人曲解法律的歪理进行了直截了当地反驳。

实践中,法理式论辩是法庭论辩最行之有效的方法之一。在刑事案件中,用法律、法理来甄别、判定有罪与无罪;用求证概念、界定法条来论证和反驳对法律的曲解;用相关的司法解释和法学原理来阐述和辩驳有关影响案件的法律的条件性规定等,即可收到以理服人的效果。

三、对比法

对比式论辩,也是法庭论辩常用的方法之一,它是事实论辩的一个特殊的论证方法。

对比法,是通过同一性质的事物在人物、时空差异的情况下质和量的对比。它主要是列举相关事实并加以比较,从而辨别是非、分清优劣。在民事、经济纠纷案件的法庭论辩中,论辩者若能恰当地运用对比法进行论辩,往往可以收到事半功倍的效果。

某市城郊有兄弟三人并排相邻而居,三家前院隔开,后院相通,十数年相安无事。1988年长兄某甲夫妇工作调动从某县迁至该市城郊定居,后于同年12月经父母提议自愿与三弟某丙对换房屋。1989年4月某甲因堵后院通道与二弟某乙发生纠纷并诉至法院。

被告某乙的诉讼代理律师庭前进行了认真的调查访问,核实了有关情况,在法庭辩论阶段作了如下论辩发言:"……以上历史情况和文书证据,足以推翻原告某甲夫妇的起诉理由。为了进一步分清是非、辨明真伪,让我们再看看以下事实:1988年底,原告自愿与三弟某丙换房而与被告某乙成为近邻;1989年1月,原告违背商定的基线砌西院墙,与西邻某丙产生矛盾,双方吵骂厮打,以某丙让步告终;1989年2月,原告擅自在后披屋东山墙上向东邻某乙院内开窗,并锯去新开窗前影响光线的某乙家松树一株,被告某乙夫妇未加任何干涉;1989年2月,原告擅自在后院压原被告两家房屋合山中心线违章砌建永久性东院墙,所留通行门道的位置对某乙家极为不利,某乙夫妇依然未加干涉;1989年3月,用树堵住后院通行门,被告绕道数百米将树根搬开;1989年4月,原告擅自将刚建月余的后院通行门堵死,禁止被告与某丙以及年迈的父母之间往来通行,致使双方矛盾激化，某乙推倒被某甲钉死的后院门；1989年4月，原告拒绝参加居委会主持的调解会议，直接起诉至法院，要求判决被告赔偿推倒院门的损失，并要求堵死后院门，禁止被告向西出入通行。上列事实，可以看出原告夫妇在与被告夫妇相邻的短短3个月里，先后开窗、锯树、砌墙、堵门、封门、拒绝调解、擅兴诉讼，这些都是原告主动所为，并非他人挑衅、侵害所致。而原房主某丙，从1969年到1988年，在同一位置与被告某乙相邻长达19年，期间，某丙砌建前院东墙，主动按常规让出滴水地24公分；为挡鸡鸭，某丙堆砌临时性后院东墙，按某乙要求的方位留出通行门道并保持畅通无阻；后披屋作厨房始终未提出向东开窗；19年时间里，两家和睦相处，从未发生争吵。一经对比，原告某甲夫妇与某丙夫妇在处理相邻关系问题上，谁讲理，谁不讲理；谁惹是非，谁息事宁人，已是清清楚楚，不言自明了。至于某甲夫妇与被告某乙夫妇之间，到底谁顾全大局、忍让在先，谁得寸进尺、损人利己，也是昭然若揭，再明白不过的了……"[1]

上述民事纠纷案件的法庭论辩中，被告代理律师运用对比论证法列举事实，批评了原告方的越理行为，使原告夫妇当庭无言以对、自知理亏。在此基础上，律师又根据法律和有关的地方性法规，提出了自己的调解意见，终于使该项纠纷得到了妥善的处理。

四、类比法

类比是用类比推理的形式进行的一种特殊的法理论证法。论辩中，双方对有些问题存在不同意见，往往要用类比的方法论证自己的观点。用类比法可以收到奇妙的论辩效果。

> 某人到商店买了一个保温杯，用了一回，发现保温杯不保温，就找售货员要求退货。售货员不乐意退货。于是，引发了双方一场关于保温杯质量问题的论辩。
> 售货员：保温杯当然不如保温瓶保温。一锅开水和一碗开水，哪个凉得快？
> 顾客：大块的冰糖甜，小块的冰糖甜不甜？
> 售货员：洗好的床单与洗好的手绢哪个干得快？
> 顾客：大冬天，大人穿棉鞋暖和，小孩穿棉鞋暖和不暖和？

---

〔1〕 高玉成等：《司法口才教程》，法律出版社1992年版，第253页。

二人用类比的方法论证自己观点的正确，可谓唇枪舌剑，互不相让。

因为任何时代、任何国家的法律都难以将已经发生过的和尚未出现的形形色色的一切犯罪纠纷都分门别类、毫无遗漏地加以明文规定。用类比的方法可以收到以此推彼的类推作用。

20世纪30年代时，华裔商人冯灿在香港开了一爿"茂隆皮箱行"。由于质量过硬，经营有方，所以生意兴隆，财源茂盛。英国商人威尔斯蓄意敲竹杠。他来到皮箱行，声称要订购一批皮箱。与冯灿签订了一份购销合同。合同上写明：品名：皮箱；数量：3000只；价额：总计港币20万元；交货期限一个月；违约责任：卖方若逾期或不按质量交货，须赔偿对方损失的50%。

冯灿在合同规定的期限之内，如数向威尔斯提供了所购的皮箱。威尔斯却蛮横地说："所交之货与合同规定不符"，因此，拒绝付款，将冯灿告上法庭。

在法庭上，原告威尔斯振振有词地诉道："合同上写明订购的是皮箱。但被告实际所供之货并非真正的皮箱……""所谓皮箱者，皮革所制之箱也。而今被告所供之货，名为皮箱，实际箱中有木料成分。既有木料，就不是百分之百名副其实的皮箱。因此，被告违反了合同，应按合同规定赔偿50%的损失……"

这时，被告冯灿的律师罗文锦从容站了起来，只见他从口袋里掏出一块金光闪闪的怀表，高声向法官发问道：

"请问法官，这是什么？"

"这是金表啊！"法官疑惑不解地说道："可是，这跟本案有什么关系呢？"

"有关系，而且关系很大。"罗文锦自信地说。他高举金表，环视审判席说："这是一块金表，这一点没有人怀疑了吧？但是，请问，这金表内部的机件都是金制的吗？""当然不是。"旁听的人们纷纷议论。

"那么，为什么人们都叫他金表呢？"

沉吟片刻，罗文锦又说："就说明，金表除了表面是镀金的之外，并不等于内部机件全是金的；同理，如果是皮箱，也只是外面是皮革制品，难道非得内部材料也都是皮的吗？世界上哪个皮箱是不加木料光用皮革做成的？没有木料，光用皮革，这箱子能立得住吗？怎么能说箱中有木料，就不是皮箱呢？"

原告威尔斯理屈词穷，无言以对，像个斗败了的公鸡低下了头。法庭采纳了罗文锦的意见,以诬告罪,对威尔斯处以 5000 元的罚款。

本案律师在关键时刻用人们确认的"金表"作类比,指出金表之所以叫金表,除了表面是镀金的之外,并不等于内部机件全都是金的,这是被所有人认可的事实。由此,类比论证了皮箱也只是外面是皮制品的观点,达到了肯定皮箱的目的。

五、因果法

因果论证是通过论证事物间的因果关系来证明己方观点的一种论辩方法。

在各种法律活动中,行为与后果之间的因果关系都是十分关键的问题。因果式的论辩在法庭论辩中具有十分重要的作用。

如某过失杀人案,被告人董××与胡××为夫妻关系。一日,被告人与胡××因家庭琐事发生争吵,当邻居赶来劝阻时,被告人将胡××按在小床上随手一记耳光,被害人瘫倒在地死亡。

法庭上,公诉人指控被告人犯过失杀人罪,应当按照法律的规定追究其刑事责任。被告人的辩护人辩护道:

> 本案胡××的死亡结果与被告人的行为没有直接的因果关系。
>
> 2003 年 2 月 12 日下午 6 点后,被告人董××去邻居家找其妻子胡××,当找到马××家后,碰见马正在家喝酒,便与马一同在马家喝酒。之后,被告人回家,夫妻二人因出门互未告知而发生口角。争吵中,被告人董××抓住胡××的头发按到小床上随手朝胡××脸部击了一掌,被人劝开后,胡××死亡。
>
> 关于胡××的死因,有极具权威性的法医鉴定证明:经法医剖检尸体鉴定,死者胡××因先天性心脏病血循环的突变,心肌不全,心肺循环血量减少,致心肌纤维断裂,肺组织充血水肿,心肌缺氧而引起急性心力衰竭死亡。
>
> 被告人董××的行为在客观上虽然造成胡××的死亡结果,但这一结果并非被告人故意,更非过失,而是死者胡××患有先天性心脏病的突变所引起。被告人的行为与死者的死亡结果没有直接的因果关系。根据《中华人民共和国刑法》第×条的规定不认为是犯罪。请求法庭宣告被告人无罪。

该律师用因果法论证了被告人的行为与死者的死亡结果之间没有直接的因果关系,最终取得了辩护的胜利,被告人无罪释放。

第四节 法庭论辩的技巧

法庭论辩的过程，是一个论辩双方履行法律赋予的神圣职责而开展的短兵相接、唇枪舌剑的过程，是一个攻防结合、斗智斗勇的过程。在这个过程中，战略战术、方法技巧起着很大的作用。

"舌战"与"械斗""枪战"尽管有很大差别，但就战略战术、方法技巧而言，是有共通之处的。《孙子兵法·形篇》讲："善守者藏于九地之下。善攻者动于九天之上，故能自保而全胜也。"

许多论辩者在谈到论辩技巧时，往往喜欢从进攻和防守两个方面分别介绍各自的技巧。进攻与防守虽然有诸多不同，但在战略战术、方法技巧上却有许多共通的地方，有些技巧攻可以用，守也可以用。下面介绍几种常见的论辩技巧。

一、造势夺人

善战者，求之于势。共产党打天下之所以成功，关键一点是善于"造势"，动员广大人民群众与敌人做斗争，最终取得胜利。善于法庭论辩的人，也应当学会造势，造一种气势，造一种形势，充分利用宣读起诉书、法庭调查、发表公诉意见、发表辩护词、代理词等各种机会，去造有利于己方而不利于彼方的胜辩形势，做到驾驭矛盾、揽控全局、攻而必取、守而必固。

在矛盾面前，论辩者应立于主动，要设法牵制对方的"牛鼻子"而不被对方所牵制。论辩者应吃透案件和了解证据，对可能引起争端的问题应首先加以阐述，先声夺人，堵住对方的口；对于提出的论辩观点，要理由充足，推理严密，无懈可击。论辩中，一旦出现意外情况，要当机立断，敏捷决策。唯其如此，才能左右形势，揽控全局。如宋××故意伤害案。

1984年，四川某地发生一起故意伤害案，被害人连哭带骂地在法庭上指控被告人咬了她的手指，并由一件血衣和一个玻璃瓶里用药水浸泡着的一节断指和被害人手指包着的纱布为证。声泪俱下的控诉，铁证如山的证据，都证明被告人咬下了被害人的食指。当时，在场的旁听群众同情地发出呼声："好狠心哪！""十指连心哪！"人们用愤怒的眼光盯着被告人宋××，她成了众怒所泄的靶子。

被害人这一"势"造得好！

二、釜底抽薪

法庭论辩，论敌要使其论点成立，就必须提出相应的论据加以论证。这就如同一锅水，要使水沸腾，就必须有柴火在锅底燃烧。要制止水沸腾，可以有两种方法，一种是扬汤止沸，一种是釜底抽薪。扬汤止沸，虽然也能使水暂时不沸腾，但不一会儿又会沸腾依旧；而将锅底的柴火抽去，水就自然沸腾不起来了。

论辩也是如此，只要釜底抽薪，将论敌的论据驳倒，其论点自然也就站不住脚了。这样能迅速削弱对方气势，让被动变主动，从根本上解决问题。

课堂讨论案例

"宋××故意伤害案辩护词"中的"被害人桂××食指指尖被宋××拉到嘴中咬断"一节律师是这样辩护的：

被害人桂××指控她的食指指尖是被宋××拉到嘴中咬断的。我认为这个说法是不可信的。因为桂××被咬断的是右手食指，而根据当时双方面对面的站立位置分析，宋××如果要拉对方的手，只可能拉对方的左手，不可能拉对方的右手。退一步说，即使宋××有意要拉对方的右手，并且就算桂××没有反抗，那么，出于人体器官的自卫本能，桂××的手指也必然会曲握成拳头。宋××即使要咬亦只能咬到她的手背或手指末节，绝不可能咬到她的指尖。再退一步说，就算桂××的手指是老老实实地伸出让宋××去咬，如果是横拉过去的，只能咬到首当其冲的小拇指；如果是直拉过去的，那也只可能咬到最长的中指，或者连着中指、无名指咬才有可能咬到食指，绝不可能仅仅只咬到食指而丝毫没有伤及其他的手指。因此不论从哪方面来分析，桂××所谓她的食指指尖是被宋××拉过去咬断的说法是完全站不住脚的。

相反地，从种种情况分析，倒是被告人宋××的说法完全合乎逻辑。这个道理是很明显的：一是桂××只有在抠宋××的嘴巴的情况下才会将右手食指伸入对方的嘴里；二是嘴唇和牙齿的神经是紧密相连的，古谚云："唇亡齿寒"。所以，当一个人的嘴唇受到外界侵袭时，出于人体器官的自卫本能，唇和齿必然会因连锁反应而紧紧闭合。当一个人处于极度紧张、兴奋或愤怒时，体内所释放的能量，往往是正常情况下的数倍甚至数十倍。再加上桂××抠宋××嘴巴时，必然将右手指指尖置于对方左嘴角上下的大牙之间。这就能使她自己的指尖处于最有力的夹击地位。因此当宋××由于条件反射而下意识地将牙齿猛一紧闭时，一瞬间产生十分巨大的力量。

这就是桂××食指指尖被咬断的真实原因。

问题：

1. "桂××食指指尖是被宋××拉过去咬断的"这一说法，为什么说是完全站不住脚的？

2. 桂××食指指尖被咬断的真实原因是什么？

在法庭论辩中，哪些"薪"可以抽呢？哪些东西可以拿出来迅速、有力地揭露对方呢？如何"抽薪"呢？

1. 动摇案件事实，使之难以成立。因为案件事实无论对论辩的哪一方都至关重要。无论刑事、民事、行政案件，如果本案案件事实发生动摇，皮之不存，毛将焉附？如上例中，被害人所述"桂××食指指尖是被宋××拉过去咬断的"的过程，经被告律师科学的推理，被彻底动摇了，可谓釜底抽薪！

2. 揭露证据不确实、不充分。证据是案件事实的支撑，如果没有证据证明，就难以确认案件事实的存在。如果一方的证据不确实、不充分，其观点就会发生动摇，主张的案件事实就不能认定。

3. 说明调查取证违反法定程序。我国《刑事诉讼法》要求司法人员应当依照法定程序收集、审查和认定证据，否则，不能作为定案的根据。《民事诉讼法》对证据的获得也有特定要求，如对证人取证必须经其同意，不能威胁、利诱等。《行政诉讼法》要求在行政诉讼开始后，被告不得自行取证，等等。对于法律的这些规定，论辩者必须遵守，如果违法取得证据，则不能作为定案的证据。因此，发现并提出调查取证违反法定程序，就可起到"釜底抽薪"的效果。

三、欲擒故纵

"欲抑之，必先张之；欲擒之，必先纵之。"欲擒故纵这一策略，本是典型的军事策略。在法庭论辩中，这一方法如果运用得好，同样可以起到出奇制胜的论辩效果。

欲擒故纵，首先应明确"纵"与"擒"的关系，擒是目的，纵是手段。在论辩的开始，不要完全暴露己方的观点，不让论辩对手完全探知己方的论辩意图，而应设法使论辩对方把他的观点以及观点或论据中的纰漏完全暴露，尽情"表演"，然后择其弱点，一举攻破。

某经济纠纷案，被告律师一开庭就口出轻狂之言，表现得非常傲慢无礼，这对于诉讼的实质虽然无伤大体，但是不镇一下他的气势，原告方的心理就会压抑，讼辩发言就难作极致的发挥。

恰好此时，被告律师错引一部已失效的法规，但由于其说话速度较快，审判人员没注意甄别，原告律师感到这是一个纠偏抑狂的时机，立即欲擒故纵进行提问。

原告律师：我可能听误了，被告律师引据的法律条款，是否出自1982年的《工商企业登记管理条例》？请明确重述一下好吗？

被告律师：没错，一点不假！

原告律师：这就错了，1988年颁布的《企业法人登记管理条例》第39条已经明确规定，1982年的《工商企业登记管理条例》作废。当然，引用作废条例可能是一时疏忽，不算什么大问题，纠正就行了。不过，这与对方一上庭就宣称行讼多年、精熟法律之言不大相称，看来这种话不宜轻易出口。

被告律师：（无语）

如果原告律师不作心理隐蔽，一开口就纠错，很可能被告律师为保全面子，反说原告律师听觉失误，听错了法规颁行时间，那就又将引发一段无谓的枝节争辩，被告律师的傲慢之态就可能毫不收敛。

四、针锋相对

针锋相对，针对论辩对手的辩略与辩术，组织有力的反攻，以放大两者的反差，形成鲜明的对照，获得最大的成功。

针锋相对主要有两种情况：一是抓住对方论点、论据、论证方法上的错误或漏洞直捣论敌要害，辩得对方顾此失彼招架不迭；二是针对对方的进攻，给予迎头痛击，以眼还眼，以牙还牙。在舌战剧烈的法庭论坛上，论辩者用恢宏的口才，与敌手针锋相对地雄辩，可以收到攻而克，守而固的满意效果。

在我国历史上，"秦王击缶"恐怕是妇孺皆知的故事吧。

赵王由蔺相如陪同与秦王相会在渑池。秦王说："我听说赵王很喜爱音乐，请你弹瑟，让大家听听。"赵王用瑟弹了一曲。秦国掌管记事的御史走向前来，写道："某年某月某日，秦王与赵王一起欢会饮酒，秦王命赵王弹琴。"蔺相如立即走到秦王面前说："赵王听说秦王很擅长演奏秦国的歌曲，我今天捧上缶请秦王击打，来相娱乐。"秦王很生气，不答应。于是相如又向前走了几步，捧着缶跪着请求秦王击打。秦王还是不肯，相如说："您若不肯，我将拼着生命，在五步之内用鲜血溅在你身上！"左右的侍卫想刺杀相如，相如怒目圆睁，大声呵斥，把他们吓得直往后退，有的甚至倒在地上。秦王看到这种情况，很不高兴地勉强在盆上击打了几下。相如转身招呼赵王的御史，写道："某年某月某日，秦王为赵王击缶。"秦国的群臣齐声喊道："请用赵国的十五座城池为秦王献礼！"蔺相如也随即喊道："请用秦国的都城咸阳为赵王献礼！"直到宴会结束，秦国始终不能压倒赵国。

针锋相对，寸土不让，兵来将挡，水来土掩。"渑池之会"，蔺相如与秦王针锋相对使赵国取得了胜利。

五、突出重点，切中要害

任何事物都是由许多矛盾构成的，在这些矛盾中有主要矛盾和次要矛盾。论辩中，论辩者应抓住牵一发而动全身的地方进行论辩，主要矛盾解决了，其他矛盾就迎刃而解了。

在法庭上，论辩双方都要从案件的事实、证据、适用法律、定性、罪名、量刑等方面提出自己的观点，这些问题往往要一个一个地辩。在这诸多问题中，哪些是要害之处呢？一般情况而言，影响定性、定罪、量刑的都应当是论辩重点。

郑×与范×系一对年轻夫妇，男方郑×在某市劳动局工作，女方范×在某单位任会计。婚前范×利用职务之便贪污公款8万余元，被查出后，法院依法判处范×有期徒刑7年。

之后，郑×通过关系买通监狱有关人员，与范×多次在监狱会面，两人密谋如何能取得保外就医。他们利用有限的医学知识，三次采取措施，欲人为患病。第一次，郑×送进一些生鸡蛋和可的松等激素，以图造成肾炎假象，但服后未果。第二次，郑×又到医院化验室偷了一些肝炎病人待化验的血液，连同注射器一同送往监狱。欲使范×传染肝炎，范×因不通医道，仅有极少量血液注入肌肉，故最终亦未达目的。第三次，郑×在一医疗手册上看到，大剂量服用苯巴比妥，有时可并发大叶肺炎，便购买一瓶（100片）送进监狱。范×在当日晚10时，把一百片苯巴比妥全部口服，监狱有关人员在第二天6时左右发现范×口吐白沫，不省人事，立即把范×送往医院，经抢救无效死亡。

事发后，经公安机关立案侦查，移送检察院提起诉讼，检察院指控郑×的罪名是故意伤害致人死亡。

法庭上，郑×的辩护人发言："我国《刑法》第134条规定：故意伤害他人身体的，处……"这段话律师念得一字一顿，他紧紧抓住"故意伤害他人身体"这个概念，突出强调"他人"二字，目的是引起法庭注意，他说："本案是一起共同犯罪，大量事实和证据证明死者范×才是本案的主犯，而范×是在故意伤害自己的身体，请问'故意伤害自己的身体'，这为不为罪呢？"

最后法庭虽然还是以故意伤害罪判刑的，但仅判处郑×有期徒刑3年。

六、情理交融

法庭论辩中，论辩者也常用攻心术。攻心关键在于一个"情"字。为了澄清是非，明辨真理，论证自己的观点，反驳对方观点，在论辩中恰当地运用情理交融的方法，能打动听众，与对手达成共识，起到良好的作用。

请看距现在近40年的一个案件。

被告人江××原是女知青，插队时被同村农民杨×强奸。事后，杨×抓住江××羞于声张、忍辱偷生的弱点，不断对其恣意玩弄和摧残。1979年江××返沪与王×成婚。婚后第八天，杨×又追踪上门，逼迫江××限期离婚，江××无计可施，示意其弟及丈夫动手，打死杨×。此案在法庭论辩时，江××的律师作了一段感染力很强的陈述。

审判长，公诉人：

现在站在法庭上的被告人，是故意杀人犯江××。她与被害者是什么关系？现在是杀人者与被害者的关系，而过去是知青与农民的关系，是被侮辱者与侮辱者的关系，是被损害者与损害者之间的关系。

当年，江××孤身一人落户异乡，无亲无眷。岂料杨×对江××心怀歹意，在一个漆黑的夜晚潜入江××的简陋卧室，将其强行霸占。一个远离亲属的懦弱女子遭到平生最耻辱的打击，其悲痛欲绝之状是可想而知的。……江××落实政策回沪后，认为从此可以摆脱×的纠缠了。但游手好闲的杨×又追踪寻至，以江杨两人隐私生活相要挟，逼江××服从其意。江××为了维护一个姑娘的脸面，唯能饮泪就范。有时江××身体不适，有意躲避杨×时，杨×待夜深人静，就用碎石敲击江××的卧室。江××怕惊动四邻，被父母察觉，只好违心开门，让杨×发泄兽欲之后离去。江××被杨×折磨长达数载，实无办法解脱……

为了摆脱杨×的纠缠，江××选择了与别人结婚。但就在新婚的第三天，杨×竟要江××支走丈夫与其同居，江××惧怕杨的淫威，极为错误地同意了。杨×一步得逞，步步紧逼，在忍无可忍的情况下，惨案终于在被告婚后的第八天发生了。

这就是本案的内部背景，本律师均有确凿证据，之所以要说这些事实真相，目的是供法庭量刑时作必要的参考。

律师的辩护使在场人员对被告人寄予无限的同情。

七、随机应变

法庭论辩中,论辩者常常会遇到未曾料到的新情况,由于受主客观原因的制约,使论辩的一方不能全面掌握案情,或出现这样那样的诘难。这就要求论辩者事先应尽可能详细地"算在敌先",准备好几套应变方案,随机应变。还有一些情况,事先没有准备,这就要求论辩者在出现窘境的情况下,寻求自己解脱的方法,这也是随机应变。

在庭审调查过程中,如果辩护人或公诉人发现案件中的矛盾,是忽略放过,还是穷追不舍?为了维护法律的尊严,不妨随机应变揭露矛盾,往往会收到令人满意的效果。

> 河南梅溪律师事务所郎建勇律师曾办过这样一个案子:在一抢劫杀人案中,被告人供述,他为图财,夜间将某工商所值班员杀死,抢走财物若干;后又为劫财,先后杀死2人。法庭调查时,被告人交代,他在工商所内一刀将被害人捅倒,抢走钱物随即逃走。
>
> 法庭出示现场勘查照片。辩护人猛然想到阅卷时该照片清晰可见死者脖颈上有数个刀痕,显然与被告人仅捅一刀的供述矛盾。
>
> 于是,辩护人向被告人发问:
> "你捅了他几刀?"
> "就一刀。"
> "真的是一刀吗?"
> "当然是一刀。"
> "刚才法庭出示的照片死者脖颈处有3个刀痕,怎么可能只捅一刀呢?"
> 被告人见无法解释,只得承认工商所案是3个人作案,他在外放风,另两人行劫,事先并未商量要杀人。被捕后想到自己已欠了3条命,终是一死,不如替他们受过,所以就没有供出他们。

在庭审调查过程中,辩护人突然发现案件中的矛盾。于是,他随机应变,穷追不舍,庭上发问,揭示矛盾,并提出本案可能遗漏罪犯,建议退回补充侦查。

漏犯最终被抓获了。被告人因提供了特大犯罪线索,有特大立功表现,法院判处被告人死刑缓期二年执行。

八、无痕纠错

言多必失。在法庭论辩中,由于不慎而失言,造成论辩局面的变化,在所难免。一言既出,驷马难追,说错话怎么办?切忌不要说"我说错了"这样的话。这样容易让对方抓住把柄不放。可以在下一轮的发言中，神不知鬼不觉地将说错的话纠正或补充完整。

1. 更新式表达。如"审判长，请允许我更完整、更准确地说明一下我刚才的发言。"在这次发言中，就可以把前面的口误或错误予以不露痕迹的更正。

2. 补充式表达。如"本律师对刚才有关某某问题的发言，提出如下补充意见。"这种补充，着重对前面发言表达不清楚、不完整、不全面的地方予以纠正。

3. 强调式表达。如"本律师对某某问题的意见，已经在前面作了全面的陈述，为了更清楚地说明这个问题，下面再归纳几点意见。"这种发言，实际是对发言不得力、不中要害的地方的补救发言。

4. 随机搪塞式表达。如某当事人在法庭上滔滔不绝地讲他们生产的铁锅质量如何好，为了证实起见，他举起一只铁锅就往地上摔，没有想到这只锅竟摔破了。他机敏地应变道："看，像这样的锅，我们一只也不卖!"他用不卖破锅的话，把这件事遮掩过去了。

5. 果断回击式。如"江洋大盗"张子强等36名被告人一案，在广州中级人民法院开庭时，法庭在法庭调查阶段查证犯罪团伙非法买卖爆炸物犯罪事实时，一开始便出现了意外情况，涉案的9名被告人中有5人当庭翻供。他们辩解说，以前的供述是在公安机关的刑讯逼供下作出的。

对于当庭推翻原先供述的被告人，公诉人及时有力予以揭穿。公诉人义正词严宣读了5名翻供被告人在接受调查时的供述，5人的供述均说："公安机关的讯问是由两名侦查人员进行的，没有刑讯逼供、指供、诱供，制成的笔录我在看后签名、按指印。"

公诉人当机立断，迫使被告人在证据面前不得不端正态度。

九、直接反驳，拉回正题

在法庭论辩之初，有些公诉人在发表公诉意见时往往脱离起诉书的内容，提出新的起诉意见，从而偏离了论辩的主题；有的辩护人发表辩护词往往东拉西扯，没有针对性。针对这些情况，论辩一方应该立即反驳对方，指出对方的辩词脱离了论辩的主旨，从而把论辩内容拉回到主题上来。

如某走私案中，起诉书指控某公司的业务员刘×犯有走私罪。然而，公诉人在公诉意见书中却大谈某公司走私案的事实及法律依据。公诉人的说法是违反法律程序的，辩护人发现矛盾，直接反驳：

起诉书仅仅指控刘×以公民身份犯有走私罪，没有关于法人犯罪的起诉书；刘×不是公司的法定代表人，起诉书也没有起诉他应代表公司作为被告人。本案没有法人犯罪的被告人；我们也没有受委托作公司犯罪的辩护人，只是为个人被告作辩护人。法人犯罪既无起诉书，又无被告人和辩护人，公诉人凭什么指控该公司犯罪呢？

辩护人用精到的应变能力，积极反驳。内容环环相扣，铿锵有力，不容置疑，很快掌握了庭审的主动权，顺利地就被告人是否有个人走私犯罪行为这一正题进行了无罪辩护。辩护人直接反驳，拉回正题，调整了庭审态势，使法庭审理活动顺利进行。

十、追问依据

在紧张激烈的法庭论辩中，有的论辩方或是不够沉着冷静，或是低估了对方熟悉法律的程度，情急之下会突然提出一些没有法律依据的论辩观点，这时对方只要洞悉了破绽，就可以采用追问依据的方法，陷彼于窘境，从而取得论辩胜利。

如某妨害公务罪案件中，法庭辩论进行到第二轮辩论时，辩护人突然提出一个问题，让控辩双方进行了一场激烈的辩论。

> 辩护人：按照有关规定和证据学的要求，超过24小时验伤无效。而×医院的伤情鉴定是超过了24小时才作出的，所以该鉴定没有证明力。
> 公诉人：请辩护人说明"超过24小时验伤无效"的法律依据何在！
> 辩护人：（无语）
> 公诉人：我国法律从无24小时验伤之说，医院的伤情鉴定完全具有证明力。

辩护人咄咄逼人，半路杀出的这一枪，表面看够狠，实际是缺乏依据的。公诉人很清楚我国没有"超过24小时验伤无效"的法律规定，当机立断，及时反驳，质问对方"超过24小时验伤无效"的法律依据。辩护人深知理亏，陷入了窘境。公诉人乘胜追击，指出我国法律从无24小时验伤之说。辩护人的观点自然立不住脚。合议庭最终采纳了公诉人的意见。

十一、不辩之辩

法庭论辩中，经过法庭审理，案件的事实已经清楚，证据也确实充分，辩护人只能根据已查明的事实作出辩护意见，以尽可能地维护被告人的合法权益。但是，有些辩护人无理纠缠，撇开事实和法律进行无谓的诡辩。如果遇到这种情况，公诉人除了严厉驳斥外，还可用"不辩之辩"的应变方法予以回击。

某抢劫案件中,被告人翻墙入室,窃得现金两万余元,未及出走,被事主归家发现。事主堵截被告人,被告人随手拎起一张椅子砸向事主,夺门而出。逃跑中被群众抓获。公诉人以抢劫罪对被告人提起公诉。案件在审理过程中已经查明。

但是被告人的辩护人发言:"被告人是推椅子,不是砸椅子,而且其目的是想弄出响声,让事主误以为他正从侧门逃跑,从而将事主引向侧门,以便从正门逃走。被告人主观上并不想使用暴力,客观上也没有使用暴力,其盗窃行为不能转化为抢劫行为,只构成盗窃罪,不构成抢劫罪。"

辩护人的观点有明显漏洞。如果被告人是想通过推椅子将事主引往侧门的话,那么,椅子的去向应是侧门,而且椅子一般不会翻倒,但到过现场的群众曾提到椅子翻倒在正门口。很显然辩护人无视案件事实作了诡辩。

公诉人冷静地观察到合议庭的倾向后,确信胜券在握,无需再辩,于是在二轮辩论中简洁地说道:"我们的意见已在起诉书和公诉意见书中充分阐明,不再重复。请合议庭判决。"

由于起诉方鸣锣收兵,辩护方也只好偃旗息鼓,法庭辩论就此结束。最终,合议庭以抢劫罪判处被告人相应的刑罚。

公诉人的话,既间接地指出辩护人的辩护意见是极其错误的,又避开了辩护人的无理纠缠,使辩护人无从再辩,最终取得论辩胜利。

课内实训

一、单项训练

1. 观察训练。参加旁听法院庭审,或上网观看法庭开庭"中国庭审公开网的《庭审直播》"等,有意识地观察发言者和重要在场聆听者的表情、动作及细微变化,诸如手势、耸肩、摇头、锁眉、突然后仰做深呼吸等。将这些表情动作的变化与论辩内容联系起来加以分析,分析其论辩心理及听众的接受心理。

2. 聆听训练。聆听训练主要是通过听别人讲话,能理解和评述所听内容,提高听辨能力。

在论辩实践中,一般情况下聆听者主要对论辩者的低语、快语、方言、模糊语、相似语、言外之意等听辨比较吃力。应着重从这几方面加强训练。

(1) 低语听辨练习。请一名同学在教室内相应地变换到与法庭相同的方位,用中速、低平语调口述一小段法庭论辩发言。讲完后要求学生立即复述。也可以用适当低音放一段法庭调查中的简短录音,然后要求学生复述双方问答的主要内容。评判标准是:迅速、准确、完整。

(2) 快速传语竞赛。将学生分成人数相等的 A、B、C、D 四个单行组,由各组最后排的一人依次分别到讲台前,用耳机将事先录好的简短语言聆听一遍后,立即回到座位上。当听到教师发出统一的口令之后,四个组同时开始由后向前的低语快速传递,传到最后一位学生时,立即举手,以便教师计时。最后,由各组的前排第一位学生将最后听到语言内容如实地写在纸上,再分别与原录音内容相对照。要求:传话时必须用仅能让听者一人听到的耳语进行。评判标准:准、快、低。传得最快、最准确的组为优胜。

二、模拟法庭

模拟法庭论辩是培养学生法庭论辩口才的最有效的综合性集体训练方式。可选择有丰富的论辩内涵并经人民法院审理完结的刑事案件,借阅案卷后,详细了解案情并掌握该案的主要文字材料,然后通过分工,由学生分饰审判人员、公诉人、辩护人、被告人、证人、书记员,在课堂上模拟法庭,进行法庭论辩的演练。

模拟法庭审判要严格按照《刑事诉讼法》规定的程序进行。具体法庭审判的程序为:

(一) 开庭前的准备工作

开庭阶段前,书记员应当依次进行下列工作:

1. 查明公诉人、当事人、证人及其他诉讼参与人是否已经到庭。
2. 宣读法庭纪律。
3. 公诉人、辩护人入庭。
4. 审判长、审判员、人民陪审员入庭。
5. 审判人员入庭后,书记员当庭向审判长报告开庭前的准备工作已经就绪。

(二) 开庭

1. 审判长传被告人到庭。
2. 审判长宣布案由、案件来源、审判组织和审判方式。
3. 审判长宣布合议庭组成人员、书记员、公诉人、辩护人、鉴定人和翻译人员的名单。
4. 审判长告知当事人、法定代理人在法庭审理过程中依法享有的诉讼权利。
5. 审判长分别询问当事人、法定代理人是否申请回避。

(三) 法庭调查

审判长宣布法庭调查开始后,依次进行如下工作:

1. 公诉人宣读起诉书。
2. 被告人、被害人陈述。
3. 讯问被告人、向被告人发问。
4. 举证、质证：询问证人、鉴定人和勘验笔录制作人，向被害人、附带民事诉讼原告人发问，当庭出示、宣读、播放证据。

（四）法庭辩论

审判长宣布法庭辩论开始后，依次进行如下工作：

1. 公诉人发表公诉意见。
2. 辩护人发表辩护词。
3. 公诉人答辩。
4. 辩护人答辩。

（五）被告人最后陈述

（六）评议、宣告判决阶段

如果时间较紧，可以省略法庭调查之前的部分，直接进行法庭调查和法庭辩论阶段的演练。模拟法庭论辩中的被告一般只回答问题，不作更多的辩护发言。

根据下面案例脚本，分角色扮演审判长、公诉人、辩护人、被告人、证人等，进行模拟法庭。[1]

案情简介

2016年12月20日晚，被告人王东东在位于龙城市黄河区人民北路6号其租住的房屋内，容留李军、郝建军和周晓丽三人吸食甲基苯丙胺（俗称冰毒）。2016年12月22日，王东东被龙城市公安局黄河分局刑事拘留，次日被龙城市黄河区人民检察院批准逮捕。本案由龙城市公安局黄河分局侦查终结，以被告人王东东涉嫌容留他人吸毒罪，于2017年2月1日移送龙城市黄河区人民检察院审查起诉。王东东于2000年7月1日出生，郝建军于2000年10月8日出生，周晓丽于2001年4月5日出生，案发时都属于未成年人。

本模拟法庭审判参与人员表

本模拟法庭审判共有15人参加，其角色如下：

1. 审判长：1人；
2. 审判员：1人；
3. 人民陪审员：1人；

---

[1] 该脚本由中共山西省委宣传部前进杂志社张建兆提供。

4. 书记员：1人；
5. 公诉人：2人；
6. 辩护人：1人；
7. 被告人：1人；
8. 证人：3人；
9. 鉴定人：1人；
10. 法定代理人：1人；
11. 法警：2人。

模拟法庭审判道具

1. 法官袍：3套；
2. 检察官服：2套；
3. 书记员服：1套；
4. 看守所背心：1件；
5. 律师袍：1件；
6. 法警服：2套；
7. 手铐：1副；
8. 仿真手枪：2支；
9. 仿真警棍：2根；
10. 法槌：1个；
11. 国徽：1个。

模拟法庭布置及着装要求

法庭正上方悬挂国徽。

出庭的审判人员、书记员、公诉人、司法警察及辩护人应当按照规定着装；出庭的法定代理人、证人、鉴定人、勘验人、翻译人员和其他诉讼参与人应当衣着整洁。

庭前准备阶段

书记员：根据《最高人民法院关于执行〈中华人民共和国刑事诉讼法〉若干问题的解释》的有关规定，检查到庭人员情况。

书记员：公诉人是否到庭？

公诉人：到庭。

书记员：被告人是否到庭？

被告人：到庭。

书记员：法定代理人是否到庭？

法定代理人：到庭。

书记员：辩护人是否到庭？

辩护人：到庭。

书记员：下面宣布法庭纪律。

1. 服从法庭指挥，遵守法庭礼仪。

2. 不得鼓掌、喧哗、哄闹、随意走动。

3. 不得对庭审活动进行录音、录像、摄影或者通过发送邮件、博客、微博客等方式传播庭审情况，但经人民法院许可的新闻记者除外。

4. 旁听人员不得发言、提问，关闭手机等通讯工具。

5. 不得实施其他扰乱法庭秩序的行为。

6. 在法庭审理过程中，如果诉讼参与人或者旁听人员违反法庭秩序，审判长可予以警告制止，对不听制止的，可以指令法警强行带出法庭；情节严重的，处以1000元以下的罚款或者15日以下的拘留。

7. 未经许可录音、录像、摄影或者通过邮件、博客、微博、微信等方式传播庭审情况的，可以暂扣存储介质或者相关设备。

8. 对聚众哄闹、冲击法庭或者侮辱、诽谤、威胁、殴打司法工作人员或者诉讼参与人，严重扰乱法庭秩序，构成犯罪的，依法追究刑事责任。

书记员：请公诉人、辩护人、法定代理人入庭。

书记员：全体起立。请审判长、审判员、人民陪审员入庭。（审判人员按顺序入庭，坐定）

审判长：请坐下。

书记员：（转身）报告审判长，被告人已在羁押室候审，庭前准备工作就绪，现在可以开庭，报告完毕。（书记员坐下）

开庭阶段

审判长：龙城市黄河区人民法院刑事审判庭现在不公开开庭审理被告人王东东涉嫌容留他人吸毒罪一案。（敲法槌）传被告人王东东到庭。

（法警将被告人带到法庭）

审判长：被告人，你叫什么名字？

被告人：我叫王东东。

审判长：出生年月日？

被告人：2000年7月1日。

审判长：民族？

被告人：汉族。

审判长：文化程度？

被告人：高中。

审判长：家庭住址？

被告人：龙城市黄河区体育南路146号。

审判长：是否有别的居住地？

被告人：有，在外租房，住在人民北路6号。

审判长：被告人王东东，你因涉嫌什么罪被起诉？

被告人：容留他人吸毒。

审判长：何时被羁押？

被告人：2016年12月22日。

审判长：何时被逮捕？

被告人：2016年12月23日。

审判长：被告人王东东，你是否有前科（受到过刑事处分或处罚）？

被告人：没有。

审判长：起诉书副本是否收到？何时收到？

被告人：我是在2017年3月12日收到的。

审判长：收到多长时间了？

被告人：一个星期了。

审判长：法定代理人，你叫什么名字？

法定代理人：我叫王晓晓。

审判长：出生日期？

法定代理人：1975年7月1日。

审判长：你与被告人王东东是什么关系？

法定代理人：我是他爸爸。

审判长：家庭住址？

法定代理人：龙城市黄河区体育南路146号。

审判长：起诉书副本是否收到？何时收到？

法定代理人：2017年3月12日收到的。

审判长：收到多长时间了？

法定代理人：7天了。

审判长：龙城市黄河区人民法院刑事审判庭，根据《中华人民共和国刑事诉讼法》第183条的规定，今天在这里依法不公开开庭审理由龙城市黄河区人民检察院提起公诉的被告人王东东容留他人吸毒一案。根据龙城市黄河区人民检察院的建议，庭前征求了被告人及法定代理人的意见，适用普通程序审理本案。

本案由赵丹也就是我担任审判长，与审判员李丹丰、人民陪审员张宇雄三人组成合议庭，书记员李瑞婷担任法庭记录；龙城市黄河区人民检察院指派检察员李帅华、薛亚楠出庭支持公诉；法定代理人王晓晓到庭参加庭审；受被告人王东东父母委托，龙城市晋一律师事务所律师宋大江出庭为被告人王东东辩护。被告人王东东，你听清楚了吗？

被告人：听清楚了。

审判长：根据《刑事诉讼法》第185条、第192条、第193条的规定，开庭的时候，由审判长查明当事人是否到庭，并宣布案由；宣布合议庭的组成人员、书记员、公诉人、辩护人、诉讼代理人、鉴定人和翻译人员的名单；告知当事人有权对合议庭组成人员、书记员、公诉人、鉴定人和翻译人员申请回避；告知被告人享有辩护权利。

庭审过程中，当事人和辩护人、诉讼代理人有权申请通知新的证人到庭，调取新的物证，申请重新鉴定或者勘验。公诉人、当事人和辩护人、诉讼代理人可以申请法庭通知有专门知识的人出庭，就鉴定人作出的鉴定意见提出意见。法庭对于上述申请，应当作出是否同意的决定。有专门知识的人出庭，适用鉴定人的有关规定。

上述各项权利，被告人王东东你听清楚了吗？

被告人：听清楚了。

审判长：被告人王东东，你是否申请回避？

被告人：不申请。

审判长：法定代理人王晓晓需要申请回避吗？

法定代理人：不申请。

审判长：辩护人是否申请回避？

辩护人：不申请。

法庭调查阶段

审判长：现在开始法庭调查。首先由公诉人宣读起诉书。

公诉人1：

三晋省龙城市黄河区人民检察院
起 诉 书

河检公诉刑诉〔2017〕86号

被告人王东东，男，2000年7月1日生，汉族，身份证号码：×××××× ×20000701××××，黄河市第十二中学高中学生，住龙城市黄河区人民北路6号。2016年12月22日因涉嫌容留他人吸毒罪被龙城市公安局黄河分局刑事拘留，2016年12月23日经本院批准，于当日由龙城市公安局黄河分局依法执行逮捕。

本案由龙城市公安局黄河分局侦查终结，以被告人王东东涉嫌容留他人吸毒罪于2017年2月1日向龙城市黄河区人民检察院移送审查起诉。本院受理后，于2017年3月6日告知被告人王东东及其法定代理人王晓晓有权委托辩护人，并依法讯问了被告人，听取了法定代理人王晓晓、辩护人宋大江的意见，审查了全部案件材料。

经依法审查查明：2016年12月20日晚，被告人王东东在位于龙城市黄河区人民北路6号其租住的房屋内容留李军、郝建军和周晓丽三人吸食甲基苯芮胺（俗称冰毒）。郝建军于2000年10月8日出生，周晓丽于2001年4月5日出生，吸毒时都属于未成年人。

认定上述事实的证据如下：

1. 龙城市公安局黄河分局调取的破案及办案情况说明，涉案人员户籍信息，房屋租售合同等书证。
2. 证人郝建军、周晓丽的证言。
3. 被告人王东东的供述和辩解。
4. 龙城市物证鉴定所出具的检验鉴定意见。

本院认为，被告人王东东无视国家法律，容留他人吸毒，其行为已触犯了《中华人民共和国刑法》第354条的规定，犯罪事实清楚，证据确实充分，应当以容留他人吸毒罪追究其刑事责任。被告人王东东实施犯罪时已满16周岁未满18周岁，属于未成年人，且归案后能如实供述自己的犯罪事实。本院为维护社会治安秩序，打击吸毒等社会丑恶行为，依照《中华人民共和国刑事诉讼法》第172条的规定，特提起公诉，请依法判处。

此致
龙城市黄河区人民法院

2017年3月12日

审判长：（目视被告人）被告人王东东，公诉人宣读的起诉书你听清楚了吗？与你收到的是否一致？

被告人：一致。

审判长：被告人王东东，你可坐下回答问题。

审判长：被告人王东东，你对起诉书所指控的犯罪事实有无意见？有无补充陈述？

被告人：没有意见。但我当时没有主动要留他们吸毒，只是碍于是好朋友，又没有参与吸毒，而且我是学生，不太懂法律。

审判长：法定代理人有无异议？

法定代理人：无异议。

审判长：公诉人对被告人王东东进行讯问。

公诉人2：被告人，下面我代表国家公诉机关对你进行讯问，对于我当庭对你提出的问题，你必须如实回答。你是否听清楚了？

被告人：听清楚了。

公诉人2：案发时，你住在哪里？

被告人：在外租房住，住在人民北路6号。

公诉人2：被告人王东东，你为什么在外租房而不住学校或家里？

辩护人：反对，公诉人提与本案无关的问题。

公诉人2：审判长，我所问的问题关系到王东东的平时表现及表现所带来的后果。

审判长：公诉人可以继续发问。

公诉人2：被告人王东东，回答我刚才的问题。

被告人：我以前是住家里的，但有一次逃学去泡吧，父母知道了，打我并严厉管束我，后来跟他们大吵了一架，我就自己出来租房子了。

公诉人2：被告人经常逃学吗？你只需简单回答。

被告人：不是。

公诉人2：你经常去泡吧吗？

被告人：也不是。

公诉人2：你因偶尔逃学和泡吧，你父母加强了对你的管束，和父母产生了矛盾，所以自己出来租房子住了，是不是？

被告人：是。

公诉人2：李军于2016年12月20日晚找你，事先告之你来吸食冰毒吗？有电话联系过吗？

被告人：都没有。

公诉人2：后来李军、郝建军和周晓丽一起吸食冰毒，你是否知道？

被告人：知道。

公诉人2：你知道李军等人吸毒时你是怎么做的，有无制止？

被告人：我说了吸毒不好，让他们不要吸，我自己没有参与，后来我看了会儿电视，晚上10点多就睡觉了。

公诉人2：你知道他们吸食冰毒是违法行为吗？

被告人：不太清楚。

公诉人2：李军等三人什么时候离开你出租屋的？

被告人：大约凌晨3点。

公诉人2：审判长，我暂时发问至此。

审判长：法定代理人王晓晓是否需要发问？

法定代理人：没有。

审判长：辩护人宋大江是否需要发问？

辩护人：审判长，我需要发问。

辩护人：被告人王东东，你和李军关系如何？

被告人：好朋友。

辩护人：2016年12月20日晚，你主动约李军到你家的吗？

被告人：没有。

辩护人：李军等三人到你出租屋时，你立刻让他们进屋了吗？

被告人：没有，当时想睡觉了，本不想让他们来的，但碍于情面，是好朋友，就让他们进来了。

辩护人：李军等三人吸食冰毒时让你参与了吗？

被告人：没有。

辩护人：你劝他们也不要玩了吗？

被告人：有，但他们没听。

辩护人：审判长，我暂时发问至此。

（合议庭交流）

审判长：现在法庭讯问被告人几个问题，希望被告人如实回答？

被告人：好的。

审判员：你租住的出租屋有几个人住？是与人合租吗？

被告人：我自己一个人住的。

审判员：你在租住地容留过他人吸毒几次？

被告人：就这一次。

审判员：以后能不能不犯法了？

被告人：能。

（合议庭相互商议）

审判长：下面由公诉人向法庭举证。

公诉人2：为了印证起诉书指控的犯罪事实，下面公诉人向法庭出示证据，所出示的证据，均系侦查机关依照法定程序取得，符合证据的真实性、关联性、合法性。

首先出示一组书证：龙城市公安局黄河分局调取的破案及归案情况说明，涉案人员户籍信息，房屋租赁合同等书证，在侦查卷宗第一册第1~2页，第二册第1~10页、第63~68页。以上证据主要证实王东东系被抓捕归案，作案时已满16周岁未满18周岁,其租住在人民北路6号以及李军、郝建军、周晓丽三人吸毒时均系未成年人等情况。

审判长,书证出示完毕,提请法庭组织质证。

(法警手执书证示与被告人、代理人、辩护人)

审判长:被告人王东东有无异议?

被告人:没有。

审判长:法定代理人有无异议?

法定代理人:没有。

审判长:辩护人是否发表质证意见?

辩护人:没有。

审判长:公诉人继续举证。

公诉人2:下面出示一组证人证言:卷宗第二册第3~5页郝建军的证言,卷宗第二册第6~7页周晓丽的证言。该组证人证言主要证实其与李军三人于2016年12月20日晚在被告人王东东租住处吸食毒品以及案发时均未满18周岁的情况。

审判长,该组证人证言出示完毕,提请法庭组织质证。

(法警手执本组证人证言示与被告人、代理人、辩护人)

审判长:被告人王东东有无异议?

被告人:没有。

审判长:法定代理人有无异议?

法定代理人:没有。

审判长:辩护人是否发表质证意见?

辩护人:没有。

审判长:公诉人继续举证。

公诉人2:下面申请证人到庭,请审判长同意证人出庭。

审判长:准许,证人出庭。

(法警带证人到证人席)

审判长:你叫什么名字?

证人:我叫郝建军。

审判长:出生年月日?

证人:2000年10月8日出生。

审判长:民族?

证人:汉族。

审判长:文化程度?

证人：初中。

审判长：家庭住址？

证人：龙城市杏花区新世界花园。

审判长：你是自愿出庭作证的吗？

证人：是的。

审判长：根据《中华人民共和国刑事诉讼法》的规定，公民有作证的义务。你要将你所知道的如实向法庭陈述，不要扩大，也不要缩小。如果有意作伪证，要负法律责任。证人郝建军，你听清楚了吗？

证人：听清楚了。

审判长：证人签订证人权利义务告知书。

（法警从书记员处拿来给证人签）

审判长：现在公诉人可以发问了。

公诉人2：谢谢审判长、审判员、人民陪审员。证人郝建军，2016年12月20日晚，你在什么地方，干了什么？

证人：在王东东出租屋内，和李军吸食冰毒。

公诉人2：你们怎么到王东东出租屋内的？

证人：李军带去的，说王东东是他的好朋友。

公诉人2：到了王东东处，王东东知道你们吸食冰毒吗？

证人：知道，拿冰壶给他看了。

公诉人2：你们晚上几点去的，又是几点离开的？

证人：8点多去的，凌晨3点多离开的。

公诉人2：王东东和你们一起玩了吗？

证人：没有，他看了会儿，没参加。

公诉人2：审判长，我暂时发问至此。

审判长：被告人需要向证人发问吗？

被告人：没有。

审判长：法定代理人需要向证人发问吗？

法定代理人：没有。

审判长：辩护人有问题要问吗？

辩护人：有。请问证人，李军和王东东是好朋友吗？

证人：是的，李军说的。

辩护人：你们进门时告诉王东东是来玩吸食冰毒的吗？

证人：是的。

辩护人：你们在吸食冰毒过程中，王东东参与了吗？

证人：没有。

辩护人：你们让王东东参与了吗？

证人：有，但他没参与。

辩护人：王东东劝你们不要玩了吗？

证人：有。

辩护人：审判长，问话完毕。

审判长：证人核对笔录签字。

（证人到书记员处核对签字）

审判长：证人退庭。

（法警带证人离庭）

审判长：公诉人继续举证。

公诉人2：下面出示被告人王东东的供述和辩解，在卷宗第二册第8～18页。主要供述2016年12月20日晚，李军、郝建军、周晓丽在黄河区人民北路6号其租住处吸毒以及自己知情的情况。提请法庭组织质证。

审判长：被告人王东东有无异议？

被告人：没有。

审判长：法定代理人有无异议？

法定代理人：没有。

审判长：辩护人发表质证意见？

辩护人：没有。

审判长：公诉人继续举证。

公诉人2：下面出示鉴定意见，卷宗第二册第15～18页的龙城市物证鉴定意见，证实2016年12月24日经鉴定，郝建军和周晓丽尿检呈阳性，说明二人之前有吸毒情况。提请法庭组织质证。

审判长：被告人王东东有无异议？

被告人：没有。

审判长：法定代理人有无异议？

法定代理人：没有。

审判长：辩护人发表质证意见？

辩护人：没有。

审判长：公诉人继续举证。

公诉人2：下面出示营盘社区矫正中心出具的评估报告及相关材料，卷宗第二册第81～89页。主要证实被告人王东东平时表现良好，家庭具备管教条件，社区愿意对其进行帮教，对其适用缓刑对所在社区无重大不良影响。全案举证完毕。

审判长：被告人王东东有无异议？

被告人：没有。

审判长：法定代理人有无异议？

法定代理人：没有。

审判长：辩护人是否发表质证意见？

辩护人：没有。

审判长：被告人有无证据向法庭提供，或者有无检举、揭发他人犯罪线索等立功表现？

被告人：没有。

审判长：法定代理人有无证据向法庭提供？

法定代理人：没有。

审判长：辩护人有无证据向法庭提供？

辩护人：有，一组证人证言，它是被告人王东东在黄河市第十二中学就读的高一班班主任张军、高二年级同桌刘小雨的证言，证明被告人王东东在高一、高二时还是个品学兼优的好学生，该组证据是辩护人依照法定程序取得的。提请审判长准予出示。

审判长：法警将证据出示给公诉人。

（法警出示）

审判长：公诉人发表质证意见？

公诉人2：没有。

审判长：被告人有无意见？

被告人：没有。

审判长：法定代理人有无意见？

法定代理人：没有。

（合议庭组成人员轻声口头评议）

法庭辩论阶段

审判长：法庭调查结束，下面进行法庭辩论。首先由公诉人发表公诉意见。

公诉人1：

审判长、审判员、人民陪审员：

根据《中华人民共和国刑事诉讼法》第184条、第193条、第203条的规定，我们受龙城市黄河区人民检察院的指派，代表本院以国家公诉人的身份出席法庭，支持公诉，并对刑事诉讼进行法律监督。现就本案的事实、证据发表以下公诉意见，请法庭注意：

1. 郝建军、周晓丽的证言及龙城市公安局物证鉴定所出具的鉴定书，这些证据均是侦查机关依照法定程序取得的。上述证据相互印证，形成证据链，能够认定被告人王东东在其出租屋内容留李军等人吸食冰毒的犯罪事实。

2. 法庭教育。鉴于被告人王东东在犯罪时是未成年人，现公诉人对被告人进行法庭教育。

（要和被告人进行目光交流）

被告人王东东，公诉人今天代表国家对你提起公诉。看着你那稚嫩的脸，无助的眼神，公诉人心中无比沉重。青少年是祖国的未来，民族的希望。而年仅17岁的你却给自己的人生抹上了污点。今天，挚爱你的父母，培育你的老师，关心你的同学都为你伤痛不已。法治社会的今天，法律面前人人平等。你在积极学习法律的同时更要注重学习公民道德，发扬中华民族的传统美德，抛弃错误的思想观念。虽然你今天涉嫌犯罪，但你不要心灰意冷，只要你勇敢地站起来，努力提高自身素质，并积极学习法律。相信你的前途仍然一片光明，辉煌的人生正等着你用双手去创造。

3. 量刑建议。被告人王东东容留他人吸毒，触犯了《中华人民共和国刑法》第354条的规定，其法定刑是3年以下有期徒刑、拘役或者管制，并处罚金。

鉴于其有如下量刑情节：

（1）被告人犯罪时未满18周岁，依法应当从轻处罚。

（2）被告人到案后能如实供述犯罪事实，依法可以从轻处罚。

综合以上因素，建议对被告人王东东依法酌情量刑。

检察员李帅华、薛亚楠
2017年3月12日于当庭

审判长：下面由被告人自行辩护。

被告人：没有。

审判长：法定代理人有无意见？

法定代理人：王东东犯罪时还是未成年人，希望能对其从轻处罚。

审判长：辩护人发表辩护意见。

辩护人：

尊敬的审判长、审判员、人民陪审员：

根据《中华人民共和国刑事诉讼法》第32条、第33条的规定，受本案被告人王东东父母的委托，我担任被告人王东东的辩护人。

本辩护人接受委托后，在公安机关侦查阶段就介入了此案，通过会见被告人并对其所提出的问题进行了解答,针对被告人紧张、焦虑的思想状态进行了耐心的法制教育,告知他要实事求是地供述案情,积极配合司法人员的讯问,争取从宽处理。

通过阅卷及必要的社会调查,本辩护人对起诉书所指控的被告人王东东容留他人吸毒的事实无异议,但是被告人有法定从轻、减轻的情节,辩护意见如下:

1. 被告人王东东有法定从轻、减轻的情节。被告人王东东犯罪时未满18周岁,属于未成年人,《根据中华人民共和国刑法》第17条第1款、第3款的规定,应当从轻或减轻处罚。

2. 被告人王东东归案后,能如实供述自己的犯罪事实,根据《中华人民共和国刑法》第67条第3款的规定,可以从轻处罚。

3. 被告人曾主动劝李军等人不要吸食毒品,应当从轻处罚。

4. 被告人王东东系初犯,针对其犯罪,学校、家庭都愿意对其进行帮助教育。

总之,被告人王东东有法定从轻、减轻处罚的情节,希望法庭酌情考虑。

我坚信法律的神圣与公平,期待贵院依法对我的当事人被告人王东东作出公正的裁判,给他一个重新做人的机会,建议法庭对其适用缓刑。

辩护意见发表完毕,谢谢!

审判长:公诉人是否需要答辩或有新的公诉意见?

公诉人:不需要答辩,无新的意见。

审判长:被告人、法定代理人、辩护人是否补充新的辩护意见?

被告人:没有。

法定代理人:没有。

辩护人:没有。

裁判文书经过这一轮的法庭辩论,控辩双方的意见已充分阐述,法庭也已记录在案。法庭辩论结束。

审判长:鉴于被告人王东东犯罪时尚未成年,现由法庭对被告人进行法庭教育:(和人民陪审员交流)

人民陪审员:被告人王东东,今天你为什么会站在被告席上接受法律的审判呢?翻开你的档案,我们看不到有任何受过违法甚至学校处理的记录;询问你的父母,得知你以前也是让父母骄傲和放心的孩子,但究竟是什么原因让你走上犯罪道路呢?

(和被告人进行目光交流,语速放慢,口气放缓)

第一,从本案的起因看,该案集中反映了未成年人的心理特点,即感情多于理智,情感战胜法律。

第二,交友不慎。常言道:"近朱者赤,近墨者黑。"本案中,王东东就是由于平时在游戏室里和泡吧过程中结交了一些品行不端的人员,在潜移默化中,他为人处世的方法,他的性格都受到这些人的影响,以至于他今天走上了被告席。

第三,讲朋友"义气",不讲法制道德。所谓朋友义气,应当是指正义、正气,而绝非封建社会所残留的那种相互制约、相互影响、共同危害社会的江湖义气。

被告人王东东,虽然你犯了罪,但你今后的人生道路还很漫长,你要记住:在哪里跌倒就在哪里爬起来!今后你一定要好好地把握住自己人生的方向,不再使它偏航。王东东,你能理解我说的话吗?

被告人:能理解。

被告人最后陈述阶段

审判长:法庭辩论结束。根据《中华人民共和国刑事诉讼法》第193条之规定,在法庭辩论终结后,被告人享有最后陈述权。现在由被告人王东东向法庭作最后陈述。

被告人:

尊敬的审判长、审判员、人民陪审员:

本次庭审,我受到了很大的教育。认识到违法犯罪不仅给家庭、学校和社会带来危害,同时也给自己的人生抹上了污点。我对自己的犯罪行为感到后悔,希望法庭能对我宽大处理,给我重新做人的机会。我一定吸取这次的教训,做一名守法的公民。

审判长:法定代理人有无补充陈述?

法定代理人:

尊敬的审判长、审判员、人民陪审员:

今天我在这里出席庭审非常痛心,我的儿子也就是被告人王东东做错了事,触犯了法律,给社会带来了危害,也给你们带来了麻烦,实在对不住。我没有教育好孩子,我有愧于孩子,我希望法庭给孩子一次机会,给他一个重新做人的机会,我们也会好好地教育和关心他。谢谢审判长。

审判长:现在宣布休庭,合议庭进行评议,将被告人带出法庭。(敲法槌)

评议、宣告判决阶段

(合议庭休庭后对本案的事实、证据及适用法律进行了评议,30分钟后开庭宣判)

审判长:将被告人王东东带上法庭。(敲法槌)现在继续开庭。

今天开庭审理了被告人王东东容留他人吸毒一案,经过了法庭调查、法庭辩论,被告人作了最后陈述,法定代理人亦作了补充陈述,合议庭充分听取了控辩双方的观点,并进行了合议。法庭经过合议认为,公诉机关提供的证据来源合法、内容客观,具有证明效力,对其指控的事实予以证实,可以进行宣判。

经审理查明:2016年12月20日晚,被告人王东东在龙城市黄河区人民北路6号其租住处,容留李军、郝建军和周晓丽吸食甲基苯丙胺。对上述事实,被告人王东东亦无异议,且由证人郝建军、周晓丽证言,鉴定意见,照片,发案破案经过说明,评估报告,户籍信息等证据证实,足以认定。本院认为,被告人王东东明知他人吸毒,仍予以容留,其行为已构成容留他人吸毒罪。公诉机关指控被告人王东东犯容留他人吸毒罪,事实清楚,证据确实、充分,指控的罪名成立,本院予以支持。被告人王东东作案时已满16周岁未满18周岁,系未成年人犯罪;其归案后如实供述犯罪事实;宣告缓刑对被告人王东东所在社区无重大不良影响。

综上所述,对被告人王东东从轻处罚并适用缓刑。依照《中华人民共和国刑法》第354条,第17条第1款、第3款,第67条第3款,第72条第1款、第3款,第73条第1款、第3款的规定,判决如下:

审判长:全体起立。(敲法槌)

被告人王东东犯容留他人吸毒罪,判处有期徒刑6个月,缓刑1年,并处罚金人民币1000元。

全体坐下。

现在是口头宣判,判决书将于5日内送达。

如不服本判决,可在接到判决书的第二日起10日内,通过本院或者直接向三晋省龙城市中级人民法院提出上诉。书面上诉的,应提交上诉状正本1份,副本2份。

审判长:被告人,你听清楚了吗?有无意见?

被告人:听清楚了,没有意见。

审判长:法定代理人有无意见?

法定代理人:没意见。

审判长:现在闭庭!(敲法槌。被告人被2名法警带出法庭。随后审判人员、公诉人、法定代理人、辩护人退庭。)

附:判决书

三晋省龙城市黄河区人民法院
刑事判决书

（2017）三0129刑初100号

公诉机关龙城市黄河区人民检察院。

被告人王东东，男，2000年7月1日出生，汉族，高中文化，身份证号码：××××××20000701××××，黄河市第十二中学高中学生，户籍所在地为龙城市黄河区体育南路146号，现住龙城市黄河区人民北路6号。2016年12月22日，因涉嫌容留他人吸毒罪被龙城市公安局黄河分局刑事拘留；同年12月23日，因涉嫌容留他人吸毒罪经龙城市黄河区人民检察院批准逮捕，同日由龙城市公安局黄河分局执行逮捕。现羁押于龙城市看守所。

辩护人宋大江，龙城市晋一律师事务所律师。

龙城市黄河区人民检察院以河检公诉刑诉（2017）86号起诉书指控被告人王东东容留他人吸毒罪，于2017年3月12日向本院提起公诉。本院于同日立案，依法组成合议庭，不公开开庭审理了本案。龙城市黄河区人民检察院指派检察员李帅华、薛亚楠出庭支持公诉，被告人王东东、法定代理人王晓晓、辩护人宋大江等到庭参加诉讼。现已审理终结。

龙城市黄河区人民检察院指控：2016年12月20日晚，被告人王东东在位于龙城市黄河区人民北路6号其租住的房屋内容留李军、郝建军和周晓丽三人吸食甲基苯丙胺（俗称冰毒），其行为触犯了《中华人民共和国刑法》第354条的规定，应当以容留他人吸毒罪追究其刑事责任。但是被告人王东东实施犯罪时已满16周岁未满18周岁，属于未成年人，根据《中华人民共和国刑法》第17条第1款、第3款的规定，应当从轻或减轻处罚；被告人王东东归案后能如实供述自己的犯罪事实，根据《中华人民共和国刑法》第67条第3款的规定，可以从轻处罚。

公诉机关当庭出示了书证、鉴定意见以及营盘社区矫正中心出具的评估报告及相关材料，宣读了证人证言、被告人王东东的供述和辩解。

被告人王东东对公诉机关指控的犯罪事实没有异议。被告人的辩护人提出如下辩护意见：被告人王东东具备以下法定从轻处罚的情节：①被告人王东东犯罪时未满18周岁，应当从轻处罚；②被告人曾主动劝李军等人不要吸食毒品，应当从轻处罚；③被告人王东东的高一班主任张军、高二同桌刘小雨的证言，证明被告人王东东在高一、高二时还是个品学兼优的好学生，一向表现良好；④被告人王东东系初犯，其学校、家庭都愿意对其进行帮助教育。被告人到案后认罪、悔罪，且犯罪情节较轻，社会危害性不大，建议对其从轻处罚并宣告缓刑。

经审理查明：2016年12月20日晚，被告人王东东在龙城市黄河区人民北路6号其租住处，容留李军、郝建军和周晓丽吸食甲基苯芮胺（俗名冰毒）。上述事实，有经过法庭举证、质证的证人郝建军、周晓丽的证言、辨认笔录、毒检送检流程表、现场检测报告书、鉴定意见、照片、发案破案经过说明、评估报告、户籍信息等证据证实，足以认定。被告人王东东及其辩护人对上述事实均无异议。

本院认为，被告人王东东无视国家法律，违反国家毒品管理秩序，明知他人吸毒仍予以容留，为他人吸食毒品提供场所，其行为已构成容留他人吸毒罪，依法应予以惩处。公诉机关指控被告人王东东犯容留他人吸毒罪，事实清楚，证据确实、充分，指控罪名成立，本院予以支持。被告人王东东作案时已满16周岁未满18周岁，系未成年人犯罪；其归案后如实供述犯罪事实，故宣告缓刑对被告人王东东所在社区无重大不良影响。综上所述，对被告人王东东从轻处罚并适用缓刑。依照《中华人民共和国刑法》第354条，第17条第1款、第3款，第67条第3款，第72条第1款、第3款，第73条第1款、第3款的规定，判决如下：

被告人王东东犯容留他人吸毒罪，判处有期徒刑10个月，缓刑1年，并处罚金人民币1000元。

（刑期从判决执行之日起计算；判决执行以前先行羁押的，羁押1日折抵刑期1日，即自2016年12月22日起至2017年9月21日止。）

如不服本判决，可在接到判决书之日起10日内，通过本院或者直接向三晋省龙城市中级人民法院提出诉。书面上诉的，应当提交上诉状正本1份，副本2份。

审 判 长 赵　丹
审 判 员 李丹丰
人民陪审员 张宇雄
2017年3月17日（院印）
书 记 员 李瑞婷

三、民事诉讼庭审操作规范（第一审普通程序）

开庭准备和开庭宣布

1. 庭前准备工作。

书记员应先到达法庭，做好以下开庭前准备工作：

（1）宣布：请诉讼参加人入庭就座。检查诉讼参加人出庭情况。如有一方诉讼参加人未到庭的，应立即报告审判长处理。

（2）宣布：请诉讼参加人出示身份证件。到案前核对诉讼参加人的身份。如确认有证人、鉴定人、勘验人、检查人、具有专门知识的人员（简称"专家"）出庭的，还应核对其身份后请其退庭，等候传唤。

（3）核实《当事人诉讼权利义务告知书》《诉讼风险提示书》《举证通知书》《告知审判庭组成人员通知书》、开庭《传票》及《通知书》以及诉状等诉讼材料的收悉情况。

（4）公开开庭的，应当检查参加旁听的人员是否适合，是否有现场采访的记者。

如发现有未成年人（经批准的除外）、精神病人和醉酒的人以及其他不宜旁听的人旁听开庭的，应当请其退出法庭。

如发现有记者到庭采访，应当确认其是否办理审批手续。未经批准，不得录音、录像或者摄影；但应当允许记者作为旁听人员参加旁听和记录。

2. 宣布法庭规则和法庭纪律。

书记员宣布：现在宣布法庭规则和法庭纪律。法庭规则和法庭纪律的具体内容以《中华人民共和国法院法庭规则》的有关规定为准。另外可以特别提示：全体人员应当关闭手机铃响。

3. 法官入庭和报告庭审前准备情况。

书记员宣布：全体起立！请审判长、审判员（人民陪审员）入庭。

待法官坐定后，书记员宣布：请坐下。

如果法官在书记员做准备工作或宣布法庭纪律时进入法庭的，书记员应中止手头工作，主持法官入庭仪式后，再恢复手头的工作。

准备工作就绪后，向审判长报告庭审前准备工作情况：

（1）出庭的诉讼参加人有：……

（2）出庭的其他诉讼参与人有：……

（3）经批准到庭旁听采访的新闻单位及记者有：……

最后，书记员报告：法庭准备工作就绪，请审判长主持开庭。

4. 核对确认诉讼参加人的身份。

在书记员已核对诉讼参加人身份的基础上，审判长简单核对即可。

经征询各方当事人：对对方出庭人员的身份是否有异议。经各方当事人确认无误后，即宣布：经法庭当庭核对确认，出庭的诉讼参加人符合法律规定，准予参加本案的庭审活动。

5. 宣布开庭。

审判长先敲击法槌，然后庄严宣布：……人民法院现在开庭！

6. 宣告案名、案由、审理程序和方式。

宣告案名：本庭现审理的是：原告×××诉（与）被告×××及第三人××……（案由）一案。

宣告案由：原告×××因本案纠纷，于……（时间）向本院提起诉讼；本院于……（受理时间）决定受理本案。如有追加当事人、延长审限、召开预审庭等情形的，应一并予以说明。如本案系再审案件、合并审理案件的，也应当说明。

宣告审理的方式和程序：依照《中华人民共和国民事诉讼法》第十二章"第一审普通程序"的有关规定，本庭依照第一审普通程序，公开开庭审理本案。如不公开开庭审理的，应当说明理由。

7. 介绍审判人员。

审判长宣告：本院受理本案后，依法组成合议庭。合议庭组成人员和书记员的名单已告知各方当事人。然后具体介绍合议庭组成人员和书记员，并说明其基本职务情况。

8. 告知诉讼权利义务，并征询申请回避意见。

开庭前已经将《当事人的权利义务告知书》送达各方当事人，审判长逐一询问各方当事人：是否知悉自己在诉讼中的权利和义务？

在当事人确认知悉诉讼权利义务后，审判长逐一询问各方当事人：是否申请合议庭成员和书记员回避？

一旦当事人提出回避申请，应当要求其说明理由。如果当事人提出法定的回避理由，法庭不必审查该理由是否成立即宣布休庭。当事人确认不提出回避申请的，庭审活动得以继续进行。

9. 宣告庭审的阶段。

审判长宣布：庭审活动分为法庭调查、法庭辩论、当事人最后陈述、法庭调解，调解不成的，法庭将休庭评议后进行宣判。

庭审活动一般由审判长主持。根据庭审的需要，审判长也可以委托其他合议庭成员主持部分庭审活动。但应向诉讼参加人说明。

10. 诉讼指导。

在庭审过程中，当事人可以要求法庭对诉讼权利义务、诉讼风险和举证责任的具体内容予以释明。法庭也可以对诉讼能力比较低的当事人给予适当诉讼指导，以确保审判的公正和公平。

法庭调查

1. 宣布法庭调查。

宣布：现在进行法庭调查。

法庭可对法庭调查顺序予以说明：法庭调查一般按当事人陈述、归纳小结、当事人当庭举证、当庭质证、法庭认证的顺序进行。

2. 当事人陈述。

请原告宣读起诉状或者简要陈述诉讼请求及所依据的事实和理由。

请被告宣读答辩状或者简要陈述诉讼主张及所依据的事实和理由。

请第三人宣读答辩状（起诉状）或者简要陈述诉讼主张（诉讼请求）及所依据的事实和理由。即指示第三人陈述。

在当事人主动陈述的基础上，法庭可根据案件的需要有针对性地向当事人发问，以理清案情、明确无争议的事实和讼争焦点。

法庭现就案件的事实问题，向当事人发问。

对法庭的发问，当事人应如实进行答问陈述；同时，针对当事人的答问陈述，法庭应当征询对方当事人的质证意见。

3. 归纳小结。

根据当事人陈述，结合案件的其他诉讼材料，法庭归纳小结分为以下几个方面的内容：

（1）本案的诉讼请求是：……

（2）当事人没有争议事实有：……

（3）本案诉讼争议的焦点有：……

在确认之前，主持人可以经征询各方当事人的意见，在各方当事人均确认无异后予以确认。

（4）法庭进一步调查的范围如下……

4. 当庭举证。

（对法庭调查范围内的事项，应当逐一、有序地展开调查。）

现在，法庭调查……（请当事人当庭举证。然后指示当事人当庭出示证据和进行说明。说明的内容包括证据的名称、种类、来源、内容以及证明对象等。由法庭调取的证据由法庭或者申请调取该证据的当事人出示和说明。）

法庭应当引导举证当事人根据具体调查事项，有针对性地提供证据材料。具体包括：

（1）书证和物证，应出示原件、原物；不能出示原件原物的，可以出示复印件、复制品、照片或者抄录件等。

（2）视听资料，应出示原始载体并当庭播放；不能出示原始载体或者当庭播放有困难的，可以以其他方式播放或者提供抄录件等。

（3）证人、鉴定人、勘验人、检查人因故未出庭作证的，应当说明理由，并出示证人书面证言、鉴定意见、勘验笔录、检查笔录的原件。如证人、鉴定人、勘验人、检查人以及专家出庭作证的，另按出庭作证的程序举证、质证。

5. 当庭质证。

举证完毕，当事人质证。

当庭质证一般以"一举一质"或"类举类质"的方式进行。

6. 证人、鉴定人、勘验人、检查人以及专家出庭作证。

证人出庭作证陈述的一般顺序：①根据法庭提示的调查事项，证人就其了解的事实作连贯性陈述；②举证当事人发问，法庭指示证人答问；③质证当事人发问，法庭指示证人答问。法庭根据需要也可以发问（一般在当事人发问后再行发问）。当事人或者证人对发问有异议的，可以向法庭提出。异议是否成立，由合议庭评议确定。

7. 当庭认证。

认证结论的表述主要有以下两种方式：

（1）确认证据足予采信的，认证结论为：经合议庭评议确认，……（证据名称）内容真实，形式合法，可以作为认定……（案件事实）的根据。

（2）确认证据不予采信的，认证结论为：经合议庭评议确认，……（证据名称），因……（不予采信的理由），故不能作为本案认定事实的根据（不予采信）。

证据不予采信的理由包括：①证据缺乏真实性或合法性或关联性，以致没有证明效力，故不能作为本案认定事实的根据；②该证据虽然有证明效力，但与其他证据相冲突，经比较证明力较小而不予采信，故不能作为本案认定事实的根据。

完整的认证结论包括两部分内容：一是确认证据的有效性；二是有效证据可以证明的案件事实。如果法庭不能当庭作出完整的认证结论的，可以作出部分认证结论：①确认证据的真实性、合法性、关联性及其证明效力，至于该证据可以作为认定案件哪一具体事实的根据，可另行评议确认。②或者仅确认证据的真实性或合法性或关联性；至于该证据是否有证明效力，可另行评议确认。法庭当庭不能作出完整的认证结论的，应予以说明，避免当事人产生歧义。

8. 发问和答问。

法庭根据案件审理的需要，可以给当事人相互发问的机会。

主持人宣布：当事人有问题需要向对方当事人发问的，经法庭许可，可以发问。经逐一征询各方当事人，如果当事人申请发问的，请发问。法庭审查确认后，指示被问当事人答问。

法庭根据案件审理的需要，也可以向当事人发问。

当事人对发问有异议的，可以向法庭提出。异议是否成立，由合议庭评议确定。

9. 其他事项的调查。

法庭调查范围内的调查事项调查完毕后,可以征询当事人:是否还有其他事实需要调查或者有其他证据需要出示。

当事人申请调查其他事实,经法庭评议许可后,组织当事人当庭举证、质证。如果法庭经评议认为无调查必要的,可以驳回当事人的申请。

当事人申请出示其他证据的,应当说明理由和证明的对象。如系逾期提供的证据,法庭不组织质证;但对方当事人同意质证的除外。如系"新的证据",法庭应当给对方当事人质证准备和收集反驳证据的时间,但对方当事人同意当庭质证的除外。如属于无须举证、质证范围内的证据,可以驳回当事人举证的申请。

10. 宣布法庭调查结束。

经确认各方当事人没有新的证据提供和其他事实需要调查后,主持人宣布:法庭调查结束。

法庭辩论

1. 宣布法庭辩论。

主持人宣布:现在进行法庭辩论。

主持人可以确定法庭辩论的范围,当事人应当围绕各自的诉讼请求或者诉讼主张,就法律的具体适用问题展开辩论。

当事人对证据和事实的认定产生的争议属于法庭调查的内容,一般不应作为法庭辩论的范围。

主持人可以强调法庭辩论规则:在法庭辩论中,辩论发言应当经法庭许可;注意用语文明,不得使用讽刺、侮辱的语言;语速要适中,以便法庭记录;发言的内容应当避免重复。在法庭辩论的过程中,如有违反规则的言行,法庭应予制止。

主持人说明法庭辩论阶段:法庭辩论分为对等辩论和互相辩论。

2. 对等辩论。

主持人宣布:首先由当事人进行对等辩论。随即指示原告、被告、第三人依次进行辩论发言。

辩论发言一般不宜重复诉状的内容。

一轮辩论结束,法庭可根据实际情况决定是否进行下一轮辩论;如需要进行下一轮辩论的,应强调发言的内容不宜重复。法庭根据需要可限定每一轮次各方当事人辩论发言的时间。

3. 互相辩论。

主持人宣布:现在进行互相辩论。

主持人应当告知：当事人要求辩论发言的，可以向法庭举手示意。经法庭许可，方能发言。

在互相辩论中，当事人未经许可而进行自由、无序的辩论发言或者辩论发言的内容重复的，法庭应予以制止。

4. 法庭调查阶段的回转。

在辩论中发现有关案件事实需要进行调查，或者需要对有关证据进行审查的，应当宣布：中止法庭辩论，恢复法庭调查。

法庭调查结束后，宣布：恢复法庭辩论。庭审活动恢复到中止时的阶段。

5. 宣布法庭辩论结束。

在确认各方当事人辩论意见陈述完毕后，主持人即可宣布：法庭辩论结束。

当事人最后陈述

主持人宣布：现在，由当事人陈述最后意见。随即指示原告、被告、第三人依次作最后陈述。

合议庭成员应当认真、耐心地听取当事人陈述，一般不宜打断当事人的发言。若其陈述过于冗长，法庭应当予以引导；当事人陈述的内容简单重复多次的，或者陈述的内容与案件没有直接关联的，法庭应当以适当的方式予以制止。

法庭调解

1. 宣布法庭调解。

主持人宣布：现在进行法庭调解。

法庭要把握时机，根据案件审理的实际情况，在法庭调查和法庭辩论中适时组织调解。在法庭辩论之后，当事人或者法定代理人出庭参加诉讼，或者委托的代理人有特别授权的，法庭应当组织调解。如果当事人或者法定代理人未出庭参加诉讼，而且委托的代理人也没有特别授权的，法庭不能当庭组织调解。庭后有调解必要和可能的，应当于休庭后组织调解。

2. 询问当事人调解的意愿。

主持人征询各方当事人：是否愿意调解。各方当事人均表示愿意调解的，法庭即可组织调解；有一方当事人不同意调解的，主持人宣布：终结调解。随即宣布休庭。

由于刚经过法庭调查和法庭辩论，当事人情绪对立可能比较严重。法庭应注意调整庭审气氛，讲究工作方法，在做好思想工作的基础上，适时征询当事人调解意愿和开展调解工作。即使不能当庭调解，但确有再行调解的必要和可能的，应当在休庭后进一步做调解工作。

3. 组织调解。

经确认各方当事人均有调解意愿的，主持人宣布：现由法庭组织调解。

法庭调解的一般程序：

（1）先由原告方提出调解方案，征询被告的意见。

（2）如被告同意原告的调解方案的，法庭予以审查确认；被告拒绝的，则由被告提出新的调解方案，并征询原告的意见。

（3）原告同意被告提出的新的调解方案的，法庭予以审查确认；原告拒绝的，法庭可以再进行调解或者终止调解程序。

（4）当事人各方提出的调解方案均被对方拒绝的，法庭可以提出调解方案，并征询当事人的意见。

对当事人达成的调解协议，法庭经审查确认调解协议内容的合法性和当事人意思表示的真实性后，制作调解书。调解书经双方当事人签收后，即具有法律效力。根据《民事诉讼法》第98条的规定不需要制作调解书的案件，当事人各方同意在调解协议上签名或者盖章后生效，经人民法院审查确认后，应当记入笔录或者将协议附卷，并由当事人、审判人员、书记员签名或者盖章后即具有法律效力。当事人请求制作调解书的，人民法院应当制作调解书送交当事人。当事人拒收调解书的，不影响调解协议的效力。

调解成功后，审判长宣布闭庭。

4．终结调解。

调解不成，主持人宣布：法庭调解结束。

经合议庭评议认为没有进一步调解必要或可能的，应当休庭评议，及时作出判决。

休庭、评议和宣判

宣布休庭。

审判长先宣布：现在休庭，然后敲击法槌。

宣布休庭后，应告知当事人复庭的时间；如果决定不当庭宣判的，应当告知宣判的时间或者交待：宣判时间另行通知。

参考文献

一、司法口才参考文献

1. 廖美珍：《法庭问答及其互动研究》，法律出版社 2003 年版。
2. 秦甫编著：《律师论辩学》，人民法院出版社 2001 年版。
3. 高玉成主编：《司法口才教程》，法律出版社 1992 年版。
4. 杨迎泽、刘品新主编：《检察机关侦查讯问实务》，中国检察出版社 2002 年版。
5. 张军、姜伟、田文昌：《刑事诉讼：控辩审三人谈》，法律出版社 2001 年版。
6. 林正主编：《哈佛辩护》，世界图书出版公司 2000 年版。
7. 周国均：《律师辩护论》，中国人民公安大学出版社 1995 年版。
8. 林华章主编：《应用口才教程》，法律出版社 1996 年版。
9. 黄家乐等编译：《律师取胜的策略与技巧》，中国政法大学出版社 1993 年版。
10. 席良民、安秀萍、刘蕊娟：《律师口才学》，山西省政法管理干部学院 1995 年。
11. 陶武平：《陶武平名案劲辩》，上海人民出版社 2003 年版。
12. 郭谷新、陈立明：《法庭论辩艺术》，中国检察出版社 1992 年版。
13. 徐加庆等：《讯问言语学》，中国人民公安大学出版社 1992 年版。
14. 秦甫编著：《律师实用口才》，法律出版社 1996 年版。
15. 王顺义：《辩诉对抗论》，中国检察出版社 2003 年版。
16. 王洁：《法律语言研究》，广东教育出版社 1999 年版。
17. 黄京平主编：《律师常见错误》，中国人民大学出版社 1990 年版。
18. 由文平主编：《公安司法口才学》，南海出版公司 1992 年版。
19. 顾永忠主编：《法律论辩》，中国政法大学出版社 2002 年版。
20. 樊学勇主编：《模拟法庭审判讲义及案例脚本（刑事卷）》，中国人民公安大学出版社 2007 年版。
21. 袁瑜琤：《讼师文化解读》，中国法制出版社 2011 年版。
22. 吴克利：《镜头下的讯问：全程录单录像下的讯问方略与技巧》，中国法制出版社 2016 年版。
23. 廖永安、唐东楚：《模拟审判——原理、剧本与技巧》，北京大学出版社 2015 年版。

24. 田文昌：《中国大律师辩护词代理词精选——田文昌专辑》，法律出版社 2013 年版。

25. 杨凯：《审判过程的艺术》，法律出版社 2016 年版。

二、法律文书、法律语言参考文献

1. 周道鸾主编：《法律文书教程》，法律出版社 2003 年版。
2. 周道鸾主编：《法律文书格式及实例点评》，法律出版社 2003 年版。
3. 潘庆云主编：《法律文书评论》，上海人民出版社 2002 年版。
4. 熊先觉：《司法文书研究》，人民法院出版社 2003 年版。
5. 潘庆云：《跨世纪的中国法律语言》，华东理工大学出版社 1997 年版。
6. 唐文：《司法文书实用修辞》，人民法院出版社 1996 年版。
7. 王道森：《法律语言运用学》，中国法制出版社 2003 年版。
8. 周庆生等主编：《语言与法律研究的新视野》，法律出版社 2003 年版。
9. 潘庆云主编：《法律语言艺术》，学林出版社 1989 年版。
10. 刘蔚铭：《法律语言学研究》，中国经济出版社 2003 年版。
11. 安秀萍主编：《法律文书理论与实务》，清华大学出版社 2009 年版。
12. 吴伟平：《语言与法律——司法领域的语言学研究》，上海外语教育出版社 2002 年版。
13. 赵静：《修辞学视阈下的古代判词研究》，巴蜀书社 2008 年版。
14. 李振宇：《法律语言学新说》，中国检察出版社 2006 年版。
15. 宋北平：《法律语言规范化研究》，法律出版社 2011 年版。
16. 田荔枝：《我国判词语体流变研究》，中国政法大学出版社 2011 年版。

三、普通口才参考文献

1. 红胜编著：《论辩口才》，海潮出版社 2003 年版。
2. 中国广播电视学会节目主持人委员会编：《主持人技艺训练教程》，武汉大学出版社 2003 年版。
3. 张波主编：《口才训练教程》，机械工业出版社 1999 年版。
4. 刘润泽：《趣味论辩学》，中国国际广播出版社 1991 年版。
5. 吴郁：《主持人语言表达技巧》，中国广播电视出版社 2002 年版。
6. 潘肖珏：《公关语言艺术》，同济大学出版社 1989 年版。
7. 王政挺主编：《中外奇辩艺术拾贝》，东方出版社 1991 年版。
8. 孙海燕、刘伯奎编著：《口才训练十五讲》，北京大学出版社 2004 年版。
9. 黎祖谦：《口才学简明教程》，江西教育出版社 1998 年版。

后 记

　　本书初稿为我的讲课手稿,内容庞杂,约四十万字,经重新排列、压缩、精简,才成现在的样子。该书在出版过程中有两点需要说明。

　　首先,感谢中国政法大学出版社总编室张越、刘海光、栾英几位老师,从投稿到内容编写到成书都给予了我真诚热情的指点与帮助。他们对工作的认真负责,才使该书得以顺利出版。

　　其次,暑期我的女儿——山西省实验中学高安洁,为了帮助我尽快出好这本书,战高温、冒酷暑,到图书馆、书店为我查阅了大量资料,为该书的设计出谋划策,提出许多有价值的意见,并亲自编写了该书第五章第一节的内容。

　　今天想借此表达我对他们的感激。因为,写出来总比梗塞在心里好受一些!

作者　安秀萍
2004 年 12 月 12 日

第三版后记

《司法口才学教程》第三版就要出版了。此刻，心中有无限的感慨！

感谢您，我亲爱的读者；感谢您，全国法律院校的广大师生、一线法官、检察官、公安干警、律师及一切爱好司法口才的广大读者朋友。一直以来，因为有您对这本书的厚爱，才使得《司法口才学教程》这棵小树逐渐长大、枝繁叶茂。谢谢，谢谢！

感谢您，中国政法大学出版社的领导和编辑老师们。虽然我们未曾谋面，但是彼此间的信息沟通，让我感受到了你们对工作的一丝不苟和为这本书的设计、出版与发行所付出的辛勤和汗水。正因为有您的无私滋养，才使《司法口才学教程》这棵小树茁壮成长；正因为有您的扶助，才使《司法口才学教程》脚踏实地，一路走来，走向光明美好的明天。谢谢，谢谢！

感谢您，我志同道合的好姐妹、好同事！在修订教材中，当我遇到难解和似是而非的问题时，无论何时，我一个电话打过去，您都不吝赐教，使我受益匪浅。她们是山西省政法管理干部学院的副院长王宝荷老师，科研处处长李麦娣老师，刑法教研室主任李江贞老师，工商管理系主任、律师姚好霞老师。还要感谢山西省忻州市中级人民法院审委会委员原山西省河曲县法院李彦忠院长，他为本书提供了珍贵的一手资料。谢谢，谢谢！

感谢你，我亲爱的学生、忠实的读者，感谢你们为本书的完善提出过很多有效的建议和意见！特别要感谢的是在中共山西省委宣传部前进杂志社工作的我的学生张建兆同学，他利用业余时间查阅复印了大量的司法口才相关资料并且做好分类送到我家中，让我心生感动，自有一种桃李满天下的窃喜！在编写本书的过程中，张建兆同学还撰写了第一章第一节第一大标题（一）的内容。谢谢，谢谢！

亲爱的读者朋友，《司法口才学教程》的成长，今后还需要您的支持与帮助！因本人水平有限，书中一定有不足之处，敬请您不吝赐教。我的邮箱是1187772067@qq.com，一定来信提出宝贵意见哦！

另外，前几天，艾老师寄来样稿，说书中有几处问题需要作者确认，可是93岁的老父亲生病住院已一月有余，需天天和姐姐去医院陪护，我只好挤时间抽空看稿修改。现在书稿已然，父亲的病情依然，不由得默默祈祷：愿老父亲早日康复！

作者　安秀萍

2017 年 7 月 18 日于父亲住院病房

声　　明　1. 版权所有，侵权必究。

　　　　　2. 如有缺页、倒装问题，由出版社负责退换。

图书在版编目（CIP）数据

司法口才学教程/安秀萍著. —3版. —北京：中国政法大学出版社，2017.12（2021.9重印）
ISBN 978-7-5620-7616-2

Ⅰ．①司… Ⅱ．①安… Ⅲ．①司法—口才学—教材　Ⅳ．①K90-05

中国版本图书馆CIP数据核字(2017)第171499号

出 版 者	中国政法大学出版社
地　　址	北京市海淀区西土城路 25 号
邮　　箱	fadapress@163.com
网　　址	http://www.cuplpress.com（网络实名：中国政法大学出版社）
电　　话	010-58908435(第一编辑部) 58908334(邮购部)
承　　印	保定市中画美凯印刷有限公司
开　　本	720mm×960mm　1/16
印　　张	22.25
字　　数	412 千字
版　　次	2017 年 12 月第 3 版
印　　次	2021 年 9 月第 5 次印刷
印　　数	13001～21000 册
定　　价	49.00 元